Kohlhammer

Grundwissen Soziale Arbeit

Herausgegeben von Rudolf Bieker

Band 12

Dagmar Oberlies

Strafrecht und Kriminologie für die Soziale Arbeit

Eine Einführung

Verlag W. Kohlhammer

Alle Rechte vorbehalten
© 2013 W. Kohlhammer GmbH Stuttgart
Umschlag: Gestaltungskonzept Peter Horlacher
Gesamtherstellung:
W. Kohlhammer Druckerei GmbH + Co. KG Stuttgart

ISBN 978-3-17-021637-2

Vorwort zur Reihe

Mit dem so genannten „Bologna-Prozess" galt es neu auszutarieren, welches Wissen Studierende der Sozialen Arbeit benötigen, um trotz erheblich verkürzter Ausbildungszeiten auch weiterhin „berufliche Handlungsfähigkeit" zu erlangen. Die Ergebnisse dieses nicht ganz schmerzfreien Abstimmungs- und Anpassungsprozesses lassen sich heute allerorten in volumigen Handbüchern nachlesen, in denen die neu entwickelten Module detailliert nach Lernzielen, Lehrinhalten, Lehrmethoden und Prüfungsformen beschrieben sind. Eine diskursive Selbstvergewisserung dieses Ausmaßes und dieser Präzision hat es vor Bologna allenfalls im Ausnahmefall gegeben.

Für Studierende bedeutet die Beschränkung der akademischen Grundausbildung auf sechs Semester, eine annähernd gleich große Stofffülle in deutlich verringerter Lernzeit bewältigen zu müssen. Die Erwartungen an das selbstständige Lernen und Vertiefen des Stoffs in den eigenen vier Wänden sind deshalb deutlich gestiegen. Bologna hat das eigene Arbeitszimmer als Lernort gewissermaßen rekultiviert.

Die Idee zu der Reihe, in der das vorliegende Buch erscheint, ist vor dem Hintergrund dieser bildungspolitisch veränderten Rahmenbedingungen entstanden. Die nach und nach erscheinenden Bände sollen in kompakter Form nicht nur unabdingbares Grundwissen für das Studium der Sozialen Arbeit bereitstellen, sondern sich durch ihre Leserfreundlichkeit auch für das Selbststudium Studierender besonders eignen. Die Autor/innen der Reihe verpflichten sich diesem Ziel auf unterschiedliche Weise: durch die lernzielorientierte Begründung der ausgewählten Inhalte, durch die Begrenzung der Stoffmenge auf ein überschaubares Volumen, durch die Verständlichkeit ihrer Sprache, durch Anschaulichkeit und gezielte Theorie-Praxis-Verknüpfungen, nicht zuletzt aber auch durch lese(r)freundliche Gestaltungselemente wie Schaubilder, Unterlegungen und andere Elemente.

Prof. Dr. Rudolf Bieker, Köln

Zu diesem Buch

Fachkräfte der Sozialen Arbeit können an vielen Stellen ihres professionellen Alltags mit Fragen von Kriminalität und Strafbarkeit in Berührung kommen – nicht nur, wenn sie sich für Arbeitsfelder wie die Jugendgerichtshilfe, die Bewährungshilfe, die Straffälligenhilfe oder die ‚Opferhilfe' entscheiden. Dort, wo mit Strafe gedroht wird, geht es um Erwartungen der Gemeinschaft an die Einzelnen, um Demarkationslinien im sozialen Kontakt; aber immer auch um gesellschaftliche Ausgrenzung. Mit anderen Worten, wo Strafe droht, sollte Soziale Arbeit intervenieren (dazwischen gehen). Will man sich dabei nicht selbst aufreiben, können psychosoziale Interventionen nicht *gegen* das justizielle System durchgesetzt werden, sondern nur *in* ihm; bestenfalls *mit* ihm. Das setzt Wissen darüber voraus, in welchem ‚System' man agiert.

Das erste Kapitel gibt deshalb eine Einführung in das, was man gemeinhin ‚Kriminalität' nennt, und in das System des Strafrechts, das auf strafbare Handlungen (crimen) reagiert. In diesem Kapitel werden die Grundlagen der Strafbarkeit von Verhalten dargestellt sowie ein Überblick über die Folgen von strafbaren Handlungen gegeben. Dieses Kapitel bildet die Grundlage für das Verständnis des strafrechtlichen Systems und sollte deshalb systematisch erarbeitet werden. Im zweiten Kapitel wird das Strafverfahren von der Anzeigeerstattung bis zu einer möglichen Verurteilung und deren Vollstreckung dargestellt. Es beschreibt darüber hinaus Aufgaben und Rollen verschiedener Verfahrensbeteiligter. Dieses Kapitel kann ‚eklektisch' benutzt werden, also Textteile ausgewählt werden, die gerade interessieren. Im Anhang sind Übersichten beigefügt, die eine schnelle Orientierung hinsichtlich der wichtigsten Begriffe, der verschiedenen Verfahrensbeteiligten und der strafrechtlichen Reaktionsmöglichkeiten in verschiedenen Stadien des Strafverfahrens ermöglichen sollen.

Das vierte Kapitel bildet das Herzstück des Buches. In diesem Kapitel werden Rechtskenntnisse, psychosoziale Theorien und Forschungswissen sowie Interventionsoptionen im Rahmen eines strafrechtlich-kriminologischen Fallverstehens angewendet. Die ausgesuchten Fälle decken die wichtigsten Kriminalitätsbereiche ab: Eigentums- und Vermögensdelikte, Partnergewalt, Sexualdelikte, Drogenkriminalität, illegale Aufenthalte sowie strafrechtlich relevantes Verhalten von Fachkräften der Sozialen Arbeit. Jeder Bereich ist nach einem einheitlichen Muster aufgebaut, das es erleichtern soll, die Systematik nachzuvollziehen und später eigenständig anzuwenden. Zunächst wird Übersichtswissen über den Deliktsbereich vermittelt, danach folgt die strukturierte Fallarbeit. Dabei steht jeweils die ‚Erhebung' psychosozialer Befunde am Anfang. Was sonst durch Gespräche, Beobachtungen und Aktenstudium erfolgt, wird hier aus den Sachverhaltsdarstellung des Gerichts entnommen werden. Die ‚Befunde' werden sodann mithilfe kriminologischer Theorien und Forschungsergebnisse eingeordnet. Manche sprechen in diesem Zusammenhang von psychosozialer ‚Diagnostik', ich bevorzuge den Begriff der Hypothesenbildung, weil er auf die Vorläufigkeit der Annahmen und die Notwendigkeit weiterer Überprüfung verweist. Die Hypothesenbildung setzt sich auch bei der rechtlichen Einordnung des Falles fort: Soziale Fachkräfte sind keine Juristen; sie können deshalb – durch Anwendung juristischer Subsumptionsmethoden – nur Annahmen über die rechtliche Beurteilung des Falles und der möglichen Sanktion entwickeln. Das wiederum müssen sie auch, da die Menschen, die sich an Sozialarbeiterinnen wenden, Informationen und Orientierung suchen. Um die angeschnittenen Themen eigenständig (oder in der Lehre) zu vertiefen, sind Aufgabenstellungen angefügt, die einen Transfer des Gelernten in einem sozialarbeiterischen Anwendungsbezug erfordern.

Noch ein Hinweis zum Gebrauch der Begriffe: ‚Täter' werden Sie überwiegend in Anführungszeichen lesen, weil die Täterschaft – zweifelsfrei – erst am Ende eines Strafverfahrens festgestellt ist. Ohne Anführungszeichen schreibe ich es nur dann, wenn ich Vorschriften und ihre Wortwahl zitiere. Da ich das Wort ‚Opfer' unangemessen finde, habe ich auf den Begriff ‚Verletzte' zurückgegriffen, auch um die Verletzung von deren Rechten (körperliche Integrität, sexuelle Selbstbestimmung) hinzuweisen. Da dies aber eher mit körperlichen Verletzungen gleichgesetzt wird, nutze ich auch den Begriff ‚Geschädigte', wenn sprachlich auch Eigentumsverletzungen einbezogen sein sollen.

Bei männlichen und weiblichen Sprachformen habe ich ein statistisches Verfahren angewandt. Dort wo, statistisch, mehr Männer gemeint sind, habe ich die männliche Sprachform verwendet, sind es mehr Frauen, dann die weibliche. Da Frauen – Stand im Jahr 2012 – etwa 25 % der Tatverdächtigen, 17 % der Verurteilten und 6 % der Inhaftierten ausmachen, habe ich hier überall auf die männliche Sprachform zurückgegriffen. Aber auch bei der ‚Opferwerdung' sind Männer viel häufiger beteiligt als Frauen (PKS 2010: 71). Eine Ausnahme sind die sexuellen Gewaltdelikte; dort habe ich die weibliche Form verwendet.

In den ordentlichen Gerichten haben Berufsrichterinnen inzwischen einen Anteil von 39 % erreicht, bei den Staatsanwältinnen von 41 % (Bundesamt für Justiz, Referat III 3 3110/6-B7 268/2011, Stand: 11.8.2011); der Anteil der Frauen unter den Schöffen (Laienrichter) liegt sogar bei 48 %. Deshalb habe ich, wenn ich nicht von der Institution – Gericht oder Staatsanwaltschaft – spreche, männliche und weibliche Formen einfach abgewechselt. Wenn Sie davon irritiert sind, stellen Sie sich vor, wie es Frauen geht, die oft – durch ausschließlich männliche Formen – gar nicht angesprochen werden.

Da Männer in der Sozialen Arbeit – leider – immer noch total unterrepräsentiert sind, habe ich hier überwiegend die weibliche Form benutzt. Männer sind, wie es immer so schön heißt, mitgemeint.

Ich danke meinen Studierenden, die mir helfen zu verstehen, was sie nicht verstehen. Das ist hoffentlich eine gute Grundlage für ein Lehrbuch.

Kuala Lumpur, Februar 2013 *Dagmar Oberlies*

Inhalt

Vorwort zur Reihe 5
Zu diesem Buch 7

1 Einführung 13
  1.1 ‚Kriminalität'... 13
    1.1.1 Begriff der Kriminalität 13
    1.1.2 Primäre, sekundäre und tertiäre Kriminalisierung........ 14
  1.2 Strafe und Bestrafung 14
    1.2.1 Zweck des Strafens..................................... 15
      1.2.1.1 Der Vergeltungsgedanke 15
      1.2.1.2 Schuldstrafrecht 16
      1.2.1.3 Prävention von schädlichem Verhalten 17
      1.2.1.4 Strafe als Herrschafts- und Disziplinierungsmittel . 17
    1.2.2 Logik des Strafens 18
      1.2.2.1 Moral und Unrecht 18
      1.2.2.2 Rechtsgüterschutz und Sozialschädlichkeit ... 18
      1.2.2.3 Gesellschaftliche Interessen 19
    1.2.3 Strafbare Sachverhalte 20
      1.2.3.1 Geschützte Rechtsgüter....................... 20
      1.2.3.2 Verbotene Handlungen 21
      1.2.3.3 Tatbestand, Rechtswidrigkeit und Schuld...... 25
  1.3 System des Strafrechts 25
    1.3.1 Grundrechte im Strafverfahren 26
      1.3.1.1 Keine Strafe ohne Gesetz (Art. 103 Abs. 2 GG) ... 26
      1.3.1.2 Rechtliches Gehör............................ 28
      1.3.1.3 Unschuldsvermutung und ‚in dubio pro reo'...... 28
      1.3.1.4 Verbot der Doppelbestrafung 29
    1.3.2 Grundlagen der Strafbarkeit 29
      1.3.2.1 Handlung und Unterlassung................... 29
      1.3.2.2 Täterschaft und Teilnahme.................... 30
      1.3.2.3 Vorsatz und Fahrlässigkeit 31
      1.3.2.4 Versuch und Vollendung...................... 31
      1.3.2.5 Rechtfertigungsgründe 32
      1.3.2.6 Irrtum und Schuld 35
      1.3.2.7 Weitere Bedingungen der Strafbarkeit......... 36
    1.3.3 Rechtsfolgen der Tat................................... 37
      1.3.3.1 Grundzüge des Sanktionsrechts 37
      1.3.3.2 Folgenlose Einstellung des Verfahrens 40
      1.3.3.3 Reaktionen im Zuge der Diversion 43
      1.3.3.4 Formelle Sanktionen......................... 46

2 Überblick über das Strafverfahren und die Beteiligten 63
2.1 Strafverfahren 63
2.1.1 Ermittlungen 63
2.1.1.1 Anzeigeerstattung.......................... 64
2.1.1.2 Polizeiliche Ermittlungen 65
2.1.1.3 Staatsanwaltschaftliche Tätigkeiten 71
2.1.2 Hauptverfahren und Hauptverhandlung 82
2.1.2.1 Verfahrensprinzipien........................ 82
2.1.2.2 Mündliche Verhandlung 84
2.1.3 Umsetzung der Entscheidungen 90
2.1.3.1 Überwachung von Auflagen und Weisungen...... 90
2.1.3.2 Vollstreckung von Strafen und Maßregeln 91
2.1.4 Gnadenentscheidungen.............................. 95
2.2 Verfahrensbeteiligte....................................... 95
2.2.1 Polizei.. 95
2.2.1.1 Aufgaben................................. 95
2.2.1.2 Organisationsstruktur 96
2.2.2 Staatsanwaltschaft.................................. 96
2.2.2.1 Aufgaben................................. 96
2.2.2.2 Organisationsstruktur 97
2.2.3 Strafgerichte und ihre Helfer 98
2.2.3.1 Strafgerichte 98
2.2.3.2 Sachverständige........................... 101
2.2.3.3 Soziale Fachkräfte als Gerichtshelfer 104
2.2.4 Beschuldigte und ihre Verteidigung 106
2.2.4.1 Beschuldigte 106
2.2.4.2 Anwaltlicher Beistand...................... 107
2.2.5 Zeugen und ihre Beistände........................... 108
2.2.5.1 Zeugen 108
2.2.5.2 Beistand und Begleitung 113

3 Soziale Arbeit im Kontext von Strafverfahren..................... 115
3.1 Strafbare Handlungen im professionellen Alltag................ 115
3.1.1 Kriminalitätsfurcht 115
3.1.2 Eigentumsverletzungen 117
3.1.3 Gewaltdelikte..................................... 117
3.1.3.1 Jugendgewalt............................. 117
3.1.3.2 Kindesschutz............................. 118
3.1.3.3 Gewalt gegen Frauen und sexueller Missbrauch ... 118
3.1.3.4 ‚Täterarbeit' 119
3.1.3.5 Traumata 119
3.1.4 Drogen.. 120
3.1.5 Schwangerschaft 120
3.1.6 Leben in der Illegalität.............................. 120
3.1.7 Umgang mit Informationen 120
3.2 Soziale Arbeit mit Beschuldigten............................ 121

	3.2.1	Jugendhilfe im Strafverfahren 121
	3.2.2	Ambulante Maßnahmen 132
		3.2.2.1 Soziale Trainingskurse 133
		3.2.2.2 Täter-Opfer-Ausgleich (TOA) 136
		3.2.2.3 Gemeinnützige Arbeit 140
	3.2.3	Ambulante Soziale Dienste der Justiz................. 145
		3.2.3.1 Gerichtshilfe............................... 145
		3.2.3.2 Bewährungshilfe und Führungsaufsicht 151
	3.2.4	Soziale Arbeit mit Inhaftierten....................... 158
		3.2.4.1 Sozialdienst im Strafvollzug 158
		3.2.4.2 Sozialdienst im Maßregelvollzug............... 163
		3.2.4.3 Freie Straffälligenhilfe....................... 165
3.3	Soziale Arbeit mit Geschädigten 170

4 Wissenschaftlich fundierte sozialarbeiterische Interventionen im Kontext des Strafverfahrens 176

4.1	Wissenschaftlich fundierte Interventionen..................... 176
	4.1.1 Methodisches Vorgehen............................. 176
	4.1.2 Funktion von Theorien 177
	4.1.3 Angewandte Kriminologie........................... 177
	4.1.4 (Selbst-)Kritische Soziale Arbeit...................... 179
4.2	Die strafrechtliche Prüfung im Kontext Sozialer Arbeit.......... 180
	4.2.1 Eigentums- und Vermögensdelikte.................... 181
	4.2.1.1 Überblick über den Deliktsbereich 181
	4.2.1.2 Strukturierte Fallarbeit...................... 183
	4.2.1.3 Möglichkeit zur Vertiefung 209
	4.2.2 Partnergewalt..................................... 209
	4.2.2.1 Überblick über den Deliktsbereich 209
	4.2.2.2 Die strukturierte Fallarbeit 211
	4.2.2.3 Möglichkeit zur Vertiefung................... 221
	4.2.3 Sexualdelikte 222
	4.2.3.1 Überblick über den Deliktsbereich 222
	4.2.3.2 Die strukturierte Fallarbeit 225
	4.2.3.3 Möglichkeit zur Vertiefung 235
	4.2.4 Drogendelikte..................................... 235
	4.2.4.1 Überblick über die Deliktsbereiche 235
	4.2.4.2 Strukturierte Fallarbeit 237
	4.2.4.3 Möglichkeit zur Vertiefung.................... 244
	4.2.5 Aufenthaltsrechtliche Verstöße....................... 245
	4.2.5.1 Überblick über den Deliktsbereich 245
	4.2.5.2 Strukturierte Fallarbeit...................... 246
	4.2.5.3 Möglichkeit zur Vertiefung.................... 248
	4.2.6 Strafbarkeit von Fachkräften der Sozialen Arbeit 248
	4.2.6.1 Überblick über den Deliktsbereich 248
	4.2.6.2 Strukturierte Fallarbeit...................... 249
	4.2.6.3 Möglichkeit zur Vertiefung................... 251

5 Ausblick: Soziale Arbeit im Strafverfahren 253

Anhang 254
Glossar der wichtigsten Begriffe................................. 254
Beteiligte am Strafverfahren und ihre Aufgaben..................... 257
Reaktionsmöglichkeiten im Strafverfahren......................... 262
Formular: Antrag auf Gewährung von Hilfe zur Erziehung............. 265
Formular: Sozialbericht 269

Abkürzungsverzeichnis... 274

Literaturverzeichnis 276

Weitere Quellen 287

Stichwortverzeichnis... 288

1 EINFÜHRUNG

Was Sie in diesem Kapitel lernen können

Im ersten Kapitel soll es um den Begriff der Kriminalität und die ‚Logik des Strafens' gehen. Darüber hinaus dient es der Einführung in das strafrechtliche System: Es beschreibt die durch die Verfassung geschützten Rechtsgarantien, die Voraussetzungen der Strafbarkeit und die an den Rechtsverstoß geknüpften Rechtsfolgen.

Dieses erste Kapitel sollte systematisch erarbeitet werden, um die Logik des Strafrechts zu verstehen, aber auch, um sich eine (wissenschaftlich fundierte) Meinung über den Zweck des Strafens bilden zu können.

1.1 ‚Kriminalität'

1.1.1 Begriff der Kriminalität

Schon die Frage, was eigentlich ‚Kriminalität' ist oder, noch zugespitzter, wer eigentlich kriminell ist, ist nicht leicht zu beantworten: Zählt jeder Verstoß gegen eine Strafvorschrift oder nur ein Verstoß, der auffällt? Ist demnach kriminell nur, wer beim Schwarzfahren erwischt wird – oder alle, die schwarzfahren? Und was ist mit den Dingen, die nicht unter Strafe gestellt sind – aber dem Gemeinwohl sehr viel Schaden zufügen können?

Tatsächlich beschäftigt sich die Kriminologie genau mit solchen Fragen. Manchmal auf sehr provokante Art wie z. B. der Norweger Nils Christie (2005), der fragt: Wieviel Kriminalität braucht die Gesellschaft? und feststellt, dass es das Verbrechen nicht gibt, vielmehr unbegrenzt „Handlungen, die die Möglichkeit in sich tragen, als Verbrechen betrachtet zu werden". Er nennt das Verbrechen deshalb auch „eine unbegrenzte natürliche Ressource". Anders ausgedrückt: Gesellschaften können immer neue Formen von Verbrechen erfinden.

So spannend diese Auseinandersetzung für die kriminologische Befassung mit dem Thema ist (welche Handlungen werden eigentlich von welchen Gesellschaften und zu welcher Zeit unter Strafe gestellt?), für die praktische Soziale Arbeit ist sie eher irreführend, denn wenn Soziale Fachkräfte mit Kriminalität zu tun bekommen, dann haben andere oft schon eine Einordnung vorgenommen (z. B. die Polizei) oder werden das noch tun (z. B. die Gerichte).

Deshalb soll die Arbeitsdefinition dieses Lehrbuches eine ganz pragmatische sein: *Kriminalität* ist die Summe der Handlungen, die das Strafgesetzbuch (StGB) – und die Nebengesetze (dazu später) – unter Strafe stellen.

Registrierte Kriminalität, manchmal auch als Hellfeld umschrieben, ist die Kriminalität, die zur Kenntnis von Strafverfolgungsbehörden (Polizei, Staatsanwaltschaft) gelangt. Das Dunkelfeld, also die nicht registrierte ‚Kriminalität', ist aber für die Soziale Arbeit auch relevant: dann nämlich, wenn sie in Alltags- oder Beratungssituationen mit Menschen zu tun hat, die als ‚Täter' oder ‚Opfer' mit einer strafbaren Handlung konfrontiert sind, ohne dass diese (bislang) ans Licht der Öffentlichkeit gelangt ist.

Entscheidend ist demnach, was eine Gesellschaft als strafbares Verhalten definiert und gegen wen sie ihre Normen zum Einsatz bringt. In einer Seminarankündigung hat die Kriminologin Gerlinda Smaus dies einmal so umschrieben:

„[In dem Seminar] soll dargelegt werden, daß Kriminalität keine ontische Qualität besitzt. Vielmehr werden im Strafrecht bestimmte ausgewählte Handlungen mit einem Unwerturteil belegt und mit Strafe bedroht. Die Konstruktion von strafrechtlichen Tatbeständen (in historischer Perspektive) wird als primäre Kriminalisierung, die Anwendung des Strafrechts als sekundäre Kriminalisierung bezeichnet. ‚Kriminalität' stellt das Ergebnis beider Konstruktionsprozesse dar."

1.1.2 Primäre, sekundäre und tertiäre Kriminalisierung

Die Kriminalisierung von Personen findet auf verschiedenen Ebenen statt: Auf einer primären Ebene wird festgelegt, welche Tatbestände strafbar sein sollen. Das ist die Ebene der strafrechtlichen Kodifizierung. Diese Ebene ist kultur- und zeitrelativ sowie selektiv: Nicht alles, was bestraft werden könnte, wird unter Strafe gestellt; nicht alles, was unter Strafe gestellt wurde, muss zwingend bestraft werden – oder wird auch morgen noch bestraft werden.

Auf einer zweiten Ebene werden die abstrakten Normen konkret angewandt; hier findet nicht einfach Rechtsanwendung statt, sondern selektive Rechtsanwendung: nicht alle, die eine Strafnorm verletzen, werden erwischt, nicht alle, die erwischt werden, werden gleichermaßen bestraft, nicht alle, die bestraft wurden, müssen die Sanktion verbüßen usw.

Auf dieser Ebene trifft sich die sekundäre Kriminalisierung mit dem, was Soziologen primäre Devianz nennen, nämlich einem (abweichenden) Verhalten, das die Möglichkeit einer Strafbarkeit in sich trägt.

Erst wenn sich diese Möglichkeit realisiert, kommt es zu dem, was Lemert (1975) ‚sekundäre Devianz' genannt hat, nämlich die in der Folge dieses Verhaltens (und der Reaktion darauf) vorgenommene Rollenzuschreibung als ‚kriminell'. Hier hat man es mit einer dritten Ebene der Kriminalisierung zu tun: der Fremdzuschreibung und der Übernahme dieser Zuschreibung in das Selbstkonzept.

Mit allen drei Ebenen hat sich die Soziale Arbeit zu befassen, wenn sie sich dem Thema ‚Kriminalität' nähert.

1.2 Strafe und Bestrafung

Strafbar ist nur, was in einem Gesetz – hinreichend bestimmt (Art. 103 Abs. 2 GG) – als strafbares Verhalten definiert wurde. Dazu gehören neben den (besonderen) Vorschriften des Strafgesetzbuches (StGB) auch die sog. strafrechtlichen Nebengesetze, also Gesetze und Rechtsverordnungen, die neben anderen

Regelungen auch Strafvorschriften enthalten (Erbs/Kohlhaas 2011). Allein die Nebengesetze füllen in der Beck'schen Loseblattsammlung rund 14070 Seiten oder vier Ordner, die ständig aktualisiert werden. Neben Gesetzen wie dem Aufenthaltsgesetz, dem Betäubungsmittelrecht, dem Datenschutz- oder dem Gewaltschutzgesetz finden sich darunter z.B. viele lebensmittelrechtliche Vorschriften wie die Aromen-, Butter-, Diät-, Essig- oder Honigverordnung. Dies wird, unter dem Gesichtspunkt der Bestimmtheit von Strafgesetzen, die ja das Ziel haben, sicherzustellen, dass Menschen wissen, was verboten und was erlaubt ist, und sich mithin rechtmäßig verhalten können, durchaus problematisiert. Zudem scheint es Christies These von der ‚unbegrenzten Ressource' (potentiell) strafbaren Verhaltens zu bestätigen.

Es lohnt deshalb, sich nochmals kurz zu überlegen, worin eigentlich die Funktion des Strafrechts liegt, um zu verstehen, was (warum) strafbar ist/sein sollte. Diese Frage ist Gegenstand der (Straf-)Rechtstheorie.

1.2.1 Zweck des Strafens

1.2.1.1 Der Vergeltungsgedanke

Eine ursprüngliche Idee des Strafens besteht in der Vergeltung für getanes Unrecht. Diese Idee findet sich im jüdischen Talmud ebenso wie in der christlichen Bibel (Auge um Auge) oder im Koran, Sure 5: 38: „Dem Dieb und der Diebin schneidet Ihr die Hände ab, als Vergeltung für das, was sie begangen haben, und als abschreckende Strafe von Allah". Auch in vorreligiösen Rechtsordnungen fand sich dieses sog. Talionsprinzip, wonach durch die Strafe ein Gleichgewicht zwischen dem Schaden des Opfers und der Handlung des Täters (wieder) hergestellt werden soll. Dieser Idee hing auch Kant an, der in seiner Metaphysik der Sitten schreibt: „Nur das Widervergeltungsrecht (ius talionis) [...] kann die Qualität und Quantität der Strafe bestimmt angeben." Nur wenn Schuld gesühnt werde, gehe es gerecht zu. Er war deshalb ein entschiedener Befürworter der Todesstrafe. Das Strafgesetz war für ihn ein ‚kategorischer Imperativ', man könnte auch sagen: ein moralisches Muss. Auch Hegel (1976, § 101) sah in der Widervergeltung – wenn also dem Verbrecher geschehe(n soll) wie er getan hat – eine „Aufhebung des Verbrechens": Die Negation der Negation des Rechts.

Soweit würde das moderne Strafrecht sicher nicht gehen, trotzdem findet sich auch hier die Idee einer Schadenswiedergutmachung und des Täter-Opfer-Ausgleichs (§ 46 a StGB). Unterschiede bestehen aber in der Rolle, die dem Staat eingeräumt wird: Entscheiden die Geschädigten (nach subjektiven Kriterien) oder die Gesellschaft (nach objektiven Kriterien) darüber, ob ein Schaden wiedergutgemacht/vergolten ist?

Endgültig an seine Grenzen kommt der ‚Vergeltungsgedanke' in einer modernen Gesellschaft, wenn er die Reaktion privatisiert. Wie problematisch das ist, zeigt sich bei den sog. ‚Ehrenmorden'. Ein Versprechen des modernen Staates ist ja gerade, dass er uns ein Rechtssystem zur Verfügung stellt, damit wir auf Gewalt/Fehde verzichten. Die Kehrseite ist, dass der Staat sich das Monopol auf die legitime Gewalt vorbehält (Stichwort: staatliches Gewaltmonopol). Ein weiteres

Legitimationsproblem hat der Vergeltungsgedanke bei sog. opferlosen Delikten, das sind Delikte, in denen es keine (schützenswerten) Geschädigten gibt, sei es, dass sich Personen nur selbst schädigen (Selbstmord, Drogen) oder in die schädigenden Handlungen freiwillig einwilligen (z. B. konsensuale sadomasochistische Sexualpraktiken) oder, wenn gar niemand geschädigt wird, aber z. B. eine Gefahr von dem Verhalten ausgeht (Fahren unter Alkoholeinfluss, Betreiben gefährlicher Anlagen). In solchen Fällen lässt sich die Strafe nicht damit begründen, dass erlittenes Unrecht wiedergutgemacht wird.

1.2.1.2 Schuldstrafrecht

Einen anderen Fokus wählt deshalb das sog. Schuldstrafrecht: Es sucht keine Wiedergutmachung für erlittenes Unrecht (auf Seiten des Opfers), sondern bemisst die Strafe nach dem Maß der Schuld (auf Seiten des Täters; § 46 StGB). Winfried Hassemer (2009: 252) behauptet sogar, dass „das moderne Strafrecht mit der Entfernung des Opfers aus dem kriminellen Konflikt (entsteht)". Er meint damit, dass der moderne Staat es ‚zu seiner Sache' gemacht hat, kriminelle Handlungen zu ‚vergelten' und dafür ein Gewaltmonopol beansprucht. Niemand darf demnach ‚Vergeltung' in die eigene Hand nehmen.

Dieses strafende Recht muss deshalb nach anderen Prinzipien funktionieren als dem Vergeltungsgedanken. Es kann sich weder auf eine göttliche, noch auf eine menschliche Vergeltung berufen: Es muss rational sein! Es muss Unrecht definieren, und zwar bevor es begangen wird (Art. 103 Abs. 2 GG); und es muss eine gerechte, nämlich verhältnismäßige Strafe finden, verhältnismäßig zum Unrechtsgehalt der Tat. Das ist der Kern des Tat- oder Schuldstrafrechts: Die Schuld des Täters ist Grundlage für die Zumessung der Strafe (§ 46 StGB). Das gilt auch dann, wenn jede Strafe am Ende – von Betroffenen und Allgemeinheit – als Vergeltung empfunden wird, oder, wie Jan Philipp Reemtsma (1999) schreibt, als Akt der Solidarität mit dem Opfer.

Schuld setzt Verantwortlichkeit voraus oder, wie es das Strafgesetzbuch formuliert, die Fähigkeit, das Unrecht der Tat einzusehen und nach dieser Einsicht zu handeln (§ 21 StGB). Ob wir überhaupt nach Einsichten handeln, also den postulierten ‚freien Willen' haben, wird von Hirnforschern derzeit heftig diskutiert. Der Hirnforscher Wolf Singer hat die Entscheidungsbildung in der Süddeutschen Zeitung (SZ vom 20.7.2009) so beschrieben: „Im Gehirn gibt es Bewertungszentren, die fortwährend Erfahrungen und Zukunftsszenarien zusammenrechnen und die Ergebnisse auf Stimmigkeit überprüfen." Die Frage ist, haben wir die Wahl – oder handeln wir quasi ‚automatisch'? Bei sog. dissozialen Persönlichkeiten z. B. scheinen sich Handlungen, Impulsivität, Probleme mit Regeln, Jähzorn und Aggressivität so verfestigt zu haben, dass sie fast wie ein Programm ablaufen. Müssen wir deshalb den Schuldbegriff oder gar das Schuldstrafrecht aufgeben? Die Strafrechtler sagen nein, manche Hirnforscher meinen ja (ausführlich Pauen/Roth 2008). Dabei wird Willensfreiheit von der Strafrechtswissenschaft eher postuliert als bewiesen. Das mag (als widerlegbare Annahme) bei der Bestrafung noch angehen, weil wir uns ja – erfahrungsgemäß – täglich entscheiden, etwas zu tun oder zu lassen. Bei der Frage nach der ‚richtigen' Intervention durch die Soziale Arbeit gelangt man aber mit der Vorstellung, dass sich alle Menschen in jeder Situation so oder eben auch anders hätten verhalten können, schnell an Grenzen.

1.2.1.3 Prävention von schädlichem Verhalten

Die sog. ‚modernen' Straftheorien messen der Strafe und ihrer Androhung einen präventiven (abschreckenden) Wert bei (Hassemer 1990: 281 ff). Das ist etwas erstaunlich, weil das Strafrecht eine strafbare Handlung und ihren zweifelsfreien Nachweis voraussetzt – in diesem Sinne also immer zu spät kommt.

Anders als frühere, an absoluten Idealen von ‚Gerechtigkeit' orientierte Straftheorien, wollen moderne (relative) Straftheorien mit der Strafe eine Wirkung erzielen, die sich im Idealfall empirisch messen lässt. Die intendierte Wirkung liegt einmal in der Abschreckung der jeweiligen ‚Täter' von der Begehung weiterer Taten (und in der Folge ihrer vollständigen ‚Resozialisierung'), dieses Ziel nennt man auch Spezialprävention; zum anderen in der Abschreckung aller anderen, auch Generalprävention genannt. Mit anderen Worten: dem Strafgesetzgeber wird ein Legitimationszwang auferlegt: Strafrecht muss ein notwendiges und geeignetes Mittel zum (effektiven) Schutz von Rechtsgütern sein. Es wird uns später noch beschäftigen, was daran real, ideal oder sogar Ideologie ist.

1.2.1.4 Strafe als Herrschafts- und Disziplinierungsmittel

Einen anderen Ansatz verfolgt die kritische, insbesondere die marxistische Rechtstheorie (AKJ 1974). Sie befasst sich mit der Analyse der sozialen Institutionen und Mechanismen, durch die Kriminalität produziert, verwaltet, bekämpft und erhalten wird (AKJ 1974: 12). Ihr Ausgangspunkt ist also nicht die Straftat, schon gar nicht die ‚gerechte Strafe', sondern der gesellschaftliche Prozess der Bestrafung, dessen Selektivität sie unterstellt und an vielen Beispielen nachgewiesen hat. Sozialarbeit, Polizei, Strafjustiz haben demnach die Aufgabe, herrschende Normen durchzusetzen und den gesellschaftlichen Status Quo zu sichern. Soziale Arbeit wirkt – wie die Strafjustiz – als Instanz sozialer Kontrolle.

Auch für Foucault (1977: 232) ist Bestrafung nur ein Element innerhalb eines Systems von Belohung und Sanktion, von Dressur und Besserung. Strafbar ist nach Foucault alles, was nicht konform ist. Deshalb sind Disziplinarstrafen vor allem korrigierend: Es gibt nicht mehr nur gut oder böse, sondern eine Skala von gut bis böse, verbunden mit Prüfungen als Form der qualifizierenden, klassifizierenden und bestrafenden Überwachung (1977: 238). Diese ‚Buchführung der Strafbilanz' löst nach Foucault die körperlichen Strafen ab. Sie schafft neue Möglichkeiten der sozialen Regulierung. In diesem System gehören auch die Sozialarbeiterinnen zu den ‚Richtern im Universum der Normalität', wie Foucault sie nennt; Professorinnen sicher auch.

Eine Weiterung dieser Überlegungen bietet die feministische Kriminologie: Sie stellt die These auf, dass sich das staatliche Strafrecht vor allem an den ‚öffentlichen Mann' richtet, während die Disziplinierung der (privaten) Frau weiterhin in der Familie stattfindet (Smaus 2010). Die Anwendung des Strafrechts auf Frauen stellt nach Gerlinda Smaus quasi ein Paradox dar: Sie sind gar nicht gemeint.

Während der Vergeltungsgedanke und das Schuldprinzip die – vorausschauende – Logik des Strafens und des Strafrechts betreffen, stellt die kritische Strafrechtstheorie – retrospektive – Analysekategorien zur Verfügung. Vielleicht kann man es vereinfacht so sagen: Vergeltungsgedanke und Schuldprinzip versuchen Antworten zu geben, was, warum und wie bestraft werden soll (normativ). Kritische und postmoderne Theorien interessiert, was, warum, wie bestraft wird (empirisch). Von da aus ist es nur noch ein kleiner Schritt zur Unterscheidung zwischen ‚Kriminalität' (als Handeln) und ‚Kriminalisierung' (als Prozess), der in der heutigen Kriminologie nach wie vor die Geister und die beteiligten Disziplinen (Rechtswissenschaft, Soziologie, Psychologie, Neurologie) scheidet.

1.2.2 Logik des Strafens

1.2.2.1 Moral und Unrecht

Der Vergeltungsgedanke – oder wie Hegel es nennt, „die rächende Gerechtigkeit" – ist eng verbunden mit einer Vorstellung von Verbrechen als freie Entscheidung für das Unrecht und gegen Moralität und Sittlichkeit. Unterstellt wird, dass ‚man' zwischen gut und böse ohne weiteres unterscheiden und sich entscheiden kann. Voraussetzung wäre, dass es darüber nicht verhandelbare Vorstellungen gibt: einen gesellschaftlichen Konsens. Aber schon die 10 christlich-jüdischen Gebote – oder die ganz ähnlichen Verbote der Sharia – könnten heute keine unstreitige Gültigkeit mehr beanspruchen; geschweige denn bei Strafe durchgesetzt werden: Jugendliche ehren Vater und Mutter nicht mehr, Ehebruch ist schon aufgrund der Vielzahl von Begegnungen in einer modernen Gesellschaft unvermeidlich, und Neid (das Verlangen nach Haus, Frau und Besitztümern des Nachbarn) ist nachgerade der Antriebsmotor einer kapitalistischen Gesellschaft.

Mit anderen Worten: Eine moderne Gesellschaft kann sich allenfalls noch im Grundsatz, aber nicht mehr im Detail auf gut und böse einigen. Moralvorstellungen sind individualisiert, nicht mehr kollektiviert. Unrecht ist relativ (zum Nutzen): der Schutz des Lebens bei der Gentechnologie, der Schutz des Eigentums bei Wirtschafts- und Finanztransaktionen, die Einhaltung einer vorgegebenen Moral in Zeiten persönlicher Freiheit und (fast) unbegrenzter Möglichkeiten.

1.2.2.2 Rechtsgüterschutz und Sozialschädlichkeit

Während Vergeltungsstrafrecht rückwärtsgewandt ist (es will begangenes/erlittenes Unrecht wiedergutmachen), erheben moderne Strafkonzepte den Anspruch, den Straftäter zu bessern und die Kriminalität im Ganzen einzudämmen. Sie sind, wie Hassemer (1990: 22) schreibt, folgenorientiert und deshalb an empirischem Wissen interessiert. Eben das zwingt sie zur ‚Rationalität': Die Strafrechtswissenschaft muss begründen, was sie warum macht und, um nochmals Hassemer zu zitieren, zu welchem Zweck sie straft. Folgerichtig müsste sie auch evaluieren, ob die gewünschte Wirkung tatsächlich eintritt und daraus Konsequenzen ziehen, sonst wäre Strafe am Ende ja doch wieder irrational.

Seit der Aufklärung werden deshalb Verbote nicht mehr aus Moralvorstellungen, sondern aus dem Schutz von ‚Rechtsgütern' hergeleitet, also den rechtlich geschützten Interessen Anderer oder der Allgemeinheit. Die neuere Straftheorie geht noch darüber hinaus und versucht den (erlaubten) Rechtsgüterschutz an der Sozialschädlichkeit des jeweiligen Verhaltens zu orientieren, mit anderen Worten: Nicht jede Verletzung eines menschlichen oder gesellschaftlichen Interesses soll eine strafrechtliche Reaktion auslösen, sondern nur die, die soziale Folgen, also Folgen für das Zusammenleben, hat.

Warum diese – zusätzliche – Bedingung der Sozialschädlichkeit eingeführt wurde, zeigt vielleicht ein Blick auf jüngst abgeschaffte Straftatbestände wie Ehebruch (§ 172 a.F.), Unzucht zwischen Männern (§ 175 a.F.), widernatürliche Unzucht (§ 175b a.F.) oder Kuppelei (§ 180 a.F.). Andererseits hat das Bundesverfassungsgericht (2 BvR 392/07) gerade die Strafbarkeit des Inzestverbotes akzeptiert und dabei selbst auf die Tautologie zurückgegriffen, dass ein Rechtsgut und sozialschädlich ist, was der Gesetzgeber als solches betrachtet. Letztlich heißt das, dass weder aus dem Rechtsgutsbegriff noch aus dem Konzept der Sozialschädlichkeit eine Begrenzung herzuleiten ist.

1.2.2.3 Gesellschaftliche Interessen

Wenn also die Verbote weder über das Konzept des Rechtsgüterschutzes noch über das der Sozialschädlichkeit objektiv begründet werden können, dann reduziert sich Strafrecht letztlich doch auf die Frage: Wessen Interessen schützt das Strafrecht?

Die kritische Kriminologie bezweifelt die Prämisse der traditionellen Kriminologie, es gäbe einen grundlegenden gesellschaftlichen Konsens über Normen und Werte und wendet sich – ähnlich wie Christie – der Funktion von Kriminalität und Kriminalisierung in der Gesellschaft zu (AKJ 1974: 7). Schon Emile Durkheim hat in seiner Vorlesung ‚Erziehung, Moral und Gesellschaft' (1902/03) darauf hingewiesen, dass Strafrecht immer auch eine Botschaft an die zuschauende Öffentlichkeit enthält. Bezieht man dies in die Überlegungen mit ein, stellen sich ganz andere Fragen.

So hat Wacquant (2009) jüngst die These aufgestellt, dass der neoliberale Staat gleichzeitig prekäre Lebensverhältnisse schafft und sie – zunehmend – bestraft. Die ‚Wohlfahrtsreformen' der letzten Jahre erfüllen seines Erachtens die Aufgabe, Arme durch Fordern und Fördern (zur Arbeit) zu disziplinieren; bei Misserfolg übernimmt das Strafrecht die Aufgabe, sie ‚verschwinden zu lassen' (2009: 127). Das Gefängnis ist – in den Worten von Wacquant – ein „Staubsauger für ‚Sozialmüll'" (2009: 277). So hat das Strafrecht einen mehrfachen Nutzen: Es diszipliniert die Widerständigen, es neutralisiert die ‚Überflüssigen' und es bekräftigt die staatliche Autorität (2009: 28). Zudem, so könnte man ergänzen, sichert es eine bestimmte soziale Ordnung, weil es erlaubt, die Kriminalität (der Armen) als individuelles Fehlverhalten zu isolieren, statt soziale Ungleichheiten, prekäre Lebensbedingungen und ungleiche Chancen als gesellschaftliche Phänomene in den Blick zu nehmen.

Auch die Sicherheitsgesetze können, außer als ‚Schutz' vor terroristischen Angriffen, als eine Konstruktion des gefährlichen Anderen (Eckert 2008) gelesen werden – oder als ‚Angriff auf die Freiheit' (Zeh/Trojanow 2010). Immer räumt sich der Staat damit Kontrollmöglichkeiten ein, die er auch dann nicht wieder hergibt, wenn die Bedrohung vorbei ist.

Schließlich kann man auch die Geschichte des Sexualstrafrechts als eine Geschichte von unterschiedlichen Interessen lesen: Die Straflosigkeit der ehelichen Vergewaltigung (bis 1997) diente erkennbar und erklärtermaßen dem Interesse der Männer an der sexuellen Verfügbarkeit ihrer Ehefrauen. Warum der ‚Aufstieg' von Frauen in der Gesellschaft parallel zu der Hervorhebung ihrer Rolle als ‚Opfer' verläuft (was wiederum ‚Vater Staat' als ihren Beschützer etabliert), wäre sicher wert, untersucht zu werden.

Die Tatsache, dass hier Einzelfälle, vorwiegend aus dem Bereich der Sexualdelikte, zum Anlass für weit reichende Eingriffe wie z.B. die nachträgliche Sicherungsverwahrung genutzt werden, kann ebenfalls zu denken geben. Die Botschaft an die Öffentlichkeit ist: Wir tun etwas zu Eurem Schutz (auch wenn dabei elementare Werte wie die Unschuldsvermutung eingeschränkt werden müssen). Schließlich könnte man auch die Diskussion um die Strafbarkeit von ‚Zwangsehen' anführen, die immer wieder den Unterschied zwischen ‚uns' und ‚ihnen' in Erinnerung ruft und so ebenfalls bestimmten Interessen dient.

Mit anderen Worten: Strafrecht und seine Verbote wirken in einer Gesellschaft daran mit, Interessen (dominanter Gruppen) zu etablieren und Menschen als soziale Wesen (Durkheim) erst zu konstruieren, indem es vermittelt, was ‚man' nicht tut oder auch was ‚man' gerade tut, wenn ‚man' zu den ‚Anderen' gehört. Diese gesellschaftliche Ebene muss Soziale Arbeit mit einbeziehen, wenn sie über Sozialisation, Interaktion und Reaktion im Kontext von ‚Kriminalität' nachdenkt.

1.2.3 Strafbare Sachverhalte

Für die Strafjustiz ist dieser Bezug in gewisser Weise irrelevant: Sie ist, als Teil der öffentlichen Gewalt, an Gesetz und Recht gebunden (Art. 20 Abs. 3 GG). Unter den Begriff des Gesetzes fallen alle gültigen Rechtssätze. Im Strafrecht ist dieses Prinzip sogar noch konkreter gefasst: Eine Tat kann nur bestraft werden, wenn die Strafbarkeit gesetzlich bestimmt war, bevor die Tat begangen wurde (Art. 103 Abs. 2 GG). Mit anderen Worten: Strafbar sind alle Handlungen, aber auch nur die Handlungen, die in einem Gesetz als verboten definiert sind.

1.2.3.1 Geschützte Rechtsgüter

Einen Überblick, was der Gesetzgeber als zu schützende Rechtsgüter ansieht, bieten die Abschnittsüberschriften des Strafgesetzbuches – Besonderer Teil (BT). Wie (fast) jedes Gesetzbuch, besteht das Strafgesetzbuch aus einem Allgemeinen Teil: Regelungen, die wie in einer mathematischen Gleichung, vor die Klammer gezogen wurden, und einem Besonderen Teil, in dem Voraussetzungen und Rechtsfolgen der einzelnen strafbaren Handlungen nochmals spezifisch geregelt sind (sog. materielles Strafrecht). In der Regel wird zwischen kollektiven und individuellen Rechtsgütern unterschieden: Das zentrale Kollektivrechtsgut ist der

Staat selbst und sein Funktionieren. Die wichtigsten Individualrechtsgüter, also Rechtsgüter, die einer Person zugeordnet werden können, sind (in der Reihenfolge des BT): sexuelle Selbstbestimmung, die ‚Ehre', Leben, körperliche Unversehrtheit, persönliche Freiheit sowie Eigentum und Vermögen.

1.2.3.2 Verbotene Handlungen

Da die Soziale Arbeit nur am Rande mit Staatsschutzdelikten konfrontiert wird, sollen hier vor allem die Individualrechtsgüter näher betrachtet werden.

Delikte gegen Personen

Die Abschnitte 6 bis 8 des Besonderen Teils des Strafgesetzbuches befassen sich mit Delikten gegen die Person, sei es durch Angriffe auf Leben, körperliche Unversehrtheit, sexuelle Selbstbestimmung oder persönliche Freiheit. Hinzu kommen noch wichtige Nebengesetze, die ebenfalls die Gesundheit von Menschen schützen sollen, wie das Betäubungsmittel-, das Lebensmittel- oder auch das Arzneimittelrecht.

Straftaten gegen das Leben (§§ 211 bis 222 StGB)
Das Strafrecht ahndet nicht nur die absichtliche Tötung (Mord und Totschlag), sondern auch die fahrlässige Tötung (§ 222 StGB), also eine ungewollte Tötung, bei der einem Menschen aber der Vorwurf gemacht werden kann, sich sorgfaltswidrig verhalten und dadurch den Tod verursacht zu haben. Mord (§ 211 StGB) und Totschlag (§ 212 StGB) unterscheiden sich nicht, wie oft angenommen wird, durch einen Moment der Planung, sondern durch das Hinzutreten bestimmter Motive und Umstände (Habgier, Heimtücke, Lust am Töten). Auch eine Tötung auf ausdrückliches und ernsthaftes Verlangen (§ 216 StGB) ist strafbar, nicht jedoch ein Selbstmord (da keine Tötung eines anderen Menschen) – oder die Beihilfe dazu. Dies macht bei der Sterbehilfe oft schwierige Abgrenzungen erforderlich: Was war der – tatsächliche oder mutmaßliche – Patientenwille? Wurde der Krankheit einfach ihr Lauf gelassen (passive Sterbehilfe) oder aktiv in den Krankheitsverlauf eingegriffen (aktive Sterbehilfe)?

Auch der Schwangerschaftsabbruch (§§ 218 bis 219b StGB) gilt als Straftat gegen das – ungeborene – Leben. Das Gesetz macht keinen Unterschied zwischen Fremdabbruch und Eigenabbruch. Allerdings gelten für die Schwangere eine Reihe von Strafmilderungen, um der besonderen Notlage, in der sie sich befinden kann, gerecht zu werden. Eine vollständige Befreiung von Strafe tritt ein, wenn die Schwangere eine Konfliktberatung durchlaufen hat und der Schwangerschaftsabbruch durch einen Arzt innerhalb einer 12-Wochen-Frist durchgeführt wird (§ 218a StGB).

Straftaten gegen die körperliche Unversehrtheit (§§ 223 bis 231 StGB)
Manchmal ist es nur ein schmaler Grad, ob eine Handlung als ein (versuchtes) Tötungsdelikt oder ein (vollendetes) Körperverletzungsdelikt anzusehen ist. Der Unterschied liegt in der Intention – oder genauer: den (äußeren) Anhaltspunkten für die Intention des/der Handelnden. Auch die Körperverletzung (Gesundheitsschädigung) ist in ihrer fahrlässigen (§ 229 StGB) wie vorsätzlichen

(§§ 223 ff StGB) Begehungsform strafbar. Bei der vorsätzlichen Körperverletzung werden noch verschiedene Gefährlichkeitsgrade unterschieden (§§ 223, 224, 226 StGB). Nicht strafbar ist eine Körperverletzung, die mit Einwilligung der betroffenen Person erfolgt ist (§ 228 StGB). Andernfalls wäre jede Operation strafbar.

Als besonders schwerwiegend wird die Misshandlung von Schutzbefohlenen (§ 225 StGB) betrachtet und deshalb mit der gleichen Strafe bedroht wie die gefährliche Körperverletzung.

In den Kontext von Strafvorschriften, die die Gesundheit von Menschen schützen sollen, gehören auch die Drogendelikte, die im Betäubungsmittelgesetz (BtMG) geregelt sind. Dort wird der Anbau, der Handel, die Ein- und Ausfuhr oder auch der bloße Besitz verbotener Substanzen (Anlage I bis III zum BtMG) unter Strafe gestellt (§ 29 BtMG).

Dem Gesundheitsschutz sollen schließlich auch all jene Strafvorschriften dienen, die sich mit der Sicherheit von Lebensmitteln befassen (§ 58 LBFG). So gibt es lebensmittelrechtliche Regelungen für Bier, Eier, Fleisch, Fruchtsaft, Käse, Milch, Mineralwasser, Nahrungsmittelergänzungen, Wein und natürlich für die Gaststätten, die Lebensmittel zubereiten.

Ein letzter großer Komplex betrifft Strafvorschriften, die die Allgemeinheit vor konkreten wie abstrakten Gefahren schützen sollen. Dazu gehören Brandstiftungen, Explosionen, Strahlungen und Vergiftungen (§§ 306 bis 314 a StGB), Eingriffe in den Verkehr (§§ 315 bis 323 c StGB) und die Straftaten gegen die Umwelt (§§ 324–330 d StGB).

Straftaten gegen die persönliche Freiheit (§§ 232 bis 241 a StGB)
Nicht nur Körper und Gesundheit, sondern auch die Willensfreiheit stellt ein Rechtsgut dar, das durch das Strafrecht geschützt werden soll. Deshalb wird unter Strafe gestellt, wenn Handlungen (Duldungen oder Unterlassungen) durch Gewalt oder Drohung zustande kommen (§ 240 StGB: Nötigung). Als besonders schwere Fälle gelten die Nötigung zum Schwangerschaftsabbruch (§ 240 Abs. 4 StGB), zur Ehe (§ 237 StGB) sowie die Bedrohung mit einem Verbrechen (§ 241 StGB).

Im Achten Abschnitt sind noch weitere Zwangsausübungen unter Strafe gestellt. Ihnen allen ist gemeinsam, dass Menschen an andere Orte, oft ins Ausland, verbracht werden und durch die erzeugte Hilflosigkeit spezifischen Gefahren ausgesetzt sind, z.B. dem Zwang, sich zu prostituieren (§ 232 StGB) oder als Arbeitskraft (§ 233 StGB) oder Soldat (§ 234 StGB) ausgebeutet zu werden.

Deutlich erhöhte Strafen drohen, wenn Kinder von ihren Eltern ‚verkauft' (§ 236 StGB) oder Minderjährige ihren Eltern (bzw. dem sorgeberechtigten Elternteil) entzogen werden (§ 235 StGB).

Schließlich fallen in diesen Komplex auch Handlungen, durch die jemand seiner Bewegungsfreiheit beraubt wird wie bei der Freiheitsberaubung (§ 239 StGB), dem Menschenraub (§§ 234, 239 a StGB) oder der Geiselnahme (§ 239 b StGB).

Straftaten gegen die sexuelle Selbstbestimmung (§§ 174 bis 184 g StGB)
Eine sehr schwerwiegende Form des Willenszwangs ist die Verletzung des Rechts auf sexuelle Selbstbestimmung. Gemeint ist das Recht einer Person, über Ort, Zeit, Form und Sexualpartner oder -partnerin frei zu entscheiden.

Dabei fällt auf, dass eben dieses Recht vielen der ‚geschützten' Personen gar nicht eingeräumt ist: Schutzbefohlenen (§ 174 StGB), Insassen von Gefängnissen und stationären Einrichtungen (§ 174a StGB), Klienten und Klientinnen in Beratungs- und therapeutischen Settings (§ 174c StGB), Kindern unter 14 Jahren (§ 176 StGB), Menschen, die körperlich oder krankheitsbedingt als widerstandsunfähig gelten (§ 179 StGB) sowie Jugendlichen in einer Zwangslage (§ 182 StGB) wird quasi unterstellt, dass eine ‚freie' Entscheidung (Einwilligung) nicht möglich ist. Für eine Strafbarkeit reicht deshalb aus, wenn die besondere Situation, oft ein Macht- und Abhängigkeitsverhältnis, zur Tat ausgenutzt wurde. Das Gesetz nennt solche Fälle sexuellen Missbrauch, im Unterschied zur sexuellen Nötigung, die Zwang (Gewalt oder Drohung) voraussetzt (§§ 177, 178 StGB). Die Vergewaltigung ist dabei nur ein besonders schwerer Fall der sexuellen Nötigung (§ 177 Abs. 2 Ziffer 1 StGB).

Auch bei den Straftatbeständen, die Prostitution unter Strafe stellen, stellt sich die Frage, ob tatsächlich die sexuelle Selbstbestimmung (die ja die Entscheidung für die Prostitution einschließen müsste) geschützt wird. Während die ‚freiwillige' Prostitution inzwischen legal ist (siehe das Gesetz zur Regelung der Rechtsverhältnisse der Prostituierten), ist Anknüpfungspunkt der Strafbarkeit eine persönliche und wirtschaftliche Abhängigkeit (§ 180a Abs. 1 StGB), das Erwarten von Gegenleistungen für die Gewährung einer Unterkunft (§ 181a Abs. 2 StGB) oder die Ausbeutung und Kontrolle der Prostituierten (§ 181a StGB).

Straftaten gegen die Ehre und die Privatsphäre
Eine Reihe von Strafvorschriften befassen sich mit ‚Ehrverletzungen'. Dazu gehören die Beleidigung (§ 185 StGB), also die Äußerung von Missachtung gegenüber einer Person selbst, die üble Nachrede (§ 186 StGB), die in der Verbreitung ehrenrühriger Behauptungen besteht, sowie die Verleumdung (§ 187 StGB), bei der wissentlich Unwahrheiten über eine Person gegenüber Dritten verbreitet werden. Sexuelle Handlungen und Äußerungen können nach der Rechtsprechung des BGH dann eine Beleidigung sein, wenn das Verhalten nach den Gesamtumständen auch als Herabwürdigung verstanden werden kann und vom Handelnden auch so gemeint war. Bei überraschenden Berührungen wie dem Begrapschen der Brust wird aber in der Praxis oft eine (gewollte) Missachtung der Frau geleugnet (Oberlies 2009: 39). Ob auch die Ehre von Kollektiven (Juden, ‚Schwule', ‚Bullen') geschützt ist, ist streitig: Nach herrschender Meinung müssen Einzelne bestimmbar sein, die durch die Kollektivbezeichnung beleidigt werden sollten.

Der Persönlichkeitsschutz soll auch noch durch andere Strafvorschriften gewährleistet werden wie dem Verbot, private Gespräche unerlaubt aufzuzeichnen (§ 201 StGB), unbefugt in Wohnungen zu fotografieren (§ 201a StGB), Briefe an Andere zu öffnen (§ 202 StGB), sich unerlaubt Zugang zu persönlichen Daten zu verschaffen (§ 202a StGB) sowie – für die Soziale Arbeit sehr wichtig – anvertraute Geheimnisse zu offenbaren (§ 203 StGB). Im weiteren Sinne gehört hierher auch das Verbot, personenbezogene Daten zweckwidrig zu sammeln oder zu verwenden (§§ 43, 44 BDSG).

Der Hausfriedensbruch (§§ 123, 124 StGB) schließlich schützt das individuelle Hausrecht, frei zu bestimmen, wer sich in bestimmten Räumen aufhalten darf (auch wenn die Vorschrift bei den Straftaten gegen die öffentliche Ordnung steht). Zur ‚öffentlichen Sicherheit und Ordnung' (ein Begriff, der auch in den Polizeigesetzen auftaucht) gehört nämlich auch der (staatliche) Schutz privater Rechtsgüter.

Eigentums- und Vermögensdelikte

Betrachtet man die kriminalstatistischen Daten, dann scheint es eine ganz wesentliche Funktion des Strafrechts zu sein, Menschen gegen die Wegnahme von Sachen und gegen Eingriffe in ihre Vermögenswerte zu schützen. Zweifel müssen indes aufkommen, wenn man die Vernichtung von Vermögen im Zuge von wirtschaftlichen Transaktionen oder gar Finanzkrisen einbezieht: Diese sind oft durch keine Strafvorschrift erfasst (und mangels ‚Schuldigen' im strafrechtlichen Kontext nicht zu ahnden), obwohl ihre ‚Sozialschädlichkeit' unbestreitbar ist.

Beim Diebstahl (§ 242 StGB) wird das Eigentum (an Sachen) gegen Wegnahme geschützt, im Unterschied dazu besteht bei der Unterschlagung (§ 243 StGB) bereits Zugriff auf die Sache. Auch beim Diebstahl werden verschiedene Schweregrade unterschieden (§§ 243, 244, 244a und 248a StGB). Sondertatbestände gibt es für den Diebstahl von Fahrzeugen (§ 248b StGB) und Strom (§ 248c StGB). Einen Diebstahl, der mit Gewalt gegen eine Person oder durch Drohungen mit körperlicher Gewalt realisiert wurde, nennt das Strafgesetzbuch Raub (§ 249 StGB). Wenn jemand, unter dem Eindruck von Gewalt oder Drohungen, etwas (Geldwertes) ‚freiwillig' hergibt, handelt es sich – juristisch – um eine Erpressung (§ 253 StGB). Der An- und Weiterverkauf von Diebesgut ist als Hehlerei strafbar (§ 259 StGB). Wird eine Sache nicht weggenommen, sondern beschädigt oder zerstört, greift der Straftatbestand der Sachbeschädigung (§ 303 StGB).

Demgegenüber sollen die Straftatbestände des Betrugs und der Untreue das Vermögen, also die Gesamtheit der einer Person zustehenden wirtschaftlichen Werte, sichern. Beim Betrug (§ 263 StGB) wird jemand durch eine Täuschung dazu gebracht, eine Vermögensdisposition selbst vorzunehmen, die einen Vermögensschaden zur Folge hat. Das Gesetz nennt verschiedene spezifische Formen des Betrugs: Subventionsbetrug (§ 264 StGB), Kapitalanlagebetrug (§ 264a StGB), Versicherungsmissbrauch (§ 265 StGB), Kreditbetrug (§ 265b StGB). Ein besonderer Fall des ‚Betrugs' ist die Leistungserschleichung z.B. in Form des Schwarzfahrens (§ 265a StGB).

Delikte gegen die Rechtspflege und den Rechtsverkehr

Eine ganze Reihe von Strafvorschriften soll dem Schutz der Rechtspflege und dem Vertrauen in den Rechtsverkehr dienen. So wird mit Strafe bedroht, wer hilft, die Vorteile einer rechtswidrigen Tat zu sichern (§ 257 StGB) oder den staatlichen Strafanspruch vereitelt (§ 258 StGB). Der Strafprozess soll geschützt werden, indem das Vortäuschen einer Straftat (§ 145 d StGB), falsche Verdächtigungen (§ 164 StGB) und Falschaussagen (§ 153 StGB), erst Recht unter Eid (§ 154 StGB), verboten sind.

Schließlich ist auch das Fälschen von Urkunden (§§ 267, 271 StGB), technischen Aufzeichnungen (§ 268 StGB) und das Verändern beweiserheblicher Daten (§ 269 StGB) sowie die Beseitigung von Urkunden und Aufzeichnungen in Schädigungsabsicht (§ 274 StGB) unter Strafe gestellt, um das Vertrauen in den Rechtsverkehr zu gewährleisten.

In diesem Kontext sind auch die sog. Amtsdelikte zu sehen, also Straftaten, die nur von Amtsträgern begangen werden können wie Vorteilsnahme und Bestechlichkeit (§§ 331, 332 StGB) oder Rechtsbeugung (§ 339 StGB) sowie solche, die, wenn sie von Amtsträgern begangen werden, höhere Strafen nach sich ziehen, wie die Körperverletzung oder die Strafvereitelung im Amt (§§ 340, 258 a StGB).

1.2.3.3 Tatbestand, Rechtswidrigkeit und Schuld

In der Rechtswissenschaft hat sich bei der Überprüfung der Strafbarkeit eines Verhaltens ein Dreischritt etabliert:

- (objektive und subjektive) Verwirklichung des gesetzlichen Tatbestands
- Vorliegen von Rechtsfertigungsgründen
- Zurechenbarkeit (Schuld)

Während die Tatbestandsmäßigkeit einer Handlung, also ihre Übereinstimmung mit dem gesetzlichen Verbot, positiv nachgewiesen werden muss, werden Rechtswidrigkeit und Schuld nur geprüft, wenn Zweifel bestehen. Man sagt auch, dass die Tatbestandsmäßigkeit die Rechtswidrigkeit und die Schuld ‚indiziert'. Das heißt, wer gegen eine Strafvorschrift verstößt, tut dies in der Regel auch rechtswidrig und schuldhaft. Anlass zur Prüfung besteht nur, wenn es Anhaltspunkte für Rechtfertigungs- oder Schuldausschließungsgründe gibt.

Darüber hinaus hat der Gesetzgeber, vorwiegend aus kriminalpolitischen Gründen, weitere Beschränkungen der Strafbarkeit vorgenommen: Straftaten können verjährt sein, was ihre Verfolgung hindert; von Taten, die noch nicht zum Eintritt eines unerwünschten Erfolges geführt haben, kann der Handelnde strafbefreiend zurücktreten; manche Straftaten werden ausschließlich auf Antrag verfolgt, fehlt dieser, fehlt eine Voraussetzung der Strafverfolgung usw.

1.3 System des Strafrechts

Das Strafrecht ist eingebettet in ein System von Rechtsgarantien, die geschichtlich mühsam erkämpft wurden. Eine dieser Garantien wird ‚Habeas corpus' (Akt) genannt – nach dem Ausruf, dass man den Körper (eines Gesuchten) hat. Er sichert den Festgenommenen zu, Grund und Art der Anklage zu erfahren, Ankläger und Zeugen zu kennen, Entlastungszeugen aufrufen zu dürfen, vor ein Gericht gestellt zu werden und nur mit dessen Zustimmung als ‚schuldig' zu gelten und – sehr wichtig – nicht gezwungen werden zu können, gegen sich selbst auszusagen. Solcher Garantien bedurfte es, weil das nicht immer so war und auch heute noch nicht selbstverständlich ist.

Das dramaturgische Gegenstück ist der sog. Inquisitionsprozess, bei dem der Inquisitor (der Ermittler, Ankläger und Richtender gleichzeitig war) in einem Geheimverfahren versuchte, mit allen Mitteln, einschließlich der Folter, die Wahrheit zu erforschen.

Heute sind deshalb strafrechtliche Verfahrensgarantien integraler Bestandteil vieler Menschenrechtsdokumente: Von den 30 Artikeln der Allgemeinen Erklärung der Menschenrechte befassen sich allein drei ausdrücklich mit dem Strafverfahren: Artikel 9 garantiert den Schutz vor willkürlichen Inhaftierungen, Artikel 10 gewährt einen Anspruch auf ein gerechtes und öffentliches Verfahren vor einem unabhängigen und unparteiischen Gericht und Artikel 11 garantiert die Unschuldsvermutung und den Grundsatz: ‚Keine Strafe ohne Gesetz'.

1.3.1 Grundrechte im Strafverfahren

Viele dieser allgemeinen Menschenrechtsprinzipien finden sich auch im Grundgesetz wieder. Artikel 103 Abs. 2 GG bestimmt, dass „eine Tat nur bestraft werden kann, wenn die Strafbarkeit gesetzlich bestimmt war, bevor die Tat begangen wurde". Absatz 1 garantiert jedermann den Anspruch auf rechtliches Gehör. Absatz 3 sichert zu, dass niemand wegen derselben Tat mehrmals bestraft werden kann. Artikel 104 GG legt – ähnlich wie Art. 2 Abs. 2 GG – fest, dass die Freiheit der Person nur auf Grund eines förmlichen Gesetzes und unter Beachtung der darin vorgeschriebenen Form beschränkt werden darf und dass über die Zulässigkeit und Fortdauer einer Freiheitsentziehung nur eine Richterin entscheiden kann (die im Übrigen von Freiheitsentziehung ‚unverzüglich' zu informieren ist). Das Grundgesetz garantiert darüber hinaus die Unabhängigkeit der Richter (Art. 97 GG) und den Anspruch auf den ‚gesetzlichen Richter' (Art. 101 GG), mit anderen Worten: die Festlegung der Gerichtszuständigkeit im Wege einer abstrakten Vorabregelungen, was ‚Sondergerichte' ausschließt (Art. 101 Abs. 1 Satz 1 GG). Die Unschuldsvermutung findet sich im Grundgesetz nicht ausdrücklich, dafür in Art. 6 Abs. 2 der Europäischen Menschenrechtskonvention (EMRK), wo jeder Person, die einer Straftat angeklagt ist, zugesichert ist, „bis zum gesetzlichen Beweis ihrer Schuld als unschuldig" zu gelten.

1.3.1.1 Keine Strafe ohne Gesetz (Art. 103 Abs. 2 GG)

In seiner Einführung in die Grundlagen des Strafrechts erinnert Hassemer nochmals an die nationalsozialistische Rechtslage, um die besondere Bedeutung der Gesetzesbindung des Strafrichters für die bundesrepublikanische Rechtsordnung herauszustellen. In § 2 StGB von 1935 hieß es nämlich, dass „bestraft wird, wer eine Tat begeht, die das Gesetz für strafbar erklärt, oder die nach dem Grundgedanken des Strafgesetzes und nach gesundem Volksempfinden Strafe verdient" (1990: 252).

Insofern wird vielleicht unmittelbar einsichtig, warum aus Art. 103 Abs. 2 GG einige weitergehende Prinzipien abgeleitet werden:

Das Bestimmtheitsgebot

- Strafvorschriften müssen präzise gefasst sein, auch, weil ein demokratisch legitimierter Gesetzgeber (im Auftrag der Gesellschaft) in einem öffentlichen Prozess (der Parlamentsberatung) die fundamentalen Normen des Zusammenlebens, die das Strafrecht ja darstellen, beraten, festlegen und kommunizieren soll.
- Strafvorschriften müssen so präzise gefasst sein, dass eine Normbefolgung möglich ist, dass Menschen also wissen (können), was erlaubt und was verboten ist.
- Strafvorschriften müssen hinreichend präzise sein, um den Strafrichter überhaupt an das Gesetz, und damit den ‚Willen des Gesetzgebers', binden zu können (Art. 20 Abs. 3 GG).

Schon diese Aufzählung lässt ahnen, dass Wirklichkeit und Ideal auseinander liegen können: Moderne Gesellschaften ändern sich schnell und brauchen, was Mintzberg eine ‚Adhocracy' (im Gegensatz zu Max Webers ‚Bürokratie') genannt hat, flexible Organisationen, die sich einer veränderten Umwelt anpassen können. Als Beispiel kann die Frage gelten, ob Sitzblockaden erlaubte Demonstrationen oder verbotene Nötigungshandlungen (der anderen Autofahrer) seien (BVerfG, 1 BvR 1190/90). Darüber hinaus kann gerade Unsicherheit Menschen und Staaten Macht verleihen: das gilt für innere Unruhen, die nach einem ‚starken Staat' rufen, aber auch bei Verhaltensunsicherheiten, die von der Angst vor den Reaktionen begleitet sind. Es ist deshalb vielleicht kein Zufall, dass sich unbestimmte Rechtsbegriffe – wie die Störung des öffentlichen Friedens (§ 126 StGB) – vor allem im politischen Strafrecht finden.

Das Analogieverbot im Strafrecht

Von den unbestimmten Rechtsbegriffen ist es nur ein kleiner Schritt zur Analogiebildung, die im Strafrecht verboten ist, eben weil es ohne klare gesetzliche Regelung keine Strafe geben kann. Die Analogie (zu §§ 823, 1004 BGB) wurde vor der Einführung des Gewaltschutzgesetzes dazu genutzt, Frauen einen Unterlassungsanspruch gegen Gewalthandlungen zu verschaffen. Sie füllte eine (mutmaßlich) nicht gewollte Gesetzeslücke. Im Strafrecht wäre eine solche Ausdehnung von Normen – über ihren Wortlaut hinaus – nicht denkbar, jedenfalls dann nicht, wenn ein Angeklagter dadurch erst einer Strafdrohung ausgesetzt würde.

Das Problem ist jedoch, dass Recht als Wissenschaft immer ein analoger Prozess ist, bei dem Entsprechungen gesucht werden, und gerade kein abstraktes (quasi digitales) Verfahren. Es geht also um ein Ideal der Klarheit, dem sich das Strafrecht annähern muss. Die Flucht ins Zweideutige ist dem Strafrecht nicht erlaubt.

Das Verbot von Gewohnheitsrecht

Damit hängt ein weiteres Prinzip zusammen: Es gilt das geschriebene Gesetz, genauer: die enge Wortbedeutung des geschriebenen Gesetzes. Damit scheiden andere Quellen der Verhaltensnormierung – Sitten, ständige Übung, Gebräuche, Gepflogenheiten – als Grundlage des Strafrechts aus.

Das Rückwirkungsverbot

Und schließlich muss das Gesetz erlassen worden sein, bevor die Tat begangen und die Strafe verhängt wird. Dadurch will das sog. Rückwirkungsverbot gleichzeitig das Vertrauen der Bürger in den Staat, genauer: seine Berechenbarkeit, schützen und normgemäßes Verhalten überhaupt erst ermöglichen. An eine Norm, die es nicht gibt, kann man sich schlechterdings nicht halten (was Auswirkungen auf die Einhaltung auch aller anderen Normen haben könnte).

Interessanterweise wurde das Rückwirkungsverbot immer wieder gegen ‚Siegerjustiz' in Stellung gebracht: so bei den Nürnberger Prozessen und beim Prozess um die Schüsse an der Berliner Mauer, mit der Begründung, die Handlung sei im Zeitpunkt ihrer Begehung – unter anderen politischen Verhältnissen – nicht strafbar gewesen. Und immer haben die ‚Sieger' darauf verwiesen, dass bestimmte Rechtsgrundsätze (Tötungsverbot, Verbot eines Angriffskrieges) die Handlung schon vorher verboten hätten, auch wenn das konkrete Verhalten von der jeweiligen Politik legitimiert gewesen sei.

Das Rückwirkungsverbot gilt vor allem für Änderungen des materiellen Strafrechts, also des Rechts, das Voraussetzungen und Folgen strafbarer Handlungen regelt. Prozessuale Fragen sind dagegen vom Rückverbot ausgenommen: So konnten z. B. Verjährungsfristen mit Wirkung für die Vergangenheit geändert werden, weil insoweit nach Ansicht der Gerichte kein Vertrauensschutz besteht. Auch Maßnahmen, die keinen strafenden Charakter hatten, sondern der Sicherheit dienten, wurden bislang vom Rückwirkungsverbot ausgenommen: Es galt das Recht im Zeitpunkt der Entscheidung (§ 2 Abs. 6 StGB). Nun haben aber der Europäische Gerichtshof für Menschenrechte und das Bundesverfassungsgericht klar gestellt, dass auch bei der Sicherungsverwahrung das Rückwirkungsverbot zu beachten ist (BVerfG, 2 BvR 2365/09).

Schließlich wird auch noch an einer weiteren Stelle das Rückwirkungsverbot durchbrochen: Zugunsten von Beschuldigten soll jeweils das mildeste Gesetz Anwendung finden (§ 2 Abs. 3 StGB).

1.3.1.2 Rechtliches Gehör

Artikel 103 Abs. 1 GG sichert jedem Menschen vor Gericht ‚rechtliches Gehör' zu, also die Möglichkeit, mit seinen Argumenten und Auffassungen gehört zu werden, bevor eine gerichtliche Entscheidung ergeht. Eine Ausprägung davon ist das ‚letzte Wort' eines jeden Angeklagten im Strafprozess.

1.3.1.3 Unschuldsvermutung und ‚in dubio pro reo'

Personen, die einer Straftat angeklagt sind, gelten bis zum gesetzlichen Beweis ihrer Schuld als unschuldig (Art. 6 Abs. 2 EMRK). Wann die Schuld zweifelsfrei erwiesen ist, entscheidet das Gericht nach seiner freien, aus dem Inbegriff der Verhandlung geschöpften Überzeugung (§ 261 StPO). Im Prinzip, denn nirgendwo ist gesagt, wann ein Gericht Zweifel haben muss, sondern nur, wie es zu entscheiden hat, wenn es Zweifel hat: im Zweifel für den Angeklagten. Zunächst muss das Gericht aber versuchen, alle Zweifel auszuräumen, indem es

- den Sachverhalt genau aufklärt und versucht, alle vernünftigen Zweifel auszuräumen
- die Strafbarkeit für jede mögliche Alternative prüft: Dabei kann die Strafnorm, die verletzt wurde, eindeutig sein, nicht aber die Handlung, die dazu geführt hat, oder es gibt Handlungsalternativen, die auch zu unterschiedlichen rechtlichen Einordnungen führen. Nur im letzteren Fall ist – im Zweifel – zugunsten des Angeklagten zu entscheiden.

Auch die Unschuldsvermutung ist eines der idealistischen Konstrukte des Strafverfahrens (wie die Unabhängigkeit und Unbefangenheit der Gerichte), die nichtsdestotrotz eine wichtige Funktion erfüllt: Sie zwingt den Staat und die Beteiligten, sich immer wieder zu prüfen. Alles, was einer Vorverurteilung gleichkommt, hat im Strafverfahren (nicht in den Medien) zu unterbleiben. Nicht der Beschuldigte hat seine Unschuld, sondern der Staat hat die Schuld zweifelsfrei nachzuweisen. Verfahrenshandlungen, die auf einem Tatverdacht gründen, müssen streng verhältnismäßig sein.

1.3.1.4 Verbot der Doppelbestrafung

Auch der letzte Grundsatz: ne bis in idem (nicht zweimal in derselben Sache) stellt eine Ausprägung des Vertrauensgrundsatzes dar: Wer mit rechtsstaatlichen Mitteln in einem rechtskräftig abgeschlossenen Verfahren nicht überführt werden konnte, soll in dieser Sache als unschuldig gelten. Juristisch spricht man auch davon, dass sich die Anklage ‚verbraucht' habe.

Man ahnt schon, dass das der Stoff ist, aus dem Kriminalfilme mit Namen wie ‚Double Jeopardy' (USA 1999) oder ‚Das perfekte Verbrechen' (USA 2007) sind. Aber auch hier gibt es einen ernsten Hintergrund, warum dieser Grundsatz bis in die Antike zurückzuverfolgen ist: Er sollte die Rechte der Einzelnen stärken und die Strafgewalt der Herrschenden begrenzen.

1.3.2 Grundlagen der Strafbarkeit

Das moderne Tat-Strafrecht setzt ein (Fehl-) Verhalten voraus, das einem konkreten Menschen zugeordnet werden kann. Dieses Verhalten muss willensbasiert sein, um einen strafrechtlichen Schuldvorwurf auslösen zu können. Darüber hinaus muss oft nachgewiesen werden, dass dieses Verhalten ursächlich war für den – nicht erwünschten – ‚Erfolg' (z. B. die Wegnahme, den Tod usw.).

1.3.2.1 Handlung und Unterlassung

Ein strafbares Fehlverhalten kann in einer aktiven Handlung bestehen, aber auch in einem Unterlassen (§ 13 StGB).

Die strafbare Handlung wird in den Strafvorschriften des besonderen Teils des StGB (§§ 80 bis 358 StGB) und in den sog. strafrechtlichen Nebengesetzen (z. B. BtMG) genau beschrieben (Bestimmtheitsgrundsatz): Wer eine fremde, bewegliche Sache in Zueignungsabsicht wegnimmt, begeht einen Diebstahl (§ 242 StGB), wer einen Menschen tötet, ohne Mörder zu sein (das heißt: ohne ein zusätzliches Mordmerkmal zu erfüllen), begeht einen Totschlag (§ 212 StGB), wer in Bezug auf jemand anderen Tatsachenbehauptungen verbreitet, die geeignet sind, die Person in der Öffentlichkeit herabzuwürdigen, kann wegen übler Nachrede (§ 186 StGB) bestraft werden.

Nicht jedes Unterlassen ist dem aktiven Begehen einer strafbaren Handlung gleichgestellt: Nur wer rechtlich dafür einzustehen hat, dass der Erfolg (Wegnahme, Tod, Rufschädigung) nicht eintritt, wird bestraft, als hätte er/sie etwas Strafbares ‚getan' (und nicht bloß nichts getan). Nehmen wir das Beispiel einer Mutter, die zusieht, wie ihr Kind verhungert: Sie wird rechtlich nicht anders behandelt wie eine Mutter, die ihr Kind mit einem Kopfkissen erstickt. Komplizierter wird der Fall, wenn eine Sozialarbeiterin dabei zusieht, wie eine Mutter ihr Kind verhungern lässt. Im Falle einer Unterlassung ist entscheidend, ob jemand für das Ausbleiben des Erfolgs einzustehen hat (‚Garantenstellung'). Zudem muss die Frage bejaht werden, dass der ‚Erfolg' ausgeblieben wäre, wenn der Garant – pflichtgemäß – gehandelt hätte. Klar ist, dass z. B. Mitarbeiter des Jugendamtes qua Gesetz (SGB VIII) zum Schutz des Kindes verpflichtet sind, also die erforderliche ‚Garantenstellung' haben. Diese Pflicht kann bei einer Hilfe zur Erziehung (durch Vertrag) auf eine sozialpädagogische Familienhilfe übergehen. Selbst jemand, der/die (rein tatsächlich) die Beaufsichtigung eines Kindes übernimmt, tritt in eine ‚Garantenpflicht' (Bringewat 2002). Damit ist in all diesen Fällen eine ‚Begehung durch Unterlassen' möglich. Die entsprechenden Delikte werden ‚unechte Unterlassungsdelikte' genannt, weil im Gesetz nur das aktive Tun als strafbar beschrieben ist („wer einen Menschen tötet") und das Unterlassen nur über § 13 StGB ‚gleichgestellt' ist.

Daneben gibt es noch einige wenige ‚echte Unterlassungsdelikte'. Das bekannteste ist sicher die ‚unterlassene Hilfeleistung' (§ 323 c StGB), bei der ausdrücklich das Nichtstun unter Strafe gestellt ist. Voraussetzung für eine Strafbarkeit ist hier allerdings, dass ein Eingreifen real möglich und subjektiv zumutbar war – sonst soll demjenigen, der die Hilfe unterlassen hat, kein Schuldvorwurf gemacht werden.

1.3.2.2 Täterschaft und Teilnahme

Strafrechtlich verantwortlich sind Menschen für eigene Handlungen, aber auch für die Beteiligung an fremden Handlungen.

Dabei behandelt das Strafgesetzbuch jeden als ‚Täter', der die Straftat selbst (quasi ‚eigenhändig') oder durch Andere begeht (§ 25 StGB); Andere also als ‚verlängerten Arm' benutzt. Ein typisches Beispiel dafür sind Diebesbanden, die kleine Kinder, die selbst nicht strafbar sind (§ 19 StGB), einsetzen. ‚Täter' sind hier die Hintermänner oder -frauen. Täterschaft gibt es also in Form der Alleintäterschaft, der Mittäterschaft (mehrere begehen gemeinsam eine Straftat) und der mittelbaren Täterschaft, bei der sich die eigentlichen Täter eines Werkzeuges bedienen.

Davon zu unterscheiden ist die bloße Teilnahme (an der Straftat eines Anderen). Als Formen nennt das Gesetz die Anstiftung (§ 26 StGB), bei der der eigentliche Täter vom Anstifter erst auf die Idee gebracht wird, und die Beihilfe

(§ 27 StGB), bei der die Haupttat durch den Gehilfen irgendwie ermöglicht oder erleichtert wird. Da die Beihilfe als weniger schwerwiegend erachtet wird, kann hier die Strafe gemildert werden (§ 27 Abs. 2 Satz 2 StGB).

1.3.2.3 Vorsatz und Fahrlässigkeit

Strafbar ist vorsätzliches und fahrlässiges Handeln, letzteres jedoch nur, wenn das Gesetz dies ausdrücklich vorsieht (§ 15 StGB). Dies ist der Fall bei Delikten gegen die Person – wie der fahrlässigen Tötung (§§ 222, 227, 178, 306c StGB) oder der fahrlässigen Körperverletzung (§ 229 StGB) –, nicht aber bei Straftaten, die sich gegen Sachen richten (Ausnahme: fahrlässige Brandstiftung, § 306d StGB).

Vorsatz meint, dass der Handelnde wusste und wollte, was er tat – nur so kann ihm, im strafrechtlichen Sinn, die Tat und der Taterfolg ‚zugerechnet' werden. Mit anderen Worten, dem/der Handelnden muss eine ungefähre Vorstellung von der konkreten Tat einschließlich besonderer gesetzlicher Tatumstände, dem intendierten Handlungserfolg sowie dem vorgestellten Ursachenzusammenhang von Handlung und Erfolg nachgewiesen werden. Da Wissen und Wollen zur inneren Tatseite gehören (über die eine Person keine Auskunft geben muss), muss oft auf äußere Anhaltspunkte (Indizien) und Alltagswissen zurückgegriffen werden: Wer jemanden mit einem Messer angreift, weiß, dass er diesen dadurch „an der Gesundheit schädigen" kann (§ 223 StGB) – und will das im Zweifel auch. Zielt ein Mensch gar auf das Herz des Anderen, will er vielleicht sogar dessen Tod (§ 212 StGB).

Üblicherweise unterscheidet man drei Formen des Vorsatzes: bei der Absicht ist die Handlung zielgerichtet, beim direkten Vorsatz sind die Folgen zumindest voraussehbar und beim sog. Eventualvorsatz geht der Handelnde (bewusst) ein Risiko ein, von dem er weiß, dass es sich realisieren kann. Er nimmt, wie es oft heißt, den Erfolg billigend in Kauf. Der Unterschied zu dem, was Juristen und Juristinnen ‚bewusste Fahrlässigkeit' nennen, ist dabei hauchdünn.

Fahrlässigkeit ist kein intendiertes, sondern ein pflichtwidriges Verhalten, das die „im Verkehr erforderliche Sorgfalt außer Acht läßt" (so die gesetzliche Definition in § 276 Abs. 2 BGB). Bei der bewussten Fahrlässigkeit gehen Handelnde ebenfalls ein Risiko ein, das sie kennen, bei dem sie aber – pflichtwidrig – darauf vertrauen, dass es schon ausbleiben wird. Man denke an einen Fahrer, der mit Bleifuß über die Autobahn rast … und denkt, wird schon, wie immer, alles gut gehen. Dagegen ist den Handelnden bei der ‚unbewussten Fahrlässigkeit' das Risiko nicht bekannt; könnte aber bekannt sein. Die Pflichtverletzung liegt hier also gerade darin, dass sich jemand über die Folgen seines Handelns keine Gedanken macht. Manchmal spricht das Gesetz auch von leichtfertigem Handeln (z.B. §§ 176b, 178 StGB). Damit ist ein erhöhter Grad der Fahrlässigkeit gemeint, eine grobe Fahrlässigkeit sozusagen.

1.3.2.4 Versuch und Vollendung

Strafbare Handlungen werden durch Tathandlung und den ‚Taterfolg', also den Eintritt der vom Gesetz ‚verbotenen' Handlungsfolge (Verletzung, Tod, Wegnahme) konstituiert. Allerdings kann auch der sog. Versuch, also eine Handlung, die gerade nicht zum verbotenen ‚Erfolg' führt, strafbar sein: Dies ist immer dann der Fall, wenn es im Gesetz ausdrücklich bestimmt ist – wie z. B. beim versuchten Diebstahl (§ 242 Abs. 2 StGB) – oder es sich bei dem Delikt um ein sog. Verbrechen handelt (§ 23 Abs. 1 StGB). Ein Verbrechen erkennt man daran, dass die Mindeststrafe (im Gesetz) ein Jahr Freiheitsstrafe beträgt (§ 12 Abs. 1 StGB). Ist die Mindeststrafe Geldstrafe oder eine Freiheitsstrafe unter einem Jahr, spricht man von Vergehen (§ 12 Abs. 2 StGB). So ist der sexuelle Missbrauch an Kindern (§ 176 StGB) ein Vergehen, weil er mit Freiheitsstrafe von sechs Monaten (= weniger als ein Jahr) bis 10 Jahre bedroht ist. Die sexuelle Nötigung (§ 177 StGB) dagegen ist ein Verbrechen, weil die Mindeststrafe „Freiheitsstrafe nicht unter einem Jahr" ist.

Allerdings setzt eine Bestrafung wegen Versuchs – neben dessen grundsätzlicher Strafbarkeit – voraus, dass Handelnde „nach ihrer Vorstellung von der Tat zur Verwirklichung des Tatbestands unmittelbar ansetzen" (§ 22 StGB). Mit anderen Worten: Es muss eine Vorstellung von der Tat (einen Tatentschluss) geben und ein unmittelbares Ansetzen zur Tatbestandsverwirklichung erkennbar werden. Der BGH (NJW 1976, 58) hat dafür den Ausdruck des „Jetzt geht's los" gewählt. Unproblematisch ist dies, wenn Handelnde mit der Umsetzung der Tat begonnen haben. Solange es sich aber nur um Vorbereitungshandlungen zur eigentlichen Tat handelt, bleiben diese straflos. Nach Ansetzen zur Tat kommt allenfalls noch ein – strafbefreiender – Rücktritt vom Versuch in Betracht (dazu unten).

1.3.2.5 Rechtfertigungsgründe

Hassemer (1990: 212) spricht bei der Prüfung der Tatbestandsmäßigkeit eines Verhaltens von „Unrechtsbegründung" (positiv) und bei der Prüfung der Rechtswidrigkeit von „Unrechtsausschluss" (negativ). Damit ist auch gesagt, dass über eine Negation des Unrechts (Rechtfertigung des Verhaltens) nur etwas gesagt werden muss, wenn dafür Anhaltspunkte gegeben sind. Wann ein tatbestandsmäßiges Verhalten (ausnahmsweise) gerechtfertigt und damit straffrei sein könnte, ergibt sich wiederum aus gesetzlichen Wertungen, den sog. Rechtfertigungsgründen.

Handeln in Notwehr

Die Rechtsordnung erlaubt es Menschen, sich zu wehren (vgl. §§ 32 StGB, 227 BGB, 15 OWiG), auch wenn sie dadurch Andere – oder deren Eigentum – verletzen (müssen). Notwehr, das Handeln in Verteidigungsabsicht, kann deshalb ein mit Strafe bedrohtes Verhalten rechtfertigen. Der Handelnde bleibt straffrei, wenn die Handlung „erforderlich ist", um „sich oder einen anderen" gegen einen unmittelbar bevorstehenden (gegenwärtigen) Angriff zu verteidigen (§ 32 StGB). Dadurch kann nicht jede Handlung gerechtfertigt werden, sondern nur eine ‚verhältnismäßige' Verteidigungshandlung, die geeignet ist, den Angriff sofort und dauerhaft zu beenden (Fischer, § 32 Rdn. 28 ff).

Einwilligung

Das Recht erkennt überdies auch eine gewisse Verfügungsgewalt über höchstpersönliche Rechtsgüter an: So kann man sich – straflos – das Leben nehmen, sich

durch Risikoverhalten verletzen oder seinem Vermögen durch Finanzspekulationen einen Schaden zufügen. Auch andere können sich damit rechtfertigen, dass sie die Einwilligung der geschädigten Person hatten.
Besonders offensichtlich ist dies bei operativen Eingriffen. Diese erfüllen nach h. M. den objektiven Tatbestand der strafbaren Körperverletzungen (Fischer, § 223 Rdn. 9), können aber – durch eine ausdrückliche oder mutmaßliche – Einwilligung des Patienten/der Patientin gerechtfertigt sein (§ 228 StGB). Erst wenn diese vorliegt, ist der Arzt straflos – es sei denn, sein Verhalten stellt trotz Einwilligung einen Verstoß gegen die guten Sitten dar, widerspricht also allgemeingültigen Moralvorstellungen (BGH NJW 2004, 1054).
Allerdings wird nicht jede Zustimmung vom Recht anerkannt. Voraussetzung ist, dass

- die einwilligende Person über das Rechtsgut verfügen darf. Angezweifelt wird dies z. B. bei der Einwilligung in lebensgefährliche Verletzungen und bei Handlungen, die (auch) eine Fremdgefährdung einschließen.
- Einwilligende einwilligungsfähig sind. Das heißt, es darf keine Zweifel an ihrer Einsichts- und Urteilsfähigkeit geben. Dabei ist nicht die rechtliche Handlungsfähigkeit (Volljährigkeit) entscheidend, sondern der individuelle Reifegrad einer Person.
- die Einwilligung freiwillig und ernsthaft gegeben wird. Daran kann es fehlen, wenn es an den nötigen Informationen und Kenntnissen für eine angemessene Risikoabschätzung mangelt, und erst recht, wenn die Einwilligung durch Täuschung oder Zwang erlangt wurde.
- sich die Einwilligung äußerlich manifestiert hat, sei es ausdrücklich oder stillschweigend. Deshalb kann hier auch auf einen ‚mutmaßlichen Willen' rekurriert werden, wenn er sich Dritten gegenüber in der Vergangenheit geäußert hat.

In manchen Strafvorschriften ist das Erfordernis der Einwilligung quasi als negatives Tatbestandsmerkmal ausdrücklich verankert: So stellt § 203 StGB klar, dass sich Sozialarbeiter und Sozialarbeiterinnen strafbar machen, wenn sie ‚unbefugt' ein fremdes Geheimnis offenbaren. Insofern wird in der – ausdrücklichen, vielleicht auch in der mutmaßlichen – Einwilligung ein Rechtfertigungsgrund gesehen. Eine ‚Befugnis' kann auch aus einer Notsituation, namentlich der Wahrnehmung berechtigter Interessen, erwachsen.

Fälle der Rechtsgüter- und Interessenabwägung

Die Rechtsordnung erkennt auch an, dass Menschen in einen Interessenwiderstreit kommen können, bei dem sie sich zwischen verschiedenen Rechtsgütern entscheiden müssen. Diese Interessenkollision nennt das Gesetz ‚rechtfertigenden Notstand' (vgl. §§ 34, 218a StGB, 228, 904 BGB, 16 OWiG). Handelnde werden nicht bestraft, wenn sie sich für ein Interesse entscheiden, das das beeinträchtigte Interesse ‚wesentlich' überwiegt und die dafür begangene Straftat noch als ‚angemessenes Mittel' gelten kann, um die Gefahr abzuwenden (§ 34 StGB). Im Fall des Schwangerschaftsabbruchs hat der Gesetzgeber z. B.

entschieden, dass „der mit Einwilligung der Schwangeren von einem Arzt vorgenommene Schwangerschaftsabbruch" nicht rechtswidrig ist, wenn dadurch eine nicht anders abwendbare Gefahr für das Leben oder die Gesundheit der Schwangeren abgewendet werden soll (§ 218a StGB). Anders ausgedrückt: Der Schwangeren (und ihrem Arzt) wird kein strafrechtlicher Vorwurf gemacht, wenn sie sich für das Leben der Schwangeren (und gegen den Fötus) entscheiden.

Der Rechtfertigungsgrund der Wahrnehmung berechtigter Interessen ist ausdrücklich zwar nur für die beleidigende Tatsachenbehauptung geregelt (§ 193 StGB), geht aber in seinem praktischen Anwendungsbereich weit darüber hinaus. Auch hier handelt es sich um einen Fall der Rechtsgüter- und Interessenabwägung, bei dem einem (deutlich) überwiegenden Interesse der Vorrang eingeräumt werden darf – solange die eingesetzten Mittel noch verhältnismäßig sind. So kann die Schweigepflicht des § 203 StGB durchaus ‚befugt' außer Kraft gesetzt werden, wenn durch den ‚Geheimnisverrat' übergeordnete Schutzinteressen verfolgt werden.

Schließlich gehört in diesen Kontext auch der ‚Rechtfertigungsgrund' der sog. Pflichtenkollision.

Beispiel
Nehmen Sie an, ein Schienenfahrzeug fährt einen Hang hinunter – und rast auf fünf Arbeiter zu. Sie können diese fünf Arbeiter vor dem sicheren Tod retten, wenn Sie eine Weiche umlegen. Der Nachteil: auf dem anderen Gleis steht auch ein Arbeiter, aber eben nur einer.
Was Sie auch tun, es sterben Menschen. Ist es besser, einen sterben zu lassen, um fünf zu retten? Was wäre, wenn auf beiden Gleisen nur ein Mensch stünde: auf dem einen aber einer, der sein Leben noch vor sich hat?
Können Sie nur bestraft werden, wenn Sie eingreifen (handeln) oder schon, wenn Sie die Dinge nur geschehen lassen? Oder können Sie gar nicht bestraft werden, wenn es ein unausweichliches Dilemma ist?
Was sich anhört wie ein Problem aus einer Vorlesung über Moralphilosophie in Harvard, ist aus einer Vorlesung über Moralphilosophie in Harvard (http://www.youtube.com/watch?v=kBdfcR-8hEY), könnte aber bald zum ‚wirklichen' Problem werden, wenn Sicherheitscomputer in Autos programmiert werden und die Frage zu beantworten sein wird, wie sich das Computerprogramm in diesem Fall – einer Pflichtenkollision – entscheiden soll.

Für solche Fälle hat die Rechtsprechung die Rechtsfigur des ‚übergesetzlichen Notstandes' entwickelt, also eines Rechtsfertigungsgrundes, der nicht im Gesetz steht, der aber der Tatsache Rechnung trägt, dass der (nicht) Handelnde, egal, was er tut oder nicht tut, immer ein Strafgesetz verletzt. Gefragt wird nach

- der Wertigkeit der gefährdeten Rechtsgüter (gleichwertig – höherwertig),
- der Nähe zum geschützten Objekt (Garantenstellung oder Hilfspflicht),
- der Unmittelbarkeit der Gefahr und
- der Wahrscheinlichkeit des Schadenseintritts.

Erfüllt ein Mensch eine ihm obliegende ‚höherwertige' Rechtspflicht oder entscheidet er/sie sich zum Schutz eines von zwei (gleichwertigen) Rechtsgütern, ist sein Verhalten nicht rechtswidrig und wird deshalb auch nicht bestraft.

Ein praktisches Beispiel ist das – in diesem Fall gesetzlich geregelte – Festnahmerecht: Um eine Straftat aufzuklären, hat jedermann das Recht, einen anderen festzuhalten (§§ 127 StPO, 87 StVollzG). Die Erfordernisse der Strafrechtspflege sind wichtiger als die Bewegungsfreiheit (Art. 2 GG).

1.3.2.6 Irrtum und Schuld

Während Tatbestandsmäßigkeit und Rechtswidrigkeit Unrechtsurteile sind, also verbotenes und erlaubtes Verhalten definieren, ist die Schuld eine Frage der persönlichen Vorwerfbarkeit. Strafbarkeit setzt persönliche Schuld voraus (§ 46 StGB). An einer solchen persönlichen Vorwerfbarkeit kann es fehlen, wenn

- Handelnden die Fähigkeit zur Einsicht oder zur Verhaltenssteuerung fehlt,
- sie sich in einem die Schuld ausschließenden Irrtum befindet oder
- ‚Entschuldigungsgründe' vorliegen.

Fehlende Schuldfähigkeit

Das Gesetz verlangt, dass Handelnde das Unrecht der Tat einsehen und in der Lage sind, nach dieser Einsicht zu handeln (§ 20 StGB). Daran fehlt es

- (qua Gesetz) bei Kindern unter 14 Jahren (§ 19 StGB);
- bei Jugendlichen unter 18 Jahren (§ 7 Abs. 1 Nr. 2 SGB VIII), die „zur Zeit der Tat nach ihrer sittlichen und geistigen Entwicklung [nicht] reif genug [sind], das Unrecht der Tat einzusehen und nach dieser Einsicht zu handeln" (§ 3 JGG);
- bei anderen Personen (über 18 Jahren), deren Einsichts- und Steuerungsfähigkeit ausgeschaltet ist, und zwar aufgrund einer der nachfolgenden Faktoren:
  – organische oder hirnorganische Störungen, Psychosen, Intoxikationen durch Alkohol, Drogen oder Medikamente, auch schwere Traumata [§ 20: krankhafte seelische Störung],
  – massive psychische Beeinträchtigungen, die auch bei (organisch) gesunden Menschen in extremen Belastungs- und Bedrängungssituationen auftreten können. Dazu zählen z. B. massive affektive Belastungen wie Angst, Zorn oder Gefühlsabstumpfung u. ä. [§ 20: tiefgreifende Bewusstseinsstörung],
  – Fälle von Minderbegabung [§ 20: Schwachsinn],
  – sonstige Persönlichkeitsstörungen, neurotische und/oder paranoide Entwicklungen, sexuelle Verhaltensabweichungen, Abhängigkeiten [§ 20: andere seelische Abartigkeiten].

Liegt nur eine Verminderung der Steuerungsfähigkeit vor (oder kann diese – in dubio pro reo – nicht ausgeschlossen werden), bleibt es beim Schuldvorwurf, allerdings kann die Strafe gemindert werden (§ 21 StGB).

Eine Besonderheit gilt, wenn sich der Handelnde – vorsätzlich oder fahrlässig – durch alkoholische Getränke oder andere berauschende Mittel in einen schuldunfähigen Zustand versetzt: Dann greift dennoch eine Strafbarkeit wegen Vollrauschs (§ 323a StGB). Dadurch soll das unbefriedigende Ergebnis vermieden werden, dass Menschen nicht bestraft werden könnten, wenn sie sich freiwillig in einen schuldunfähigen Zustand versetzen, um in diesem Zustand eine vorher geplante Straftat zu begehen (jur: ‚actio libera in causa').

Relevante Irrtümer

Die strafrechtliche Irrtumslehre ist sehr kompliziert. Hier nur soviel: Eine ganze Reihe von Irrtümern betreffen den Vorsatz, also die Frage, was ‚gewollt' war. Irrt sich jemand – aus Unkenntnis oder wegen einer Fehlvorstellung – über ein gesetzliches Tatbestandsmerkmal, dann fehlt es diesbezüglich am Vorsatz (§ 16 StGB). Liegt dagegen eine bloße Verwechslung vor, dann ist dieser Irrtum unbeachtlich, wenn der Handelnde im Augenblick der Tat die Person oder Sache vor sich meint. Allerdings sind Juristen und Juristinnen dafür bekannt, sich die unmöglichsten Fälle auszudenken, nur um ihre Theorie zu überprüfen: Was also, wenn jemand auf A zielt, aber – versehentlich – B erlegt. Dann hat er versucht, A (vorsätzlich) zu töten, hat aber tatsächlich B (fahrlässig) getötet.

Was, wenn eine Frau ihren Mann mit Schlaftabletten in Frikadellen töten will, sich aber über die nötige Menge irrt? Auch dann handelt es sich um einen strafbaren Tatversuch, allerdings mit der Möglichkeit der Strafminderung (§ 23 Abs. 3 StGB).

Von einem schuldausschließenden Verbotsirrtum spricht das Gesetz dagegen in den Fällen, in denen Handelnde gar nicht wussten, dass sie etwas Verbotenes tun (§ 17 StGB). Um dadurch aber nicht gerade diejenigen zu privilegieren, die sich keine Gedanken machen, gilt dies nur, wenn ein solcher Irrtum unvermeidlich war. Den Handelnden kann (in den Worten des BGH) nicht erspart werden, „durch Gewissensanspannung zur Unrechtserkenntnis zu gelangen" (BGHSt 2, 194) oder sich zu erkundigen, um sicher zu gehen (Fischer, § 17 Rdn. 9).

Entschuldigungsgründe

Darüber hinaus gibt es eine Reihe weiterer Gründe, die den strafrechtlichen Schuldvorwurf herabmindern, weil das Recht einbezieht, dass normgemäßes Verhalten nicht immer möglich und zumutbar ist. So wird nicht bestraft, wer aus Verwirrung, Angst oder Schrecken über das zur Notwehr erforderliche und gebotene Maß hinausgeht (§ 33 StGB). Wer eine Straftat begeht, um eine Gefahr von sich oder einer nahe stehenden Person abzuwenden, handelt ohne Schuld, auch wenn keine überwiegenden Interessen auf dem Spiel stehen (§ 35 StGB). Wer irrig solche Umstände annimmt, wird nur bestraft, wenn der Irrtum vermeidbar war (§ 35 Abs. 2 StGB). An persönlicher Schuld kann es auch dann mangeln, wenn jemand auf Anordnung oder Befehl handelt (vgl. §§ 56, 22 WStG) oder normgemäßes Verhalten mit einer erheblichen Eigengefährdung oder einer anderweitigen Pflichtverletzung verbunden wäre (Rechtsgedanke aus § 323c StGB).

1.3.2.7 Weitere Bedingungen der Strafbarkeit

Schließlich hat der Gesetzgeber – aus kriminalpolitischen Gründen – noch eine Reihe von Bedingungen geregelt, die im Einzelfall eine Bestrafung bzw. die Strafverfolgung hindern können.

Einige solcher Strafausschließungsgründe sind persönlicher Natur: So sind Abgeordnete besonders gegen Strafverfolgung geschützt (Art. 46 GG). In manchen Vorschriften genießen Angehörige einen besonderen Schutz (§ 258 Abs. 6 StGB). Gibt jemand die weitere Tatbegehung – vor Tatvollendung – auf (§§ 24, 31 StGB) oder übt er/sie – nach Tatvollendung – „tätige Reue" (§§ 149, 158 StGB), wird auf eine Bestrafung verzichtet.

Manche Delikte können nur verfolgt werden, wenn die Geschädigten einen Strafantrag stellen. Zu diesen sog. Antragsdelikten gehört der Hausfriedensbruch (§ 123 Abs. 2 StGB), die Beleidigung (§ 194 StGB), die Verletzung von Privatgeheimnissen z.B. durch Sozialarbeiterinnen (§ 205 StGB) sowie der Haus- und Familiendiebstahl (§ 247 StGB). Bei anderen Delikten kann der fehlende Strafantrag umgangen werden, wenn die Staatsanwaltschaft, als Anklagebehörde, ein besonderes öffentliches Interesse an der Strafverfolgung bejaht. Dazu gehört z.B. die Körperverletzung (§ 230 StGB) und das Stalking (§ 238 Abs. 1 StGB).

Ein Strafverfolgungshindernis stellt schließlich auch der Ablauf der Verjährungsfristen dar (§§ 78 ff StGB).

In manchen Fällen wird dem Gericht die Möglichkeit eingeräumt, von Strafe abzusehen. So, wenn die Folgen der Tat, die den Täter getroffen haben, so schwer wiegen, dass die Verhängung einer Strafe verfehlt wäre (§ 60 StGB), oder wenn jemand die Unwahrheit gesagt hat, um sich oder einen Angehörigen vor Strafe zu schützen (§ 157 StGB), oder nicht nur beleidigt hat, sondern auch beleidigt wurde (§ 199 StGB).

Schließlich gehört in diesen Zusammenhang auch, dass bei geringfügigen Verstößen auf ein Strafverfahren verzichtet werden kann (§§ 153 ff StPO).

1.3.3 Rechtsfolgen der Tat

1.3.3.1 Grundzüge des Sanktionsrechts

Anzuwendendes Gesetz

Während sich die Strafbarkeit einer Handlung immer nach dem Strafgesetzbuch (bzw. nach dem Nebenstrafrecht) richtet (§ 1 Abs. 1 JGG), gelten für die Folgen einer Straftat unterschiedliche Gesetze, je nachdem wie alt und wie reif der/die Handelnde zum Zeitpunkt der Tathandlung war.

Kinder unter 14 Jahren (§ 7 Abs. 1 Nr. 1 SGB VIII) unterfallen weder einer Sanktionierung nach dem allgemeinen noch nach dem Jugendstrafrecht (JGG), da sie als nicht strafmündig gelten (§§ 19 StGB, 1 Abs. 2 JGG). Sie (genauer: ihre Eltern) können aber im Falle der Begehung strafbarer Handlungen im Rahmen der Kinder- und Jugendhilfe (SGB VIII) Unterstützung durch das Jugendamt erhalten, wenn in dem Verhalten ein Erziehungsdefizit (§ 27 SGB VIII) zum Ausdruck kommt. In Hamburg z.B. kümmert sich das Familieninterventionsteam (des Jugendamtes) um minderjährige (Mehrfach-) Täter und bietet den Familien Hilfe zur Erziehung (§§ 27 ff SGB VIII) an. In anderen Städten integrieren die ‚Häuser des Jugendrechts' auch Fachkräfte des Jugendamtes. Kooperieren die Personensorgeberechtigten nicht bei der Hilfeplanung und -gewährung, dann können auch Anträge an das Familiengericht gestellt werden, die nötigen Hilfen – nach §§ 1666, 1666 a BGB – anzuordnen.

Auf Jugendliche im Alter von 14 bis 18 Jahren (§ 1 Abs. 2 JGG) und Heranwachsende bis zum 21. Lebensjahr, die Jugendlichen in ihrer Entwicklung gleichstehen (§§ 1 Abs. 2, 105 JGG), findet dagegen das Jugendgerichtsgesetz (JGG) Anwendung. 70 % der Heranwachsenden werden nach Jugendstrafrecht verurteilt (Statistisches Bundesamt 2011: 24). Bei Jugendlichen unter 18 Jahren muss vor einer Verurteilung festgestellt werden, dass sie die nötige Reife zur Unrechtseinsicht haben. Fehlt es daran, fehlt auch die strafrechtliche Verantwortlichkeit (§ 3 Satz 1 JGG). In diesem Fall ist dem Jugendgericht das Recht eingeräumt, die gleichen Maßnahmen anzuordnen wie ein Familiengericht (§ 3 Satz 2 JGG).

Nur bei Erwachsenen und (erwachsenen) Heranwachsenden bestimmen sich die Reaktionen auf eine strafbare Handlung nach allgemeinem Strafrecht (StGB).

Sanktionslogik

Als Leitprinzip des Jugendstrafrechts gilt allerdings der Erziehungsgedanke – ‚Erziehung unter Zwang'. So kann die Staatsanwaltschaft von einer Strafverfolgung absehen, „wenn eine erzieherische Maßnahme bereits durchgeführt oder eingeleitet ist" (§ 45 Abs. 2 JGG). Dies könnte der Kinder- und Jugendhilfe im Vorfeld des Strafverfahrens große Einflussmöglichkeiten geben. Liest man allerdings die sog. Diversionsrichtlinien, dann wird die ‚Erziehung' eher von Polizei und Staatsanwaltschaft übernommen:

> „In sonstigen Fällen ... kann ... insbesondere ein erzieherisches Gespräch der darin geschulten Sachbearbeiterinnen und Sachbearbeiter der Polizei mit den Beschuldigten geboten sein. Sonstige Maßnahmen, (...), können auch von der Staatsanwaltschaft (...) gegenüber der Jugendgerichtshilfe angeregt werden" (Nds.MBl. Nr. 6/2007 S. 115).

Der Staatsanwalt kann – als quasi erzieherische Maßnahme – richterliche Ermahnungen, Weisungen und Auflagen gegenüber geständigen Angeklagten anregen, ohne eine formelle Anklage zu erheben (§ 45 Abs. 3 JGG) oder, im Fall geringfügiger Vergehen, ganz von der Strafverfolgung absehen (§ 45 Abs. 1 JGG).

Interessant ist, dass von den Diversionsmöglichkeiten im Jugendstrafverfahren seltener Gebrauch gemacht wird als von den entsprechenden Möglichkeiten im Erwachsenenstrafrecht: Während – bezogen auf alle Ermittlungsverfahren eines Jahres – die Quote der informell erledigten Jugendstrafsachen ca. 4 % beträgt, sind dies im Erwachsenenstrafrecht annähernd 13 % (Heinemann 2010: 41). Zu prüfen wäre, ob gerade der Erziehungsgedanke als Leitgedanke der formellen Sanktion im Jugendstrafrecht dazu verleitet, weniger auf informelle Sanktionen auszuweichen.

Denn eigentlich sieht das Jugendstrafrecht eine Stufenfolge vor: Grundsätzlich sind Erziehungsmaßregeln anzuordnen, wo diese nicht ausreichen, kann mit sog. Zuchtmitteln oder, sofern auch diese nicht ausreichen, mit Jugendstrafe reagiert werden (§§ 5, 17 JGG). Tatsächlich hat sich diese Rangfolge jedoch in den letzten Jahren verschoben: Heute werden in drei von vier Fällen Zuchtmittel verhängt, eine von sechs Verurteilungen lautet auf Jugendstrafe (überwiegend zur Bewährung) und nur in einem von 12 Verfahren wird eine Erziehungsmaßregel angeordnet (Statistisches Bundesamt 2011: 23). Die Frage nach einer härteren Bestrafung von Jugendlichen – im Lichte des Erziehungsgedankens – hat auch Christian Pfeiffer (1991) für den freiheitsentziehenden Jugendarrest (ein Zuchtmittel) aufgeworfen, der faktisch eine kurze Freiheitsstrafe darstellt.

Das Erwachsenenstrafrecht folgt einer anderen Logik: Es sieht in den Straftatbeständen des Besonderen Teils einen Strafrahmen vor, der sich reduziert, wenn gesetzliche Minderungsgründe vorliegen (§ 49 StGB), aber auch erhöhen kann, wenn mehrere Verstöße zu einer Gesamtstrafe zusammengefasst werden (§ 54 StGB). Im Falle einer Verurteilung wird innerhalb des so ermittelten Strafrahmens die individuelle Strafe nach der Tatschuld des/der Handelnden festgelegt – unter Berücksichtigung ihrer Wirkung für das zukünftige Leben des Täters (§ 46 StGB).

Als (Haupt-)Strafen sieht das Erwachsenenstrafrecht lediglich die Geldstrafe (§§ 40 ff StGB) und die Freiheitsstrafe (§§ 38 f StGB) vor. Die Geldstrafe wird nach Tagessätzen bemessen, deren Höhe dem Nettoeinkommen eines Tages entspricht (§ 40 Abs. 2 StGB). Die Zahl der Tagessätze richtet sich nach der Tatschuld. Entsprechend richtet sich auch die Dauer einer Freiheitsstrafe nach der Tatschuld – und der Wirkung auf den Verurteilten. Eine Geldstrafe, die nicht eingetrieben werden kann, kann durch eine Ersatzfreiheitsstrafe ersetzt werden, wobei ein Tagessatz einem Tag Freiheitsentzug entspricht (§ 43 StGB).

Das Erwachsenenstrafrecht kennt auch noch Nebenstrafen, die neben einer Hauptstrafe verhängt werden können: die bekannteste ist das Fahrverbot (§ 44 StGB). Das Fahrverbot ist nicht zu verwechseln mit der Entziehung der Fahrerlaubnis, die keine ‚Strafe' ist, weil sie gerade dann eintritt, wenn es – z.B. aufgrund Alkoholeinflusses – an der Schuldfähigkeit fehlt (§ 69 StGB). Die Entziehung der Fahrerlaubnis ist eine sog. Maßregel der Besserung und Sicherung (§§ 61 ff StGB, 7 JGG). Sie ist nicht repressiv, wie die Strafe, sondern soll präventiv wirken. Sie wird deshalb auch als ‚zweite Spur' des Sanktionssystems bezeichnet.

Als ‚dritte Spur' wird man inzwischen die Wiedergutmachung des Schadens und das Bemühen um Ausgleich mit der geschädigten Person ansehen müssen. Dies hat an sehr vielen Stellen Eingang in das strafrechtliche Reaktionsrepertoire gefunden (vgl. §§ 46a StGB, 153a StPO, 45 Abs. 2 JGG).

Wahrscheinlichkeit der Reaktion

Im deutschen Strafverfahren gilt das Legalitätsprinzip, das bedeutet, dass die Staatsanwaltschaft, „soweit nicht gesetzlich ein anderes bestimmt ist, verpflichtet [ist], wegen aller verfolgbaren Straftaten einzuschreiten, sofern zureichende tatsächliche Anhaltspunkte vorliegen" (§ 152 Abs. 2 StPO). Sie hat insofern keinen Ermessensspielraum (Opportunitätsprinzip). Bieten die Ermittlungen keinen genügenden Anlass zur Erhebung der öffentlichen Klage, fehlt also ein ‚hinreichender Tatverdacht, stellt die Staatsanwaltschaft das Verfahren ein (§ 170 StPO). Dies ist bei etwa einem Drittel aller Verfahren der Fall (Statistisches Bundesamt 2011: 11). Besteht dagegen ein hinreichender Tatverdacht, hat die Staatsanwaltschaft verschiedene Möglichkeiten der Verfahrenserledigung:

- Sie kann das Verfahren – durch eine Weiterverweisung – ‚abwimmeln' (11 %).
- Sie kann das Verfahren bei Geringfügigkeit einstellen (30 %).
- Sie kann einen Strafbefehl erlassen (13 %) oder
- bei Gericht eine Anklage erheben (14 %) (Statistisches Bundesamt 2011: 11).

Zu sog. ‚informellen Sanktionen' kann es sowohl im Jugend- wie im Erwachsenenstrafrecht kommen, wenn die Staatsanwaltschaft – trotz hinreichenden Tatverdachts (§ 170 StPO) – von der weiteren Durchführung des Strafverfahrens absieht (Diversion), damit aber Auflagen und Weisungen verbindet (§§ 45, 47 JGG, 153 ff StPO). Insgesamt haben etwa 60 % aller Tatverdächtigen mit – formellen oder informellen – Konsequenzen aus der Straftat zu rechnen; vier von fünf Einstellungen wegen Geringfügigkeit erfolgen ohne jede Auflage (Statistisches Bundesamt 2011: 11).

Strafzumessungserwägungen

Während sich die Jugendstrafen – idealtypisch – am erzieherischen Bedarf orientieren, werden die Strafen des Erwachsenenrechts innerhalb gesetzlicher Strafrahmen unter Einbeziehung aller Kriterien bemessen, „die für und gegen die Täter sprechen" (§ 46 Abs. 2 StGB). Das Gesetz nennt „namentlich", aber nicht abschließend:

- die Beweggründe und Ziele des Täters
- seine aus der Tat sprechende ‚Gesinnung'
- den für die Tat aufgewendeten Willen
- das Maß der Pflichtwidrigkeit
- die Art der Tatausführung
- die durch seine Schuld verursachten Auswirkungen der Tat
- sein Vorleben
- seine persönlichen und wirtschaftlichen Verhältnisse
- sein Verhalten nach der Tat, insbesondere sein Bemühen, den Schaden wiedergutzumachen und einen Ausgleich mit dem Verletzten zu erreichen.

1.3.3.2 Folgenlose Einstellung des Verfahrens

Einstellung wegen Geringfügigkeit

Im jugendstrafrechtlichen Verfahren kommt eine Einstellung wegen Geringfügigkeit (§§ 45 Abs. 1 JGG; 153 StPO) vor allem bei erstmaligen, jugendtypischen Verfehlungen in Betracht, ohne dass es hier zu einer weiteren Intervention (z. B. durch erzieherische Maßnahmen) kommen muss (RL-JGG Nr. 2 zu § 45). Die Diversionsrichtlinie des Landes Thüringen zählt einige dieser typischen Jugendverfehlungen auf:

- leichte Fälle der Beleidigung (§ 185 StGB) gegenüber Privatpersonen;
- unbefugter Gebrauch eines Fahrzeuges (§ 248 b StGB);

- leichte Fälle der Sachbeschädigung (§ 303 StGB);
- fahrlässige Körperverletzung (§ 230 StGB) bei geringer Schuld und mit leichten Folgen;
- Beförderungserschleichung (§ 265a StGB), also Schwarzfahren;
- Missbrauch von Notrufen (§ 145, 145a StGB) als Jugendstreich;
- leichte Fälle der Bedrohung (§ 241 StGB);
- geringfügige Verstöße gegen das Aufenthalts- und Asylverfahrensrecht;
- geringfügige Verstöße gegen das Urheberrechtsgesetz (gemeint ist z. B. das Kopieren von CDs) und die ‚Ware' danach einbehalten oder vernichtet wird;
- Fahren ohne Fahrerlaubnis (§ 21 StVG) und das Frisieren von Mofas (‚Ritzeln')
- (und sogar) geringfügige Vergehen nach dem Waffengesetz, wenn danach auf die Rückgabe der Waffe verzichtet wird.

Niedersachsen rechnet in seiner Diversionsrichtlinie auch Eigentums- und Vermögensdelikte bis zu einer Schadens- bzw. Wertgrenze von 100 € (bei Fahrraddiebstählen sogar bis 500 €) und leichte Verstöße gegen das Betäubungsmittelgesetz (§§ 29 Abs. 5, 31 BtMG) zu den typischen Jugendverfehlungen.

Voraussetzung ist – wie im Erwachsenenstrafrecht (§ 153 StPO) –, dass es sich um ein Vergehen (Strafdrohung weniger als ein Jahr; § 12 Abs. 2 StGB) handelt, die Schuld des Täters als gering anzusehen ist und kein öffentliches Interesse an der Verfolgung angenommen wird, vor allem, weil schon die Aufdeckung der Tat und das Ermittlungsverfahren ‚erzieherische Wirkung' entfaltet (Nr. 2 RL-JGG zu § 45). Allerdings unterscheidet sich die Umsetzung in den Diversionsrichtlinien von Bundesland zu Bundesland (deshalb selbst recherchieren). Dies führt in der Praxis zu großen regionalen Unterschieden hinsichtlich Anklagequote und Einstellungspraxis (Statistisches Bundesamt 2011: 12).

Im Erwachsenenstrafrecht finden die Diversionsrichtlinien keine Anwendung. Bei der Überprüfung der ‚geringen Schuld' kann die Liste der Straftatbestände deshalb allenfalls Indizwirkung entfalten. Vielmehr soll eine täterbezogene Schuldanalyse (auf Grundlage der Strafzumessungserwägungen in § 46 StGB) stattfinden, bei der zunächst geprüft wird, ob im Bundeszentralregister oder im staatsanwaltschaftlichen Verfahrensregister schon Eintragungen enthalten sind. Zusätzlich wird ein Vergleich mit ‚Durchschnittsverstößen' der jeweiligen Kategorie von Vergehen angestellt.

In der Regel kann die Strafanwaltschaft selbst, ohne Mitwirkung des Gerichts, über diese Form der Einstellung entscheiden (§§ 45 Abs. 1 JGG, 153 StPO). Die Einstellungsrechte stehen aber im weiteren Verfahren auch den Gerichten zur Verfügung (§§ 47 JGG, 153 Abs. 2 StPO). Über die Einstellung wird dem Anzeigenden ein mit Gründen versehener Bescheid erteilt (Nr. 89 RiStBV).

Verweisung auf den Weg der Privatklage

Sobald die Staatsanwaltschaft von einer Straftat erfährt, die mit der Privatklage verfolgt werden kann, prüft sie, ob ein öffentliches Interesse an der Verfolgung von Amts wegen besteht. Wenn nein, muss das Verfahren eingestellt und die Person, die die Anzeige erstattet hat, auf den sog. Privatklageweg verwiesen werden

(§§ 170 Abs. 2 i.V.m. 376 StPO, 80 JGG). Die Privatklage (vor einem Strafgericht) muss ‚der Kläger' selbst betreiben; die Staatsanwaltschaft ist zur Mitwirkung nicht verpflichtet (§ 377 StPO). Empirisch kommt die Verweisung auf den Privatklageweg einer folgenlosen Einstellung gleich, weil kaum jemand selbst die Klage betreibt (Oberlies 2005).
Privatklagedelikte (§ 374 StPO) sind z. B.

- Hausfriedensbruch (§ 123 StGB),
- Beleidigung (§§ 185 bis 189 StGB),
- Körperverletzung (§§ 223 und 229 StGB),
- Stalking (§ 238 Abs. 1 StGB),
- Bedrohung (§ 241 StGB) und
- Sachbeschädigung (§ 303 StGB) sowie
- die entsprechenden im Rausch begangenen Taten (§ 323a StGB).

In der RiStBV (Nr. 86 Abs. 2 RiStBV) heißt es dazu, dass „ein öffentliches Interesse in der Regel [vorliegt], wenn der Rechtsfrieden über den Lebenskreis des Verletzten hinaus gestört und die Strafverfolgung ein gegenwärtiges Anliegen der Allgemeinheit ist". Ein öffentliches Interesse kann sich aus dem Ausmaß der Rechtsverletzung, der Rohheit oder Gefährlichkeit der Tat, sowie den Beweggründen des Täters ergeben oder auch daraus, dass „dem Verletzten wegen seiner persönlichen Beziehung zum Täter nicht zugemutet werden kann, die Privatklage zu erheben, und die Strafverfolgung ein gegenwärtiges Anliegen der Allgemeinheit ist."

Die Handlungsleitlinien der Hessischen Polizei in Fällen häuslicher Gewalt stellen deshalb klar, dass für Körperverletzungsdelikte innerhalb von engen Lebensgemeinschaften von einem (besonderen) öffentlichen Interesse an der Strafverfolgung auszugehen und eine Verweisung auf den Privatklageweg nicht zulässig ist. Das wird aber längst nicht in allen Bundesländern so gehandhabt (Oberlies 2005).

Absehen von Verfolgung und Strafe

Tätige Reue
Hat ein ‚Täter' die Tatausführung aus freien Stücken aufgegeben und verhindert weiteren Schaden, hat das Gericht in vielen Fällen die Möglichkeit, von Strafe abzusehen (vgl. §§ 158, 264a, 320 StGB). Das erlaubt auch der Staatsanwaltschaft, von der Verfolgung abzusehen.

Täter-Opfer-Ausgleich
Im Fall eines Täter-Opfer-Ausgleichs oder einer Schadenswiedergutmachung kann das Verfahren ebenfalls eingestellt bzw. die Strafe gemindert oder ganz von ihr abgesehen werden (§§ 46a StGB, 153b StPO).

Drogentherapie
Ein Absehen von der Strafverfolgung kommt beim Anbau, Erwerb oder Besitz von Betäubungsmitteln lediglich zum Eigenverbrauch in geringer Menge in Betracht (§§ 29 Abs. 5, 31a BtMG). Gleiches gilt, wenn ein ‚Täter' freiwillig sein Wissen offenbart und dadurch weitere Drogendelikte aufgedeckt oder verhindert werden können (§ 31 BtMG). Darüber hinaus kann eine Strafe zurückgestellt

werden, wenn sich ‚der Täter' wegen seiner Drogenabhängigkeit in Behandlung begibt (§ 35 BtMG).

Folgen der Tat
Bei Freiheitsstrafen unter einem Jahr kommt ein Absehen von der Strafverfolgung auch dann in Betracht, wenn ‚der Täter' bereits durch die Tat ausreichend ‚gestraft' ist (§§ 60 StGB, 153 b StPO). Denkbar ist, dass jemand durch die eigene Tat gesundheitlich oder wirtschaftlich schwer geschädigt ist oder Angehörige verloren hat.

1.3.3.3 Reaktionen im Zuge der Diversion

In verschiedenen anderen Konstellationen ist die Einstellung des Verfahrens mit weiteren Reaktionen verbunden, ohne dass es eines formellen Verfahrens (Strafbefehl oder Urteil) bedarf.

Jugendstrafrecht

Erzieherische Maßnahmen/Ausgleich
Sind gegen Personen, die dem Jugendstrafrecht unterfallen, erzieherische Maßnahmen zumindest eingeleitet, kann die Staatsanwaltschaft von einer Verfolgung der Straftat absehen, wenn sie eine Anklage und die Beteiligung der Richterin nicht für erforderlich hält (§ 45 Abs. 2 JGG). Als erzieherische Maßnahme gilt ausdrücklich auch „das Bemühen des Jugendlichen, einen Ausgleich mit dem Verletzten zu erreichen" (§ 45 Abs. 2 Satz 2 JGG).

Die möglichen erzieherischen Interventionen (nach einem jugendlichen Fehlverhalten) sind vielfältig: angefangen von Sanktionen der Eltern oder der Schule, über Maßnahmen der Jugendhilfe (SGB VIII), erzieherische Gespräche mit der Polizei oder der Jugend(gerichts)hilfe bis hin zur Teilnahme an sozialen Trainingskursen, Seminaren, Gesprächsgruppen, Beratungen oder einer Therapie.

Für erzieherische Gespräche der Polizei hat das Landeskriminalamt Niedersachsen einen Leitfaden entwickelt (RdErl. d. MI – LPP 3.1 – 51603). Er sieht vor, dass die Gespräche von – speziell geschulten – Jugendsachbearbeitungen geführt werden. Um den erzieherischen Effekt der Gespräche zu erhöhen, sollen Erziehungsberechtigte hinzugezogen werden (zumal ihnen ein Recht auf Anwesenheit und Mitwirkung zusteht; § 67 JGG). Weitere Ermittlungen im sozialen Umfeld sollen aber ausdrücklich unterbleiben, um Beschuldigte nicht über das vermeidbare Maß bloßzustellen. Im Gespräch sollen folgende Dinge angesprochen werden: Wurde Schadensersatz geleistet? Hat sich der/die Jugendliche entschuldigt? Besteht Bereitschaft, an einem Täter-Opfer-Ausgleich mitzuwirken? Welche erzieherischen Maßnahmen haben die Erziehungsberechtigten getroffen? Was waren die Folgen der Tat für den/die Jugendliche selbst? Werden Tatwerkzeuge und durch die Tat erlangte Gegenstände zurück- bzw. abgegeben? Die Gespräche werden dokumentiert und der staatsanwaltschaftlichen Akte beigefügt.

Die Entscheidung über die Einstellung trifft auch hier die Staatsanwaltschaft. Anhaltspunkte können sich aus Niederschriften oder Vermerken der Polizei oder aus Mitteilungen der Jugendgerichtshilfe ergeben, die ein spezieller Fachdienst der Jugendämter ist (§ 52 SGB VIII). Problematisch ist hierbei, dass die Jugendgerichtshilfe oft nicht proaktiv (durch Angebote der Jugendhilfe) tätig wird, sondern erst, wenn ihre Mitwirkung im Verfahren (§ 38 JGG) erforderlich wird. In der Diversionsrichtlinie des Landes Nordrhein-Westfalen (JMBl. NRW S. 190) ist deshalb vorgesehen, dass die Polizei das Jugendamt über die Straftat unterrichtet und Informationen von der Jugendgerichtshilfe einholen kann (Nr. 2.3). Ergänzend schreibt das Kinder- und Jugendhilferecht vor, dass das Jugendamt (frühzeitig) zu prüfen hat, ob Leistungen der Jugendhilfe in Betracht kommen. Hierüber hat es Staatsanwaltschaft und Gericht zu informieren (§ 52 Abs. 2 SGB VIII). Die durch das Jugendamt sowie durch andere öffentliche oder nicht öffentliche Stellen veranlassten (pädagogischen) Reaktionen gelten als erzieherische Maßnahmen nach dem JGG (Nr. 2.7).

Die Häuser des Jugendrechts vereinen gar Polizei, Jugendamt und Jugendstaatsanwaltschaft unter einem Dach – mit der Folge, dass die Familien oft gar nicht wissen, ob sie gerade mit der Polizei, der Staatsanwaltschaft oder dem Jugendamt sprechen (FR vom 23.10.2008). Wie man sich ein Jugendstrafverfahren der kurzen Wege vorzustellen hat, zeigt ein Bericht – im Internet – über das Haus des Jugendrechts in Ludwigshafen:

„Ein Jugendlicher ist wegen einer versuchten Straftat zur Vernehmung bei der Polizei vorgeladen. Nach dem Gespräch mit dem zuständigen Beamten begleitet dieser den 16-Jährigen über den Gang ins Dienstzimmer des Staatsanwaltes, dieser zieht einen Sozialarbeiter des Jugendamtes zum Gespräch hinzu. Gemeinsam mit dem Jugendlichen, der sich seiner Schuld bewusst ist, und bei dem Polizei, Staatsanwaltschaft und Jugendamt von einer einmaligen Verfehlung ausgehen, wird festgelegt, dass er zur Wiedergutmachung Arbeitsstunden in einem Grünpflegeprojekt ableistet. Nach rund zwei Stunden ist das Verfahren vorläufig beendet."

Pädagogisch mag dies begrüßenswert sein, rechtlich verursacht es leichte Bauchschmerzen: Wo bleiben die Personensorgeberechtigten – und wo die Unschuldsvermutung? Zwischen Strafe, Hilfe und Erziehungshilfe jedenfalls verschwimmen die Unterschiede, wenn Jugendamt, Staatsanwaltschaft und Polizei alle ‚erzieherisch' tätig sind. Und was ist es wert, dass die Diversionsrichtlinien vorsehen, dass der Beschuldigte mit der vorgeschlagenen Maßnahme einverstanden sein muss und der gesetzliche Vertreter nicht widersprechen darf (Thüringen 3.2), wenn doch andernfalls ‚Strafe' droht?

Die meisten Diversionsrichtlinien jedenfalls erlauben der Staatsanwaltschaft, dass sie selbst die Voraussetzungen für ein Absehen von der Verfolgung schaffen kann, indem sie z.B. ein Gespräch mit dem Jugendlichen führt und ihm die Folgen seiner Tat verdeutlicht oder eine Schadenswiedergutmachung oder Entschuldigung anregt (Thüringen Nr. 3.2). Zu diesem Zweck kann sie auch die Jugendgerichtshilfe einschalten (Niedersachsen 2.2) oder – wie in Nordrhein-Westfalen geregelt (Nr. 2.6) – das Jugendamt anhören, ob bereits erzieherische Maßnahmen eingeleitet wurden, ob nach Persönlichkeit und Tatumständen von einer Verfolgung abgesehen werden kann bzw. welche erzieherischen Interventionen vorgeschlagen werden.

Ermahnung, Weisung, Auflagen
Als nächste ‚Interventionsstufe' kann im Jugendstrafrecht die Staatsanwaltschaft beim Gericht eine Ermahnung, Weisung oder Auflage anregen, wenn sie eine Anklage nicht für erforderlich hält, (auch) weil der Angeklagte in diesem Fall geständig sein muss (§ 45 Abs. 3 JGG). Wenn der Jugendliche den erteilten Weisungen und Auflagen nachgekommen ist, stellt die Staatsanwaltschaft auch hier das Verfahren ein. Ist eine Anklage bereits erhoben, hat das Gericht die gleichen Möglichkeiten (§ 47 Abs. 1 Nr. 3 JGG); in diesem Fall kann er auf eine Entscheidung durch Urteil verzichten.

Die Ermahnung stellt eine Zurechtweisung durch den Richter dar. Sie wird in der Regel mündlich und formlos ausgesprochen. Das unterscheidet sie von der Verwarnung (§ 14 JGG), die in einem Urteil – also förmlich – erteilt wird.

Das Gericht kann zudem verschiedene Weisungen erteilen wie Arbeitsleistung (§ 10 Abs. 1 Satz 3 Nr. 4 JGG), die Verpflichtung zum Täter-Opfer-Ausgleich (§ 10 Abs. 1 Satz 3 Nr. 7 JGG) und zur Teilnahme am Verkehrsunterricht (§ 10 Abs. 1 Satz 3 Nr. 9 JGG). Nicht ‚informell' erteilt werden kann eine Weisung, an einem sozialen Trainingskurs teilzunehmen (§ 10 Abs. 1 Satz 3 Nr. 6 JGG).

Letzteres stellt auch keine zulässige Auflage dar (§§ 45 Abs. 3 i.V.m. 15 JGG). Auflagen im Diversionsverfahren können sein: Wiedergutmachung des Schadens (§ 15 Abs. 1 Nr. 1 JGG), die Entschuldigung beim Verletzten (§ 15 Abs. 1 Nr. 2 JGG) und die Zahlung eines Geldbetrages an eine gemeinnützige Einrichtung, wenn der Jugendliche den Geldbetrag aus eigenen Mitteln aufbringen kann oder wenn ihm auf diese Weise ‚Einnahmen' aus der Tat entzogen werden sollen (§§ 15 Abs. 1 Nr. 3 i.V.m. Abs. 2 JGG).

Allgemeines Strafrecht

Vorläufige Einstellung
Auch im Erwachsenenstrafrecht ist eine (vorläufige) Einstellung des Verfahrens möglich, die mit bestimmten Auflagen und Weisungen verbunden wird (§ 153a StPO). Zur Erfüllung der Auflagen und Weisungen setzt die Staatsanwaltschaft dem Beschuldigten eine Frist (i.d.R. sechs Monate). Erfüllt der Beschuldigte die Auflagen und Weisungen, so wird die Tat nicht weiterverfolgt.

Als Auflagen oder Weisungen kommen insbesondere in Betracht:

- Wiedergutmachung des verursachten Schadens (Nr. 1), auch im Rahmen eines (Täter-Opfer-)Ausgleichs mit dem/der Verletzten (Nr. 5). Diese Auflage ist von der Staatsanwaltschaft immer zu prüfen (Nr. 93 Absatz 3 RiStBV);
- Zahlung eines Geldbetrag zugunsten einer gemeinnützigen Einrichtung oder der Staatskasse (Nr. 2) oder sonstige gemeinnützige Leistungen (Nr. 3) wie z.B. gemeinnützige Arbeit;
- Erfüllung von Unterhaltspflichten (Nr. 4);
- Teilnahme an einem Verkehrseminar (Nr. 6).

Diese Liste ist nicht abschließend (‚insbesondere'): So kann bei nicht-deutschen Tatverdächtigen auch die Hinterlegung des Reisepasses im Wege einer Auflage verlangt werden, um eine Ausreise zu verhindern.

Durch die Auflagen sollen insbesondere auch die durch die Straftat erlangten Vermögensvorteile abgeschöpft werden (Nr. 93a RiStBV). Bei Geldzahlungen an gemeinnützige Einrichtungen hat die Staatsanwaltschaft darauf zu achten, dass bei der Auswahl des Zuwendungsempfängers insbesondere Einrichtungen der Opferhilfe, Kinder- und Jugendhilfe, Straffälligen- und Bewährungshilfe, Gesundheits- und Suchthilfe sowie Einrichtungen zur Förderung von Sanktionsalternativen und Vermeidung von Ersatzfreiheitsstrafen in angemessenem Umfang berücksichtigt werden (Nr. 93 Abs. 4 RiStBV).

Die Staatsanwaltschaft kann Auflagen und Weisungen nachträglich aufheben, einmalig um drei Monate verlängern und (mit Zustimmung des Beschuldigten) auch nachträglich auferlegen oder ändern. Erfüllt der Beschuldigte die Auflagen und Weisungen nicht, werden geleistete Zahlungen nicht zurückerstattet.

Voraussetzung der (vorläufigen) Einstellung ist, dass es sich bei der Straftat um ein Vergehen (§ 12 Abs. 2 StPO) handelt. Hinzukommen muss, dass schon die Erteilung von Auflagen und Weisungen geeignet ist, „das öffentliche Interesse an der Strafverfolgung zu beseitigen, und die Schwere der Schuld nicht entgegensteht" (§ 153a Abs. 1 Satz 1 StPO).

Auch in diesem Verfahren sind zunächst Auskünfte über vorangegangene Straftaten einzuholen (Nr. 16 RiStBV). Sind Beschuldigte einschlägig vorbestraft, haben sie roh oder besonders leichtfertig gehandelt oder durch die Tat eine erhebliche Verletzung verursacht, dann steht jedenfalls das (besondere) öffentliche Interesse und die Schwere der Schuld einer Einstellung entgegen; ebenso, wenn dem Opfer wegen seiner persönlichen Beziehung zum Täter nicht zugemutet werden kann, die Sache selbst zu betreiben (Nr. 234 RiStBV).

Die Entscheidung wird von der Staatsanwaltschaft getroffen, sie braucht dazu allerdings die Zustimmung des Gerichts, das für die Eröffnung des Hauptverfahrens zuständig ist, und die des Beschuldigten. Die durch die Tat verletzte Person muss nicht zustimmen. Das ist kritisiert worden (Nelles/Oberlies 1998). Verletzte erhalten einen begründeten Bescheid über die Einstellungsgründe, wenn sie die Anzeige erstattet haben (Nr. 89 RiStBV). So können Geschädigte sich mit einem sog. Klageerzwingungsverfahren (§ 172 StPO) gegen die Einstellung des Verfahren wehren.

Nach Erhebung der Anklage hat das Gericht die gleichen Rechte zur Einstellung des Verfahrens wie die Staatsanwaltschaft (§ 153a Abs. 2 StPO).

1.3.3.4 Formelle Sanktionen

Von den ‚informellen' Sanktionen (Ermahnung, Auflagen, Weisungen), die damit einhergehen, dass die Straftat nicht weiter verfolgt wird, sind die ‚formellen Sanktionen' zu unterscheiden, die durch Urteil (§ 260 StPO, 54 JGG) oder Strafbefehl (§§ 407 ff StPO) verhängt werden. Beides setzt ein Hauptverfahren, das heißt eine Entscheidung über die Anklageerhebung, voraus und unterscheidet sich dadurch von den ‚informellen' Erledigungsarten, die genau darauf verzichten.

Der Strafbefehl ist eine Verurteilung, die in einem schriftlichen Bescheid auf Antrag der Staatsanwaltschaft ausgesprochen wird, ohne dass es zu einer mündlichen Erörterung kommt (§ 407 Abs. 1 und 3 StPO). Bei Jugendlichen sind

Strafbefehle nicht zulässig (§ 79 Abs. 1 JGG). Auch bei Erwachsenen kann der Strafbefehl nur auf bestimmte Rechtsfolgen gerichtet sein. Die wichtigsten sind: Geldstrafen und Freiheitsstrafen auf Bewährung von bis zu einem Jahr (§ 407 Abs. 2 StPO). Gegen einen Strafbefehl kann Einspruch eingelegt werden, dann kommt es zur Hauptverhandlung; andernfalls wirkt er wie ein rechtskräftiges Urteil (§ 410 StPO), aus dem die Strafe vollstreckt werden kann (§ 449 StPO).

Als ‚Aburteilungen' werden in der Strafverfolgungsstatistik alle Erledigungen gezählt, die im sog. Hauptverfahren ergehen. Dazu gehören die Verurteilungen, aber z. B. auch Verfahrenseinstellungen, Freisprüche oder Maßregeln der Besserung und Sicherung.

Im letzten Berichtsjahr (2009) mussten sich 842 000 Personen vor einem Strafgericht verantworten. Jedes fünfte dieser Verfahren (22 %) endete mit einem Freispruch oder einer Einstellung. Eine/r von drei polizeilich registrierten Tatverdächtigen wurde verurteilt (N = 656 000); davon 90 % (593 100 Personen) zu Geldstrafen. Bei 6 % der Verurteilten (das entspricht 2 % der polizeilich ermittelten Tatverdächtigen oder 42 000 Personen) wurde eine vollziehbare Freiheitsstrafe verhängt (Statistisches Bundesamt 2011: 7).

Jugendstrafrecht

Das Jugendstrafrecht kennt als formelle Sanktionen, die verhängt werden, wenn eine Ermahnung, Weisung oder Auflage durch die Richterin nicht ausreicht und eine Anklage für erforderlich gehalten wird (§ 45 Abs. 3 JGG), die Erziehungsmaßregeln (§§ 5, 9 JGG), die Zuchtmittel (§§ 5, 9 JGG) und die Jugendstrafe – mit und ohne Bewährung (§§ 17 ff JGG).

Zuchtmittel machen etwa drei Viertel aller formellen Sanktionen des Jugendstrafrechtes aus. Dahinter verbergen sich Arbeitsleistungen (31 %), Verwarnungen (20 %), Geld- und Wiedergutmachungsleistungen sowie Jugendarrest (je 12 %). Jeder sechste Jugendliche wird zu einer Freiheitsstrafe verurteilt (16 %), aber nur jeder zweite muss die Strafe tatsächlich antreten (6 %). Am seltensten (8 %) kommt es zur Verhängung bloßer Erziehungsmaßregeln (Statistisches Bundesamt 2011: 25).

Erziehungsmaßregeln
Unter Erziehungsmaßregel versteht man die Erteilung von Weisungen (§ 9 Nr. 1 JGG) und die Anordnung, Hilfe zur Erziehung in Anspruch zu nehmen (§§ 9 Nr. 2, 12 JGG).

Das Gesetz definiert Weisungen als Ge- und Verbote, die die Lebensführung des Jugendlichen regeln und dadurch seine Erziehung fördern und sichern sollen, ohne jedoch unzumutbare Anforderungen zu stellen (§ 10 Abs. 1 Satz 1 JGG). Die im Gesetz genannten Beispiele beziehen sich auf:

- den Lebenswandel wie Ge- und Verbote bezüglich des Aufenthaltsortes (Nr. 1), Weisung, bei einer Familie oder in einem Heim zu wohnen (Nr. 2), Kontakt- und Gaststättenverbote (Nr. 8);
- Arbeitsweisungen wie das Gebot, eine Ausbildungs- oder Arbeitsstelle anzunehmen (Nr. 3) oder Arbeitsleistungen (‚Sozialstunden') zu erbringen (Nr. 4) sowie

- Verhaltensänderung durch eine Betreuung (Nr. 5), soziale Trainingskurse (Nr. 6), Verkehrsunterricht (Nr. 9), Gaststättenverbote (Nr. 8), heilpädagogische Behandlung oder Entziehungskur (Abs. 2).

Über diesen Katalog hinaus können Jugendgerichte auch andere Weisungen erteilen (vgl. Heisig 2010: 146 ff). Wichtig ist, dass sie keine unzumutbaren Anforderungen stellen dürfen (§ 10 Abs. 1 Satz 2 JGG) und deshalb klar und bestimmt sein müssen, so dass man sie erfüllen kann. Sie müssen geeignet sein, die Lebensführung des Jugendlichen (positiv) zu beeinflussen, also in ihrer Intention ‚erzieherisch' sein, nicht strafend. Das setzt voraus, dass sie aus Sicht der Jugendlichen nachvollziehbar und angemessen sind, also möglichst einen gewissen Zusammenhang zum Fehlverhalten erkennen lassen und dem Anlass angemessen sind (Grundsatz der Verhältnismäßigkeit). Dem dient auch, dass der Jugendliche manchen Weisungen zustimmen muss (§ 10 Abs. 2 JGG). Schließlich dürfen sie auf keinen Fall die Grenzen des rechtlich Erlaubten überschreiten, z. B. die Berufswahl einschränken (Art. 12 GG) oder faktisch freiheitsentziehend sein (Art. 2 GG).

Für die erteilten Weisungen ist eine Laufzeit zu bestimmen, die zwei Jahre nicht überschreiten darf und in manchen Fällen sogar kürzer sein muss (§ 11 Abs. 1 JGG). Weisungen können vom Gericht geändert werden, wenn dies erzieherisch erforderlich ist (§ 11 Abs. 2 JGG).

Kommt der Jugendliche den Weisungen – schuldhaft (vorsätzlich oder fahrlässig) – nicht nach, kann nach vorheriger Belehrung Jugendarrest von maximal vier Wochen verhängt werden, muss aber nicht zwingend (§ 11 Abs. 3 JGG).

Zuchtmittel
Der Jugendarrest gehört zur ‚nächsten Interventionsstufe' des Jugendstrafrechts, den Zuchtmitteln. Zu ihnen gehören auch Verwarnungen und Auflagen (§ 13 JGG).

Verwarnungen sind – laut Gesetz – eindringliche Zurechtweisungen, bei denen den Jugendlichen das Unrecht der Tat vom Gericht vorgehalten werden soll (§ 14 JGG), inhaltlich also eine ‚Ermahnung', die aber ‚förmlich' durch Urteil ausgesprochen wird.

Auflagen gehen darüber hinaus, weil sie eine Handlung des Jugendlichen erwarten: Wiedergutmachung des verursachten Schadens (nach Kräften), persönliche Entschuldigung beim Verletzten, Arbeitsleistung und Zahlung eines Geldbetrages an eine gemeinnützige Einrichtung, tunlichst aus eigenen Mitteln oder als eine Art ‚Gewinnabschöpfung' (§ 15 JGG). Sie ähneln in sehr vielem den Weisungen (§ 10 JGG), so dass die ‚Steigerung', die das Gesetz sieht (§ 5 JGG), tatsächlich nicht leicht zu vermitteln sein dürfte. Vielleicht ist so auch zu erklären, warum die Zuchtmittel die Erziehungsmaßregeln zahlenmäßig überholt haben (Statistisches Bundesamt 2011: 12). Wie bei den Weisungen kann das Gericht nachträgliche Änderungen vornehmen und bei schuldhafter Nichterfüllung Jugendarrest bis zu vier Wochen verhängen (§ 16 JGG).

Jugendarrest als Freiheitsentzug ist demgegenüber eine echte Steigerung. Er hat die Form von Freizeit-, Kurz- und Dauerarrest (§ 16 JGG): Der Freizeitarrest umfasst nur die wöchentliche Freizeit eines Jugendlichen und ist auf ein bis zwei Wochenenden beschränkt (§ 16 Abs. 2 JGG). Da er sich auf die ‚Freizeit' bezieht, gehen schulische und berufliche Anforderungen vor (Eisenberg, § 16 Rdn. 25). Ist der Freizeitarrest erzieherisch nicht zweckmäßig, kann er als Kurzarrest am Stück (maximal vier Tage, Eisenberg, § 16 Rdn. 27) angeordnet werden. Auch hier dürfen Ausbildung und Arbeit nicht beeinträchtigt werden (§ 16 Abs. 2 JGG). Als weitere Ausgestaltung kommt der Dauerarrest in Betracht, der zwischen einer bis vier Wochen dauern kann (§ 16 Abs. 3 JGG).

Jugendarrest kann nicht zur Bewährung ausgesetzt werden (§ 87 Abs. 1 JGG). Allerdings kann die Jugendrichterin als sog. Vollstreckungsleiter (§ 82 JGG) unter bestimmten Voraussetzungen von der weiteren Vollstreckung absehen, wenn zumindest ein Teil verbüßt wurde oder seit der rechtskräftigen Verurteilung mehr als sechs Monate vergangen sind (§ 87 Abs. 2 JGG).

Der Vollzug des Jugendarrestes soll – so steht es im Gesetz (§ 90 JGG) – das Ehrgefühl des Jugendlichen wecken und ihm eindringlich zum Bewusstsein bringen, dass er für das von ihm begangene Unrecht einzustehen hat. Der Vollzug ist erzieherisch zu gestalten und soll dem Jugendlichen helfen, die Schwierigkeiten zu bewältigen, die zur Begehung der Straftat beigetragen haben. Näheres regelt die Verordnung über den Vollzug von Jugendarresten (JAVollzVO). Der Jugendarrest ist unmittelbar nach Rechtskraft des Urteils – in geschlechtergetrennten Jugendarrestanstalten – zu vollziehen. Im Vollzug gelten Verhaltensvorschriften (§ 9 JAVollzVO) und Hausstrafen (§ 23 JAVollzVO). Dauert der Arrest mehr als zwei Tage soll – neben einer Aussprache mit der Vollzugsleiterin (= Jugendrichter am Ort; § 90 Abs. 2 JGG) – auch soziale Einzelhilfe, Gruppenarbeit und Unterricht angeboten werden (§ 10 JAVollzVO). Für die Zeit nach der Entlassung des Jugendlichen sollen Fürsorgemaßnahmen in Zusammenarbeit mit den Trägern der öffentlichen und freien Jugendhilfe vorbereitet werden (§ 25 JAVollzVO).

Jugendstrafe
Jugendstrafe ist die härteste Sanktion des Jugendstrafrechts: Sie besteht in Freiheitsentzug in einer Jugendhaftanstalt (§ 17 Abs. 1 JGG) von sechs Monaten bis fünf Jahren; in Ausnahmefällen, wenn das allgemeine Strafrecht eine lebenslange Freiheitsstrafe vorsieht, auch bis zu 10 Jahren (§ 18 JGG).

Jugendstrafe wird verhängt, wenn

- wegen der „schädlichen Neigungen des Jugendlichen, die in der Tat hervorgetreten sind, Erziehungsmaßregeln und Zuchtmittel zur Erziehung nicht ausreichen" oder
- die „Schwere der Schuld" Strafe erfordert (§ 17 Abs. 2 JGG).

Ganz offensichtlich geht das JGG nach wie vor – wie seit seinem ersten Inkrafttreten 1953 – davon aus, dass Strafe durch Freiheitsentzug ein Mittel der Erziehung ist. Für den Bereich der Jugendhilfe hat das Deutsche Jugendinstitut (DJI) die Effekte freiheitsentziehender Maßnahmen untersucht und kommt zu folgendem Ergebnis (Permien 2010: 54 f):

„Die Gleichaltrigen in der FM [freiheitsentziehende Maßnahmen] -Gruppe waren, so lässt sich bilanzierend festhalten, für alle Mädchen und Jungen von großer Bedeutung, wobei die Aussagen der Jugendlichen wie der Betreuenden darauf hindeuten, dass die aus so genannten „dissozialen" Jugendlichen

zusammengesetzten Gruppen in fast jedem Fall ein sehr schwieriges und minenreiches Lernfeld darstellen. Dieses ermöglichte den Einzelnen ganz unterschiedliche, im Einzelfall aber auch gar keine Fortschritte in ihrer sozialen und Konfliktkompetenz, und brachte für manche auch eher negative Erfahrungen und Einflüsse mit sich. (...) Dabei umfassten allerdings die Lernprozesse nicht nur die von der Jugendhilfe erwünschten Inhalte, sondern auch einiges an „Devianz-Training" und an Selbstbehauptungsstrategien unter Einsatz fragwürdiger Mittel.

Zudem ist davon auszugehen, dass die Jugendlichen spätestens nach Ende der Jugendhilfemaßnahmen wieder mit anderen Jugendlichen „draußen" konfrontiert und damit wieder vor die Entscheidung gestellt sind, welchen Gruppen sie sich zuwenden wollen. Von daher scheint es sehr wichtig, dass sie soweit wie möglich Strategien sozialen Verhaltens erlernen, die ihnen den Anschluss an sozial akzeptierte Gruppierungen ebenso erlauben wie gewaltfreie Formen der Abgrenzung von „falschen Freunden" und deren Verhaltenszumutungen. Unter diesem Aspekt kann ein so intensiv pädagogisch begleitetes Übungsfeld wie die FM-Gruppe, das den Jugendlichen Verhaltensalternativen eröffnet und sie diesbezüglich immer wieder vor Entscheidungssituationen stellt, durchaus nützlich sein. Die Erst- und Zweitinterviews sowie die Fragebogenerhebung zeigen auch, dass viele Jugendliche sich in der Gruppe zumindest phasenweise wohlgefühlt und sich mit den anderen Jugendlichen arrangiert oder sogar sehr gut verstanden haben.

Allerdings kam es trotz der hohen Präsenz der Betreuenden immer wieder zu (von ihnen unbemerkten oder nicht beherrschbaren) Kämpfen und Demütigungen unter den Jugendlichen, bis hin zu Gewalt und sexuellen Übergriffen, wobei häufig mit unterschiedlichen Strategien um Positionen in der „Hackordnung" der Gruppe gerungen wurde. Es scheint also unvermeidlich, dass sich – quasi jenseits von Programm und Programmatik – unter dem dichten „Kontroll-Teppich" eine manchmal sehr heftige Dynamik unter den Jugendlichen entfaltet (vgl. v. Wolffersdorff u. a. 1996).

Es muss also immer auch Aufgabe der Betreuenden sein, zu überprüfen, wie weit die Bedingungen in der Gruppe und die persönlichen Voraussetzungen den einzelnen Jugendlichen ein produktives soziales Lernen ermöglichen, bzw. für wen diese Bedingungen so kontraproduktiv oder gar traumatisierend sind, dass ein anderes Setting wie z. B. die Versetzung in eine andere Gruppe oder auch eine Einzelbetreuung gefunden werden muss."

Ähnliche Zweifel werden auch für die Jugendstrafe – als freiheitsentziehender Maßnahme – zu gelten haben, insbesondere, da ‚Dissozialität' in der Definition des ICD-10 große Ähnlichkeit mit dem jugendstrafrechtlichen Begriff der schädlichen Neigungen aufweist: Missachtung sozialer Normen, geringe Frustrationstoleranz und impulsiv-aggressives Verhalten, mangelndes Schulderleben, unberechtigte Beschuldigung Anderer, anhaltende Reizbarkeit (ICD-10 F 60.2). Der Begriff der ‚schädlichen Neigungen' stammt noch aus der Zeit des Nationalsozialismus (1941). Er bildet die Vorstellungen der Zeit ab, dass es so etwas wie einen kriminellen ‚Tätertypus' gibt (vgl. z. B. auch den Typ des ‚Mörders' in

§ 211 StGB). Er hat deshalb in einem zeitgemäßen Jugendstrafrecht eigentlich nichts mehr zu suchen (vgl. zur Kritik Eisenberg, § 17 Rdn. 18). Trotzdem muss mit diesem Begriff gearbeitet werden, solange der Gesetzgeber ihn nicht revidiert. Der Bundesgerichtshof behilft sich damit, erhebliche Anlage- und Erziehungsmängel zu verlangen, die schon vor der Tat, wenn auch verborgen, angelegt gewesen sein sollen (BGH NStZ 2010, 280 f). In der Literatur wird zusätzlich darauf abgestellt, dass ohne eine längere Gesamterziehung die Gefahr weiterer (schwerer) Straftaten besteht (Eisenberg, § 17 Rdn. 18 a). Das heißt, dass eine – negative – Rückfallprognose zu stellen ist. Das ist, um ein Bonmot von Mark Twain zu bemühen, schwierig, weil diese Aussagen über die Zukunft verlangt. Boetticher u. a. (2006) fordern in ihren Mindeststandards für Prognosegutachten: eine Untersuchung der Entwicklung und des gegenwärtigen Bildes der Persönlichkeit, eine Krankheits- und Störungsanamnese sowie die Analyse der Delinquenzgeschichte und des Tatbildes. Bock (2007) hat mit seiner Methode der idealtypischen vergleichenden Einzelfallanalyse (MIVEA) ein empirisch gestütztes Verfahren für die Soziale Arbeit im Strafverfahren angeboten.

Daraus wird deutlich, dass ‚schädliche Neigungen' mehr sein müssen als etwas, dem man durch pädagogisch-therapeutische Angebote (im Rahmen der Kinder- und Jugendhilfe) abhelfen könnte; denn diese könnten schon durch Erziehungsmaßregeln (§§ 9, 12 JGG) und Weisungen (§ 10 JGG) realisiert werden. Es muss deshalb wohl außer einem längerfristigen Erziehungsbedarf noch eine gewisse Gefährlichkeit hinzutreten: Gelegenheits-, Konflikt- und Not- oder Affekttaten reichen nicht aus, um schädliche Neigung anzunehmen (so auch Eisenberg, § 17 Rdn. 18 b ff).

Während also die ‚schädlichen Neigungen' auf die Täterpersönlichkeit verweisen, stellt das Kriterium der ‚Schwere der Schuld' auf die Tat ab. Dabei wird in der Praxis auf die Schwere des begangenen Unrechts bzw. die Schwere des verursachten Schadens abgestellt (Eisenberg, § 17 Rdn. 32). Auch wenn die Vorschrift keine unmittelbare Anwendung auf Jugendliche findet, kann hier § 46 Abs. 2 StGB Anhaltspunkte liefern: Beweggründe und Ziele, Maß der Pflichtwidrigkeit, Art der Tatausführung und Schwere der Folgen. Die Rechtsprechung legt dabei mehr Gewicht auf die innere Tatseite als auf äußere Umstände: charakterliche Haltung und die Persönlichkeit sowie die Tatmotivation des Jugendlichen bzw. Heranwachsenden (BGH NStZ 2010, 280).

Hinzukommen muss in beiden Fällen (nach Ansicht der Gerichte), dass Jugendstrafe erzieherisch erforderlich ist (Eisenberg, § 17 Rdn. 23 b und 34). Die Schwere der Schuld oder ‚schädliche Neigungen' reichen allein zur Begründung der Jugendstrafe nicht aus: Jugendstrafrecht ist kein ‚Sühnestrafrecht', sondern – von seinem Ideal her – Erziehungsstrafrecht. Wichtig bleibt, was in und mit dem Freiheitsentzug (erzieherisch) erreicht werden soll. Sofern es – aufgrund des klinischen Befundes – als unmöglich erachtet wird, die ‚Gefährlichkeit' erzieherisch zu beeinflussen, muss eine Maßregel der Besserung und Sicherung (§ 7 JGG) in Erwägung gezogen werden.

Aussetzung der Jugendstrafe zur Bewährung: Die Jugendstrafe kann und wird tatsächlich in sechs von zehn Fällen (Statistisches Bundesamt 2011: 23) zur Bewährung ausgesetzt (§§ 27 ff JGG).

Erforderlich ist, dass die Jugendstrafe zwei Jahre nicht überschreitet und zu erwarten ist, dass schon die Verurteilung eine Warnung darstellt, die zu einer Änderung des Lebenswandels führt. Bei der Entscheidung werden die Persönlichkeit des Jugendlichen, sein Vorleben, die Umstände der Tat, das Verhalten nach der Tat, seine Lebensverhältnisse und die Wirkungen einer Aussetzung betrachtet (§ 21 JGG). Die Bewährungszeit soll drei Jahre nicht über- und zwei Jahre nicht unterschreiten (§ 22 JGG); sie kann mit Weisungen und Auflagen verbunden werden (§ 23 JGG) und wird von einem Bewährungshelfer begleitet (§§ 24, 25 JGG).

Eine Besonderheit gilt, wenn in einem Verfahren der Umfang ‚schädlicher Neigungen' nicht mit Sicherheit festgestellt werden kann: In diesem Fall wird durch den Tatrichter nur die Schuld festgestellt, die Entscheidung über die Jugendstrafe selbst aber für die Dauer von mindestens einem bis maximal zwei Jahren ausgesetzt (§ 28 JGG). Zeigt sich in der Bewährungszeit doch die Erheblichkeit der ‚schädlichen Neigungen', erkennt der Jugendrichter (rückblickend) auf Jugendstrafe in bestimmter Höhe (§ 30 JGG).

Schließlich kann auch der Jugendrichter als Vollstreckungsleiter entscheiden, eine Jugendstrafe nach Teilverbüßung auszusetzen, wenn dies im Hinblick auf die Entwicklung des Jugendlichen und etwaige Sicherheitsaspekte verantwortet werden kann (§ 88 JGG).

Vollstreckung und Vollzug von Jugendstrafen: Die Vollstreckung jugendstrafrechtlicher Maßnahmen wird in der Regel von dem Jugendgericht geleitet, das das erstinstanzliche Verfahren durchgeführt hat (§ 84 JGG). Ist eine Jugendstrafe zu verbüßen, wird eine Jugendrichterin am Ort der Justizvollzugsanstalt zuständig (§ 90 JGG). Justizvollzugsanstalten nennt man die Einrichtungen, die von den Landesjustizverwaltungen betrieben werden und in denen Untersuchungshaft, Freiheitsstrafen, Sicherungsverwahrung, aber auch Abschiebehaft verbüßt wird. Für den Jugendstrafvollzug gelten in jedem Bundesland eigene Landesgesetze.

Auch für den Vollzug von Jugendstrafen ist ein Erziehungsziel vorgegeben. Als Beispiel kann hier das Hessische Jugendstrafvollzugsgesetz gelten, das als Erziehungsziel vorgibt, dass „die Gefangenen befähigt werden [sollen], künftig in sozialer Verantwortung ein Leben ohne Straftaten zu führen" (§ 2 Abs. 1 HessJStVollzG). Als weitere Aufgabe wird auch der „Schutz der Allgemeinheit vor weiteren Straftaten" erwähnt (§ 2 Abs. 2 HessJStVollzG). Entsprechend soll auch der Jugendstrafvollzug erzieherisch ausgestaltet werden und die Bereitschaft zu einer eigenverantwortlichen und gemeinschaftsfähigen Lebensführung in Achtung der Rechte Anderer fördern. Die dazu erforderlichen Fähigkeiten und Fertigkeiten sollen entwickelt und die Einsicht in das Unrecht der Tat und in die beim Opfer verursachten Tatfolgen geweckt werden (§ 3 Abs. 1 HessJStVollzG).

Der Jugendstrafvollzug ist ‚lebensnah', aber auch sicher auszugestalten und soll die Gefangenen – in Unfreiheit – auf ein Leben in Freiheit vorbereiten. Dazu werden geschlechts- und altersentsprechende Angebote gemacht, die Gefangenen einbezogen und besonderer Förderbedarf berücksichtigt (§§ 3 ff HessJStVollzG). Geht es nach dem Gesetz, soll im Vollzug ein „an den verfassungsrechtlichen Grundsätzen ausgerichtetes Werteverständnis" vermittelt, den Gefangenen die

Auseinandersetzung mit ihrer Straftat und deren Folgen ermöglicht, ihnen schulische und berufliche Bildung, Arbeitstherapie, soziales Training, Sport und die verantwortliche Gestaltung des alltäglichen Zusammenlebens, der Freizeit sowie der Außenkontakte ermöglicht werden (§ 5 HessJStVollzG).

Bewirkt werden soll all dies durch klassische Soziale Arbeit: Die Beratungs-, Betreuungs- und Behandlungsmaßnahmen der Anstalt sollen Persönlichkeitsdefizite der Gefangenen abbauen und ihre Entwicklung mit dem Ziel fördern, ihre persönlichen, sozialen und wirtschaftlichen Schwierigkeiten eigenständig zu bewältigen. Schadenswiedergutmachung ist erklärtes Ziel. Bei Bedarf sind Suchtberatung und Gewalttrainings oder therapeutische Hilfen vorzusehen (§ 26 HessJStVollzG). Gefangene, bei denen eine erhebliche Störung der sozialen und persönlichen Entwicklung vorliegt, können in einer speziellen sozialtherapeutischen Abteilung untergebracht werden (§ 12 HessJStVollzG). Vor der Entlassung arbeitet die Anstalt gemeinsam mit der Bewährungshilfe, der Jugendgerichtshilfe und der freien Straffälligenhilfe darauf hin, dass die Gefangenen über eine Unterbringung und eine Arbeits- oder Ausbildungsstelle verfügen und nachsorgende Maßnahmen vermittelt wurden (§ 16 HessJStVollzG).

Allgemeines Strafrecht

Formelle Verurteilungen nach dem allgemeinen Strafrecht (auch: Erwachsenenstrafrecht) können durch Strafbefehl oder Urteil erfolgen. Das Erwachsenenstrafrecht kennt nur zwei Hauptstrafen: die Geld- und die Freiheitsstrafe (§§ 38 ff StGB). Hinzu kommen das Fahrverbot (§ 44 StGB) als ‚Nebenstrafe' sowie der Verlust des Rechtes, öffentliche Ämter zu bekleiden oder das Wahlrecht wahrzunehmen als sog. Nebenfolge (§ 45 ff StGB). Vermögensstrafen (§ 43 a StGB) dürfen nach einer Entscheidung des Bundesverfassungsgerichts (2 BvR 794/95) nicht mehr verhängt werden.

Geldstrafen

Geldstrafen sind die mit Abstand häufigsten formellen Sanktionen gegen Erwachsene: Bei Delikten außerhalb des Straßenverkehrs werden vier von fünf Verurteilten zu Geldstrafe verurteilt. Diese Relation ist über Jahre konstant geblieben, allerdings gibt es regionale Unterschiede. Geldstrafen werden in der Regel durch Strafbefehl, also ohne öffentliche Verhandlung, verhängt (Statistisches Bundesamt 2011: 26 f).

Typischerweise werden Vergehen (§ 12 StGB) im gesetzlichen Strafrahmen mit Geldstrafe – bis hin zur Freiheitsstrafe – bedroht, während Verbrechen zwingend eine Freiheitsstrafe (von mindesten einem Jahr) vorgeben. Bei der konkreten Strafzumessung gehen Geldstrafen kurzen Freiheitsstrafen in der Regel vor und ersetzen sie (§ 47 StGB).

Geldstrafen werden nach sog. Tagessätzen bemessen (§ 40 StGB). Ein Tagessatz ist das – erzielte oder erzielbare – durchschnittliche Nettoeinkommen eines Tages, vereinfacht ein Dreißigstel des monatlichen Nettolohns oder der monatlichen Transferleistungen (SGB II/XII). Die Zahl der Tagessätze liegt für Einzelstrafen bei mindestens fünf und höchstens 360 Tagessätzen, entspricht also dem Äquivalent von fünf Tagen bis zu einem Jahr. Bei der Bildung einer Gesamtstrafe kann sich die Zahl auf bis zu 720 Tagessätze erhöhen. Die Höhe eines Tagessatzes kann zwischen einem und 30 000 € variieren (vgl. § 40 StGB). Für die Festlegung der Zahl von Tagessätzen gelten die allgemeinen Strafzumessungserwägungen (§§ 46, 49 StGB).

Nur 2 % der Tagessätze liegen über 50 €, heißt: Nur 2 % der Verurteilten verdienen netto mehr als 1500 € im Monat. Der/die durchschnittliche Verurteilte lebt dagegen von ca. 630 € im Monat oder 21 € am Tag. Im Schnitt entfielen auf jede/n Verurteilten 46 Tagessätze (≈ anderthalb Monate). Nur bei 6 % aller Geldstrafen werden mehr als 90 Tagessätze (≈ drei Monate) verhängt. Allein durch Geldstrafen (von Armen) hat der Staat im Jahr 2009 Einnahmeaussichten in Höhe von 561 Millionen € erworben (Statistisches Bundesamt 2011: 27).

Eine Geldstrafe wird von der Staatsanwaltschaft als Vollstreckungsbehörde (§ 451 StPO) nach der Rechtskraft des Urteils/Strafbefehls vollstreckt, indem der/die Verurteilte eine Kostenrechnung erhält (§ 459 d StPO). Das Gesetz sieht die Möglichkeit vor, Zahlungserleichterungen in Form von längeren Zahlungsfristen oder Ratenzahlungen einzuräumen (§§ 42 StGB, 459 a StPO).

Ist die Geldstrafe ‚uneinbringlich', kann zum Ersatz für einen Tagessatz ein Tag Freiheitsstrafe angeordnet (§ 43 StGB) und, wenn nicht ein Härtefall gegeben ist (§ 459 f StPO), auch vollstreckt werden (§ 459 e StPO). Die Vollstreckung der Ersatzfreiheitsstrafe kann durch sog. freie (= unentgeltliche) Arbeit abgewendet werden (Art. 293 EGStGB).

Freiheitsstrafen
Nur zwei von 100 Tatverdächtigen – und sechs von 100 Verurteilten – erwartet eine Freiheitsstrafe, wobei zwei Drittel der Freiheitsstrafen zur Bewährung ausgesetzt, also nicht vollstreckt, werden. Dabei gibt es zusätzlich noch Unterschiede zwischen der Verurteilungsquote von Männern und Frauen, die sich nur ungenau durch eine andere Deliktstruktur und Tatschwere erklären lassen (Elz/Oberlies 2010).

2009 wurden 42 000 Menschen dazu verurteilt, eine Freiheitsstrafe anzutreten. Bei der letzten jährlichen Stichtagserhebung (Statistisches Bundesamt 2011: 20) wurden – wegen zum Teil mehrjähriger Strafen – über 72 000 Menschen in den Justizanstalten der Länder gezählt. Auf 100 000 Einwohner kommen so knapp 90 Inhaftierte (mit deutlichen Unterschieden zwischen den Bundesländern). Von diesen verbüßten 72 % eine Freiheitsstrafe, 16 % eine Untersuchungshaft, 8 % eine Jugendstrafe, 2 % befanden sich auf Hafturlaub und je 1 % in Sicherungsverwahrung oder Abschiebungshaft. Strafgefangene mit Freiheitsstrafen unter neun Monaten machten etwa ein Drittel der Inhaftierten aus – etwas mehr verbüßten Freiheitsstrafen von zwei Jahren und mehr. Eine lebenslange Freiheitsstrafe erwartete etwa 3 % der Häftlinge.

Das Gesetz sieht in der Regel eine zeitlich begrenzte Freiheitsstrafe vor (§ 38 StGB). Bei Vergehen bewegt sich der Strafrahmen für die Freiheitsstrafe in der Regel zwischen einem Monat (§ 38 Abs. 2 StGB) und fünf Jahren, bei Verbrechen zwischen einem und 15 Jahren (§§ 12, 38 Abs. 2 StGB). Liegen gesetzliche Milderungsgründe vor, ist die Strafe nach unten anzupassen. Dafür gelten bestimmte Regeln (§ 49 Abs. 1 StGB). Zu einer Erhöhung der Strafrahmen kommt es vor allem dann, wenn in einem Urteil mehrere Verstöße geahndet werden (§§ 52 ff StGB).

Lebenslange Freiheitsstrafe ist Mord und schweren Fällen des Totschlags (§§ 211, 212 Abs. 2 StGB), Kriegsverbrechen und Verbrechen gegen die Menschlichkeit (§§ 80 StGB, VStGB) sowie als Qualifizierungstatbestand bei schweren Verbrechen vorbehalten. Aber auch bei der lebenslangen Freiheitsstrafe ist nach 15 Jahren eine Überprüfung und – unter bestimmten Voraussetzungen – eine Aussetzung der Strafrestes zur Bewährung vorgesehen (§ 57a StGB).

Eine *Aussetzung der Vollstreckung zur Bewährung* ist bei Freiheitsstrafen unter einem Jahr vorgesehen, wenn zu erwarten ist, dass die Verurteilung bereits als Warnung dient (§ 56 Abs. 1 StGB). Freiheitsstrafen bis zu zwei Jahren können dann zur Bewährung ausgesetzt werden, wenn die Gesamtwürdigung von Tat und Täter besondere Umstände ergibt, wobei auch hier das Bemühen um Schadenswiedergutmachung besonders berücksichtigt wird (§ 56 Abs. 2 StGB). Was als Ausnahme erscheint, ist inzwischen zur Regel geworden: Auf eine vollstreckte Freiheitsstrafe kommen statistisch zwei, die zur Bewährung ausgesetzt werden.

Die Bewährung kann auch im Erwachsenenstrafrecht mit Auflagen und Weisungen (§§ 56b, 56c StGB) sowie einer Bewährungsaufsicht (§ 56d StGB) verbunden werden. Die Bewährungszeit darf fünf Jahre nicht überschreiten (§ 56a StGB). Begeht der Verurteilte in der Bewährungszeit eine Straftat oder verstößt er „gröblich und beharrlich" gegen Auflagen und Weisungen, kann die Strafaussetzung widerrufen werden. Die Folge ist, die Strafe ist abzubüßen (§ 56f StGB).

Für die *Vollstreckung* von Urteilen und Strafbefehlen, die auf eine Strafe, Nebenstrafe, Nebenfolge oder Maßregel der Besserung und Sicherung nach dem allgemeinen Strafrecht lauten, gilt die Strafvollstreckungsordnung (StVollstO). Sie regelt, dass die Staatsanwaltschaft am Gerichtsort des erstinstanzlichen Urteils als Vollstreckungsbehörden tätig wird (§§ 4, 7 StVollStO). Dort ist auch geregelt, dass sich der Vollzugsort nach dem letzten Wohnort richtet (§ 24 StVollStO). Welche JVA innerhalb eines Bundeslandes für eine bestimmte Strafart zuständig ist, regeln die Bundesländer in einem sog. Vollstreckungsplan (§ 152 StVollzG). So wird z.B. nicht in jeder JVA Untersuchungshaft oder Sicherungsverwahrung vollstreckt, und nicht überall werden Männer und Frauen aufgenommen.

Verurteilte Personen, die auf freiem Fuß – also nicht in U-Haft – sind, werden postalisch zum Strafantritt geladen (§ 27 StVollStO). In der Ladung ist die Vollzugsanstalt anzugeben, wo sich die Person einzufinden hat. Dafür wird in der Regel mindestens eine Woche Frist gegeben, damit der/die Verurteilte Zeit hat, seine/ihre Angelegenheiten zu ordnen. In der Ladung wird auch darauf hingewiesen, dass mit Zwangsmaßnahmen zu rechnen ist, wenn der Strafantritt nicht fristgemäß erfolgt. Verstreicht die Frist „ohne ausreichende Entschuldigung", dann erlässt die Vollstreckungsbehörde einen Vorführungs- oder Haftbefehl (vgl. § 33 StVollStO). Für die Vollstreckung von Ersatzfreiheitsstrafen und freiheitsentziehender Maßregeln gelten ähnliche Regelungen (§§ 49ff StVollStO). Die JVA wird durch ein sog. Aufnahmersuchen der Vollstreckungsbehörde informiert (§§ 29ff StVollStO).

Für den Aufenthalt in der JVA gilt in den meisten Bundesländern nach wie vor das Strafvollzugsgesetz (StVollzG) – nur Baden-Württemberg, Bayern, Hamburg, Hessen und Niedersachsen haben eigene Landesgesetze verabschiedet.

Als Ziel des Erwachsenenvollzugs wird genannt, dass „Gefangene im Vollzug der Freiheitsstrafe fähig werden, künftig in sozialer Verantwortung ein Leben ohne Straftaten zu führen" (§ 2 Satz 1 StVollzG). Und auch hier wird dem Strafvollzug die weitere Aufgabe zugeschrieben, die Allgemeinheit vor weiteren Straftaten zu schützen (§ 2 Satz 2 StVollzG).

Auch der Erwachsenstrafvollzug hat sich vorgenommen, Gefangene zu befähigen, sich in das Leben in Freiheit einzugliedern (§ 3 StVollzG). Dazu dient, dass das Leben im Strafvollzug den allgemeinen Lebensverhältnissen soweit wie möglich angepasst sein soll. Nichtsdestotrotz wird ein Vollzugsplan erstellt, der den Gefangenen genaue Vorgaben hinsichtlich Wohn- und Behandlungsgruppen, Arbeitseinsatz, Maßnahmen der beruflichen Ausbildung, Teilnahme an Weiterbildungen und Hilfs- und Behandlungsmaßnahmen macht (§ 7 StVollzG), nachdem Persönlichkeit und Lebensverhältnisse genau „erforscht" wurden (§ 6 StVollzG). Und auch zu Unterbringung, Ausstattung, Ernährung, Bewegung, Freizeit und Kontakt existieren genaue Vorgaben (§§ 17 ff StVollzG). Wenige der über 200 Paragraphen erinnern an die „allgemeinen Lebensverhältnisse".

In der JVA findet wiederum klassische Sozialarbeit statt: „Der Gefangene kann die soziale Hilfe der Anstalt in Anspruch nehmen, um seine persönlichen Schwierigkeiten zu lösen. Die Hilfe soll darauf gerichtet sein, den Gefangenen in die Lage zu versetzen, seine Angelegenheiten selbst zu ordnen und zu regeln." Die Hilfen reichen von der Aufnahme über den Vollzug bis zur Entlassung (§§ 71 ff StVollzG).

Allerdings überwiegen die Vorschriften, die Sicherheit und Ordnung in der Anstalt gewährleisten sollen, doch deutlich. Immerhin können sich Gefangene mit Wünschen, Anregungen und Beschwerden in eigenen Angelegenheiten an den Anstaltsleiter wenden (§ 108 StVollzG) und bei Einzelmaßnahmen auch eine gerichtliche Überprüfung beantragen (§ 109 StVollzG).

Nebenstrafen und Nebenfolgen
Im Allgemeinen Strafrecht gibt es die Möglichkeit, ein Fahrverbot für die Dauer von einem bis drei Monaten als Nebenstrafe zu verhängen, wenn die Straftat im Zusammenhang mit dem Führen eines Kraftfahrzeuges stand (§ 44 Abs. 1 StGB). Der Führerschein wird dann amtlich verwahrt (§ 44 Abs. 3 StGB). Die Vollstreckung obliegt der Staatsanwaltschaft: Sie kann den Führerschein beschlagnahmen, wenn er nicht freiwillig abgegeben wird (§ 463 b StPO). Das Jugendstrafrecht sieht ein Fahrverbot als Zuchtmittel vor (§ 15 a JGG).

Die Nebenfolge – Verlust öffentlicher Ämter und des passiven Wahlrechts (§ 45 StGB) – tritt zwangsläufig ein, wenn jemand wegen eines Verbrechens zu mindestens einem Jahr Freiheitsstrafe verurteilt wird. Dahinter steht die Idee, dass niemand ein Amt anvertraut werden sollte, der/die selbst erheblich gegen die öffentliche Ordnung verstoßen hat. In weiteren, gesetzlich geregelten Fällen kommt eine Aberkennung durch das Gericht (§ 45 Abs. 2 StGB) und ein Ausschluss vom aktiven Wahlrecht (§ 45 Abs. 5 StGB) in Betracht. Bei der Ermessensentscheidung ist der Grundsatz der Verhältnismäßigkeit von Anlass und Folge zu beachten. Eine solche Möglichkeit besteht im Jugendstrafrecht ausdrücklich nicht (§ 6 JGG); bei Heranwachsenden kann dies gerichtlich angeordnet werden, wenn Erwachsenenstrafrecht anzuwenden ist (§ 106 Abs. 2 JGG).

Maßregeln der Besserung und Sicherung

Neben und statt der Strafe kann eine Maßregel der Besserung und Sicherung angeordnet werden. Grundlage ist nicht die Tatschuld, sondern eine Gefährlichkeitsprognose: Deshalb scheiden Maßregeln der Besserung und Sicherung regelmäßig dann aus, wenn sie zur Bedeutung der begangenen und zukünftig zu erwartenden Straftaten sowie zu der vom Täter ausgehenden Gefahr außer Verhältnis stehen (§ 62 StGB).

Maßregeln der Besserung und Sicherung kommen zum Tragen, wenn

- eine Strafe (gegen einen gefährlichen Täter) wegen Schuldunfähigkeit nicht verhängt werden kann. In diesem Fall kommt Unterbringung in einem psychiatrischen Krankenhaus (§ 63 StGB) oder in einer Entziehungsanstalt (§ 64 StGB) in Betracht.
- in der Tat eine besondere, über den Einzelfall hinausgehende Gefährlichkeit zum Ausdruck kommt. In diesem Fall kann – neben der Strafe – Sicherungsverwahrung (§§ 66 ff StGB), Führungsaufsicht (§§ 68 ff StPO) oder ein Berufsverbot (§ 70 StGB) verhängt werden.

Für die Vollstreckung freiheitsentziehender Maßregeln der Besserung und Sicherung gelten die Vorschriften über die Vollstreckung von Freiheitsstrafen sinngemäß (§ 463 StPO, StVollStO). Das Gericht kann jederzeit und muss in festgelegten Abständen überprüfen, ob die Maßregel noch gerechtfertigt ist. Es kann die Unterbringung zur Bewährung aussetzen und diese Entscheidung nach einem Vorfall widerrufen (§ 67 g StGB) oder die Maßregel beenden (§ 67 e StGB).

Unterbringung
Die Unterbringung in einem psychiatrischen Krankenhaus kann angeordnet werden, wenn eine Tat im Zustand völliger oder teilweiser Schuldunfähigkeit (§§ 20, 21 StGB) begangen wurde und eine Gesamtwürdigung von Tat und Täter ergibt, dass weitere, für die Allgemeinheit gefährliche Taten zu erwarten sind (§ 63 StGB). Die Gefahrenprognose (dazu Boetticher/Müller-Isenberg 2006) ist unter Hinzuziehung eines forensischen Sachverständigen (§ 246 a StPO) zu erstellen.

Beruht die Gefährlichkeit auf dem Hang, im Übermaß berauschende Mittel zu sich zu nehmen, erfolgt die Unterbringung in einer Entziehungsanstalt, sofern dies zur Besserung beitragen kann (§ 64 StGB). Die Unterbringung in einer Entziehungsanstalt ist auf zwei Jahre begrenzt, kann sich aber zeitlich an andere Maßregeln anschließen (§ 67 d StGB).

Die Behandlung in einem psychiatrischen Krankenhaus richtet sich nach ärztlichen Gesichtspunkten. Wenn möglich, soll der Zustand so weit gebessert werden, dass der/die Untergebrachte nicht mehr gefährlich ist (§ 136 StVollzG). Auch die Behandlung in einer Entziehungsanstalt dient therapeutischen Zwecken, nämlich der ‚Heilung' des Drogenproblems und der Behebung zugrunde liegender

Fehlhaltungen (§ 137 StVollzG). Die Unterbringung richtet sich nach Landesrecht (§ 138 StVollzG). Für den Vollzug von Maßregeln der Besserung und Sicherung in einem psychiatrischen Krankenhaus und in einer Entziehungsanstalt gilt z. B. in Hessen das Maßregelvollzugsgesetz (MVollzG-He). Es regelt, in welchen Einrichtungen die Maßregeln vollzogen werden und welche Vorschriften hinsichtlich der Gestaltung des Vollzugs dabei zu beachten sind. Für Menschen im Maßregelvollzug ist „unter Berücksichtigung der Persönlichkeit, des Alters, des Entwicklungsstandes und der Lebensverhältnisse" ein Behandlungs- und Eingliederungsplan aufzustellen, der die medizinische und psychotherapeutische Behandlung, den Einsatz in der Beschäftigungs- oder Arbeitstherapie sowie medizinische und berufliche Eingliederungsmaßnahmen regelt (§ 6 MVollzG-HE). Darüber hinaus enthält das Gesetz Regelungen zur Sicherheit in der Einrichtung und außerhalb.

Sicherungsverwahrung
Bei einer vorsätzlichen Straftat, die zu einer Verurteilung von mindestens zwei Jahren geführt hat, kann das Gericht nach allgemeinem Strafrecht zusätzlich zur Strafe eine Sicherungsverwahrung (§§ 61, 66–66 b StGB, 106 JGG) anordnen, wenn

- schon zwei einschlägige Vortaten vorliegen,
- bereits eine mindestens zweijährige Freiheitsstrafe verbüßt wurde und
- die Gesamtwürdigung von Tat und Täter ergibt, dass ein Hang zu erheblichen, allgemeingefährlichen Straftaten besteht (§ 66 StGB).

Im Jugendstrafrecht ist Sicherungsverwahrung ausgeschlossen (§ 7 JGG). Bei Heranwachsenden, die nach allgemeinem Strafrecht verurteilt werden, darf sie zumindest nicht gleichzeitig neben der Strafe angeordnet werden (§ 106 Abs. 3 Satz 1 JGG).

Die Sicherungsverwahrung wird vom Gericht im Urteil angeordnet (§ 66 StGB). Nach Entscheidungen des Europäischen Gerichtshofs für Menschenrechte vom Januar 2011 (EGMR Nr. 6587/04) und des Bundesverfassungsgerichts vom Mai 2011 (2 BvR 2365/09) sind die Möglichkeiten, Sicherungsverwahrung vorzubehalten oder nachträglich anzuordnen, stark eingeschränkt worden.

Der Vollzug der Sicherungsverwahrung richtet sich – wo keine Landesregelungen vorliegen – weiterhin nach dem Strafvollzugsgesetz des Bundes (StVollzG). Ziel der Unterbringung ist die sichere Verwahrung, um so die Allgemeinheit zu schützen sowie die Unterstützung des Verwahrten im Hinblick auf ein späteres Leben in Freiheit (§ 129 StVollzG).

Der Vollzug der Sicherungsverwahrung erfolgt in der Regel in eigenständigen und spezialisierten Anstalten oder Abteilungen sowie getrennt nach Männern und Frauen (§§ 135, 140 StVollzG). Die Bedingungen unterscheiden sich von Haftanstalten z. B. hinsichtlich der Nutzung von eigener Kleidung, Wäsche und Bettzeug. Dadurch soll dem Verwahrten geholfen werden, sein Leben sinnvoll zu gestalten, um ihn so vor Schäden eines langen Freiheitsentzuges zu bewahren (§§ 131 ff StVollzG). Die allgemeinen Vorschriften über den Vollzug der Freiheitsstrafe gelten ergänzend (§ 130 StVollzG).

Führungsaufsicht

Die Führungsaufsicht als Maßregel der Besserung und Sicherung kommt in Betracht, wo das Gesetz sie ausdrücklich vorsieht (§ 68 StGB). Die Führungsaufsicht wird von der Bewährungshilfe wahrgenommen (§ 68a StGB) und dient – u.a. durch ergänzende Weisungen (§ 68b StGB) – der Verhinderung weiterer Straftaten. Sie ist in der Regel auf einen Zeitraum von zwei bis fünf Jahren begrenzt, kann aber vom Gericht unter besonderen Voraussetzungen auch unbefristet angeordnet werden (§ 68c StGB).

Berufsverbot

Ist eine Tat unter Missbrauch des Berufs verübt worden und besteht eine begründete Fortsetzungsgefahr, kommt ein Berufsverbot als Maßregel der Besserung und Sicherung in Betracht (§ 70 StGB). Im Hinblick auf den Umfang des Verbotes wird dem Gericht ein gewisser Ermessensspielraum zugebilligt (Fischer, § 70 Rdn. 9), allerdings ist der Grundsatz der Verhältnismäßigkeit zu beachten. So stellt sich z.B. die Frage, ob einem Kinderarzt, der wegen Kindesmissbrauchs verurteilt wurde, nur der Umgang mit seiner jeweiligen Zielgruppe oder insgesamt die ärztliche Berufsausübung untersagt werden kann. Die Vollstreckung eines Berufsverbotes erfolgt, indem die zuständigen Fachbehörden oder Standesorganisationen von der Staatsanwaltschaft über die erfolgte Verurteilung unterrichtet werden.

Auch diese Maßregel ist in der Regel auf zwei bis fünf Jahre begrenzt. Besteht die Gefahr nicht mehr, kann das Verbot zur Bewährung ausgesetzt werden (§§ 70a f StGB).

Sonstige Folgen

Verfall und Einziehung

Da durch eine Straftat niemand einen Vorteil erlangen soll, besteht die Möglichkeit,

- den ‚Verfall' von geldwerten Vorteilen aus der Tat anzuordnen (§§ 73 ff StGB), insbesondere Drogengewinne abzuschöpfen (§ 33 BtMG), und
- Gegenstände, die im Zusammenhang mit der Tat stehen, einzuziehen (§§ 74 StGB, 33 BtMG).

Schadenersatz und Schmerzensgeld

Eine weitere Folge strafbarer Handlungen ist die Verpflichtung den aus der Handlung entstandenen Schaden zu ersetzen (§ 823 Abs. 2 BGB). Diese Verpflichtung geht weit über das ‚Bemühen um Wiedergutmachung' hinaus, für die das Strafrecht einen ‚Strafrabatt' einräumt (Oberlies 2000). Sie umfasst alle aus der Tat resultierenden materiellen (in Geld auszudrückenden) und immateriellen Schäden wie ein angemessenes Schmerzensgeld (§§ 249 ff BGB). Eltern haften für ihre Kinder (§ 832 BGB), Geschäftsherren für ihre Gehilfen (§ 831 BGB), Produzenten für ihre Produkte (§ 1 ProdHG), Fahrer für die Teilnahme am Straßenverkehr (§ 7 StVG).

Zivilrechtliche Ansprüche können in einem eigenen Zivilprozess oder im sog. Adhäsionsverfahren, einem Anhängsel des Strafverfahrens, geltend gemacht werden.

In einem Adhäsionsverfahren kann die verletzte Person einen aus der Straftat resultierenden vermögensrechtlichen Anspruch geltend machen, solange noch keine andere Klage eingereicht wurde (§ 403 StPO). Bei einem jugendlichen Angeklagten besteht diese Möglichkeit nicht (§§ 81 JGG, 109 JGG). Dazu muss im Strafverfahren ein entsprechend begründeter Antrag gestellt werden (§ 404 StPO). Das Gericht kann von einer Entscheidung absehen, wenn sich der Antrag zur Erledigung im Strafverfahren nicht eignet (§ 406 Abs. 1 Satz 4 StPO). Hiervon wird in der Praxis dankbar Gebrauch gemacht, wenn es schwierig wird und sich die Sache nicht durch einen Vergleich (§ 403 StPO) erledigen lässt. Richtig ist, dass die Strafgerichte kaum Erfahrung mit der Feststellung von Schadenersatzansprüchen und der Bemessung von Schmerzensgeld haben und sich Geschädigte deshalb in der Regel schlechter stellen als bei den Zivilgerichten. Hinzu kommt, dass die Verquickung von Straftat und Geldzahlung (die gerade bei Sexualdelikten unselig ist) vermieden wird.

Im Zivilverfahren kann das Strafurteil (vor allem die darin enthaltenen Feststellungen) quasi als ‚Beweismittel' verwendet werden, ohne dass das Gericht daran gebunden ist. Das heißt, das Zivilgericht kann weitere Beweise erheben oder zu anderen Schlussfolgerungen kommen.

Der Täter-Opfer-Ausgleich mit jugendlichen und heranwachsenden Beschuldigten führt in jedem vierten Fall zu Schadenersatzzahlungen und in jedem 10. Fall zur Leistung von Schmerzensgeld – übertroffen nur durch den Anteil der Entschuldigungen (BMJ 2011: 192). Diese Konfliktschlichtung ist – rechtlich – nicht unproblematisch, ist doch die Geltendmachung vermögensrechtlicher Ansprüche und Strafen im Jugendstrafrecht mit gutem Grund ausgeschlossen (§ 81 JGG, Ausnahme: § 15 Abs. 2 JGG). Auf der anderen Seite könnte er bei den Geschädigten unbemerkt einen Verzicht auf zivilrechtliche Ansprüche zur Folge haben, weil sie vielleicht nur erleichtert sind, dass es vorbei ist, oder froh, dass sie überhaupt etwas bekommen. Zumindest dieses Argument gilt in gleicher Weise für erwachsene und heranwachsende Beschuldigte.

Registereinträge
Eine weitere rechtliche Folge von Straftaten kann die Eintragung in ein Register sein, das für Behörden und Betroffene einsehbar und – über die Vorlage des Führungszeugnisses – für Dritte wie potentielle Arbeitgeber zugänglich ist.

Welche Straftaten in einem zentralen Register dokumentiert sind und wer dort Einsicht nehmen kann, regelt das Bundeszentralregistergesetz (BZRG). Im Zentralregister werden strafrechtliche Verurteilungen eingetragen (§ 3 BZRG). Voraussetzung ist, dass sie auf einer rechtskräftigen Entscheidung beruhen, durch die auf Strafe oder Jugendstrafe erkannt oder eine Maßregel der Besserung und Sicherung angeordnet wurde (§ 4 BZRG). Erziehungsmaßregeln und Zuchtmittel haben nicht die Wirkung von Strafen (§ 13 Abs. 3 JGG): Sie werden deshalb nicht in das Zentralregister, sondern in ein spezielles Erziehungsregister eingetragen, zu dem nur Behörden Zugang haben (§§ 60, 61 BZRG).

Nicht alles, was in den zentralen Registern eingetragen ist, bekommen alle zu sehen:

- Eintragungen im Erziehungsregister dürfen nur folgenden Behörden – und nur zu deren Aufgabenerfüllung – mitgeteilt werden: Strafgerichten, Staatsanwaltschaften und Justizvollzugsbehörden, Familiengerichten in Sorgerechtsverfahren, Jugendämtern und den Landesjugendämtern, Gnadenbehörden sowie Behörden, die Waffen- oder Sprengstofferlaubnisse erteilen (§ 61 BZRG). Eintragungen in das Erziehungsregister und die ihnen zugrunde liegenden Sachverhalte braucht der Betroffene auch selbst nicht zu offenbaren (§ 64 BZRG).
- Ein unbeschränktes Auskunftsrecht aus dem Zentralregister haben zusätzlich zu den oben genannten auch die Kriminalpolizei, Sicherheitsbehörden, Ministerien, Finanz- und Ausländerbehörden (§ 41 BZRG).

Justizvollzugsbehörden können eine Auskunft – aus beiden Registern – auch anfordern, um Personal zu überprüfen (§§ 41, 61 BZRG). Andere Arbeitgeber können sich ein sog. Führungszeugnis vorlegen lassen. Der Unterschied: Der Arbeitgeber hat kein Einsichts-, sondern der Betroffene ein Auskunftsrecht (§ 30 BZRG). Sogar die Übersendung an eine andere Person als den Antragsteller ist unzulässig (§ 39 Abs. 4 BZRG).

In das Führungszeugnis werden nicht alle Einträge des Zentralregisters aufgenommen. Geldstrafen von weniger als 90 Tagessätzen, Bewährungsstrafen von nicht mehr als zwei Jahren, vollstreckbare Freiheitsstrafen und Strafarreste von unter drei Monaten, Verurteilungen, die auf einer Betäubungsmittelabhängigkeit beruhen, sowie Maßregeln der Sicherung und Besserung werden nicht aufgenommen (§ 32 BZRG). Eintragungen im Erziehungsregister werden nie in das Führungszeugnis aufgenommen. Eingetragen werden dagegen alle Verurteilungen aufgrund von Sexualdelikten (§§ 174–180, 182 StGB). Nach Ablauf bestimmter Fristen werden Verurteilungen nicht mehr in das Führungszeugnis aufgenommen (§ 34 BZRG).

In Arbeits- und Tätigkeitsbereichen, wo es um Kontakt und Schutz von Minderjährigen geht, kann von Betroffenen ein sog. erweitertes Führungszeugnis verlangt oder von Behörden direkt angefordert werden (§§ 30 Abs. 5, 30a, 31 BZRG). In diesem sind auch Verurteilung wegen Verletzung der Fürsorge- und Erziehungspflicht, Ausbeutung von Prostituierten und Zuhälterei, Misshandlung von Schutzbefohlenen, Kinder- und Menschenhandel, exhibitionistischer Handlungen und Besitz und Verbreitung von Kinderpornografie einzutragen (§ 30 Abs. 5 BZRG).

Gut zu wissen – gut zu merken

Anhand des vorstehenden Kapitels sollten Sie sich die Frage stellen, was Sie über ‚die Strafe' und ‚das Strafen' denken und welche Wirkung Sie der Bestrafung bzw. einzelnen Strafmaßnahmen zuschreiben. (Prüfen Sie bitte anhand des Textes nochmals nach, woher man das mit der ‚Wirkung' von Strafen eigentlich weiß.)

Sie sollten jetzt einen ersten Überblick über die Bedingungen und die Folgen strafbaren Verhaltens haben. Wichtig wäre, dass Sie die strafrechtliche Logik, die aus der Unschuldsvermutung resultiert, verstanden haben und das strafrechtliche Prüfschema – Tatbestandsmäßigkeit, Rechtswidrigkeit und Schuld – in

Grundzügen nachvollziehen können (Anwendungsbeispiele in Kapitel 4.2). Darüber hinaus sollten Sie eine Idee davon bekommen haben, welche Reaktionsbreite das Strafrecht zur Verfügung stellt; insbesondere die Unterschiede zwischen formellen und informellen Sanktionen sowie zwischen dem Jugend- und dem Erwachsenenstrafrecht sollten Ihnen geläufig sein (zur besseren Übersichtlichkeit finden Sie im Anhang, Seite 270, einen schematischen Überblick).

Bei all dem dürfen Sie nicht vergessen, dass Bestrafung (auch) gesellschaftliche Ausgrenzung und persönliche Beschämung ist. Während Juristen und Juristinnen sich hinter dem Gesetzesvollzug verstecken können, müssen psychosoziale Fachkräfte beabsichtigte wie nicht beabsichtigte Wirkungen ihres Handelns kritisch reflektieren und sich (auf wissenschaftlicher Grundlage) über die ‚richtigen', heißt: Erfolg versprechenden Interventionen Gewissheit verschaffen. Das schulden Sie den Menschen, für die sie sich einsetzen.

Zum Weiterlesen

Eine Zusammenstellung von Originaltexten zum Thema ‚Integration – Desintegration' findet sich bei Imbusch/Heitmeyer (2008).

2 ÜBERBLICK ÜBER DAS STRAFVERFAHREN UND DIE BETEILIGTEN

Was Sie in diesem Kapitel lernen können

In diesem Kapitel wird zunächst der Ablauf des Strafverfahrens von der Anzeigeerstattung bis hin zu einer Verurteilung und deren anschließende Vollstreckung beschrieben. Darüber hinaus werden die Beteiligten an einem Strafverfahren mit ihren jeweiligen Aufgaben im Kontext des Verfahrens vorgestellt.

Am besten, Sie verknüpfen die Lektüre dieses Kapitels mit der Beobachtung einer Gerichtsverhandlung. Da strafgerichtliche Verhandlungen öffentlich sind, können Sie sich einfach an einem freien Tag in eine Verhandlung beim Amts- oder Landgericht setzen.

2.1 Strafverfahren

Ein Strafverfahren beginnt, sobald eine Straftat bekannt wird (§ 152 Abs. 2 StPO). In der Regel erfährt die Polizei als erste von einer Straftat. Sie führt die Ermittlungen (eigenständig) durch, obwohl die Strafprozessordnung (StPO) die Staatsanwaltschaft zur ‚Herrin des Ermittlungsverfahrens' erklärt und ihr die Aufgabe zuweist, den Sachverhalt zu erforschen (§ 162 StPO). Erst wenn der Sachverhalt hinreichend aufgeklärt ist, gibt die Polizei ‚die Akte' an die Staatsanwaltschaft ab, wo über eine Anklageerhebung entschieden wird (§§ 152, 162 Abs. 1 StPO). Anklage wird nur in etwa einem Drittel aller Ermittlungsverfahren erhoben; zudem ist die ‚Anklagequote' von Bundesland zu Bundesland sehr verschieden (Statistisches Bundesamt 2011: 19). Wird die Anklage vom Gericht zugelassen (§ 207 StPO), kann es zum Hauptverfahren – mit seinem Kernstück: der gerichtlichen Hauptverhandlung – kommen. An dessen Ende steht, manchmal erst nach Einlegung von Rechtsmitteln, eine gerichtliche Entscheidung über den Ausgang des Strafverfahrens (Beschluss, Urteil).

2.1.1 Ermittlungen

Ermittlungen können ‚von Amts wegen' aufgenommen oder von Betroffenen oder unbeteiligten Dritten durch eine Strafanzeige in Gang gesetzt werden. Die Anzeigeerstattung ist bei der Staatsanwaltschaft, den Behörden und Beamten des Polizeidienstes sowie den Amtsgerichten mündlich oder schriftlich möglich (§ 158 StPO). Geschätzt wird, dass über 90 % der Ermittlungen von den Geschädigten selbst ausgehen und nur 2–10 % auf Ermittlungen der Polizei beruhen (LKA-NRW 2006: 1). In meiner eigenen Untersuchung (Oberlies 2005: 16) wurden 86 % der Ermittlungen wegen häuslicher Gewalt durch Anzeigen von Geschädigten oder Dritten eingeleitet; anders im Bereich der sexuellen Gewalt, wo fast 40 % der Ermittlungen durch die Polizei ‚von Amts wegen' aufgenommen wurden.

2.1.1.1 Anzeigeerstattung

Die – sehr unterschiedliche – Anzeigebereitschaft ist also das erste wichtige Zugangstor zum Strafverfahren. Untersuchungen zeigen, dass ältere Menschen eher Anzeige erstatten als jüngere, Frauen es leichter haben, sich als ‚Opfer' (einer Straftat) zu sehen als Männer, Kinder und Jugendliche vieles, was untereinander stattfindet, als nicht schlimm erleben (während Lehrer dafür schon den Begriff ‚Gewalt in der Schule' benutzen). Minderheiten: Homosexuelle, Drogenabhängige, aber auch Migranten und Migrantinnen tun sich ebenfalls schwer mit Anzeigen – und fast jedes Delikt hat eine eigene Anzeigekultur entwickelt (vgl. LKA-NRW 2006).

Den Ladendiebstahl gibt es quasi nur, wo (und weil) es einen dazu gehörigen ‚Ladendieb' gibt: Während die Aufklärungsquote im Durchschnitt aller Delikte bei 56 % liegt, beträgt sie beim Ladendiebstahl seit vielen Jahren weit über 90 %. Andere Anzeigen gibt es dagegen nur, weil es keinen ‚Täter' gibt – aber eine Versicherung, die den Schaden ersetzt: Nur 21 % der Diebstähle aus Kellern und gar nur 7 % der Fahrraddiebstähle werden aufgeklärt (PKS 2010: Tabelle 01), aber der Diebstahl von versicherten Gegenständen wird dreimal häufiger angezeigt als der Diebstahl unversicherter Gegenstände (LKA-NRW 2006: 5). Auch beim Kapitalanlagebetrug war die Anzeige in der Vergangenheit nicht hoch: vermutlich, weil es sich beim angelegten Kapital nicht selten um Schwarzgeld handelte (BKA 2009: 6), aber auch, weil Kapitalanleger schlau sein wollen Damit verträgt sich nicht, Betrügern aufzusitzen. Das hat sich allerdings jetzt, in der Finanzkrise, geändert: Medien und Verbraucherschützer haben zur Anzeige aufgefordert – und die Zahl der Anzeigen stieg (BKA 2009: 11). Nicht immer – aber meistens – ist die Höhe des Schadens ein Indikator für die Anzeigebereitschaft (LKA-NRW 2006: 22). Im Gewaltbereich hängt die Anzeigebereitschaft sehr davon ab, was jeweils als Gewalt eingestuft wird: Ist eine Ohrfeige schon Gewalt? (Vgl. BMFSFJ 2004: 39f). Ist alles ok, wenn man dem/der Anderen auch eins mitgegeben hat? Was hat man – von wem – zu erdulden?

Studien zeigen, dass Unbekannte dreimal häufiger angezeigt werden als Familienangehörige (LKA-NRW 2006: 22). Besonders bemerkbar macht sich dies im Bereich häuslicher Gewalt. Eine repräsentative Studie ergab, dass nur 13–15 % der Frauen, die Gewalterlebnisse berichtet hatten, die Polizei eingeschaltet haben; 8–10 % erstatteten Anzeige (GIG-net 2008: 232). Leuze-Mohr (2002) fasst die Ergebnisse ihrer eigenen Studie so zusammen:

„Nur 41 % der Befragten rufen in einer akuten Notsituation die Polizei. Jede zweite Frau mit strafrechtlich relevanter Gewalterfahrung hat noch nie Strafanzeige erstattet. Von zehn Frauen, die Strafanzeige erstatten, nehmen drei diese wieder zurück. Mehr als zwei Drittel der Frauen wollen nach entsprechenden Erfahrungen mit einer Strafanzeige nie mehr anzeigen. (...) Mehr als drei Viertel derjenigen Opfer häuslicher Gewalt, die von einer Strafanzeige absehen, nennen dafür Motive, die in der Täter-Opfer-Beziehung zu suchen

sind. Ganz oben steht die Angst vor dem Täter, verbunden mit konkreten Todesdrohungen und Todesängsten. Darüber hinaus wird auch der Kinder wegen Abstand von einem Strafverfahren genommen. (...) [Die Mutter] bemüht sich um den Erhalt der Familie und um die Sicherung des Kindesunterhalts. Zum Teil befürchten die betroffenen Frauen negative Folgen einer Strafanzeige für das eigene Sorgerecht oder das väterliche Umgangsrecht. Sie identifizieren sich mit dem Misshandler und betonen seine Vorzüge vor allem als Vater."

Noch andere Einflussfaktoren sind bei Sexualdelikten beobachtet worden: Hier hindern nicht selten Gefühle von Scham und Schuld, Ängste und die Furcht vor gesellschaftlicher Stigmatisierung die Frauen an einer Anzeige. Hinzu kommt die Angst, im Strafverfahren selbst nochmals zum Opfer zu werden (LKA-NRW 2006: 22).

2.1.1.2 Polizeiliche Ermittlungen

Erfährt die Polizei von einer Straftat, dann ist sie zu (strafrechtlichen) Ermittlungen verpflichtet (sog. Legalitätsprinzip; § 152 StPO). Davon zu unterscheiden sind Interventionen, die die Polizei, auf der Grundlage der Polizeigesetze der Länder, zur Gefahrenabwehr unternimmt: Der in der Sozialen Arbeit vielleicht bekannteste Anwendungsbereich dafür ist der sog. polizeiliche Platzverweis (auch: Wohnungsverweisung) bei häuslicher Gewalt. Einige Bundesländer haben instruktive Handlungsleitlinien für das polizeiliche Vorgehen in solchen Fällen erlassen, die im Internet verfügbar sind.

Ist ein Beschuldigter flüchtig, kann er – bei schwerwiegenden Straftaten – mit Haftbefehl gesucht und festgenommen werden; in weniger schwerwiegenden Fällen wird einfach eine Aufenthaltsermittlung durchgeführt (Nr. 41 RiStBV).

Anzeigenaufnahme

Nachdem die Polizei Kenntnis von einer (potentiellen) Straftat erlangt hat, wird eine Kriminalakte angelegt. Was genau in die Akten aufzunehmen ist (und in welcher Reihenfolge), ist in Richtlinien und Erlassen der Innenminister festgelegt, die in den Bundesländern für die Polizei zuständig sind. In Brandenburg z.B. regelt der entsprechende Erlass des Innenministers (Az.: IV/1.1 – 454-8), dass die Kriminalakte zu heften und wie folgt zu ordnen ist:

- Personalblatt BB Pol 1050,
- Lichtbild(er), soweit gegenständlich vorhanden, in einem Umschlag,
- erkennungsdienstliche Unterlagen,
- Auszug aus dem Bundeszentralregister,
- andere Unterlagen, chronologisch abgelegt,
- sowie – als letztes Blatt – alle Einsichtnahmen in die Akte.

Zu den chronologisch abzulegenden Unterlagen einer Kriminalakte können gehören: Tatblätter, Anzeigen, Hinweise von Auskunftspersonen, Tatortbefundberichte, Vernehmungsniederschriften, Schriftproben, Asservatenlisten, Durchsuchungs- und Beschlagnahmeprotokolle, Merkblätter, Aktenvermerke, Berichte und Gutachten, Auskunftsersuchen, Fahndungshinweise und Haftmitteilungen, Vorgänge über Selbsttötungsversuche und Hinweise auf besondere Gefährlichkeiten (z. B. Waffenträger, Ausbrecher), Genehmigungen (oder Verbote) sowie Gerichtsbeschlüsse, Verfahrenseinstellungen, Verurteilungen und Freisprüche. Idealtypisch sollen in der Akte alle Erkenntnisse gesammelt werden, die über die Person im Zuständigkeitsbereich eines Tatortes (in manchen Ländern auch des Wohnortes) bestehen. Nur eine vollständige Akte stellt sicher, dass alle jederzeit ‚den Faden aufnehmen' können – und nur eine paginierte (also mit Seiten versehene) Akte kann verhindern, dass nachträglich manipuliert wird. Deshalb sind unsauber geführte Akten ein Fressen für jeden Strafverteidiger!

Die Anzeigen-Aufnahme (im Polizeijargon auch ‚Erst-Angriff' genannt) enthält typischerweise einen formularmäßigen Informationsteil: Tagebuchnummer, aufnehmender Beamter, Tatvorwurf, Geschädigte/r, Tatzeit, Tatverdächtige/r sowie einen Tatortbefundbericht (als Fließtext): Tatort/Tatobjekt, Tathergang, Spuren und Beweismittel, Schaden, Angaben von Zeugen und Beschuldigten, Strafantrag, Fahndung (und Festnahme).

Die Anzeige nimmt oft die Bereitschaftspolizei auf. Danach wird die Sache den Fachdienststellen der Kriminalpolizei zugeleitet, die auf einzelne Kriminalitätsbereiche zugeschnitten sind. In manchen besonders sensiblen Kriminalitätsbereichen wie sexuelle Übergriffe gegen Kinder gibt es Sonderzuständigkeiten, um die Fälle und Kompetenzen zu konzentrieren.

Die Kriminalpolizei nimmt die wichtigsten Aufgaben bei der „Erforschung von Straftaten" (§ 163 StPO) wahr, nämlich

- die Vernehmungen von Geschädigten, Beschuldigten und Zeugen sowie
- die Spurensicherung (inkl. der dazu erforderlichen Eilhandlungen).

Für die Polizei wie für die Staatsanwaltschaft gilt dabei, dass „nicht nur die zur Belastung, sondern auch die zur Entlastung dienenden Umstände zu ermitteln [sind]" (§ 160 Abs. 2 StPO). Die Ermittlungen sollen auch Umstände umfassen, die für die Bestimmung der Rechtsfolgen erheblich sind (§ 160 Abs. 3 StPO).

Betrifft der Vorgang die Straftat eines Jugendlichen oder Heranwachsenden, sollte die Polizei von sich aus das zuständige Jugendamt einschalten. Sie kann auch Informationen der Jugendgerichtshilfe einholen, um Diversionsentscheidungen der Staatsanwaltschaft vorzubereiten.

Vernehmungen

Zeugenvernehmung
In der Regel werden, nach Eingang der Anzeige, zunächst die Geschädigten als Zeuginnen vorgeladen, um eine Aussage zu machen. Die Polizei ist darauf spezialisiert, prozessverwertbare Aussagen zu erhalten, die alle für die Strafverfolgung benötigten Informationen enthalten (so dass Mehrfachvernehmungen vermieden werden können). Vernehmungsbeamte sind speziell geschult und berufserfahren.

Eine Pflicht von Zeugen, der Ladung zu folgen, besteht nicht – erst bei der Staatsanwaltschaft gilt eine Erscheinens- und Aussagepflicht (§ 161a StPO). Aber selbst, wenn jemand der Ladung folgt, kann er/sie – bei familiären Beziehungen zum Tatverdächtigen oder der Gefahr, sich selbst zu belasten (§§ 52, 55

StPO) – die Aussage verweigern. Darüber sind sie zu belehren (§ 55 Abs. 2 StPO), ebenso wie über die Folgen von falschen Aussagen (§ 57 StPO).

Geschädigte (und andere Zeugen) können sich von Vertrauenspersonen und Rechtsbeiständen (§ 68 b StPO) begleiten lassen. Allerdings setzt eine Anwesenheit bei der Vernehmung voraus, dass dadurch die Aussage nicht beeinträchtigt wird. Die Entscheidung obliegt den Vernehmungsbeamten (§ 163 Abs. 2 StPO). Gerade für Prozessbegleiterinnen empfiehlt sich die Anwesenheit nicht, da sie dadurch selbst zu Zeuginnen (des Erzählten) werden können (Fastie 2008). Kinder müssen über ihre Eltern (Personensorgeberechtigten) geladen und können von diesen begleitet werden. Über eine Aussage können sie selbst entscheiden, wenn sie die Tragweite der Entscheidung beurteilen können (§ 52 Abs. 2 StPO). Sonst haben die gesetzlichen Vertreter diese Entscheidung zu treffen. Sind diese selbst beschuldigt, können sie die Entscheidung nicht treffen (§ 52 Abs. 2 StPO): Es wird eigens eine Verfahrenpflegschaft eingerichtet (§ 1909 BGB).

Zeugenaussagen beginnen mit Angaben zur Person. Auskünfte über den Wohnort können unterbleiben, wenn dadurch eine Gefährdung droht (§ 68 StPO). Zeugen sollen im Zusammenhang aussagen, Nachfragen sind möglich – bloßstellende Fragen nicht (§§ 68a, 69 StPO). Zu den Aufgaben der Vernehmenden gehört es, den Sachverhalt umfassend aufzuklären und eventuelle Widersprüche zu klären. Nicht alle Fragen erschließen sich den Zeuginnen unmittelbar, oft hängt das mit der Komplexität der juristisch zu prüfenden Sachverhalte zusammen, manchmal damit, dass Zweifel an einer Aussage aufgekommen sind (ausführlich Fröhlich-Weber 2008).

Die Aussage soll in aller Regel aufgenommen, ein Protokoll gefertigt, vorgelesen und danach zu den Akten genommen werden (§§ 168b Abs. 2, 168a StPO). Eine schriftliche Anhörung ist möglich. Auch in diesem Fall muss auf die Rechte im Verfahren ausdrücklich hingewiesen werden.

Die Polizei ist verpflichtet, die Geschädigten über ihre Rechte zu informieren (§§ 406 ff StPO). Hier das entsprechende Merkblatt der Hamburger Justiz:

MERKBLATT
ÜBER RECHTE VON VERLETZTEN UND GESCHÄDIGTEN IN STRAFVERFAHREN
(Stand 02/2010)

I. Rechte, die allen Verletzten/Geschädigten einer Straftat zustehen

1. Kann ich mich im Verfahren unterstützen lassen?
Sie können Hilfe und Unterstützung durch eine Opferhilfeeinrichtung erhalten. Die Adressen solcher Einrichtungen können u. a. bei der Zeuginnen- und Zeugenbetreuung sowie bei der Polizei erfragt werden.

Sie können auch einen Rechtsanwalt beauftragen, der Sie im Verfahren vertritt. Dieser darf zum Beispiel die Akten einsehen, während Ihrer Vernehmung anwesend sein und Sie unterstützen. Die Kosten für Ihren Rechtsanwalt müssen Sie in der Regel selbst tragen. Allerdings kann Ihnen ausnahmsweise ein Rechtsanwalt kostenlos für die Dauer Ihrer Vernehmung zur Seite gestellt werden, z. B. wenn es sich um schwere Straftaten handelt.

Zu Ihrer Vernehmung können Sie auch eine Person Ihres Vertrauens mitbringen, die grundsätzlich anwesend sein darf.

2. Können im Verfahren meine Personalien geheim gehalten werden?
Sie müssen bei Ihrer Vernehmung grundsätzlich Ihre Personalien (darunter fallen insbesondere der Name, der Familienstand und der Wohnort) angeben. Allerdings kann bei einer besonderen Gefährdung ganz oder teilweise davon abgesehen werden. Ihre Daten sind dann geschützt.

3. Kann ich erfahren, was im Verfahren passiert?
Sie können bei Staatsanwaltschaft oder Gericht eine Mitteilung über den Ausgang des Verfahrens beantragen. Insbesondere können Sie auf Antrag erfahren, ob dem Verurteilten die Weisung erteilt wurde, jeden Kontakt zu Ihnen zu unterlassen.

Sie können darüber hinaus beantragen, dass Ihnen mitgeteilt wird, ob der Beschuldigte oder Verurteilte schon oder noch in Haft ist oder ob erstmals Vollzugslockerungen oder Urlaub gewährt werden. Den Antrag müssen Sie unter Darlegung eines berechtigten Interesses begründen.

Außerdem können Sie beantragen, Auskünfte und Abschriften aus den Akten zu erhalten. Auch diesen Antrag müssen Sie unter Darlegung eines berechtigten Interesses begründen. Akteneinsicht erhält jedoch nur Ihr Rechtsanwalt oder ein Berater der Öffentlichen Rechtsauskunft- und Vergleichsstelle, der über die Befähigung zum Richteramt verfügt.

Geben Sie bei allen Anträgen bitte immer – wenn möglich – Namen und Vornamen des Beschuldigten und das Aktenzeichen der Staatsanwaltschaft oder des Gerichts oder die Vorgangsnummer der Polizei an.

4. Kann ich Entschädigungsansprüche im Strafverfahren geltend machen?
Als Verletzter oder sein Erbe können Sie im Strafverfahren einen vermögensrechtlichen Anspruch (z. B. einen Schadenersatz- oder Schmerzensgeldanspruch) gegen den Angeklagten geltend machen, wenn dieser zur Tatzeit mindestens 18 Jahre alt war.

Sie können einen solchen Antrag bei Gericht schriftlich stellen, aufnehmen lassen oder in der Hauptverhandlung mündlich vortragen. In dem Antrag müssen Sie darlegen, was Sie von dem Angeklagten fordern und warum. Zudem sollte der Antrag die notwendigen Beweise enthalten.

Beschuldigtenvernehmung
Beschuldigte sind jedenfalls vor Abschluss des Ermittlungsverfahrens zu vernehmen (§ 163 a StPO). Der Beschuldigte muss der Ladung zu einer polizeilichen Vernehmung allerdings nicht folgen (Argument aus § 163 a Abs. 3 StPO).

Schon bei der ersten Vernehmung durch die Polizei muss dem Beschuldigten mitgeteilt werden, welche Tat ihm zur Last gelegt wird und er muss darauf hingewiesen werden, dass es ihm frei steht, auszusagen (§ 163 a Abs. 4 i. V. m. § 136 StPO). Jeder Zwang ist verboten und macht eine so erlangte Aussage im späteren Verfahren unbrauchbar (§ 136 a StPO).

Strafverfahren

Bei der Beschuldigtenvernehmung werden die persönlichen Verhältnisse ermittelt, und es soll Gelegenheit bestehen, Verdachtsmomente auszuräumen und günstige Tatsachen vorzutragen oder weitere Beweiserhebungen anzuregen (§ 163a Abs. 4 i.V.m. § 136 StPO). Die einzige Pflicht eines Beschuldigten besteht in der (wahrheitsgemäßen) Angabe seiner Personalien. Bestehen Verständigungsprobleme, muss eine Übersetzung aller wichtigen Dokumente und Gespräche gewährleistet werden (Nr. 181 RiStBV).

Selbstverständlich kann sich ein Beschuldigter auch von einem Anwalt begleiten lassen oder sich schriftlich durch ihn äußern (§ 163a Abs. 4 i.V.m. § 136 StPO). Ein Anwalt kann seinerseits die Akten einsehen – allerdings erst, wenn die Ermittlungen abgeschlossen sind.

In einfach gelagerten Verfahren ist eine schriftliche Beschuldigtenvernehmung – unter Wahrung aller Rechte – möglich (§ 163a Abs. 1 Satz 2 StPO):

Niedersachsen	Ihr Zeichen:
Polizeistation [Ort]	Ihre Nachricht:
Polizeistation [Adresse]	Unser Zeichen [Az]
	Unsere Nachricht:
Frau	Hauptsachbearbeiter: [Name], PHK
Rosamunde Pilcher	Telefon [Durchwahl]
[Strasse]	Bearbeitet von: [Name], PHK
[PLZ – Ort]	Telefon: [Durchwahl]
	Fax: [Fax-Nr]
Beschuldigtenanhörung	Datum: [Ort], [Datum]

Sehr geehrte Frau Pilcher,

gegen Sie wird ein Ermittlungsverfahren geführt wegen Übler Nachrede ohne sexuelle Grundlage (§ 186 StGB) am [Datum, Uhrzeit] in [Ort, Strasse] zum Nachteil von [Name].

Kurze Sachverhaltsschilderung zum Tatvorwurf

Der Präsident der Fachhochschule [Stadt] zeigt schriftlich an, dass die Beschuldigte auf ihrer Website zahlreiche Einträge veröffentlichte, die den Tatbestand der üblen Nachrede erfüllen (siehe schriftliche Anlage).

Ihnen wird hiermit Gelegenheit gegeben, zu der o. a. Beschuldigung schriftlich Stellung zu nehmen.

Senden Sie bitte in jedem Fall den Anhörungsbogen (Anlage) mit den Angaben zur Person innerhalb von zwei Wochen nach Zugang dieses Schreibens zurück, auch wenn Sie von Ihrem Aussageverweigerungsrecht Gebrauch machen oder eine Rechtsanwältin oder einen Rechtsanwalt mit der Wahrnehmung Ihrer Interessen beauftragen wollen.

Falls Sie mündlich vernommen werden wollen, werden Sie gebeten, sich zur Vereinbarung eines Termins mit der oben angegebenen Dienststelle in Verbindung zu setzen. Zur Vernehmung sind dieses Schreiben und Ihre Ausweispapiere mitzubringen.

> Sofern innerhalb der vorgenannten Frist eine Nachricht von Ihnen nicht eingeht, wird angenommen, dass Sie von Ihrem Recht, zu der Beschuldigung Stellung zu nehmen, keinen Gebrauch machen wollen. In diesem Fall ist die Staatsanwaltschaft berechtigt, das Verfahren gegen Sie auch ohne weitere Anhörung abzuschließen.
>
> Im Auftrag
> XY, Polizeihauptkommissar

Sicherung von Sachbeweisen

Im Hinblick auf das Strafverfahren muss die Polizei – manchmal schon am Tatort – Sachbeweise sichern: Diebesgut muss sichergestellt werden, Spuren (Blut, DNA) werden gesichert, Dokumente, Fotos und Dateien werden gesichtet. Sachbeweise, die nicht in die Kriminalakte aufgenommen werden, werden ‚asserviert' (amtlich bewacht) und kommen in die Asservatenkammer; in die Akte kommt nur der Vermerk, wo die Asservate zu finden sind.

Gegenstände können nur mit Einverständnis der Berechtigten sichergestellt werden, ansonsten sind sie zu beschlagnahmen, also zwangsweise sicherzustellen (§ 94 Abs. 2 StPO). Auch die Durchsicht von Papieren bedarf der Genehmigung des Inhabers (§ 110 Abs. 2 StPO). Die Durchsuchung einer Person ist möglich, wenn sie (wahrscheinlich) zum Auffinden von Beweismitteln führt (§§ 102, 103 StPO). Eine körperliche Untersuchungen dagegen kann in der Regel nur mit Zustimmung der/des Betroffenen erfolgen, jedenfalls, wenn sie einen körperlichen Eingriff voraussetzen (§§ 81 a ff StPO). Das gilt auch für DNA-Analysen (§ 81 f StPO). Bei (minderjährigen) Kindern entscheidet der gesetzliche Vertreter.

In all diesen Fällen sieht das Gesetz aber die Möglichkeit von Eilentscheidungen und Zwangsmaßnahmen vor: Bei ‚Gefahr im Verzug' ist der Staatsanwaltschaft und ihren ‚Hilfsbeamten' ein Eingreifen erlaubt (vgl. Art. 13 Abs. 2 GG, §§ 81 a Abs. 2, 81 c Abs. 5, 98 Abs. 1, 105 Abs. 1 StPO). Ansonsten gilt der Grundsatz, dass Maßnahmen, die Eingriffe in Grundrechte (Artt. 2, 10, 13 GG) darstellen, nicht nur einer gesetzlichen Grundlage, sondern auch einer richterlichen Anordnung bedürfen.

Abgabeverfügung

In der Regel fasst die Kriminalpolizei ihre Erkenntnisse in einem anschließenden Ermittlungsbericht für die Staatsanwaltschaft zusammen und bewertet sie. Wie ein solcher Bereicht aussehen kann, zeigt beispielhaft der im Internet veröffentlichte Bericht über die Schüsse an einem Erfurter Gymnasium (Land Thüringen 2004). Als vorläufig letzter Akt erfolgt die sog. Ab(gabe)verfügung, die bestimmt, dass die geordnete und paginierte Kriminalakte an die Staatsanwaltschaft zu übersenden ist, sowie das Ausfüllen der Zählkarte für die Polizeiliche Kriminalstatistik (PKS). Die Akte wird dann zur zuständigen Staatsanwaltschaft gebracht und bei der Polizei ausgetragen. Eine abverfügte Akte kann allerdings unversehens wieder auftauchen, dann nämlich, wenn die zuständige Staatsanwaltschaft weitere Ermittlungen durch die Polizei für erforderlich hält.

2.1.1.3 Staatsanwaltschaftliche Tätigkeiten

Aktenbearbeitung

Bevor Staatsanwälte eine Ermittlungsakte sehen, wird sie von der Verwaltung ‚registriert'. Die Justiz hat ganz genaue Vorschriften, wie die Akten zu führen sind. Diese sind in den sog. ‚Aktenordnungen' der Bundesländer niedergelegt.

> **Die wichtigsten Aktenzeichen in Strafverfahren**
> Cs   Strafbefehle Amtsgericht
> Ds   Strafverfahren vor dem Einzelrichter am Amtsgericht
> Gs   Strafsachen vor dem Ermittlungsrichter (Haftbefehl, Durchsuchung, etc.)
> Js   Ermittlungsverfahren Staatsanwaltschaft
> Jug Zusatz bei Jugendgerichtsverfahren
> KLs Erstinstanzliche Strafsachen Landgericht (Große Strafkammer)

Bei der Staatsanwaltschaft (am Landgericht) wird das Register für Straf- und Bußgeldsachen geführt. Das Aktenzeichen besteht aus einem Kürzel für die Abteilung, den Aktenzeichen ‚Js' bei bekannten Tatverdächtigen bzw. ‚UJs' bei Verfahren gegen Unbekannt, gefolgt von laufender Nummer/Jahr. In Jugendgerichtsverfahren wird hinter der Jahreszahl der Zusatz „jug." angefügt. Dieses JS-Aktenzeichen bleibt für das gesamte Verfahren, ihm wird bei Gericht nur ein weiteres Kürzel angefügt.

Bei den Akten wird zwischen der Hauptakte, also der eigentlichen Verfahrensakte, Handakten, die stets in den Händen der Staatsanwaltschaft sind, und Hilfsakten, die bei Haftsachen zusätzlich angelegt werden, unterschieden.

Von dem akribischen System der Aktenverwaltung in der Justiz könnte die Soziale Arbeit sicher einiges lernen, wenn man an den Fall Kevin denkt, bei dem die mangelhafte Aktenführung ein Grund für den traurigen Fallverlauf war (vgl. Bremische Bürgerschaft, 2007: 101 ff).

Die Richtlinien für das Strafverfahren und das Bußgeldverfahren (RiStBV) sehen das vorbereitende Verfahren in den Händen der Staatsanwaltschaft. Sie leitet verantwortlich die Ermittlungen der sonst mit der Strafverfolgung befassten Stellen (Nr. 1 RiStBV). Zuständig ist die Staatsanwaltschaft, in deren Bezirk die Tat begangen wurde (Nr. 2 RiStBV). Allerdings schränkt die RiStBV selbst ein, dass nur „in bedeutsamen oder in rechtlich oder tatsächlich schwierigen Fällen" eigene Anschauung (z.B. des Tatortes, der Tatfolgen) und die Vernehmung der wichtigsten Zeugen von der Staatsanwaltschaft selbst zu erwarten ist. Trotzdem verbleibt der Staatsanwaltschaft die Aufgabe, Richtung und Umfang der Ermittlungen zu bestimmen (Nr. 3 RiStBV).

Die Staatsanwaltschaft hat also verschiedene Handlungsoptionen (§ 161 StPO):

- konkrete Weisungen zur Durchführung einzelner Ermittlungshandlungen,
- eigene Ermittlungshandlungen, insbesondere Vernehmungen, durchführen, und
- Auskunftsverlangen gegenüber anderen Stellen.

Die Sicherung von Sachbeweisen wird die Staatsanwaltschaft der dafür qualifizierten Polizei überlassen. Eine eigene Tätigkeit der Staatsanwaltschaft im Ermittlungsverfahren kommt dagegen vor allem in folgenden Fällen in Betracht:

- ergänzende Gespräche und Vernehmungen von Beschuldigten und Geschädigten,
- Anträge auf ermittlungsrichterliche Entscheidungen,
- Einholung von Gutachten.

Wichtig ist, sich klarzumachen, dass erst bei der Staatsanwaltschaft eine juristische Bewertung des Sachverhaltes stattfindet. Alles, was diese Bewertung voraussetzt, fällt in die Domäne der Staatsanwaltschaft.

Gespräche und Vernehmungen

Staatsanwaltschaftliche Vernehmungen von Beschuldigten oder Zeuginnen können dann sinnvoll sein, wenn sich die Staatsanwaltschaft einen persönlichen Eindruck verschaffen möchte oder wenn Personen der Ladung zur Polizei nicht gefolgt sind. Bei der Staatsanwaltschaft besteht für Zeugen und Zeuginnen – anders als bei der Polizei – eine Pflicht zum Erscheinen (§ 161 a StPO). In aller Regel überlässt die Staatsanwaltschaft aber Vernehmungen der Polizei.

Darüber hinaus hat die Staatsanwaltschaft die Möglichkeit, den Stand des Verfahrens mit den Verfahrensbeteiligten zu erörtern (§ 168 b StPO). Ziel ist, mögliche Verfahrenserledigungen wie einen Täter-Opfer-Ausgleich, die Höhe einer Geldbuße, die Bereitschaft zur Therapie oder sogar einen ‚Deal' in der Hauptverhandlung zu sondieren. Obwohl die Geschädigten der Einstellung nicht zustimmen müssen, sind sie hier als Verfahrensbeteiligte einbezogen (Meyer-Goßner, § 160 b Rdn. 2 StPO). Durch diese formlosen mündlichen Erörterungen dürfen die Rechte von Zeuginnen und Beschuldigten nicht umgangen werden. Über das Ergebnis der Erörterung mit dem Anzeigenden, dem Beschuldigten oder mit anderen Beteiligten ist ein Vermerk niederzulegen (Nr. 3 RiStBV), der dann in die Verfahrensakte kommt.

Beauftragung von Gutachten

Im Ermittlungsverfahren soll ein Sachverständiger zugezogen werden, wenn sein Gutachten für die vollständige Aufklärung des Sachverhalts unentbehrlich ist (Nr. 69 RiStBV).

Den Auftrag für dieses Gutachten gibt die Staatsanwaltschaft (Nr. 70 RiStBV). Die Gutachten können technische Fragen wie z.B. Geschwindigkeitsbestimmungen, medizinische Fragen wie Blutalkoholbestimmung oder psychologische Fragen wie Schuldfähigkeit oder Aussagetüchtigkeit betreffen. Die Auswahl trifft die Staatsanwaltschaft, außer bei Gefahr im Verzug nach Anhörung der Verteidigung. Dafür führt sie ein Verzeichnis bewährter Sachverständiger und hält Kontakte zu den Berufsorganisationen.

Beantragung ermittlungsrichterlicher Handlungen
Eine weitere wichtige Aufgabe der Staatsanwaltschaft ist es, (ermittlungs-)richterliche Untersuchungshandlungen zu beantragen, wenn sie für erforderlich erachtet werden (Nr. 10 RiStBV). Richterliche Untersuchungshandlungen sind vor allem:

- Prüfung und der Erlass eines Haft- oder Unterbringungsbefehls (§§ 112 ff, 126 a StPO),
- Erteilung der richterlichen Genehmigungen für die Durchsuchung von Wohnräumen (§ 105 StPO), die Beschlagnahme von Gegenständen (§ 98 StPO), eine Telefonüberwachung (§ 100 a StPO) oder körperliche Untersuchungen (§§ 81 f, 81 g StPO), sowie
- die ermittlungsrichterliche Vernehmung (§ 162 StPO).

Untersuchungshaft und einstweilige Unterbringung
Nach § 127 StPO ist ‚jedermann' berechtigt, eine ‚auf frischer Tat betroffene Person' zur Identitätsfeststellung festzuhalten. Durchsuchen und ‚erkennungsdienstlich behandeln' (Fotos, Fingerabdrücke, Speichelproben) darf dagegen nur die Polizei (§ 163 b StPO). Zur vorläufigen Festnahme ist ebenfalls nur die Polizei (bzw. die Staatsanwaltschaft) befugt – und das auch nur, wenn Gefahr im Verzug ist und die Voraussetzungen eines Haftbefehls vorliegen (§ 127 Abs. 2 StPO). Eine vorläufige Festnahme darf nur bis zum Ende des folgenden Tages dauern (§ 115 a StPO). Danach muss von einem Gericht überprüft werden, ob weiterhin ein Haftgrund besteht oder eine Unterbringung erforderlich ist. Haftgründe sind Fluchtgefahr und Verdunklungsgefahr, also die Gefahr, dass Beweismittel beseitigt oder Zeugen bedroht und dadurch die Ermittlungen erschwert werden (§ 112 f StPO). Auch die Gefahr der weiteren Begehung schwerwiegender Delikte wie Sexualdelikte kann eine Inhaftierung rechtfertigen (§ 112 a StPO). In diesen Fällen kann der Ermittlungsrichter die Untersuchungshaft – unter Angabe der Gründe – schriftlich anordnen (§ 114 StPO). Eine Überprüfung des Haftbefehls ist jederzeit möglich (§ 117 StPO). Bei gefährlichen, aber schuldunfähigen Tatverdächtigen kommt entsprechend eine Unterbringung in Betracht (126 a StPO).

Ermittlungsrichterliche Vernehmungen
Prozesstaktische Überlegungen können manchmal dazu führen, dass bereits im Ermittlungsverfahren eine richterliche Vernehmung von Zeugen beantragt wird (ausführlich Rudel 2008). Der Hauptgrund ist die Sicherung des Beweises für eine spätere Hauptverhandlung:

- Die Vernehmung von Zeugen, Sachverständigen oder Mitbeschuldigten darf – unter bestimmten Voraussetzungen – durch die Verlesung des Protokolls oder die Vorführung einer Videoaufzeichnung der richterlichen Vernehmung ersetzt werden (§§ 251, 255 a StPO). Bei polizeilichen oder staatsanwaltschaftlichen Vernehmungen geht das nicht. Wenn eine Person erst in der Hauptverhand-

lung von einem Zeugnisverweigerungsrecht Gebrauch macht, dann darf zwar nicht das Protokoll verlesen werden (§ 252 StPO), aber die Rechtsprechung erlaubt, den Ermittlungsrichter – als Zeugen – zu vernehmen.
- Beschuldigte können vor dem Ermittlungsrichter ein Geständnis ablegen, das in der Hauptverhandlung auch dann verlesen werden darf, wenn der Beschuldigte es später zurücknimmt (§ 254 StPO).

Abschlussverfügung

Die Staatsanwaltschaft entscheidet nach Abschluss der Ermittlungen, ob gegen den Beschuldigten Anklage erhoben wird oder das Verfahren eingestellt wird.

Sind die Tatsachenermittlungen abgeschlossen, beginnt die Prüfung, ob die Ermittlungen einen hinreichenden Tatverdacht ergeben haben. Darüber ist ein sog. Abschlussvermerk anzufertigen, der zur Akte kommt (§ 169a StPO).

Abschlussverfügung

Staatsanwaltschaft [Stadt]   [Datum]
– 183 Js 72/01 –
V e r f ü g u n g

1. Vermerk: Die Ermittlungen sind abgeschlossen (§ 169a).
☐ (Teil-)Einstellung bzgl. des/der Beschuldigen [Name] und der Tat [Datum/Ort] ... aus den Gründen des Vermerks [Blatt der Akte] bzw. des Einstellungsbescheides [nachfolgend Ziffer 2]
☐ Schreiben an Anzeigenden – mit Rechtsmittelbelehrung gem. § 172 StPO [Text des Einstellungsbescheides]
☐ Nachricht von der (Teil-) Einstellung an den Beschuldigten BldA
☐ Anforderung von Auszügen aus dem Bundeszentralregister/Erziehungs-/Verkehrsregister
☐ Anklageschrift in Reinschrift fertigen ([Zahl] Durchschriften)
☐ Kopie der Anklageschrift (gemäß MiStra):
    ☐ an Unterzeichnende/n
    ☐ zu den Handakten
    ☐ zum Haftheft/Vollstreckungsheft
    ☐ dem Ausländeramt
    ☐ der Jugendgerichtshilfe
    ☐ bewährungsführende Stellen _____
☐ Durchschrift der Anklage senden an:
Gemäß § 43 JGG:
☐ das Jugendamt in [Stadt] mit der Bitte um Bericht an das Jugendgericht [Stadt]
☐ Sachverständiger [Name]
☐ Heim [Name]
Gemäß § 70 JGG:
☐ (bei Minderjährigen) das Familiengericht in [Stadt] zur Überprüfung sorgerechtlicher Interventionen
☐ Nachricht von der Anklageerhebung (in Haft- oder Unterbringungssachen)

a) Amtsgericht – Ermittlungsrichter – [Stadt] zu Az.
b) JVA/Landeskrankenhaus in [Stadt] mit Kopie der Anklage
  ☐ Urschriftlich mit Akten (U. m. A.)
  ☐ dem Amtsgericht [Stadt]
  ☐ Jugendrichter
  ☐ Jugendschöffengericht
  ☐ Strafrichter
  ☐ Schöffengericht
  ☐ dem Landgericht [Stadt] – große Strafkammer –
    übersandt unter Bezugnahme auf die anliegende Anklageschrift und die dort gestellten Anträge.
  ☐ Antrag auf Beiordnung eines Pflichtverteidigers/einer Nebenklagevertreterin
  ☐ Antrag auf Fortdauer der Untersuchungshaft [Zahl] der Monate
2. Text des Einstellungsbescheides/Strafbefehls/Anklage
3. Verfügungen [WV am [Datum])

Name (Staatsanwältin)

Wenn sich kein hinreichender Tatverdacht ergibt, ist das Verfahren nach § 170 StPO einzustellen. Andernfalls prüft die Staatsanwaltschaft eine Einstellung aus Opportunitätsgründen (§§ 153, 153 a StPO, 45 JGG) oder eine Verurteilung durch Strafbefehl (§ 407 StPO) sowie – als weitestgehende Variante – die Anklageerhebung, um ein Hauptverfahren vor dem Strafgericht einzuleiten.

Wird das Verfahren eingestellt, erhält die Person, die Anzeige erstattet hat, einen schriftlichen Bescheid, der auch eine Begründung für die Einstellung enthält (§ 171 StPO). Gegen die Einstellung kann von Geschädigten Beschwerde mit dem Ziel der ‚Klageerzwingung' eingelegt werden (§ 172 StPO). Über die Beschwerde entscheidet die Generalstaatsanwaltschaft.

Einstellung nach § 170 StPO
An dem für eine Verurteilung erforderlichen hinreichenden Tatverdacht kann es aus tatsächlichen oder Rechtsgründen fehlen. Tatsächliche Gründe stehen entgegen, wenn die Ermittlungen den Beschuldigten entlasten oder ihm eine Straftat jedenfalls nicht mit der nötigen Sicherheit nachweisen können. Rechtsgründe sind gegeben, wenn das ermittelte Verhalten keinen Straftatbestand erfüllt oder ein Verfahrenshindernis besteht. Verfahrenshindernisse, die zu einer Einstellung führen können, sind z.B. der Ablauf der Verjährungsfrist, ein fehlender Strafantrag oder die Verneinung eines öffentlichen Interesses an der Strafverfolgung, aber auch die Strafunmündigkeit bei unter 14 Jährigen (§ 19 StGB).

Verjährung: Der Ablauf der Verjährungsfristen schließt die Ahndung der Tat aus (§ 78 Abs. 1 StGB). Nur Mord (§ 78 Abs. 2 StGB) und Völkermord (§ 5 VStGB) verjähren nie. Die Logik besteht darin, dass auch ein (potentieller) Straftäter sich irgendwann wieder einmal sicher fühlen soll, allerdings nicht zu sicher, denn die Verjährungsfristen können auch rückwirkend verlängert werden (BVerfG NJW 2000, 1554).

Die Verjährungsfristen beginnen, sobald die Tat beendet ist (§ 78 a StGB), bei Sexualdelikten aber frühestens mit Volljährigkeit des Opfers (§ 78 b StGB). Je schwerer ein Delikt (bzw. je höher die angedrohte Strafe) ist, umso länger sind die Verjährungsfristen (§ 78 Abs. 3 StGB).

Ergibt die Berechnung der Staatsanwaltschaft, dass eine Straftat verjährt ist, muss sie das Verfahren nach § 170 StPO einstellen.

Fehlender Strafantrag: Einige Delikte dürfen nur verfolgt werden, wenn die Geschädigten einen Strafantrag gestellt haben (absolute Antragsdelikte). Dazu gehören als wichtigste Straftatbestände der Hausfriedensbruch (§ 123 StGB), Beleidigung (§§ 185, 194 StGB), die Verletzung des persönlichen Lebens- und Geheimbereichs (§§ 201 Abs. 1 und 2, §§ 202, 203 und 204, 205 StGB), der Haus- und Familiendiebstahl (§ 247 StGB), der unbefugte Gebrauch eines Fahrzeugs (§ 248 b StGB) und der Vollrausch (§ 323 a StGB). Fehlt es am Strafantrag der Geschädigten oder wird dieser später zurück genommen, ist die Staatsanwaltschaft (oder das Gericht) bei den absoluten Antragsdelikten an der weiteren Verfolgung der Tat gehindert. Ein Strafantrag geht über die bloße Strafanzeige hinaus und beinhaltet ein Verlangen der Strafverfolgung durch eine Person, die durch die Tat geschädigt wurde und deshalb ‚antragsberechtigt' ist.

Bei den relativen Antragsdelikten wie der Körperverletzung wird oft eingestellt, obwohl auch ohne Strafantrag verfolgt werden könnte (Oberlies 2005: 26). Die Handlungsleitlinien der Hessischen Polizei (2009: 12) gehen in allen Fällen häuslicher Gewalt von dem dafür erforderlichen (besonderen) öffentlichen Interesse aus und erlauben auch keine Verweisung auf die Privatklage.

Verweisung auf den Privatklageweg: Kann eine Straftat auch im Wege der Privatklage (§ 374 StPO) verfolgt werden, dann kann die Staatsanwaltschaft Anzeigende auf diese Möglichkeit verweisen und gleichzeitig das Strafverfahren nach § 170 StPO einstellen. Nicht zulässig ist dies bei Verfahren gegen Jugendliche (§ 80 Abs. 1 JGG). Die wichtigsten Privatklagedelikte sind: Hausfriedensbruch (§ 123 StGB), Beleidigungsdelikte (§§ 185–189 StGB), einfache vorsätzliche oder fahrlässige Körperverletzung (§§ 223, 229 StGB), Nachstellung (§ 238 Abs. 1 StGB) und Bedrohung (§ 241 StGB), Sachbeschädigung (§ 303 StGB) sowie die entsprechenden Taten, wenn sie im Vollrausch (§ 323 a StGB) begangen wurden. Treffen sie mit nicht privatklagefähigen Delikten zusammen, muss das Verfahren fortgeführt werden.

Voraussetzung ist weiter, dass die Staatsanwaltschaft im konkreten Fall kein öffentliches Interesse an der Strafverfolgung annimmt (§ 376 StPO). Die RiStBV nennt als Kriterien für ein Strafverfolgungsinteresse der Allgemeinheit das Ausmaß der Rechtsverletzung, die Rohheit oder Gefährlichkeit der Tat, niedrige Beweggründe des Täters oder der Stellung des Verletzten im öffentlichen Leben sowie die Unzumutbarkeit einer Privatklage eben wegen der persönlichen Beziehung des Verletzten zum Täter (Nr. 86, 229, 232, 233). Eine Einstellung nach § 170 StPO kommt nur in Betracht, wenn es an einem solchen Interesse fehlt. Anzeigeerstatter können im sog. Klageerzwingungsverfahren (§ 172 StPO) von der Generalstaatanwaltschaft überprüfen lassen, ob die Einstellung zu recht erfolgt ist. Darauf sind Anzeigende in der Einstellungsverfügung hinzuweisen.

Einstellungsverfügung: Die sog. Einstellungsverfügung ist zu begründen und dem Beschuldigten und der Person, die Anzeige erstattet hat, mitzuteilen (Nr. 88, 89 RiStBV). Die Begründung soll folgende Angaben enthalten: angezeigter Lebenssachverhalt, Einlassung der beschuldigten Person, Ausführungen zum fehlenden Tatverdacht, Hinweis auf zivilrechtliche Ansprüche, wo solche in Betracht kommen, und ein Hinweis auf die Möglichkeit der Privatklage bzw. die Beschwerdemöglichkeit nach § 172 StPO.

In der Praxis der Staatsanwaltschaften sind Einstellungsverfügungen ein Massengeschäft: 1,3 Millionen Ermittlungsverfahren (32 %) wurden 2009 mangels Tatverdacht eingestellt, weitere 450 000 (11 %) auf den Privatklageweg verwiesen (Statistisches Bundesamt 2011: 11). Deshalb benutzt die Staatsanwaltschaft Formulare und Textbausteine, um das Aufkommen zu bewältigen. Das Formular, das die Staatsanwaltschaft in Sachsen-Anhalt für die Abverfügung auf den Privatklageweg (Formblatt <ab-priv>) benutzt, sieht z. B. so aus:

Ermittlungsverfahren gegen [Name des Beschuldigten]

Tatvorwurf: Körperverletzung

Tatzeit: [Datum]

Ihre Strafanzeige vom [Datum]

Ihr Zeichen:

[Höfliche Anrede],
nach der Prüfung des Sachverhalts kann ein öffentliches Interesse an der Strafverfolgung des Beschuldigten nicht angenommen werden.

Das von Ihnen vorgetragene Strafverfahren gehört zu den Delikten, die nach der Strafprozessordnung grundsätzlich auf dem Weg der Privatklage zu verfolgen sind. Die Staatsanwaltschaft soll in solchen Fällen nur dann einschreiten, wenn der Rechtsbereich über den Lebenskreis des Verletzten hinaus gestört und die Strafverfolgung ein gegenwärtiges Anliegen der Allgemeinheit ist, d. h. eine breite Bevölkerungsschicht an der Bestrafung des Täters Interesse hat. Diese Voraussetzungen liegen hier nicht vor. [Freie Texteinfügung möglich]

Es handelt sich um eine Streitigkeit zwischen
☐ Gaststättenbesuchern
☐ Nachbarn
☐ Bekannten
☐ Kindern
☐ getrennt Lebenden
☐ Ehegatten
☐ Verlobten
☐ Lebenspartnern
☐ die nur den Lebensbereich der unmittelbar Beteiligten berühren
☐ bei denen der Genuss von Alkohol bei der Auseinandersetzung ursächlich gewesen ist

☐ denen andere Auseinandersetzungen/Tätlichkeiten vorausgegangen sind
☐ ein provozierendes/beleidigendes Verhalten Ihrerseits nicht ausgeschlossen werden kann

Es bleibt Ihnen unbenommen, Privatklage gegen den Beschuldigten vor dem zuständigen Amtsgericht zu erheben, falls Sie sich Erfolg davon versprechen. Im Fall der Erhebung der Privatklage steht es Ihnen frei, bei dem zuständigen Gericht die Heranziehung dieser Akte zu beantragen. Die Beantragung der Privatklage wegen [Delikt] ist in der Regel erst dann zulässig, wenn eine Verhandlung zur Beilegung des Streits (Schlichtungsverhandlung) bei der Schiedsstelle der Gemeinde, in dessen Bezirk der Beschuldigte wohnt, erfolglos geblieben ist. (...)

Staatsanwältin [Name]

Opportunitätseinstellungen
Selbst wenn die Staatsanwaltschaft einen hinreichenden Tatverdacht bejaht, kommt in einem nächsten Schritt eine Einstellung aus Opportunitätsgründen in Betracht. Diese gründet sich im Erwachsenenrecht auf die §§ 153 ff StPO, im Jugendstrafverfahren auf § 45 JGG: Während im Erwachsenenstrafrecht das entscheidende Kriterium die geringe Schuld ist, beruht die Einstellungsentscheidung im Jugendstrafrecht auf erzieherischen Erwägungen.

In diesem Kontext obliegt es der Staatsanwaltschaft, Auflagen und Weisungen festzulegen, die im Erwachsenenstrafrecht ein Verfolgungsinteresse kompensieren können (§ 153a StPO) und die im Jugendstrafrecht die erwünschte erzieherische Wirkung erzielen sollen (§ 45 JGG). Um dies zu erreichen, kann sie das Gespräch mit den Beteiligten und den Rat der Jugendgerichtshilfe suchen. In der Einstellungsverfügung müssen die Maßnahmen hinsichtlich Art und Dauer genau bezeichnet sein. Die Zustimmung des Gerichts ist (formularmäßig) einzuholen, und auch der Angeschuldigte muss im Erwachsenstrafrecht zustimmen (nicht jedoch die Geschädigten). Oft müssen Anbieter z.B. von sozialen Trainingskursen und Zahlungsempfänger in gemeinnützigen Einrichtungen informiert werden. Erfolgt die Mitteilung an die Staatsanwaltschaft, dass Weisungen und Auflagen erfüllt wurden, ergeht ein Beschluss über die endgültige Einstellung, der – bei Erwachsenen – auch eine Kostenentscheidung enthält (§ 464 StPO). Der endgültige Einstellungsbescheid wird dem Angeschuldigten sowie – mit Gründen versehen – auch der Person zugeleitet, die Anzeige erstattet hat.

Strafbefehl
Während die Verfahrenseinstellung einen Verzicht auf eine Verurteilung bedeutet, stellt der Strafbefehl eine Verurteilung dar (§ 410 Abs. 2 StPO), allerdings in einem vereinfachten, schriftlichen Verfahren. Eine Hauptverhandlung findet nicht statt (§ 407 StPO). Bei Jugendlichen und Heranwachsenden, die nach Jugendstrafrecht beurteilt werden, ist ein Strafbefehl unzulässig (§§ 79, 109 Abs. 2 JGG).

Ein Strafbefehl kann nur bei Vergehen erlassen werden, wenn also die gesetzliche Strafandrohung weniger als ein Jahr beträgt (§§ 407 StPO i.V.m. § 12 Abs. 2 StGB). Die Rechtsfolgen, die in einem Strafbefehl verhängt werden dürfen, sind ebenfalls limitiert (§ 407 Abs. 2 StPO). Im Wesentlichen sind dies (auch nebeneinander):

- Geldstrafe
- Strafe mit Strafvorbehalt (§ 59 StGB) und Absehen von Strafe (§ 60 StGB)
- Entzug der Fahrerlaubnis und Fahrverbot
- Verfall, Entziehung, Vernichtung und Unbrauchbarmachung (§§ 73 ff StGB) und
- (wenn der Angeschuldigte einen Verteidiger hat oder nach § 408 b StPO ein Anwalt bestellt wird) auch Freiheitsstrafe auf Bewährung bis zu einem Jahr.

Den Erlass eines Strafbefehls beantragt die Staatsanwaltschaft beim Amtsgerichts, das ihn in aller Regel antragsgemäß erlässt. Es könnte ihn aber auch ablehnen oder eine Hauptverhandlung anberaumen (§ 408 StPO).

AG [Stadt]
[Cs Aktenzeichen]

Frau
Rosamunde Pilcher
....

geb. am: [Geburtsdatum], in: [Geburtsort],
[Staatsangehörigkeit], [Familienstand]
Strafbefehl

Die Staatsanwaltschaft klagt Sie an,
am 14.11.2012 in Frankfurt-Sachsenhausen einem anderen eine fremde bewegliche Sache weggenommen zu haben in der Absicht, sich diese rechtswidrig zuzueignen.
Ihnen wird zur Last gelegt:
Sie entwendeten aus der Aktentasche von Herrn Prof. Dr. Apple dessen rosafarbenes iPad.
Anzuwendende Strafvorschriften: § 242 StGB.
Beweismittel:
Zeugen:
Hildrun Kaiserlei, Offenbach
Auf Antrag der Staatsanwaltschaft wird gegen Sie eine Geldstrafe von 30 Tagessätzen festgesetzt.
Die Höhe des Tagessatzes beträgt 30 €, die Geldstrafe mithin insgesamt 900 €.
 Im Falle der Uneinbringlichkeit tritt an die Stelle eines Tagesatzes ein Tag Freiheitsstrafe.
 Sie haben auch die Kosten des Verfahrens und Ihre notwendigen Auslagen zu tragen.
[Rechtsbehelfsbelehrung]
[Stadt], 5.12.2012

Dr. Zwanziger
Richterin am Amtsgericht

Wird gegen den Strafbefehl innerhalb von zwei Wochen nach der Zustellung kein Einspruch eingelegt, wird er rechtskräftig und damit vollstreckbar (§ 410 StPO). Andernfalls findet eine mündliche Verhandlung statt; der Strafbefehl fungiert in diesem Fall als Anklageschrift (der Beschuldigte wird zum Angeklagten). Das Verfahren selbst findet nach den Regeln eines beschleunigten Verfahrens statt (§ 411 StPO). Da das Gericht nicht an die Vorgaben des Strafbefehls gebunden ist, besteht das Risiko einer Verschlechterung, wenn Einspruch gegen einen Strafbefehl eingelegt wird.

Anklageschrift
Besteht ein hinreichender Tatverdacht, kommt aber weder eine Einstellung noch ein Strafbefehl in Betracht, muss die Staatsanwaltschaft dem zuständigen Gericht eine Anklageschrift vorlegen (§ 199 StPO). Diese könnte in etwa so aussehen (vgl. § 200 StPO und Nr. 110 ff RiStBV):

Staatsanwaltschaft [Stadt] 05.12.2012
[Js-Aktenzeichen]

An das	Haft!
Amtsgericht	Haftprüfungstermin gemäß
– Jugendschöffengericht –	§ 121 Abs. 1 StPO: [Datum]
[Stadt]	
Anklageschrift	

Die Studentin [Name], am: [Geburtsdatum], in: [Geburtsort],
wohnhaft [Adresse], [Staatsangehörigkeit], [Familienstand]
gesetzliche Vertreter: [Vater, Adresse] und [Mutter, Adresse]
Verteidiger: [Name] ([Verweis auf Einreichung der Vollmacht: Bl. [Seite] der Akte)
wird angeklagt,
in [Ort]
am [Datum]
als strafrechtlich verantwortliche Jugendliche
mit Gewalt gegen eine Person eine fremde bewegliche Sache einem anderen in der Absicht weggenommen zu haben, sich die Sache rechtswidrig zuzueignen.
Ihr wird zur Last gelegt:
Im Hof der Fachhochschule [Stadt] schlug sie dem Studenten [X] mehrfach mit der Faust in das Gesicht, nachdem sie ihn vergeblich zur Herausgabe ihres Staschheit: Gesetze für Soziale Berufe aufgefordert hatte. Als X daraufhin zu Boden fiel, trat sie mit einem schweren Springerstiefel mehrmals auf ihn ein, bis er seinen Rucksack losließ. Daraufhin entnahm sie aus dem Rucksack ihr Gesetzbuch.
Anzuwendende Strafvorschriften:
§ 249 Abs. 1 StGB, §§ 1, 3 JGG.
Beweismittel:
Geständnis der Angeschuldigten
Zeuge:
X, Frankfurt (Bl. [Seite])

> Gegenstände des Augenscheins:
> Stascheit: Soziale Berufe
> Laptop Inspiron 15
> Wesentliches Ergebnis der Ermittlungen:
> Zur Person:
> Die zur Tatzeit siebzehneinhalbjährige Angeschuldigte studiert im ersten Semester Soziale Arbeit an der Fachhochschule in [Stadt]. Ihre Eltern sind geschieden, sie lebt derzeit bei ihrem Vater. Das Sorgerecht nehmen die Eltern gemeinsam wahr.
> Die Angeschuldigte ist strafrechtlich bereits mehrfach in Erscheinung getreten. Zuletzt verbüßte sie einen Dauerarrest von vier Wochen wegen Drogendelikten.
> Zur Sache:
> Die Angeschuldigte hat die ihr zur Last gelegte Tat anlässlich ihrer Vernehmung gegenüber der Polizei eingeräumt.
> Zu ihrer Verteidigung hat die Angeschuldigte angegeben, dass die Situation „außer Kontrolle geraten sei" als X ihr den Stascheit nicht wiedergeben wollte, den sie für eine Klausur am selben Nachmittag brauchte. Da sie sowieso schon „schwer gestresst" gewesen sei, sei sie aufgrund des Verhaltens von X „total ausgeflippt". Irgendwie sei er aber auch selbst schuld, hätte er ihr das Buch direkt gegeben, wäre sonst nichts passiert.
> Der Geschädigte X hat die Darstellung des Angeschuldigten insoweit bestätigt als er zugab, den Stascheit nicht gleich herausgegeben zu haben. Das sei aber ein Spaß gewesen. Er habe ja gewusst, dass die Angeschuldigte das Buch für die Klausur brauche. „Irgendwann" hätte sie es schon wieder bekommen.
> Es wird beantragt,
> das Hauptverfahren zu eröffnen.
>
> Dr. Prinz
> (Staatsanwältin)

Die Staatsanwaltschaft kann bei der Anklageerhebung Delikte unter den Tisch fallen lassen, wenn sie für die zu erwartende Strafe nicht beträchtlich ins Gewicht fallen würden (§ 154a StPO).
In der Anklageschrift sollen die wesentlichen Ergebnisse der Ermittlungen mitgeteilt werden (§ 200 Abs. 2 StPO), zudem die (persönlichen) Umstände, die für die Bemessung der Rechtsfolgen erforderlich sind (Nr. 110 RiStBV). Davon kann abgesehen werden, wenn eine Einzelrichterin entscheidet, weil dieser immer auch die Akte kennt und Zugang zu den entsprechenden Aktenvermerken hat (§ 200 Abs. 2 Satz 2 StPO). In jugendstrafrechtlichen Verfahren soll die Anklageschrift zudem so abgefasst sein, dass sie keine Nachteile für die Erziehung bringt (§ 46 JGG). Das setzt Verständlichkeit und Nachvollziehbarkeit voraus (Nr. 1 RL-JGG), aber auch den Verzicht auf Zuschreibungen. Auf die Darstellung von Erziehungsmängeln soll verzichtet werden.
Das Gericht leitet die Anklageschrift dem Angeschuldigten zur Stellungnahme zu (§ 201 StPO) und prüft danach, ob das Hauptverfahren eröffnet werden kann

(§§ 203 f StPO) oder weitere Aufklärung erforderlich ist (§ 202 StPO). Es kann die Anklage im sog. ‚Eröffnungsbeschluss' auch mit Änderungen zulassen (§ 207 StPO).

Mitteilungspflichten

Die Anordnung über Mitteilungen in Strafsachen (MiStra) regelt, wann Behörden und Gerichte wegen über die Einleitung oder den Ausgang eines Strafverfahrens zu unterrichten sind. Wichtig für die Soziale Arbeit sind folgende Fälle:

- Jugendamt und das Familiengericht sollen von Staatsanwaltschaft oder Gericht informiert werden, wenn in einem Strafverfahren Tatsachen bekannt werden, die eine erhebliche Gefährdung von Minderjährigen befürchten lassen (§ 35 MiStra). Dazu gehören Sexualdelikte oder die Verletzung von Fürsorgepflichten gegenüber Minderjährigen, aber auch alle Straftaten der Eltern gegen ihre Kinder.
- Ausländerbehörden werden ebenfalls umfangreich informiert, und zwar nicht nur über Einleitung und Ausgang eines Strafverfahrens gegen Menschen ohne deutsche Staatsangehörigkeit, sondern auch, wenn anlässlich eines Strafverfahrens illegale Aufenthalte oder andere ausländerrechtliche Verstöße bekannt werden (§ 42 MiStra).

Wenn Straftaten von heil- oder pädagogischen Berufen ausgeübt wurden und mit dieser Tätigkeit in Zusammenhang stehen, sind Kammern und zuständige (Aufsichts-)Behörden über die Erhebung einer Anklage und den Ausgang des Strafverfahrens zu informieren (§§ 26, 27 MiStra).

2.1.2 Hauptverfahren und Hauptverhandlung

Das Strafverfahrensrecht versteht man am besten, wenn man sich klar macht, dass es weniger dazu dient, einem Angeklagten Ketten anzulegen als vielmehr der ‚Obrigkeit'.

Eine wichtige Errungenschaft war die Ersetzung des (mittelalterlichen) Inquisitionsprozesses durch ein modernes Akkusationsverfahren. Während bei der (heiligen) Inquisition Anklage, Verhandlung und Urteil in den Händen eines allmächtigen Inquisitionsrichters lag, der in einem Geheimprozess – mit allen Mitteln, einschließlich der Folter – die ‚Wahrheit' zu erforschen suchte, ist der moderne Akkusationsprozess geprägt durch die Trennung der Anklagebehörde (Staatsanwaltschaft) vom urteilenden Gericht, durch die Öffentlichkeit des Verfahrens und die Begrenzung der legitimen Mittel zur Wahrheitserforschung.

2.1.2.1 Verfahrensprinzipien

Mündlichkeit und Unmittelbarkeit

Die Grundsätze der Mündlichkeit und Unmittelbarkeit des Verfahrens sind insoweit zentral für das Verständnis der Strafprozesses mit seinem ‚Kern' der Hauptverhandlung:

- Der *Grundsatz der Mündlichkeit* (§§ 261, 264 StPO) besagt, dass nur der mündlich in der Verhandlung vorgetragene Prozessstoff dem Urteil zugrunde gelegt werden darf. Das Urteil muss ‚Inbegriff der Hauptverhandlung' sein. Das heißt gleichzeitig, dass der (nicht öffentlich erörterte) Akteninhalt nicht Grundlage des Urteils sein darf. Damit sollen ‚Geheimverfahren' unterbunden werden. Zudem werden nur so die Schöffinnen eingebunden, die keinen Zugang zu den Verfahrensakten haben.
- Der *Grundsatz der Unmittelbarkeit* geht in eine ähnliche Richtung. Er besagt zweierlei, nämlich dass das Gericht
  - sich einen eigenen Eindruck verschaffen muss, also nicht andere mit ‚Wahrnehmungen' beauftragen kann, und das Urteil auf dieser Wahrnehmung, wenn auch in einer ‚freien' Beweiswürdigung, beruht (§ 261 StPO);
  - immer die unmittelbaren (tatnäheren) Beweisquellen heranziehen muss und nicht auf mittelbare Beweisquellen zurückgreifen darf. Es muss also Zeugen persönlich vernehmen und darf nicht nur Protokolle ihrer Aussagen verlesen.

Mit der Idee, dass das Urteil aus dem unmittelbaren Eindruck der Hauptverhandlung heraus gefällt werden soll, hängt zusammen, dass

- Hauptverhandlungen in einem Zug durchgeführt werden sollen (§§ 229, 268 StPO) und nur Unterbrechungen von max. 10 Tage zulässig sind,
- Richter und Richterinnen, auch Laien, nicht einfach ausgewechselt werden können (§§ 16, 192 GVG, 222a StPO) und für verschiedene Beteiligte Anwesenheitspflichten bestehen: Dazu zählen die Mitglieder des Gerichts (§ 192 GVG), die Staatsanwaltschaft und Urkundspersonen (§ 226 StPO) sowie Angeklagte (§ 230 StPO) und ihre Verteidigung (§ 140 StPO) – nicht aber die Nebenklage (!).

Auch eine Reihe anderer Verhandlungsmaximen lassen sich aus dieser Grundidee des Strafprozesses erklären:

- An erster Stelle steht der *Grundsatz der Öffentlichkeit* der Hauptverhandlung (§ 169 GVG, Art. 6 Abs. 1 EMRK). Er legitimiert das Strafverfahren (und seine Entscheidungen), weil es ein – allgemeines und unbestimmtes – Wissen gibt, dass sich jedermann bei Bedarf genauer informieren kann (Luhmann 1978: 123f).
- Dann das *Akkusationsprinzip* (§§ 151, 155, 264 StPO), das vorschreibt, dass das Gericht – anders als im Inquisitionsverfahren – nur tätig werden darf, wenn und soweit (öffentlich) Anklage erhoben wurde (vgl. § 264 StPO). Eine nachträgliche Erweiterung oder Änderung der Anklage ist in einem laufenden Verfahren nur eingeschränkt möglich (§§ 265, 266 StPO): der Angeklagte soll wissen, wo er dran ist. In diesen Kontext gehört auch, dass es – seit der französischen Revolution – eine eigene Anklagebehörde gibt, die (anders als das Gericht) nicht unabhängig arbeitet, sondern demokratisch kontrolliert ist, indem sie in ihren Entscheidungen dem Justizministerium untersteht.

Grenzen der Wahrheitserforschung

Fast genauso wichtig wie die Transparenz des Verfahrens ist, dass der moderne Strafprozess sich bei der Wahrheitserforschung Grenzen auferlegt hat: Es gibt also keine Wahrheit um jeden Preis. Beweisverbote ergeben sich insofern unmittelbar aus den Grundrechten: Menschen dürfen nicht zum bloßen Objekt des Strafverfahrens gemacht werden, da dies die Menschenwürde (Art. 1 GG) verletzen würde. Dieser Grundsatz findet seine Umsetzung im Verbot, Beweise unter Zwang zu erlangen (§ 136a StPO). Auch der Schutz der Intim- und Privatsphäre kann der Wahrheitsfindung Grenzen setzen (streitig z. B. die Verwertbarkeit von Tagebucheintragungen). Auch die Zeugnisverweigerungsrechte naher Angehöriger (§§ 52 ff StPO) gehören in diesen Kontext, weil dadurch sichergestellt wird, dass man ‚zuhause' nicht belauscht wird. Eine wichtige Errungenschaft ist überdies, dass kein Angeklagter sich selbst belasten muss: Er darf schweigen – und sogar lügen!

In diesem Zusammenhang ist entscheidend, dass die Staatsanwaltschaft zu Ermittlungen für und gegen den Angeklagten verpflichtet ist (§ 160 Abs. 2 StPO), was ihr manchmal den Zusatz ‚objektivste Behörde der Welt' einträgt.

2.1.2.2 Mündliche Verhandlung

Die Hauptverhandlung beginnt mit dem Aufruf der Sache und der Feststellung der Präsenz (vgl. § 243 StPO). Danach haben die Zeugen den Saal zu verlassen, um sie nicht durch die Einlassungen des Angeklagten oder andere Zeugenaussagen zu beeinflussen. Eine Ausnahme gilt für Zeuginnen, deren Nebenklage zugelassen wurde. Danach folgen die Vernehmung des Angeklagten zur Person und die Verlesung der Anklageschrift. Bevor der Angeklagte zur Sache vernommen wird, ist er zu belehren, dass er nicht aussagen muss. Erst danach tritt das Gericht in die ausführliche Beweisaufnahme ein (§ 244 StPO). Ist diese förmlich ‚geschlossen', finden die Schlussvorträge (Plädoyers) statt. Das letzte Wort hat der Angeklagte (§ 258 StPO). Danach zieht sich das Gericht zu geheimen Beratungen zurück (§§ 260 ff StPO). Die Verhandlung endet mit der Verkündung und Begründung der Entscheidung und einer Belehrung über die verfügbaren Rechtsmittel (§§ 260, 268 StPO).

Anwesenheitspflichten

Es gibt einige Beteiligte, ohne die die Hauptverhandlung nicht stattfinden kann. Da ist zunächst das Gericht, das – in gleicher Besetzung – ununterbrochen anwesend sein muss (§ 226 StPO). Nickerchen gelten als Abwesenheit. Ein Vertreter der Staatsanwaltschaft muss immer anwesend sein, nicht aber immer dieselbe Person (sog. Sitzungsvertreter). Zu den notwendig Beteiligten gehört auch die Protokollführerin.

Der Angeklagte muss ‚grundsätzlich' anwesend sein, was heißt, dass es Ausnahmen geben kann. Eine solche liegt vor, wenn der Angeklagte sich eigenmächtig entfernt (§ 231 StPO), wenn dieser selbst seine Verhandlungsunfähigkeit herbeigeführt hat (§ 231a StPO), oder wenn er aus der Hauptverhandlung ‚entfernt' wurde (§ 231b StPO). Gibt es mehrere Angeklagte, müssen nicht immer alle anwesend sein, sondern nur bei den Teilen, die sie selbst betreffen (§ 231 c StPO). In Bagatell- und leichten Strafsachen darf ohne den Angeklagten verhandelt werden, wenn er unentschuldigt fern bleibt (§§ 232, 233 StPO). Schließlich kann der Angeklagte – unter sehr strengen Voraussetzungen – von Teilen der Verhandlung ausgeschlossen werden (§ 247 StPO). Im Jugendstrafverfahren, wo der persönliche Eindruck entscheidend ist, soll in der Regel nicht ohne Angeklagten verhandelt werden (RL-JGG zu § 50). Ein Angeklagter, der unentschuldigt ‚ausbleibt', kann zwangsweise vorgeführt werden (§ 230 Abs. 2 StPO).

Ein Verteidiger muss nur dann anwesend sein, wenn es sich um einen Fall der notwendigen Verteidigung handelt (§ 140 StPO). Im beschleunigten Verfahren muss der Angeklagte nicht selbst erscheinen, sondern kann sich von einem Anwalt vertreten lassen (§ 411 StPO).

Auch Zeuginnen haben eine Anwesenheitspflicht und – anders als der Angeklagte – grundsätzlich auch eine Aussagepflicht in der Hauptverhandlung. Fehlen sie unentschuldigt, kann ein Ordnungsgeld oder Ordnungshaft gegen sie verhängt (Art. 6 EGStGB) sowie ihnen die verursachten Kosten auferlegt werden (§ 51 Abs. 1 StPO). Gleiches gilt für die Erziehungsberechtigten in jugendgerichtlichen Verfahren (§ 50 Abs. 2 JGG). Die Jugendgerichtshilfe dagegen hat nur ein Anwesenheitsrecht, keine Anwesenheitspflicht (§ 50 Abs. 3 JGG).

Unerheblich ist auch, ob die Nebenklage persönlich anwesend ist. Termine werden deshalb oft ohne Rücksicht auf die Nebenklagevertretung gemacht. Dagegen wird bei der Terminierung auf notwendig Beteiligte Rücksicht genommen, weil ohne sie eine Revision droht.

Leitung der Verhandlung

Die Leitung der Hauptverhandlung obliegt dem/der Vorsitzenden. Er/sie wacht über die Einhaltung der Formalien wie die Eröffnung, Unterbrechung und Schließung von Sitzungen (§ 228 StPO), die Belehrungen (§ 257 StPO), die Festlegung der Reihenfolge einzelner Aussagen, die Gewährung von Fragerechten (§ 240 StPO), die Anordnungen von Beweiserhebungen (§ 244 StPO), die wörtliche Protokollierung, die Entlassung von Zeugen nach Abschluss ihrer Aussage (§ 248 StPO) oder die Abgabe von Erklärungen (§ 257 StPO).

Zwar steht ein Fragerecht allen Beteiligten zu (§ 240 StPO), doch bei jugendlichen Zeuginnen unter 16 Jahren kann entschieden werden, dass die Fragen über das Gericht zu stellen sind (§ 241 a StPO). Überdies kann das Gericht unzulässige Fragen, also ungeeignete, nicht zur Sache gehörende oder bloßstellende Fragen zurückweisen (§§ 240, 68 a StPO).

Beweisaufnahme

Die Beweisaufnahme dient der Feststellung von Tatsachen. Tatsachen können direkt oder indirekt – über Indizien – nachgewiesen werden. Welche Tatsachen entscheidungserheblich sind, hat das Gericht zu entscheiden. Dabei trifft das Gericht eine Pflicht zur Erforschung des Sachverhalts (§ 244 StPO). Andererseits steht allen Beteiligten die Möglichkeit offen, Anregungen für die Beweiserhebung zu geben, Beweisanträge zu stellen und Beweismittel einfach mitzubringen

(§§ 243 ff StPO). Über deren Zulässigkeit und Erforderlichkeit entscheidet zwar das Gericht, die Entscheidung kann aber durch eine Beschwerde angegriffen werden (§§ 304 ff StPO). Bei Besorgnis kann die Befangenheit des Gerichts überprüft werden (§§ 22 f StPO).

Im Wesentlichen lassen sich zwei Formen des Beweises im Strafverfahren unterscheiden: der Beweis durch die Aussage von Personen (Angeklagter, Zeugen, Gutachter) und der sog. Sachbeweis, typischerweise Asservate, Fotos, Urkunden.

Wie diese Beweise bewertet werden, unterliegt der ‚freien richterlichen Beweiswürdigung' (§ 261 StPO). Nach der Rechtsprechung des Bundesgerichtshofs ist damit gemeint, dass das Gericht sich eine „persönliche Gewissheit" verschaffen muss, die „vernünftige Zweifel" ausschließt (vgl. BGHSt 10, 209; BGH NStZ 90, 402). Das heißt, die Entscheidung muss auch für Dritte nachvollziehbar sein, auf einer objektiven und umfassenden Würdigung aller Fakten (‚Inbegriff der Hauptverhandlung') beruhen und auch Alternativüberlegungen einbeziehen. Ist eine persönliche Gewissheit nicht zu erreichen, muss zugunsten des Angeklagten entschieden werden.

In jugendgerichtlichen Verfahren darf von Verfahrensvorschriften abgewichen werden, um sie zu vereinfachen, zu beschleunigen und insgesamt jugendgemäß zu gestalten (§ 78 Abs. 3 JGG). Allerdings darf dadurch auf keinen Fall die Erforschung der Wahrheit beeinträchtigt werden. Auch in sog. beschleunigten Verfahren gelten zum Teil etwas andere Regeln (§ 411 ff StPO).

Vernehmung

Bei allen Vernehmungen gelten bestimmte Grundregeln. So soll die Möglichkeit zur zusammenhängenden Aussage gegeben werden, also eine Person nicht durch ständige Zwischenfragen unterbrochen oder gar irritiert wird. Da sich aber in der Realität oft das Naturell des Vorsitzenden Bahn bricht und Gericht und Staatsanwaltschaft nicht selten die Geduld verlieren, wenn jemand ‚um den heißen Brei herumredet', können Ideal und Wirklichkeit auseinanderklaffen. Dagegen können sich die Befragten, wollen sie die Situation nicht zusätzlich anheizen, oft nur wehren, wenn die Grenze zur Voreingenommenheit überschritten ist.

Um erst gar nicht in bestimmte Drucksituationen zu kommen, müssen Personen, die vernommen werden, zunächst über ihre Rechte belehrt werden: Der Angeklagte darüber, dass er nichts sagen muss (§ 243 Abs. 4 StPO), Zeugen, wenn ihnen ein sog. Zeugnisverweigerungsrecht zusteht (§ 52 Abs. 3 StPO). Bei Kindern muss die Zustimmung der gesetzlichen Vertretung eingeholt werden (§ 52 Abs. 2 StPO).

Eine andere Grundregel ergibt sich aus der Mündlichkeit und Unmittelbarkeit der Hauptverhandlung: Frühere Aussagen dürfen nicht einfach verlesen, Aussagen in der Hauptverhandlung nicht einfach durch Aussagen vor Polizei oder Staatsanwaltschaft ersetzt werden (vgl. §§ 250 ff StPO). Was möglich ist, ist der sog. ‚Vorhalt aus der Akte', bei dem eine Person mit früheren Angaben – unter Angabe der genauen Fundstelle (Datum der Aussage, Aktenblatt) – konfrontiert wird. Hier handelt es sich also eher um eine Art Fragetechnik.

Allerdings sind nicht alle Fragen zulässig. Fragen, die ihrerseits gegen Beweiserhebungsverbote verstoßen würden, sind nicht erlaubt, ebenso wenig Fragen, die sich nicht auf die verhandelte Sache beziehen oder nichts zur Wahrheitsfindung beitragen können (§ 240 Abs. 2 StPO). Auch Fang- und Suggestivfragen sind nicht erlaubt – und schließlich sollen auch solche Fragen nicht gestellt werden, die den privaten Lebensbereich betreffen oder ehrverletzend sein können (§ 68a StPO). Ausnahme: Sie sind ‚unerlässlich'. Klar, dass darüber Streit entsteht, vor allem, wenn sie von der Verteidigung damit gerechtfertigt werden, dass durch entsprechende Fragen die Glaubwürdigkeit einer Person überprüft werden soll. Hier kollidiert regelmäßig das Recht des Angeklagten, sich gegen einen Vorwurf zur Wehr setzen zu dürfen, mit dem Wunsch nach Schutz von Zeuginnen im Rahmen von Befragungen.

Eine Besonderheit bildet der ‚Sachverständigenbeweis'. Sachverständige werden vom Gericht bestellt, um im Auftrag des Gerichts Fachwissen in das Verfahren einzubringen oder aus Tatsachen wissenschaftliche Schlüsse zu ziehen (z. B. Gerichtsmediziner) oder um – Beispiel: psychiatrisches Gutachten – selbst Befunde zu erheben und zu interpretieren (z. B. Minderung der Schuldfähigkeit infolge von Bewusstseinsstörung). Denkbar ist aber auch, dass ein Zeuge eine besondere Sachkunde besitzt (z. B. als Notarzt) und dem Gericht eigene Wahrnehmungen mitteilt, die er aufgrund seiner Sachkunde gleichzeitig einordnen kann. Diese Personen werden als ‚sachverständige Zeugen' bezeichnet. Verfahrenstechnisch sind sie Zeugen, keine (beauftragten) Gutachter. Weil bestellte Gutachter wie der verlängerte Arm des Gerichts wirken, besteht die Möglichkeit, sie – wie das Gericht – bei Besorgnis der Befangenheit abzulehnen (§ 74 StPO).

Grundsätzlich sind Hauptverhandlungen am Strafgericht, und damit auch die Aussagen, öffentlich. Das ist – neben der Beteiligung von Laien an der Urteilsfindung – eine Errungenschaft der französischen Revolution, die damit eine öffentliche Kontrolle der Gerichte und den Schutz vor staatlicher Willkür gewährleisten wollte. Der Ausschluss dieser Öffentlichkeit ist damit eine eng begrenzte Ausnahme. Angesichts der medialen Aufmerksamkeit für manche Verfahren und der Gefahr der Bloßstellung der Beteiligten ist das heute nicht immer leicht nachvollziehbar. Film- und Tonaufnahmen von der Hauptverhandlung sind zwar nicht erlaubt (§ 169 GVG), Fotos und Presseberichterstattung dagegen schon. Darüber hinaus gibt es einige Regelungen, wann die Öffentlichkeit ausgeschlossen ist oder – meist auf Antrag – ausgeschlossen werden kann. Dazu gehören Verfahren gegen Jugendliche und – eingeschränkt – auch Heranwachsende (§§ 48, 109 JGG), Vernehmungen von Personen unter 16 Jahren (§ 172 Nr. 4 GVG), Situationen, in denen Zeugen gefährdet sind (§ 172 Nr. 1a GVG), und solche, in denen ihre Privatsphäre tangiert ist (§§ 171b, 172 Nr. 3 GVG). Über den Ausschluss entscheidet das Gericht. Wird die Öffentlichkeit zu Unrecht ausgeschlossen, liegt ein (absoluter!) Revisionsgrund vor (§ 338 Nr. 6 StPO), das heißt, das Urteil muss aufgehoben werden.

Ausnahmsweise kann der Angeklagte während der Vernehmung einer Zeugin von der Verhandlung ausgeschlossen werden (§ 247 StPO). Dies greift entscheidend in das Recht von Beschuldigten ein, sich gegen Vorwürfe verteidigen zu können, da sie diese dann ja nicht hören können. Deshalb muss der Vorsitzende danach den wesentlichen Inhalt dessen mitteilen, was während der Abwesenheit gesagt und verhandelt wurde. Ein Verteidiger kann in jedem Fall im Sitzungssaal bleiben – aber nicht jeder Angeklagte hat einen. Der Ausschluss ist an strenge Voraussetzungen geknüpft, nämlich entweder an die Gefahr eines schwerwiegenden Nachteils für die Gesundheit der Zeugin (§ 247 Satz 2 StPO) oder an die Befürchtung, Zeugen könnten in Gegenwart des Angeklagten nicht die Wahrheit sagen (§ 247 Satz 1 StPO). Diese Vorschrift schützt nicht nur (und vielleicht nicht einmal vornehmlich) die ‚armen Kinder' oder die ‚armen Opfer von Sexualdelikten', sondern auch V-Leute und verdeckte Ermittler.

Um einen Komplettausschluss zu vermeiden, steht als ‚geringeres Übel' die Möglichkeit der Videovernehmung zur Verfügung, bei der sich die Beteiligten an unterschiedlichen Ort aufhalten, die Aussage aber zeitgleich in den Gerichtssaal übertragen wird (§ 247 a StPO).

Sachbeweis
Als Sachbeweise bezeichnet man den Urkundsbeweis und den sog. Augenschein. Ersterer erfasst jedes Schriftstück, dessen Inhalt verlesen werden kann (und analog auch das Abspielen von Aufnahmen früherer Vernehmungen). Letzterer meint eine sinnliche Wahrnehmung (Sehen, Hören, Riechen, Schmecken, Fühlen), oft Spuren, die am Tatort gefunden werden. Für die strenge Beweisführung des Strafprozesses ist vor allem der richterliche Augenschein wichtig, bei dem sich das Gericht einen eigenen Eindruck von Orten, Gegenständen, Verletzungen usw. bildet. Das kann auch durch das Ansehen von Fotos erfolgen.

Protokoll

Über die Hauptverhandlung wird – meist von einer Urkundsbeamtin – ein Protokoll aufgenommen, dessen Richtigkeit durch die Unterschrift der Richterin bestätigt wird (§ 271 StPO). Das Protokoll muss – neben den Formalien (§ 272 StPO) – den Gang und die wesentlichen Ergebnisse der Hauptverhandlung wiedergeben. Zudem muss es Förmlichkeiten (wie z.B. Belehrungen), Anträge, Absprachen und Entscheidungen dokumentieren. In den ‚Tatsacheninstanzen' sind zudem auch die Vernehmungen in ihren wesentlichen Inhalten (nicht wörtlich) zu protokollieren oder aufzuzeichnen (§ 273 StPO). Durch das Protokoll wird die Einhaltung der Förmlichkeiten nachgewiesen (§ 274 StPO).

Schlussvorträge und letztes Wort des Angeklagten

Der/die Vorsitzende schließt die Beweisaufnahme, wenn alle zustimmen. Danach erteilt er/sie das Wort für die Schlussanträge (Plädoyers). Das Recht, einen Schlussantrag zu stellen, haben – neben der Staatsanwaltschaft, dem/der Angeklagten und der Verteidigung – auch die Neben- und die Privatklage (§§ 397, 385 StPO) sowie Erziehungsberechtigte (§§ 67, 104 JGG). Darüber hinaus hat der Angeklagte immer das letzte Wort (§ 258 StPO).

Im Plädoyer wird nochmals der Sachverhalt dargestellt, die einzelnen Beweise gewürdigt, eine rechtliche Einordnung der Handlung vorgenommen, die für und gegen den/die Angeklagte/n sprechenden Strafzumessungserwägungen dargelegt und – im Hinblick auf die Höhe der Strafe – ein Antrag gestellt (kann auch auf Freispruch lauten).

Abschlussentscheidungen des Gerichts

Art der Entscheidung

Danach erfolgt in der Regel eine Beratung des Gerichts, bevor eine abschließende Entscheidung ergeht. Bei einem Kollegialgericht (mehrere Richter) fasst die Berichterstatterin zunächst die wichtigsten Gesichtspunkte nochmals zusammen. Danach werden Fragen gestellt, bevor es zur Abstimmung kommt. An diesem Prozess sind die Schöffen gleichberechtigt beteiligt. Bei der Beratung muss entschieden werden, ob alle Prozessvoraussetzungen erfüllt sind, ob die Schuld des/der Angeklagten bejaht wird, welche Rechtsfolgen verhängt werden und wie z. B. die Kosten verteilt werden. Dabei gelten unterschiedliche Mehrheiten (§ 196 GVG), so dass Berufsrichter in Rechtsfragen nicht von Laien überstimmt werden können.

Die Hauptverhandlung endet mit der Verkündung des Urteils (§ 260 StPO). Diese kann eine Verurteilung, einen Freispruch, aber auch eine (endgültige) Einstellung aus Rechtsgründen enthalten. Ergeht eine Entscheidung, bei der das Verfahren später theoretisch wieder aufgenommen werden könnte (z. B. Verfahrenseinstellung gem. §§ 153 ff StPO), oder wird das Verfahren gegen einen Mitangeklagten getrennt weitergeführt, dann ergeht die Entscheidung als Beschluss.

Form der Entscheidung

Die Urteilsurkunde besteht aus einem Urteilskopf, auch Rubrum genannt, also der Bezeichnung ‚Urteil‘, dem Zusatz ‚Im Namen des Volkes‘, den Personalien des Angeklagten, den Sitzungstagen, der Bezeichnung des Gerichts sowie den Namen der Verfahrensbeteiligten.

Es folgt die Urteilsformel (Tenor) der Entscheidung, aus der sich ergibt, welche Strafe verhängt wurde, gefolgt von den Strafvorschriften, auf der die Entscheidung beruht.

Danach kommt das Kernstück: die Begründung (§ 267 StPO). Sie soll vollständig, konkret, nachvollziehbar, übersichtlich und logisch richtig (heißt vor allem widerspruchsfrei) sein sowie alle relevanten Tatsachen aufgreifen und alle wichtigen Rechtsfragen erörtern. Ganz wichtig ist eine klare Trennung von Beschreibung (Tatsachen) und Bewertung (Beweiswürdigung, rechtliche Einordnung, Strafzumessung).

Werden keine Rechtsmittel eingelegt, kann ein abgekürztes Urteil ergehen (§ 267 Abs. 4 StPO).

Rechtsmittel und Rechtskraft

Bei beiden Entscheidungsarten besteht die Möglichkeit, Rechtsmittel einzulegen. Gegen Beschlüsse gibt es die Möglichkeit der Beschwerde, gegen Urteile kann man mit einer Berufung und/oder einer Revision vorgehen. Mit der Berufung greift man die Tatsachenfeststellung des Gerichtes an, bei einer Revision muss man Rechtsfehler behaupten (und beweisen). Die Berufung führt also zu einer erneuten Beweisaufnahme, die Revision nicht.

Manche Rechtsfehler führen unweigerlich zur Aufhebung einer Entscheidung (sog. absolute Revisionsgründe), andere Gründe sind relativ und führen nur zur

Aufhebung, wenn nachgewiesen wird, dass das Urteil auf dem Fehler beruht. Die absoluten Revisionsgründe sagen viel darüber aus, was in einem rechtsstaatlichen Strafverfahren unverzeihlich ist: die fehlerhafte Besetzung des Gerichts (z. B. auch wegen Interessenkollision), die Abwesenheit einer ‚notwendig' beteiligten Partei, die Verletzung der Vorschriften über die Öffentlichkeit, die fehlende Begründung des Urteils und schließlich die unzulässige Beschränkung der Verteidigung (§ 338 StPO).

Werden keine Rechtsmittel eingelegt oder sind sie ausgeschöpft, erwächst die Entscheidung in Rechtskraft, das heißt sie gilt und kann (zwangsweise) vollstreckt werden. Hinzu kommt, dass sie nicht mehr ohne weiteres in Frage gestellt werden darf, sondern nur, wenn z. B. neue Beweismittel auftauchen (Wiederaufnahme).

2.1.3 Umsetzung der Entscheidungen

Die abschließende (gerichtliche) Entscheidung ist eine Sache, danach ergibt sich die Frage, wie dafür Sorge getragen wird, dass eine Entscheidung auch befolgt wird.

2.1.3.1 Überwachung von Auflagen und Weisungen

Auflagen und Weisungen im Rahmen der Diversion (§§ 153a StPO, 45 JGG) werden nicht im eigentlichen Sinn vollstreckt, weil sie ja nicht auf einem Urteil beruhen, sondern sie werden ‚überwacht'.

In Fällen, in die Dritte involviert sind (z. B. Täter-Opfer-Ausgleich, soziale Trainingskurse, Verkehrsunterricht, gemeinnützige Arbeit, Geldbußen an gemeinnützige Einrichtungen, Schadensausgleich), wird von diesen eine Bestätigung erwartet, dass die Auflagen und Weisungen (korrekt) erfüllt wurden. Die Akte kann geschlossen (und archiviert) werden, wenn alles erledigt ist.

Werden jugendrechtliche Weisungen oder Auflagen schuldhaft, das heißt vorsätzlich oder fahrlässig, nicht erfüllt, kann Jugendarrest – sog. „Ungehorsamsarrest" – verhängt werden (§§ 11 Abs. 3, 15 Abs. 3 JGG). Insofern besteht ein gewisses Druckmittel, um Auflagen und Weisungen durchzusetzen. Im Erwachsenenstrafrecht hängt über der Nichterfüllung von Auflagen und Weisungen das Damoklesschwert, dass eine vorläufige Einstellung nicht in eine endgültige Einstellung umgewandelt, sondern das Verfahren – nunmehr mit Strafandrohung – weitergeführt wird (§ 153a Abs. 3 StPO).

Auflagen können auch mit Bewährungsstrafen verbunden sein. Sie werden dann von der Bewährungs- bzw. der Jugendgerichtshilfe überwacht. Diese muss „gröbliche oder beharrliche Verstöße" dem Gericht melden (§§ 56d Abs. 2 StGB, 29, 38 Abs. 2 Satz 5 JGG). Das Gericht hat die Möglichkeit, die Bewährung zu widerrufen (§§ 56f, 57 Abs. 5 StGB, 26 JGG). Alle Jugendlichen (§§ 24, 25 JGG), aber nicht jeder Erwachsene (§ 56d StGB), deren Strafe zur Bewährung ausgesetzt wurde, wird der Bewährungshilfe unterstellt.

In eine ähnliche Richtung geht die Führungsaufsicht, die neben einer Freiheitsstrafe als Maßregel der Besserung und Sicherung angeordnet werden kann, wenn die Gefahr weiterer Straftaten besteht (§ 68 StGB). Auch in diesem Fall nimmt die Bewährungshilfe diese Aufgabe wahr (§ 68a Abs. 1 StGB). Die Aufgaben ähneln denen der Bewährungshilfe (§ 68a Abs. 2 und 3 StGB).

2.1.3.2 Vollstreckung von Strafen und Maßregeln

Was genau zu vollstrecken ist, bestimmt der sog. Tenor eines Urteils (oder Strafbefehls). Dieser muss deshalb sehr genau formuliert sein. Das Urteil selbst muss rechtskräftig (also unanfechtbar) sein, um vollstreckt werden zu können. Andere Maßnahmen können nicht eigentlich ‚vollstreckt', aber doch durchgeführt und/oder überwacht werden.

Das Vollstreckungsverfahren ist in §§ 449 ff StPO, 82 ff JGG und der Strafvollstreckungsordnung (StVollStO) geregelt. Allerdings gilt die Strafvollstreckungsordnung für Jugendliche und Heranwachsende nur nachrangig, soweit das Jugendgerichtsgesetz (JGG), die Richtlinien zum Jugendgerichtsgesetz (RL-JGG) und die Verwaltungsvorschriften zum Jugendstrafvollzug (VV-Jug) nichts anderes bestimmen (§§ 82 ff JGG).

Die sog. Strafvollstreckungsbehörden sind für die Vollstreckung von Urteilen und ihnen gleichstehenden Entscheidungen wie Strafbefehle zuständig, die auf eine Strafe, Nebenstrafe, Nebenfolge oder Maßregel der Besserung und Sicherung lauten. Hinzu kommt die Zuständigkeit für die Vollstreckung von Ordnungs- und Zwangshaft in Straf- und Bußgeldsachen (§ 1 StVollstO). Grundsätzlich sind die Vollstreckungsbehörden „im Interesse einer wirksamen Strafrechtspflege" zur ‚nachhaltigen', heißt nachdrücklichen und beschleunigten Vollstreckung, verpflichtet (§ 2 StVollstO). Sie prüfen die Voraussetzungen der Vollstreckung und treffen alle erforderlichen Entscheidungen. Sie sind deshalb auch die Stellen, die bei Problemen angesprochen werden sollten.

Als Vollstreckungsbehörden fungieren im Erwachsenenstrafrecht die Staatsanwaltschaften (§ 451 StPO). Faktisch nehmen aber die Rechtspfleger, also Justizbeamte, in den Geschäftsstellen viele dieser Aufgaben wahr (§ 31 Abs. 2 RPflG): Sie berechnen die genaue Dauer der einzelnen Maßnahmen, registrieren Zahlungseingänge und melden statistische Daten an die zuständigen Ämter. In jugendgerichtlichen Verfahren betreiben die Jugendrichterinnen (selbst!) als sog. Vollstreckungsleiter die Vollstreckung in allen Verfahren, in denen sie entschieden haben (§§ 82, 84 JGG). Wird Jugendstrafe oder Jugendarrest vollstreckt, gibt der Vollstreckungsleiter seine Zuständigkeit an die Jugendrichterin am Ort der Justizvollzugsanstalt (JVA) ab (§§ 90 Abs. 2, 85 Abs. 1 JGG). Diese Jugendrichterin nennt das Gesetz ‚Vollzugsleiter'. Im Erwachsenenvollzug trägt die Anstaltsleiterin die Gesamtverantwortung (§ 156 StVollzG). Ergänzend werden im Landgerichtsbezirk der JVA Strafvollstreckungskammern gebildet (§ 78a GVG), die für bestimmte Entscheidungen (§§ 462a, 463 StPO) und für Beschwerden der Gefangenen (§ 109 StVollzG) zuständig sind.

Für das Vollstreckungsverfahren wird oft eine eigene (personenbezogene) Hilfsakte angelegt, das sog. ‚Vollstreckungsheft'. In ihm befindet sich eine beglaubigte Kopie der vollstreckbaren Entscheidung und wichtige Beschlüsse wie die über die Bewährungsanordnungen, Angaben, die wichtig sind für die Berechnung der Strafzeit sowie Verfügungen, Gesuche, Eingaben und andere Eingänge, die die Strafvollstreckung betreffen. Bei einem Fahrverbot kommt auch der Führerschein ins Vollstreckungsheft (§ 59a StVollstO). Im Vollstreckungsheft finden sich auch Kostenrechnungen, Zahlungsanzeigen und Nachrichten der zuständigen Kasse, die, so ist ausdrücklich vorgeschrieben, „unter dem Aktendeckel vor dem ersten Blatt des Vollstreckungsheftes einzuheften" sind (§ 16 StVollstO), damit Zahlungseingänge gleich erkennbar sind.

Bevor die Strafvollstreckung eingeleitet werden kann, muss noch geprüft werden, ob ein sog. Vollstreckungshindernis vorliegt. So kommt eine Vollstreckung dann nicht in Betracht, wenn die Strafe oder Maßnahme verjährt ist (§ 79 StGB) oder wenn der/die Verurteilte ausgeliefert wurde (§ 456a StPO).

Geldbußen, Geldauflagen, Geldstrafen und Verfahrenskosten

Für die Einforderung von Geldstrafen, Geldbußen, Ordnungs- und Zwangsgeldern und die Kosten des Verfahrens gibt es – wie könnte es anders sein – eine bundeseinheitliche Einforderungs- und Beitreibungsanordnung (EBAO). Ergänzend gelten die Regelungen der Strafvollstreckungsordnung (§§ 48 ff StVollstO). Jugendliche und gleichgestellte Heranwachsende sind nur ausnahmsweise von Zahlungen an die Staatskasse betroffen (vgl. §§ 15 Abs. 1, 74, 109 JGG).

Das Verfahren wird durch die Staatsanwaltschaft als Vollstreckungsbehörde eingeleitet, indem sie die Einforderung des (vollstreckbaren) Geldbetrages einschließlich der Verfahrenskosten anordnet. Die Kostenrechnung wird daraufhin von einer Kostenbeamtin detailliert aufgestellt (§§ 3, 4 EBAO) und durch Übersendung einer (maschinellen) Zahlungsaufforderung eingefordert (§ 5 EBAO). Zahlt der/die Zahlungspflichtige nicht freiwillig (oder nicht vollständig), dann ergeht zunächst eine Mahnung (§ 7 EBAO). Geht innerhalb einer Woche nach Ablauf der Zahlungsfrist keine Zahlung bei der zuständigen Kasse ein, dann werden Vollstreckungsmaßnahmen ergriffen (§ 8 EBAO). Die Vollstreckungsbehörde kann z.B. die Pfändung von Forderungen veranlassen (§ 6 Abs. 2 JBeitrO), einen Vollstreckungsauftrag für bewegliche Sachen erteilen (§ 9 Abs. 1 EBAO) und – als letztes Mittel – auch eine Ersatzfreiheitsstrafe vollstrecken (§ 8 Abs. 3 EBAO, 47 StVollstO). Die Vollstreckungsbehörde soll die Maßnahmen anordnen, die nach Lage des Einzelfalles am schnellsten und sichersten zum Ziele führen, dabei aber auf die persönlichen und wirtschaftlichen Verhältnisse der Zahlungspflichtigen und seiner Familie Rücksicht nehmen (§ 8 Abs. 4 EBAO). Die Staatsanwaltschaft als Vollstreckungsbehörde kann Zahlungserleichterungen einräumen (§ 459a StPO).

Freiheitsentziehende Maßnahmen

Vollstreckungsplan
Sind freiheitsentziehende Maßnahmen zu vollziehen (Untersuchungshaft, Arrest, Jugendstrafe, Freiheitsstrafe, Unterbringung), ist zunächst zu klären, in welcher Institution diese zu verbüßen sind. Nicht alle Justizvollzugsanstalten nehmen alle Personen auf: Untersuchungshaft und Strafhaft sind zu trennen, es gibt gesonderte Arrest- und Haftanstalten für Jugendliche, Frauen und Männer sind

zumindest in getrennten Abteilungen unterzubringen und die Unterbringung wird in psychiatrischen Kliniken und Entziehungskliniken vollstreckt (§ 105 StVollzG).
Wer wohin kommt, regelt der sog. Vollstreckungsplan der einzelnen Bundesländer (§§ 105 StVollzG, 22 StVollstO). Einige Bundesländer haben ihren Vollstreckungsplan online gestellt. Unter http://www.vollstreckungsplan-bw.de lässt sich feststellen, dass eine Frau, die im Landgerichtsbezirk Ellwangen eine Ersatzfreiheitsstrafe von weniger als drei Monaten verbüßen muss, in der JVA Schwäbisch-Gmünd untergebracht wird. Mütter mit Kindern unter drei Jahren können dort auch mit ihrem Kind untergebracht werden, wenn keine anderweitige Betreuung des Kindes möglich ist. Dies gilt aber nur, wenn die Verurteilte nicht drogenabhängig ist, eine Kostenübernahmeerklärung des Unterhaltspflichtigen oder des zuständigen Jugendamtes sowie ein Versicherungsnachweis für das Kind vorliegt und die voraussichtliche Vollzugsdauer die Vollendung des dritten Lebensjahres des Kindes nicht überschreitet. Zudem muss in der Mutter-Kind-Abteilung der Justizvollzugsanstalt Schwäbisch Gmünd ein freier Haftplatz verfügbar sein. Für besonders gefährliche männliche Verurteilte regelt der Vollstreckungsplan, dass sie zentral in der Justizvollzugsanstalt Bruchsal unterzubringen sind. Beschuldigte, die zwingend auf einen Rollstuhl angewiesen sind, sind in die nächstgelegene, sachlich zuständige Justizvollzugsanstalt mit einem freien rollstuhlgerechten Haftraum einzuweisen: das wäre für einen männlichen Untersuchungshäftling aus dem Amtsgerichtsbezirk Ellwangen die JVA Stuttgart.

Strafantritt
Ist die verurteilte Person auf freiem Fuß, wird sie von der Vollstreckungsbehörde – durch einfachen Brief – zum Strafantritt bei der nächstgelegenen oder der für die Vollstreckung zuständigen JVA geladen (§ 27 StVollstO). In der Regel wird der verurteilten Person in der Ladung eine Frist von mindestens einer Woche eingeräumt, damit sie ihre Angelegenheiten ordnen kann. Ausnahmsweise ist auch eine (mündliche) Ladung zum sofortigen Strafantritt möglich. In der Ladung wird darauf hingewiesen, dass mit Zwangsmaßnahmen zu rechnen ist, wenn der Strafantritt nicht in der gesetzten Frist angetreten wird.
Die JVA informiert die Vollstreckungsbehörde, wenn eine Person angekommen bzw. nicht angekommen ist (§ 35 StVollstO). Wenn dies „ohne ausreichende Entschuldigung" geschieht, kann die Vollstreckungsbehörde selbst einen Vorführungs- und Haftbefehl erlassen (§ 33 StVollstO) oder zur Festnahme ausschreiben (§ 457 Absatz 1 und 3, § 131 StPO).
Ist die verurteilte Person nicht auf freiem Fuß, so veranlasst die Vollstreckungsbehörde die Überführung in die zuständige Vollzugsanstalt (§ 28 StVollstO).

Aufnahmeersuchen
Die Einweisung in die JVA wird durch ein sog. Aufnahmeersuchen (§§ 29, 30 StVollstO) vorbereitet. Dieses enthält Angaben zur verurteilten Person, zur Tat sowie zu Art, Dauer und Beginn der Strafe (§ 30 StVollstO). In manchen Aufnahmeersuchen wird auch auf besondere Risiken hingewiesen: Suizid- oder Fluchtgefahr, wenn sie für die JVA von Relevanz sind.

Aussetzung des Strafrestes

Wenn eine Freiheitsstrafe bereits vollstreckt wird, kommt eine Aussetzung des Strafrestes zur Bewährung in Betracht (§§ 57 StGB, 88 JGG); das gilt sogar bei lebenslangen Freiheitsstrafen (§ 57 a StGB). Voraussetzung ist, dass

- zwei Drittel (bei Jugendlichen: ‚ein Teil') der verhängten Strafe verbüßt wurde,
- keine Sicherheitsinteressen entgegenstehen und
- (bei Erwachsenen) der Verurteilte einwilligt.

Bei der Entscheidung sind „die Persönlichkeit der verurteilten Person, ihr Vorleben, die Umstände ihrer Tat, das Gewicht des bei einem Rückfall bedrohten Rechtsguts, das Verhalten der verurteilten Person im Vollzug, ihre Lebensverhältnisse und die Wirkungen zu berücksichtigen, die von der Aussetzung für sie zu erwarten sind" (§ 57 StGB). Bei Jugendlichen sind Angaben zur Entwicklung zu machen (§ 88 JGG). Der Soziale Dienst hat dazu fachliche Stellungnahmen abzugeben; die Entscheidung wird von der Vollstreckungskammer bzw. dem Vollstreckungsleiter getroffen.

Umsetzung sonstiger Maßnahmen

Entziehung der Fahrerlaubnis und Einziehung des Führerscheins

Wird ein Führerschein aus Anlass einer Straftat ‚eingezogen' (§ 69 Absatz 3 Satz 2, § 71 Absatz 2 StGB), muss er der Behörde übersandt werden, die für die Erteilung der Fahrerlaubnis am Wohnsitz der verurteilten Person zuständig ist. Bei der Übersendung ist der Zeitraum der Sperre mitzuteilen. Bei Menschen ohne Wohnsitz wird der Führerschein zu den Akten genommen. Er ist in jedem Fall – durch Einschneiden – unbrauchbar zu machen (§ 56 StVollstO).

Verfall, Einziehung oder Unbrauchbarmachung

Sachen, auf deren Verfall, Einziehung oder Unbrauchbarmachung (im Urteil) erkannt wurde, nimmt die Vollstreckungsbehörde spätestens nach Rechtskraft der Entscheidung in Besitz (§ 61 StVollstO) und verwertet sie in der Regel durch öffentliche Versteigerung (§ 63 StVollstO). Gefährliche Gegenstände werden unbrauchbar gemacht oder vernichtet. Für bestimmte Gegenstände (Betäubungsmittel, Waffen, radioaktive Stoffe, Falschgeld) gibt es spezielle Regelungen (§§ 69–86 StVollstO).

Berufsverbot

Wird ein Berufsverbot verhängt, wird zunächst seine genaue Dauer berechnet und diese dann der Behörde mitgeteilt, die für die Berufs- und Gewerbeausübung zuständig ist. Berufsverbote können bei besonderen Härten für max. sechs Monate ggf. ‚gegen Kaution' ausgesetzt werden. Darüber entscheidet die Staatsanwaltschaft als Vollstreckungsbehörde (§ 55 StVollstO). Im Übrigen kann auch das Gericht ein Berufsverbot nachträglich auf Bewährung aussetzen (§ 70 a StGB). Nach Ablauf der Bewährungszeit wird die zuständige Behörde über die Erledigung des Berufsverbots unterrichtet (§ 70 b Abs. 5 StGB).

2.1.4 Gnadenentscheidungen

Das Begnadigungsrecht ist – bei Entscheidungen der Bundesgerichte – dem Bundespräsidenten vorbehalten; im Übrigen ist es Sache der Länder (§ 452 StPO), die es zum Teil in ihren Verfassungen verankert haben.

Das Saarland hat hierzu ein Gnadengesetz erlassen (Amtsblatt 05/2010). Es regelt, dass Gnadenentscheidungen Strafurteile, Geldbußen bei Ordnungswidrigkeiten aber auch Disziplinarmaßnahmen betreffen können (§ 1 SGnG). Gnadenentscheidungen sind immer Einzelfallentscheidungen. Im Saarland obliegt das Begnadigungsrecht bei besonders schweren Vergehen der Landesregierung, sonst dem Justizministerium, und bei Dienstvergehen dem Ministerium des Innern als oberster Dienstbehörde (§§ 3, 4 SGnG).

Das Begnadigungsrecht besteht in der Befugnis, die Rechtsfolgen je nach ihrer Eigenart zu beseitigen oder zu erlassen, zu ermäßigen oder sonst zu mildern, umzuwandeln, ihre Vollstreckung oder ihre Rechtswirksamkeit aufzuschieben, zu unterbrechen oder auf Dauer auszusetzen (§ 2 SGnG). Ein Recht auf einen Gnadenerweis soll nicht bestehen. Das heißt, das Gnadenrecht kann willkürlich und ohne Angabe von Gründen ausgeübt werden und ist nicht gerichtlich überprüfbar. Es existiert lediglich ein Recht auf Anhörung und Prüfung.

Ein Gnadengesuch kann, wenn alle anderen rechtlichen Möglichkeiten erschöpft sind, von jedermann eingereicht oder von Amts wegen eingeleitet werden (§ 5 SGnG). Nur wenn der Betroffene einem Gesuch beitritt, wird es weiter verfolgt. Eine Begnadigung ist mit einer Bewährungszeit – sowie ggf. mit Auflagen und Weisungen – verbunden (§ 7 SGnG). Es kann unter bestimmten Voraussetzungen widerrufen (§ 8 SGnG) und zurückgenommen (§ 9 SGnG) werden.

2.2 Verfahrensbeteiligte

2.2.1 Polizei

2.2.1.1 Aufgaben

Gemeinhin unterscheidet man zwei unterschiedliche polizeiliche Aufgaben:

- die (präventive) Gefahrenabwehr und
- die Beteiligung an der (repressiven) Strafverfolgung.

Die Gefahrenabwehr richtet sich nach den Polizeigesetzen der Länder; für die Aufgaben der Polizei bei der Verfolgung von Straftaten gilt die Strafprozessordnung (StPO).

Wird die Polizei z. B. zu einem Einsatz bei häuslicher Gewalt gerufen, greifen beide Funktionen ineinander (vgl. Hessische Polizei 2009): Im Rahmen der Gefahrenabwehr muss die Polizei mögliche akute Gefahrenlagen beseitigen. Das tut sie, indem sie ‚dazwischen geht' und versucht, deeskalierend auf die Beteiligten einzuwirken. Darüber hinaus steht ihr die Möglichkeit zur Verfügung, gegen den Gewalttäter (im Polizeirecht ‚Störer' genannt) einen Platzverweis auszusprechen. Das hessische Polizeirecht (§ 31 HSOG) erlaubt der Polizei,

> *„eine Person bis zu einer richterlichen Entscheidung über zivilrechtliche Schutzmöglichkeiten ihrer Wohnung und des unmittelbar angrenzenden Bereichs zu verweisen, wenn dies erforderlich ist, um eine von ihr ausgehende gegenwärtige Gefahr für Leib, Leben oder Freiheit von Bewohnern derselben Wohnung abzuwehren. Unter den gleichen Voraussetzungen kann ein Betretungsverbot angeordnet werden."*

Da die Maßnahme nur der Gefahrenabwehr dient, ist sie zeitlich begrenzt (in Hessen max. vierzehn Tage). Eine Verlängerung ist möglich, wenn bis zum Ablauf der Frist (obwohl von der Frau beantragt) noch keine gerichtliche Schutzanordnung nach dem Gewaltschutzgesetz (GewSchG) ergangen – und die Frau deswegen noch immer gefährdet – ist. Wichtig ist in diesem Kontext, dass die Gefahrenabwehr keinen Schuldnachweis voraussetzt, sondern nur eine gegenwärtige Gefahr, also einen mit einiger Wahrscheinlichkeit bevorstehenden Schadenseintritt.

Gleichzeitig muss die Polizei aber auch die Strafverfolgung betreiben (§ 163 StPO: Legalitätsprinzip). Die Handlungsleitlinie der Hessischen Polizei (2009) weist deshalb darauf hin, dass im Fall häuslicher Gewalt auch eine Beweissicherung durch erkennungsdienstliche Behandlung, Entnahme einer Blut- oder Urinprobe sowie die Sicherstellung von Gegenständen und eine genaue Dokumentation erfolgen sollte.

2.2.1.2 Organisationsstruktur

‚Die' Polizei gibt es eigentlich nicht, denn es gibt Bundes- und Landespolizeibehörden sowie Ämter mit ganz spezifischen polizeilichen Aufgaben wie z.B. den Verfassungsschutz.

Wenn von Polizei die Rede ist, dann ist oft die an ihren Uniformen erkennbare Schutzpolizei gemeint. Sie ist für die allgemeinen polizeilichen Aufgaben zuständig (Schutz der öffentlichen Sicherheit und Ordnung), die in den Polizeigesetzen der Länder geregelt sind. Die Schutzpolizei ist räumlich in Polizeirevieren organisiert. Sie nimmt in der Regel Strafanzeigen auf, kommt bei Wohnungseinbrüchen oder führt Fahrzeugkontrollen durch. Geringfügige Verstöße ermittelt sie auch selbst. Die Schutzpolizei wird von den Fachdiensten der Polizei unterstützt, zu denen – neben der Verkehrspolizei – auch die Kriminalpolizei gehört. Sie ist zuständig für die Ermittlung von Straftaten. In manchen Bundesländern gibt es noch eine Art ‚Hilfspolizei' auf kommunaler Ebene. Bereitschaftspolizei nennt man dagegen kleinere Einheiten, die sich für Sondereinsätze wie z.B. Großdemonstrationen, Castor-Transporte oder auch großflächige Durchsuchungen bereithalten. Im Internet finden sich Organigramme verschiedener Polizeidienststellen, die einen Einblick in die Organisationsstruktur erlauben.

2.2.2 Staatsanwaltschaft

2.2.2.1 Aufgaben

Anders als die Polizei wird die Staatsanwaltschaft nur im Strafverfahren tätig. Die Staatsanwaltschaft ist historisch als ‚Anklagebehörde' eingeführt worden, um den Aufspürer (Inquisitor) vom Leitenden (Rector/Richter) zu trennen. Ihre

Aufgabe ist die Leitung der Ermittlungen, die Anklageerhebung, die Mitwirkung im sog. Erkenntnisverfahren und die Vollstreckung der Entscheidungen.

2.2.2.2 Organisationsstruktur

Die Staatsanwaltschaft ist eine Behörde und deshalb – anders als das Gericht (Art. 97 GG) – nicht unabhängig, sondern hierarchisch gegliedert und weisungsgebunden (§ 146 GVG). Anders ausgedrückt: Staatsanwälte müssen tun, was Vorgesetzte (bis hinauf zum Justizministerium) ihnen sagen und sie können ausgetauscht werden. Beides geht bei Gerichten nicht (Art. 97, 101 GG).

Staatsanwaltschaften sind an Gerichte angegliedert:

- Die Staatsanwaltschaft beim Amtsgericht nennt sich Amtsanwaltschaft (§ 142 GVG). In der Amtsanwaltschaft arbeiten keine ‚Volljuristen' sondern Rechtspfleger, also Verwaltungsbeamte. Das macht sich manchmal an der Bearbeitung der Fälle bemerkbar (Oberlies 2005). Auch Referendarinnen in der juristischen Ausbildung können als Amtsanwältinnen eingesetzt werden (§ 142 Abs. 3 GVG). Die Amtsanwaltschaft ist im Ermittlungsverfahren und in der Hauptverhandlung tätig; sie übernimmt aber keine Strafvollstreckungsaufgaben.
- Staatsanwälte (mit Befähigung zum Richteramt) sind an den Landgerichten und Oberlandgerichten tätig, übernehmen aber auch schwierigere Strafsachen vor den Amtsgerichten. Die Vollstreckung von Entscheidungen ist bei der Staatsanwaltschaft angesiedelt, dort aber überwiegend Rechtspflegerinnen übertragen (§ 31 RPflG).
- Der Generalstaatsanwalt, nicht zu verwechseln mit den Generalbundesanwälten, ist Vorgesetzter der Staatsanwaltschaften seines Bezirks und kann (bei Beschwerden) deren Entscheidungen überprüfen. Darüber hinaus ist er in Staatsschutzsachen selbst zuständig.

Eine Besonderheit sind noch die sog. Sitzungsvertretungen, die bei der Staatsanwaltschaft überall vorkommen können. Gemeint ist damit, dass eine Person (z. B. Referendarin in Ausbildung), die die Strafsache nicht selbst bearbeitet, die Staatsanwaltschaft in der Hauptverhandlung vertritt. Diese Person kann zwar ‚verhandeln', muss sich jedoch intern nach den Weisungen der eigentlichen Sachbearbeitung richten und bei unvorhergesehenen Entwicklungen deren Einverständnis einholen (deshalb wird in der Verhandlung dann ein Vorbehalt erklärt).

Die interne Organisation der Staatsanwaltschaften richtet sich nach Zweckmäßigkeitserwägungen und kann sich von Bundesland zu Bundesland und von Staatsanwaltschaft zu Staatsanwaltschaft unterscheiden:

- In *Bremen* gibt es neun Abteilungen. Die neunte ist die Außenstelle Bremerhaven, und in der Abteilung 8 sind Vollstreckungssachen konzentriert. Alle anderen haben inhaltliche Zuständigkeiten: Verkehrsstrafsachen und allgemeine Strafsachen, die von der Staats- oder der Amtsanwaltschaft bearbeitet werden, sind in Abteilung 6 zusammengefasst. Die anderen Abteilungen haben Sonderzuständigkeiten: Sexualdelikte (Abteilung 1), Kapitalverbrechen (Abteilung 2), Organisierte Kriminalität (Abteilung 3), Jugendstrafsachen und Jugendschutzsachen (Abteilung 4), Drogendelikte (Abteilung 5) und Wirtschaftsstrafsachen (Abteilung 7).

- Bei der Staatsanwaltschaft in *Saarbrücken* waren 2006 56 Staatsanwälte – und 127 weitere Bedienstete – in 10 Abteilungen tätig, davon eine zentrale Vollstreckungsabteilung. Strafverfahren gegen Jugendliche und Heranwachsende sowie Fälle sexueller Gewalt wurden in einer Abteilung bearbeitet (Abt. IX). Daneben gab es Abteilungen für Drogendelikte (VI), Umwelt- (VII) und Verkehrsstrafsachen (VIII). Die anderen, allgemeinen Abteilungen, waren nicht funktional, sondern regional, nach Amtsgerichtsbezirken, zuständig.

2.2.3 Strafgerichte und ihre Helfer

2.2.3.1 Strafgerichte

Aufgaben

Gerichte werden in Strafprozessen im Vor-, Zwischen- und Hauptverfahren tätig. Im Vorverfahren entscheiden sie – als Ermittelungsgericht – über alle Maßnahmen, die eine richterliche Genehmigung voraussetzen. Dies betrifft vor allem Ermittelungshandlungen, die in Grundrechte eingreifen, wie körperliche Eingriffe, Wohnungsdurchsuchungen sowie Haftbefehle.

Den Strafgerichten obliegt es zunächst, über die Zulassung einer Anklage der Staatsanwaltschaft zu entscheiden (sog. Zwischenverfahren). Wird die Anklage zugelassen (weil ein hinreichender Tatverdacht besteht), dann findet ein sog. Hauptverfahren statt, in dem das Gericht den Verstoß gegen ein Strafgesetz zweifelsfrei zu klären versucht und ein Urteil (über die Schuldfrage und die verwirkte Strafe) spricht. Die Vorbereitung und Leitung der Hauptverhandlung, also die Entscheidungen, welche Zeugen (wozu) zu hören sind, die Entscheidung über Beweisanträge usw., ist die zentrale Aufgabe der Strafgerichte. Vor allem im Kernstück der mündlichen Hauptverhandlung gelten dafür strenge Verfahrens- und Beweisregeln – zum Schutz der Beschuldigten. Deren Einhaltung hat das Gericht penibel zu beachten: Sind sie verletzt worden, kann der Beschuldigte dies bei einem Gericht höherer Instanz beanstanden (Revision).

Die Vollstreckung von Urteilen gibt das Gericht an die Staatsanwaltschaft ab. Eine wichtige Ausnahme besteht, wenn Strafen zur Bewährung ausgesetzt wurden: Hier überwacht das Gericht, das die Strafe verhängt hat, den Prozess der Bewährung (§§ 56 ff StGB). Zudem sind Gerichte als Vollstreckungskammern gefordert, wenn sich Inhaftierte gegen Entscheidungen der Anstaltsleitung wehren wollen (§ 109 StVollzG).

Organisationsstruktur

Gerichte werden historisch nach ihren Zuständigkeiten in ordentliche Gerichte, zuständig für Zivil- und Strafverfahren, sowie die Verwaltungsgerichte unterteilt. Ursprünglich waren nur die ordentlichen Gerichte unabhängig (von Weisungen); heute ist dies grundgesetzlich allen Richtern garantiert (Art. 97 GG). Deshalb schreibt bis heute niemand Berufsrichtern ihre Arbeitszeit vor oder verpflichtet sie zur Teilnahme an Fortbildungen.

Strafgerichte bestehen aus Berufs- und Laienrichtern. Berufsrichterinnen haben eine juristische Ausbildung, die sie zur Ausübung des Richteramtes berechtigt (§ 112 DRiG). Laienrichter (Schöffinnen) haben, ganz bewusst, keine solche Ausbildung: Durch sie soll die Bevölkerung – und nicht nur die ‚Obrigkeit' – an Gerichtsverfahren beteiligt sein. Laienrichter üben während der Hauptverhandlung das Richteramt in vollem Umfang und mit vollem Stimmrecht aus (§ 30 GVG). Die Schöffen und Schöffinnen werden aus einer Schöffenliste (nach Sitzungstagen) zugelost. Auf dieser Liste stehen nur Deutsche zwischen 25 und 70 Jahren, die über eine Vorschlagsliste ihrer Wohngemeinde als Haupt- und Hilfsschöffen ausgewählt wurden (§§ 31 ff GVG). In einem Kollegialgericht gibt es trotzdem kleine Unterschiede zwischen den Richtern: Eine Berufsrichterin hat den Vorsitz inne. Dieser ist mit der Vorbereitung und Sitzungsleitung der Hauptverhandlung verbunden. Die anderen Berufsrichter nennt man Beisitzer; eine von ihnen ist ‚Berichterstatterin' in dem Verfahren, heißt sie kennt jedes Blatt der Akte.

Die Zuständigkeit der Dezernate ergibt sich aus einem Geschäftsverteilungsplan, der die Fälle nach abstrakten Kriterien verteilt zum Beispiel in der Reihenfolge des Eingangs, nach Sachgebieten, Anfangsbuchstaben, Wohn- oder Tatorten. Wichtig ist, dass die Zuordnung im Voraus klar ist – und nicht erst im Einzelfall vorgenommen wird (Prinzip des gesetzlichen Richters, Art. 101 GG). Dadurch soll der Besorgnis einer Befangenheit auf Seiten des Angeklagten entgegengewirkt werden. Ermittlungsrichterliche Tätigkeiten können entweder im Geschäftsverteilungsplan gesondert ausgewiesen oder einzelnen Richterinnen zusätzlich zu ihren sonstigen Aufgaben übertragen werden.

Die verschiedenen Gerichte und Instanzen sind sehr unterschiedlich besetzt und haben verschiedene Zuständigkeiten. Im Grundsatz kann man sich merken, dass umso mehr Richter beteiligt sind, je schwerer der Schuldvorwurf (und die zu erwartende Strafe) ist, sowie dass Schöffinnen nur an Tatsachenentscheidungen beteiligt sind, während Rechtsfragen (Revision) von ausgebildeten Berufsrichterinnen beurteilt werden.

Tatsacheninstanzen, also Gerichte, die den Fall in einer Beweisaufnahme aufklären, sind die Amts- und Landgerichte.

Vereinfachte Übersicht über die Zuständigkeiten in Strafsachen			
Amtsgericht			
Strafrichter	Schöffengericht	Jugendrichter	Jugendschöffengericht
1 Berufsrichter	1 Berufsrichterin 2 Schöffen	1 Berufsrichter	1 Berufsrichterin 2 Schöffinnen
Erwachsene	Erwachsene	Jugendliche Heranwachsende	Jugendliche Heranwachsende
Zu erwartende Freiheitsstrafen bis zu 2 Jahren	Freiheitsstrafen zwischen 2 und 4 Jahre	Erziehungsmaßregeln und Zuchtmittel; [Grenze: 1 Jahr Jugendstrafe]	Jugendstrafen, (wenn nicht Landgericht)
§ 25 GVG	§ 26 GVG	§ 39 JGG	§ 40 JGG

Landgericht				
Kleine Strafkammer	Große Strafkammer	Kleine Jugendkammer	Große Jugendkammer	Strafvollstreckungskammer
1 Berufsrichterin 2 Schöffen	3 Berufsrichter/ 2 Schöffinnen	1 Berufsrichterin 2 Schöffen	3 Berufsrichter/ 2 Schöffinnen	1 Berufsrichterin
Erwachsene	Erwachsene	Jugendliche Heranwachsende	Jugendliche Heranwachsende	Erwachsene
Berufung (Amtsgerichts)	Verbrechen; Freiheitsstrafen über 4 Jahren	Berufung (Jugendrichter)	Schwere/Umfang Berufung (Jugendschöffengericht)	Beschwerden gegen Maßnahmen im Justizvollzug
§ 76 GVG	§ 74 GVG	§ 33 b JGG	§ 33b, 41 JGG	§ 109 StVollzG

Ist ein Kind oder ein Jugendlicher durch eine Straftat verletzt oder gefährdet worden, können – zum Schutz der Zeugen – ausnahmsweise auch Strafverfahren gegen Erwachsene vor einem Jugendgericht verhandelt werden („Jugendschutzsachen'; § 26 GVG). Darüber entscheidet die Staatsanwaltschaft mit der Anklageerhebung.

In eine höhere Instanz kommt ein Verfahren, wenn das Urteil eines Gerichts durch ein Rechtsmittel (Berufung/Revision) angegriffen wird. Instanz (auch: Rechtszug) nennt man einen Verfahrensabschnitt. In einem Strafverfahren gibt es maximal drei Instanzen: die Eingangsinstanz, die Berufungsinstanz und die Revisionsinstanz, die sich nicht mehr mit der Tatsachenfeststellung, sondern nur noch mit deren rechtlicher Einordnung befasst. Mit der Beschwerde werden dagegen in der Regel nicht Urteile, sondern einzelne Verfahrensentscheidungen (Beschlüsse) angegriffen. Revisionsinstanzen sind die Oberlandesgerichte und der Bundesgerichtshof.

Oberlandesgericht	
Strafsenat	Strafsenat, 1. Instanz
3 Berufsrichter	5 Berufsrichter
Alle	Erwachsene
Revision gegen Urteile des Amtsgerichts Beschwerdeentscheidungen	Staatsschutzsachen
§ 120 GVG	§ 121 GVG

Bundesgerichtshof
Strafsenat
5 Berufsrichter
alle
Revision gegen Urteile des Landgerichts
§ 135 GVG

2.2.3.2 Sachverständige

Zwingend ist die Hinzuziehung eines Sachverständigen, wenn die Unterbringung in einem psychiatrischen Krankenhaus, der Sicherungsverwahrung oder einer Entziehungsanstalt möglich ist (§ 244a StPO). Im Übrigen ergibt sie sich aus der Aufklärungspflicht des Gerichtes: Dieses kann einen Antrag auf Vernehmung eines Sachverständigen nur ablehnen, wenn es selbst die erforderliche Sachkunde besitzt (§ 244 Abs. 4 StPO).

Die Auswahl und die Anleitung der Sachverständigen ist Aufgabe des Gerichts (§§ 73, 78 StPO) bzw. im Ermittlungsverfahren der Staatsanwaltschaft (§ 160 Abs. 1 StPO). Wegen dieser Gerichtsnähe gelten für Sachverständige die gleichen Ausschlussregeln wegen Befangenheit wie für das Gericht (§ 74 StPO). Sachverständige haben eine Gutachtenspflicht (§ 75 StPO), aber unter bestimmten Voraussetzungen – wie Zeugen, denen sie in vielem gleichgestellt sind (§ 72 StPO) – auch das Recht, ein Gutachten zu verweigern (§ 77 StPO).

Sachverständigengutachten betreffen in der Regel folgende Sachverhalte:

- wissenschaftliche Erkenntnisse, die (in der Hauptverhandlung) schlicht mitgeteilt werden,
- Tatsachen, die sich nur durch besondere Sachkunde erschließen lassen und
- (wissenschaftliche) Einordnungen und Rückschlüsse, für die es besonderer Sachkunde bedarf.

Die wichtigsten Felder, in denen von den Gerichten Gutachten eingeholt werden, betreffen kriminaltechnische Fragen und Fragen der forensischen Medizin, Psychiatrie oder Psychologie.

Das Gesetz geht davon aus, dass das Gericht die Tätigkeit des Sachverständigen ‚leitet' (§ 78 StPO). Damit wird zumindest eine klare und eindeutige Aufgabenstellung vorausgesetzt sowie, wo nötig, eine Orientierung, welche Sachverhalte das Gericht zugrunde gelegt sehen will (sog. Anknüpfungstatsachen). In der Praxis geschieht dies oft durch Übersendung der gesamten Akte (§ 80 StPO). In der Regel reichen Sachverständige ein schriftliches Gutachten ein und sind in der Hauptverhandlung präsent (§ 245 StPO). Da sie die fehlende Sachkunde des Gerichts ersetzen sollen, muss ihr Gutachten nachvollziehbar und verständlich sein. Umgekehrt hat aber auch das Gericht die Pflicht, sich sachkundig zu machen. Es muss sich mit dem konkreten Gutachteninhalt auseinandersetzen und dessen Bewertung kritisch prüfen, bevor es die Bewertungen des Sachverständigen in sein eigenes Urteil übernimmt.

Kriminaltechnische Gutachten

Kriminaltechnische Expertise benötigt das Gericht z. B. beim Abgleich von Spuren wie Fuß- und Reifenspuren oder Fingerabdrücken, der Überprüfung von Dokumenten wie Urkunden und Pässen, der Zuordnung von Handschriften und Maschinentypen, bei biologischen und chemischen Analysen, bei der Untersuchung von Waffen und Munition sowie bei vielem, was mit Computern, Internet oder Online-Diensten zu tun hat.

Das dafür erforderliche wissenschaftliche und technische Know-how wird in den Kriminalämtern des Bundes und der Länder bereitgestellt. Das Bundeskriminalamt (www.bka.de) zum Beispiel betreibt ein kriminaltechnisches Institut, das nicht nur Spuren auswertet, sondern auch selbst Forschung betreibt. Zudem werden Polizeibehörden fortlaufend über neue Entwicklungen in Wissenschaft und Technik informiert und in deren Anwendung im Polizeialltag geschult. Auch alle Landeskriminalämter haben solche Abteilungen. Darüber hinaus gibt es auch private Anbieter, die kriminaltechnische Untersuchungen durchführen.

Es kommt vor, dass technische Fragen großes Spezialwissen voraussetzen, vor allem, bevor sich eine Technik flächendeckend etabliert hat, dann können auch Forscher von Universitäten oder anderen Forschungsinstituten als Gutachter benannt werden.

Rechtsmedizinische Gutachten

Bei rechtsmedizinischen Untersuchungen (Obduktionen von Leichen zur Abklärung der Todesursache, Untersuchung von Verletzungen und Bestimmung ihrer Herkunft, toxikologische Untersuchungen) sind die Universitäten führend. Derzeit unterhalten 31 deutsche Universitäten rechtsmedizinische Institute. Das hat historische Gründe, weil seit dem Mittelalter medizinische Forschung vor allem durch die ‚Leicheneröffnung' (von Verbrechern) betrieben wurde. Eher vereinzelt gibt es auch städtische und Landesinstitute für Rechtsmedizin.

Psychologische Gutachten

Psychologische Gutachten im Strafverfahren befassen sich auf Seiten der Beschuldigten mit deren Schuldfähigkeit einerseits sowie prognostischen Voraussagen andererseits. Auf Seiten der Geschädigten können Zweifel hinsichtlich der Aussagetüchtigkeit oder der Glaubhaftigkeit von Zeugenaussagen Anlass für eine Begutachtung geben.

Gutachten zur Schuldfähigkeit

Im jugendgerichtlichen Verfahren muss – immer – positiv festgestellt werden, ob ein Jugendlicher die erforderliche Verantwortungsreife mitbringt (§ 3 JGG). Bei Zweifeln kommen – in dubio pro reo – jugendstrafrechtliche Maßnahmen nicht in Betracht (§ 3 Satz 2 JGG). Die Verantwortlichkeit ist auf zwei Ebenen zu beurteilen: der Fähigkeit zur Unrechtseinsicht und der Steuerungsfähigkeit. Um zu ermitteln, ob ein hinreichender Reifegrad vorliegt, werden sich Jugendstaatsanwaltschaft und Jugendgericht zunächst der Hilfe der Jugendgerichtshilfe und der dort tätigen pädagogischen Fachkräfte bedienen (§ 38 Abs. 2 Satz 2, 43 JGG). Reichen deren Kenntnisse nicht aus, ist ein zur Untersuchung von Jugendlichen befähigter Sachverständiger mit der „Feststellung des Entwicklungsstandes" zu beauftragen (§ 43 Abs. 2 JGG).

Bei Heranwachsenden wird ebenfalls eine Einschätzung des Reifegrades verlangt. Entscheidend ist, ob der Heranwachsende „nach seiner sittlichen und geistigen Entwicklung noch einem Jugendlichen gleichstand" (§ 105 Abs. 1 JGG). In diesem Fall wird er wie ein Jugendlicher nach dem Jugendstrafrecht behandelt. Auch für diese Beurteilung können, wenn die eigene Sachkunde des Gerichts und die Ermittlungen der Jugendgerichtshilfe nicht ausreichen, Sachverständige herangezogen werden.

Auch die Beurteilung von Krankheitsbildern und Ausnahmezuständen, die sich schuldausschließend auswirken können (§§ 20, 21 StGB), ist in der Regel Sachverständigen zu übertragen. Auf eigene Sachkunde wird sich das Gericht nur ausnahmsweise, z. B. bei der Beurteilung der Folgen einer bestimmten Blutalkoholkonzentration, berufen können.

Einen weiteren Bereich gutachterlicher Stellungnahmen bilden Prognoseentscheidungen. Kraft Gesetzes sind diese bei der Unterbringung in einem psychiatrischen Krankenhaus oder in der Sicherungsverwahrung (§§ 246a, 275a Abs. 4 StPO) vorgeschrieben. Das Gericht muss sich vor der Entscheidung ein Bild über den Zustand des Beschuldigten (insbesondere seine Gefährlichkeit: §§ 63, 64, 66 StGB) und die Behandlungsmöglichkeiten machen. Bei Bewährungsentscheidungen wird eine (Sozial-)Prognose hinsichtlich zukünftiger Straffreiheit und der Wirkung einer Strafaussetzung (§ 56 StGB) gefordert. Hier wird das Gericht aber in der Regel eigene Sachkunde besitzen, die Hinzuziehung von Sachverständigen also die Ausnahme bilden.

Gutachten zur Aussagetüchtigkeit und Glaubhaftigkeit

Grundsätzlich kann sich das Gericht bei der Beurteilung von Zeugenaussagen eigene Sachkunde zutrauen. Etwas anderes gilt nur, wenn besondere Umstände vorliegen, die spezielle Sachkunde erfordern (BGH 5 StR 419/09). Dies hat der BGH in einem Fall angenommen, in dem „deutliche Anhaltspunkte für tatzeitnahe Selbstverletzungen und Suizidalität der Nebenklägerin vorhanden [waren], die auf eine Persönlichkeitsstörung hindeuten können". Die Diagnose einer Persönlichkeitsstörung und deren Auswirkungen auf die Aussagetüchtigkeit erfordere spezifisches Fachwissen, das nicht Allgemeingut von Gerichten sei. Das Gericht hätte hier also das – von der Verteidigung beantragte – psychiatrisch-psychologische Gutachten einholen müssen, um ihre Aussagekompetenz gerade in Bezug auf die angeklagten Beziehungstaten abzuklären. Das Besondere ist hier, dass nicht nur die Aussage, sondern die Aussagende zu beurteilen war.

Die Aussagetüchtigkeit kann durch entwicklungs- und persönlichkeitsbedingte Faktoren, aber auch durch psychopathologische Faktoren, beeinträchtigt sein. Diese werden in der Regel durch testpsychologische Verfahren erhoben, für die besondere Sachkunde erforderlich ist (ausführlich Stanislawski 2008).

Suggestive Einflussfaktoren auf eine (kindliche) Aussage wird das Gericht dagegen in der Regel durch eigene Sachkunde beurteilen können. Hier kommt ein Sachverständigengutachten vor allem in Betracht, wenn eine ausführliche Erhebung der Aussagegenese oder eine Begutachtung außerhalb des gerichtlichen Kontextes (z. B. wegen Angst) sinnvoll erscheint.

Schließlich werden Sachverständige auch dann beauftragt, wenn es Zweifel an der Aussagequalität (sog. Inhaltsanalyse) gibt. Man spricht auch von den ‚Realkennzeichen' einer Aussage: Konsistenz, Unstrukturiertheit und Detailreichtum (Stanislawski 2008). Bei Kindern ist wichtig, dass die Angaben als erlebnisorientiert bewertet werden können und die Aussage vor Polizei, Sachverständigem und Gericht konstant, logisch konsistent, sachgerecht – ohne Neigung zu Dramatisierung – erscheint. Eine Behinderung steht dem nicht entgegen (BGH 3 StR 301/07). Inzwischen wurden für die entsprechenden Gutachten wissenschaftliche Qualitätsstandards entwickelt, die es sinnvoll erscheinen lassen, bei Zweifeln speziell ausgebildete und ausgewiesene Sachverständige heranzuziehen.

2.2.3.3 Soziale Fachkräfte als Gerichtshelfer

Jugendgerichtshilfe

Aufgaben
Die Aufgaben der Jugendhilfe, speziell der Jugendgerichtshilfe, sind im Jugendgerichtsgesetz (§§ 38, 50 JGG) und im Kinder- und Jugendhilferecht (§ 52 SGB VIII) geregelt. Dabei stellt sich das Gesetz in etwa folgendes Zusammenspiel mit den Justizbehörden vor:

Leistungen der Jugendhilfe sollen so früh wie möglich geprüft und gewährt werden, um jugendstrafrechtliche Interventionen so weitgehend wie möglich – und pädagogisch vertretbar – zu vermeiden (§ 52 Abs. 2 SGB VIII).

Gelingt dies nicht, oder ist dies nicht ausreichend, soll sichergestellt werden, dass Jugendliche für die gesamte Dauer eines Jugendstrafverfahrens eine persönliche Begleitung – in Gestalt derselben Fachkraft der Jugendgerichtshilfe – haben. Bei Betreuungsauflagen (§ 10 Abs. 1 JGG) werden sie als Betreuungsperson tätig – oder empfehlen jemanden. Der Kontakt soll auch dann nicht abreißen, wenn der Jugendliche einen Bewährungshelfer hat oder im Vollzug untergebracht ist (§§ 52 Abs. 3 SGB VIII, 38 Abs. 3 JGG)

Die (originäre) Aufgabe der Fachkraft ist es, pädagogische Gesichtspunkte in das Verfahren einzubringen. Ihre Berichte sollen Staatsanwaltschaft und Gericht ein Bild von der Persönlichkeit, der Entwicklung und der Umwelt der beschuldigten Person verschaffen (§ 38 Abs. 2 JGG). Zur Fragen der ‚Schuld' sollen sie sich nicht äußern, sehr wohl aber dazu, ob Leistungen der Jugendhilfe in Betracht kommen (RL-JGG § 38).

Die Fachkraft, die die ‚Ermittlungen' angestellt hat, soll vor allen Entscheidungen (Haft, Auflagen, Weisungen) und in der Hauptverhandlung gehört werden (§§ 38 Abs. 3, 50 Abs. 3 JGG). Insofern trifft sie eine Mitwirkungspflicht (§ 52 SGB VIII).

Während und nach einer Inhaftierung hilft sie beim Zurückfinden in die Gemeinschaft (§ 38 Abs. 2 JGG).

Durch all dies sollen Behörden und Gerichte unterstützt werden, angemessen (erzieherisch) auf die Straftaten von Jugendlichen und Heranwachsenden zu reagieren.

Organisationsstruktur
Die Jugendgerichtshilfe ist bei den Jugendämtern angesiedelt. Sie soll von diesen im Zusammenwirken mit den Vereinigungen für Jugendhilfe ausgeübt werden (§ 38 Abs1 JGG).

Da die Jugendämter Teil der kommunalen Selbstverwaltung sind, gibt es keine einheitliche Organisationsstruktur. Der Bayerische Kommunale Prüfungsverband hat empfohlen, in den städtischen Jugendämtern fünf Abteilungen zu bilden: Verwaltung, Soziale Dienste, Kommunale Jugendarbeit, Erziehungsberatung und Tageseinrichtungen. Die Jugendgerichtshilfe wäre nach diesem Vorschlag als eigenständiges Sachgebiet in der Abteilung Soziale Dienste angesiedelt; neben der Bezirkssozialarbeit als allgemeiner Sozialer Dienst (ASD). Diesem Vorschlag sind viele Städte und Kreise gefolgt. In Hamburg dagegen ist die Straffälligen- und Gerichtshilfe – einschließlich der Jugendgerichtshilfe – in einem Amt konzentriert. Zusätzlich hat Hamburg ein bezirksübergreifendes Familieninterventionsteam eingerichtet, das sich – unter dem Gesichtspunkt der Kindeswohlgefährdung – speziell um Hilfen für delinquente Kinder, Jugendliche und deren Familien kümmert. Darüber hinaus haben fast alle Jugendämter eigenständige Fach(beratungs-)dienste für Kinderschutz etabliert. In sehr vielen Kommunen kooperieren Jugendamt und Strafjustiz zudem in gemeinsamen Arbeitskreisen (vgl. Dawid u. a. 2010).

Gerichtshilfe im Erwachsenenrecht

Aufgaben
Bei der Ermittlung von Umständen, die für die Bestimmung der Rechtsfolgen erheblich sein können, können die Justizbehörden auf die Gerichtshilfe zurückgreifen (§ 160 Abs. 3 StPO). Ermittelt werden Persönlichkeit und Lebensumstände, persönliche und wirtschaftliche Verhältnisse, Ursachen und Beweggründe für das strafbare Verhalten, Möglichkeiten der Schadenswiedergutmachung (§ 46 StGB). Im Bericht können aus sozialarbeiterischer Sicht Empfehlungen für die Rechtsfolgen abgegeben werden.

Wenn Staatsanwaltschaft oder Gericht dies wünschen, kann die Gerichtshilfe auch Kontakt zu Geschädigten aufnehmen, um die Auswirkungen der Tat und die Offenheit für Wiedergutmachungsbemühungen festzustellen oder selbst einen Täter-Opfer-Ausgleich anzubieten.

Darüber hinaus kann sich das Gericht auch zur Vorbereitung von Entscheidungen im Vollstreckungs- oder Gnadenverfahren an die Gerichtshilfe wenden (§ 463 d StPO).

Organisationsstruktur
Die Organisation der Gerichtshilfe (aber auch ihr Aufgabenzuschnitt) kann sich von Bundesland zu Bundesland unterscheiden: Den Ländern ist das Recht eingeräumt, die Gerichtshilfe durch eigene Rechtsverordnung zu regeln (§ 294

EGStGB). In Nordrhein-Westfalen ist sie als eigenständiger Sozialdienst der Staatsanwaltschaft angegliedert; in Baden-Württemberg dagegen wurde sie einem freien Träger übertragen.
Die Zuständigkeit der Gerichtshilfe richtet sich nach der Staatsanwaltschaft, die das Verfahren führt.

Bewährungshilfe und Führungsaufsicht

Aufgabe
Die Bewährungshilfe kann vom Gericht eingeschaltet (‚bestellt') werden, um dem Verurteilten bei der Legalbewährung, heißt bei persönlichen Problemen und Krisensituationen, „helfend und betreuend" zur Seite zu stehen (§§ 24f JGG, 56d StGB). Gleichzeitig soll die Bewährungshilfe aber auch die Erfüllung der verhängten Weisungen, Auflagen und Zusagen überwachen (§§ 24 Abs. 3 JGG, 56d Abs. 3 StGB). In festgelegten Zeitabständen hat sie dem Gericht über die Lebensführung des Verurteilten zu berichten. Zudem muss sie zumindest „gröbliche oder beharrliche Verstöße" melden (§§ 25 JGG, 56d Abs. 3 StGB). Daran kann sich seitens des Gerichts der Widerruf der Bewährung knüpfen (§§ 26 JGG, 56f StGB). Im Jugendstrafverfahren gehören Bewährungshelfer zu den Beteiligten, die in einer Hauptverhandlung zur Entwicklung des Jugendlichen in der Bewährungszeit gehört werden sollen (§ 50 Abs. 4 JGG).
Die Bewährungshilfe nimmt auch Aufgaben im Rahmen der Führungsaufsicht (Kontrolle gefährlicher Personen) wahr. Die Aufgaben ähneln denen bei der Überwachung von Bewährungsstrafen (§ 68a StGB).

Organisationsstruktur
Die Organisationsstruktur der Bewährungshilfe ist in Bewegung geraten: Baden-Württemberg hat seine Bewährungshilfe einem privaten Träger übertragen, der auch ehrenamtliche Bewährungshelfer einsetzt (§ 56d Abs. 5 StGB). Einige Bundesländer (Berlin, Niedersachsen, Saarland, Sachsen) haben die Sozialen Fachkräfte (Führungsaufsicht, Bewährungs- und Gerichtshilfe) in einem „Justizsozialdienst" zusammengefasst, der auch Hilfe für Geschädigte einschließt. Hamburg hat in einem Fachamt ‚Straffälligen- und Gerichtshilfe' getrennte Sachgebiete für Jugendliche und Erwachsene eingerichtet. Bayern und Schleswig-Holstein halten (noch) an der hergebrachten Struktur fest, bei der die (hauptamtliche) Bewährungshilfe einem Landgerichtsbezirk zugewiesen und dem Präsidenten des Landgerichts unterstellt ist.

2.2.4 Beschuldigte und ihre Verteidigung

2.2.4.1 Beschuldigte

Die Strafprozessordnung benutzt verschiedene Begriffe für Menschen, die einer Straftat verdächtig sind: Sie alle sind Ausdruck der Unschuldsvermutung. Als eine Art Oberbegriff findet sich die Bezeichnung ‚Beschuldigter'. Gegen einen ‚Angeschuldigten' wurde Anklage erhoben und gegen den ‚Angeklagten' das Hauptverfahren eröffnet (§ 157 StPO).

Beschuldigung setzt voraus, dass ein ‚Anfangsverdacht' gegen eine Person besteht, also tatsächliche Anhaltspunkte für eine Straftat vorliegen (§ 152 StPO). Ab dann muss der Verdacht auch dem Beschuldigten erkennbar werden, meistens indem er von der Polizei ‚als Beschuldigter' vernommen wird (§ 136 StPO).

Menschen dürfen nicht zum bloßen Objekt eines Strafverfahrens gemacht werden (ständige Rechtsprechung des Bundesverfassungsgerichts). Deshalb sind Beschuldigte mit Verfahrensrechten ausgestattet: dem Recht auf rechtliches Gehör (Art. 103 GG), dem Recht auf Zuziehung einer Verteidigung, Antragsrechten und dem Recht, sich nicht selbst zu belasten. Ein Recht, gehört zu werden, haben – zumindest in der Hauptverhandlung – auch die Ehegatten/Lebenspartner und die gesetzliche Vertretung eines Beschuldigten (§§ 149 StPO, 67, 69 JGG).

2.2.4.2 Anwaltlicher Beistand

Beschuldigte können sich in jeder Lage des Verfahrens eines anwaltlichen Beistands bedienen (§ 137 StPO). Diese Recht hat das Bundesverfassungsgericht – als Ausfluss des Rechtsstaatsprinzips (Art. 20 GG) – immer wieder in den Rang eines Verfassungsrechts erhoben (BVerfG NJW 75, 1013). Außer in den Fällen notwendiger Verteidigung (§ 140 StPO), kann ein Beschuldigter aber auch auf anwaltlichen Beistand verzichten.

Die Strafprozessordnung unterscheidet die anwaltlichen Beistände nach verschiedenen Arten der Beauftragung:

- Die *Wahlverteidigung* bezeichnet den selbst gewählten und selbst gezahlten anwaltlichen Beistand (§ 138 StPO).
- Die *Pflichtverteidigung* – auch notwendige Verteidigung (§ 140 StPO) – bezeichnet einen meist selbst gewählten, dann aber vom Gericht beigeordneten und aus der Staatskasse bezahlten anwaltlichen Beistand.
- Als ‚*Zwangsverteidigung*' wurde in den Terrorismusprozessen der 80er-Jahre die anwaltliche Beiordnung bezeichnet, die – ohne Zustimmung des Beschuldigten – erfolgte, wenn der Ausschluss der Wahlverteidigung vom Prozess drohte (§ 138c Abs. 3 Satz 4 StPO).

Als Beistand kann tätig werden, wer als Rechtsanwalt oder Rechtsanwältin ‚zugelassen' ist. Die Anwaltszulassung setzt die Befähigung zum Richteramt und die Aufnahme in die Rechtsanwaltskammer voraus (§ 12 BRAO). Wer besondere Kenntnisse und Erfahrungen im Strafverfahren aufweisen kann, kann zudem die Bezeichnung ‚Fachanwalt für Strafrecht' beantragen (§§ 43c BRAO, 13 FAO). Zudem können auch Lehrende an Hochschulen eine Strafverteidigung übernehmen.

Ein Fall notwendiger Verteidigung (§ 140 StPO), also zwingender anwaltlicher Vertretung, liegt vor, wenn

- das Verfahren vor dem Landgericht oder Oberlandesgericht eröffnet wurde (Nr. 1),
- der Beschuldigte eines Verbrechens (§ 12 Abs. 1 StGB) angeklagt ist (Nr. 2),
- der Beschuldigte sich in Untersuchungshaft befindet (Nr. 3) oder aus anderen Gründen in einer Anstalt untergebracht ist (Nr. 3, 5, 6),

- die Schwere der Tat oder die Schwierigkeit der Sach- oder Rechtslage dies erfordert (Abs. 2),
- der Beschuldigte sich – ersichtlich – nicht selbst verteidigen kann (Abs. 2), oder
- der/die Geschädigte anwaltlich vertreten ist (Abs. 2).

In diesen Fällen darf auch die Hauptverhandlung nicht ohne die Verteidigung stattfinden (§ 388 Nr. 5 StPO).

Beauftragt wird die Strafverteidigung durch eine (unterschriebene) Vollmacht, die zu den Akten gereicht wird. Die anwaltliche Vertretung hat Verfahrensrechte, die über die des Beschuldigten hinausgehen, namentlich:

- das Recht auf Akteneinsicht (§ 147 StPO)
- das Recht auf uneingeschränkte Kommunikation (§ 148 StPO)
- das Recht auf Anwesenheit (§§ 168 c f, 217 f StPO)
- das Recht auf eigene Beweisermittlungen (§ 147 StPO) sowie
- die Rechtsmittelbefugnis (§ 297 StPO).

Umgekehrt treffen sie besondere Pflichten wie vertragliche Beistands- und gesetzliche Schweigepflichten sowie (als ‚Organ der Rechtspflege') eine Pflicht zu rechtsstaatlichem Verhalten.

2.2.5 Zeugen und ihre Beistände

2.2.5.1 Zeugen

Zeuge oder Zeugin in einem Strafverfahren kann sein, wer über eine eigene, sinnliche (Sehen, Hören, Riechen, Wissen) Wahrnehmung berichten kann, die für das Strafverfahren von Bedeutung ist. Zeuge oder Zeugin kann nicht sein, wer in dieser Sache selbst beschuldigt ist (§ 55 StPO).

Zeugen haben eine Pflicht auszusagen; diese kann von Staatsanwaltschaft und Gericht – nicht aber von der Polizei – mit Zwangsmitteln (Auferlegung von Kosten, Ordnungsgeld und Beugehaft, § 51 StPO) durchgesetzt werden. Begründet wird dies mit der Wichtigkeit von Zeugenaussagen für die Funktionsfähigkeit der Rechtspflege (übergeordnetes Gemeinwohlinteresse).

Eine Ausnahme besteht nur, wenn die Zeugenaussage unzumutbar ist, weil

- sie sich gegen einen nahe stehenden Menschen richtet (§ 52 StPO),
- ein berufliches Vertrauensverhältnis besteht (§§ 53, 53 a, 54 StPO) oder
- die Gefahr besteht, dass sich Zeugen selbst belasten (§ 55 StPO).

Um der Wahrheitsfindung Nachdruck zu verleihen, können Zeugen vom Gericht vereidigt werden (§§ 161 a, 59, 65 StPO), wodurch sich die Strafandrohung für Falschaussagen erhöht (§§ 154, 156 StGB).

Die Strafprozessordnung billigt Zeuginnen, die zugleich Verletzte sind, besondere Rechte im Strafverfahren zu. Hier als Beispiel das Merkblatt, das vom OLG Karlsruhe benutzt wird:

MERKBLATT
ÜBER RECHTE VON VERLETZTEN UND GESCHÄDIGTEN IN STRAFVERFAHREN

I. Rechte, die allen Verletzten/Geschädigten einer Straftat zustehen

1. Kann ich mich im Verfahren unterstützen lassen?
Sie können Hilfe und Unterstützung durch eine Opferhilfeeinrichtung erhalten. Die Adressen solcher Einrichtungen können u. a. bei den Rechtsantragsstellen der Gerichte sowie bei der Polizei erfragt werden.

Sie können auch einen Rechtsanwalt[1] beauftragen, der Sie im Verfahren vertritt. Dieser darf zum Beispiel die Akten einsehen, während Ihrer Vernehmung anwesend sein und Sie unterstützen. Die Kosten für Ihren Rechtsanwalt müssen Sie in der Regel selbst tragen. Allerdings kann Ihnen ausnahmsweise ein Rechtsanwalt kostenlos für die Dauer Ihrer Vernehmung zur Seite gestellt werden, z. B. wenn es sich um schwere Straftaten handelt.

Zu Ihrer Vernehmung können Sie auch eine Person Ihres Vertrauens mitbringen, die grundsätzlich anwesend sein darf.

2. Können im Verfahren meine Personalien geheim gehalten werden?
Sie müssen bei Ihrer Vernehmung grundsätzlich Ihre Personalien (darunter fallen insbesondere der Name, der Familienstand und der Wohnort) angeben. Allerdings kann bei einer besonderen Gefährdung ganz oder teilweise davon abgesehen werden. Wenn begründeter Anlass zu der Besorgnis besteht, dass durch die Angabe Ihres Wohnortes Ihre Rechtsgüter oder die einer anderen Person gefährdet werden oder dass auf Sie oder eine andere Person in unlauterer Weise eingewirkt wird, soll der vernehmende Beamte der Polizei oder der Staatsanwaltschaft oder der Richter Ihnen gestatten, statt Ihres Wohnortes Ihren Geschäfts- oder Dienstort oder eine andere ladungsfähige Anschrift anzugeben. Nur bei Gefahr für Leben, Leib oder Freiheit kann Ihnen gestattet werden, Angaben zur Person nicht zu machen. Ihre Daten sind dann geschützt.

3. Kann ich erfahren, was im Verfahren passiert?
Sie können bei Staatsanwaltschaft oder Gericht eine Mitteilung über den Ausgang des Verfahrens beantragen. Insbesondere können Sie auf Antrag erfahren, ob dem Verurteilten die Weisung erteilt wurde, jeden Kontakt zu Ihnen zu unterlassen.

Sie können darüber hinaus beantragen, dass Ihnen mitgeteilt wird, ob der Beschuldigte oder Verurteilte schon oder noch in Haft ist oder ob erstmals Vollzugslockerungen oder Urlaub gewährt werden. Den Antrag müssen Sie unter Darlegung eines berechtigten Interesses begründen.

Sofern Sie ein berechtigtes Interesse darlegen, kann Ihnen auf Antrag auch die Erhebung der Anklage mitgeteilt werden, wenn überwiegende schutzwürdige Interessen des Beschuldigten oder einer anderen Person oder eine Gefährdung des Untersuchungszwecks dieser Mitteilung nicht entgegenstehen.

Außerdem können Sie beantragen, Auskünfte und Abschriften aus den Akten zu erhalten. Auch diesen Antrag müssen Sie unter Darlegung eines berechtigten Interesses begründen. Akteneinsicht erhält jedoch nur Ihr Rechtsanwalt.

Geben Sie bei allen Anträgen bitte immer – wenn möglich – Namen und Vornamen des Beschuldigten und das Aktenzeichen der Staatsanwaltschaft oder des Gerichts oder die Vorgangsnummer der Polizei an.

4. Kann ich Entschädigungsansprüche im Strafverfahren geltend machen?
Als Verletzter oder sein Erbe können Sie im Strafverfahren einen vermögensrechtlichen Anspruch (z. B. einen Schadensersatz- oder Schmerzensgeldanspruch) gegen den Angeklagten geltend machen, wenn dieser zur Tatzeit mindestens 18 Jahre alt war.

Soweit in dem Merkblatt männliche Begriffe verwendet werden, gelten diese für Personen weiblichen und männlichen Geschlechts gleichermaßen.

Sie können einen solchen Antrag bei Gericht schriftlich stellen, aufnehmen lassen oder in der Hauptverhandlung mündlich vortragen. In dem Antrag müssen Sie darlegen, was Sie von dem Angeklagten fordern und warum. Zudem sollte der Antrag die notwendigen Beweise enthalten.

II. Zusätzliche Rechte in bestimmten Fällen

1. Welche Fälle sind das?
Zusätzliche Rechte stehen Ihnen zu, wenn Sie durch eine der folgenden Straftaten verletzt worden sind:
- Straftat gegen die sexuelle Selbstbestimmung (z. B. Vergewaltigung, sexueller Missbrauch)
- Straftat gegen das Leben oder die körperliche Unversehrtheit (z. B. versuchter Totschlag, vorsätzliche Körperverletzung)
- Straftat gegen die persönliche Freiheit (z. B. Menschenhandel, schwere Formen der Freiheitsberaubung)
- Verstoß gegen eine richterliche Anordnung nach dem Gewaltschutzgesetz

Nachstellung (Stalking)
Die gleichen Rechte stehen Ihnen zu, wenn Sie Verletzter einer anderen Straftat sind und besondere Umstände vorliegen, Sie insbesondere schwere Tatfolgen erlitten haben.

Diese Rechte haben Sie auch, wenn ein naher Angehöriger (Eltern, Kind, Geschwister, Ehegatte oder Lebenspartner) getötet worden ist.

2. Welche zusätzlichen Rechte habe ich dann?
Wenn Sie eine Auskunft oder Abschrift aus den Akten haben möchten, brauchen Sie hierfür keine Gründe anzugeben.

Wenn Sie wissen möchten, ob der Beschuldigte oder Verurteilte schon oder noch inhaftiert ist, brauchen Sie in der Regel kein berechtigtes Interesse an der Auskunft darzulegen.

Ihr Rechtsanwalt hat das Recht, anwesend zu sein, wenn der Richter schon vor der Gerichtsverhandlung einen Beschuldigten oder Zeugen vernimmt.

Auf Antrag erhalten Sie die Anklageschrift.

Über den anberaumten Hauptverhandlungstermin werden Sie ebenfalls auf Antrag informiert.

Sie und Ihr Rechtsanwalt dürfen an der gesamten Gerichtsverhandlung teilnehmen.
Sie können Nebenkläger werden, wenn Sie dies beantragen. Als Nebenkläger haben Sie folgende weitere Rechte:
Sie erhalten automatisch die Anklageschrift.
Sie und Ihr Rechtsanwalt werden zum Hauptverhandlungstermin geladen.
Sie dürfen in der Gerichtsverhandlung Fragen und Anträge stellen.
Sie werden grundsätzlich im gleichen Umfang wie die Staatsanwaltschaft angehört und über Entscheidungen des Gerichts informiert.
In Strafverfahren gegen Täter unter 18 Jahren ist die Nebenklage nur bei bestimmten schweren Straftaten zulässig.

3. Wer trägt in diesen Fällen meine Kosten?
Wird der Beschuldigte verurteilt, muss er Ihnen im Regelfall die entstandenen Kosten (z. B. für den Rechtsanwalt) ersetzen, sofern er hierzu in der Lage ist. Ansonsten müssen Sie die Kosten selbst tragen.
In bestimmten schweren Fällen muss Ihnen das Gericht unabhängig von Ihren wirtschaftlichen Verhältnissen auf Ihren Antrag einen Rechtsanwalt zur Seite stellen, für dessen Tätigkeit Ihnen dann in der Regel keine Kosten entstehen.
In den übrigen Fällen kann Ihnen auf Antrag unter Berücksichtigung Ihrer wirtschaftlichen Verhältnisse Prozesskostenhilfe bewilligt und ein Rechtsanwalt beigeordnet werden. Sie brauchen dann die Kosten für dessen Tätigkeit nicht zu zahlen oder der Staat streckt Ihnen die Kosten vor und Sie zahlen sie später ratenweise zurück. Prozesskostenhilfe erhalten Sie, wenn Sie nur über ein geringes Einkommen verfügen und Sie Ihre Interessen ohne einen Rechtsanwalt nicht ausreichend wahrnehmen können oder Ihnen die Beteiligung an dem Strafverfahren ohne Rechtsanwalt nicht zuzumuten ist.
Wichtig ist noch, dass Ihnen das Gericht schon unmittelbar nach der Straftat einen Rechtsanwalt Ihrer Wahl beiordnen kann, selbst wenn Ihnen noch keine Prozesskostenhilfe bewilligt worden ist.

III. Weitere Auskünfte und zusätzliche Unterstützung
Sollten Sie noch Fragen haben, wenden Sie sich damit bitte an eine Rechtsantragsstelle bei Gericht, einen Rechtsanwalt oder eine Einrichtung der Opferhilfe.
Bei vorsätzlichen Körper-, Gesundheits- oder Freiheitsverletzungen oder diesbezüglicher Bedrohungen, Hausfriedensbruch sowie bei unzumutbaren Belästigungen durch beharrliches Nachstellen (Stalking) können Sie zivilrechtliche Hilfe nach dem Gewaltschutzgesetz beim Amtsgericht in Anspruch nehmen, um sich vor weiteren Übergriffen zu schützen. Sofern Sie keinen Rechtsanwalt hiermit beauftragen wollen, können Sie weitere Informationen hierzu bei der Rechtsantragsstelle Ihres Amtsgerichtes erhalten.
Nach dem Gesetz über die Entschädigung für Opfer von Gewalttaten erhalten Personen, die durch eine Gewalttat eine gesundheitliche Schädigung erlitten haben, oder deren Hinterbliebene wegen der gesundheitlichen und wirtschaftlichen Folgen der Schädigung auf Antrag Versorgung. Versorgungsleistungen könnten

> z. B. Kostenübernahme für psychologische Betreuung, eine Haushaltshilfe oder eine Opferentschädigungsrente umfassen. Zur Klärung eventueller Ansprüche wenden Sie sich bitte an das zuständige Amt für Versorgung und Soziales.
> Verletzte haben zudem die Möglichkeit, Unterstützung und Beratung durch den Sozialen Dienst der Justiz zu erhalten. Dort sind Opferberatungsstellen eingerichtet. Die Mitarbeiter der Beratungsstellen bieten Ihnen u. a. folgende Hilfeleistungen an:
> - Informationen über die Rechte als Opfer (Prozesskostenhilfe, Nebenklage, Opferentschädigung)
> - Unterstützung bei der Vorbereitung auf die Hauptverhandlung (Information zum Ablauf eines Gerichtsverfahrens)
> - Gespräche zur Minderung von Unsicherheiten und Ängsten
> - Begleitung in den Gerichtssaal
> - Nachbereitung von Verhandlungen
> - Auskunft über die Vermittlung zu weiterführenden Hilfsangeboten.
>
> Unabhängig davon können Sie als Geschädigter mit Ihren Angehörigen den bei Gericht zur Verfügung stehenden Zeugenschutzraum in Anspruch nehmen. Es wird empfohlen, sich bei dem in der Ladung bezeichneten Gericht nach dem Vorhandensein einer solchen Einrichtung zu erkundigen.
> Unter nachstehendem Link finden Sie auf der Homepage des Justizministeriums Baden-Württemberg entsprechende Anlaufstellen:
> http://www.justizportal-bw.de/ThemenundAktuelles/SozialeDienste/Opferschutz/AngebotezurBeratung

An einer Einstellung des Verfahrens müssen Verletzte nicht beteiligt werden (§§ 153 ff StPO). Allerdings sollen sie vorher ‚gehört' und bei mündlichen Erörterungen von der Staatsanwaltschaft hinzugezogen werden (Nr. 3 Abs. 3 RiStBV).

Unter bestimmten Voraussetzungen haben Verletzte das Recht, sich als Nebenkläger/in am Verfahren zu beteiligen. Durch eine Nebenklage tritt der/die Verletzte der erhobenen öffentlichen Anklage bei (§ 395 StPO). Nebenklage ist deshalb nur für das Hauptverfahren möglich (§§ 396 Abs. 1 StPO). Die Nebenklägerin hat im Verfahren (fast) die gleichen Rechte wie die Staatsanwaltschaft: Sie kann also während der gesamten Hauptverhandlung anwesend sein, hat Frage-, Beweisantrags-, Beanstandungs- und Ablehnungsrechte und kann Erklärungen abgeben (§ 397 StPO). Ihr steht auch das Recht zu, einen Freispruch wegen eines nebenklagefähigen Deliktes mit Rechtsmitteln anzugreifen – nicht dagegen die Höhe der verhängten Strafe (§§ 400, 401 StPO). Zulässig ist eine Nebenklage unter anderem bei folgenden Delikten (§ 395 StPO):

- Sexualdelikten (§§ 174 bis 182 StGB)
- (versuchten) Tötungsdelikten (§§ 211, 212 StGB)
- Körperverletzungsdelikten (§§ 223 bis 226, 340 StGB)
- Menschenhandel (§§ 232 bis 238 StGB)
- Freiheitsberaubung (§ 239 ff StGB) und
- Nötigung (§ 240 StGB).

Gegen Jugendliche ist eine Nebenklage nur bei Verbrechen gegen das Leben, die körperliche Unversehrtheit und die sexuelle Selbstbestimmung zulässig und nur dann, wenn das Opfer seelisch schwer geschädigt oder einer solchen schweren Schädigung ausgesetzt wurde (§ 80 Abs. 3 JGG).

2.2.5.2 Beistand und Begleitung

Zeugen ist gestattet, zu Vernehmungen einen anwaltlichen Beistand mitzubringen (§ 68 b StPO); Verletzte können sich darüber hinaus auch von einer Person ihres Vertrauens begleiten lassen (§ 406 f StPO). Das können auch Mitarbeiterinnen von Beratungsstellen sein. Zeugenbestände und Vertrauenspersonen können allerdings von der Anwesenheit ausgeschlossen werden, wenn andernfalls die Beweiserhebung gefährdet wäre (§§ 68 b, 406 f Abs. 2 StPO). Die Entscheidung trifft die Person, die die Vernehmung leitet. Die Begründung für die Entscheidung ist aktenkundig zu machen.

Der Rechtsbeistand von nebenklageberechtigten Verletzten kann an der gesamten Hauptverhandlung, einschließlich der nicht-öffentlichen Teile, sowie an richterlichen Beweiserhebungen teilnehmen. Dieses Recht ist unabhängig davon, ob die Verletzte formell Nebenklage erhebt (§§ 406 g Abs. 2, 397 Abs. 2 StPO). Rechtsbeistände haben auch das Recht, „für den Verletzten" die Akten einzusehen (§ 406 e StPO).

Ist formell Nebenklage erhoben (und vom Gericht zugelassen), dann hat die anwaltliche Vertretung alle Rechte der Nebenklage (§ 397 StPO), kann diese aber – aufgrund der juristischen Ausbildung – faktisch ganz anders wahrnehmen. Ein Recht, das darüber hinaus nur der anwaltlichen Vertretung, nicht der Nebenklägerin selbst, zusteht, ist das Akteneinsichtsrecht (§§ 385 Absatz 3, 397 Absatz 1 Satz 2 StPO).

Für eine anwaltliche Vertretung entstehen der Nebenklägerin keine Kosten, wenn die Voraussetzungen für eine Beiordnung oder Prozesskostenhilfe gegeben sind (§ 397 a StPO). Eine Beiordnung (auf Antrag) ist bei schwerem sexuellen Kindesmissbrauch (§ 176 a StGB), sexueller Nötigung (§ 177 StGB), versuchten Tötungsdelikten und einer Reihe anderer Verbrechen sowie bei Taten mit minderjährigen Opfern vorgesehen (§ 397 a Abs. 1 StPO). In anderen Fällen kann Prozesskostenhilfe für die anwaltliche Vertretung beantragt werden, wenn die Verletzte die Kosten nicht selbst aufbringen und sich auch nicht ausreichend selbst vertreten kann (§§ 397 a StPO, 114 ff ZPO).

Gut zu wissen – gut zu merken

Soziale Fachkräfte haben im Strafverfahren oft eine Mittlerinnenrolle zwischen dem justiziellen System und ihren Klienten: Sie leisten Übersetzungsarbeit. Dies setzt Verständnis davon voraus, welche Aufgaben die verschiedenen Beteiligten eines Strafverfahrens haben, um deren Rollen und Aktionen im Verfahren besser einschätzen zu können.

Während am Verfahren selbst Soziale Fachkräfte eher nicht beteiligt sein werden, können sie sehr wohl und auf vielfältige Weise in die Umsetzung von Entscheidungen einbezogen sein. Hier ist es wichtig zu wissen, welche Spielräume (noch) bestehen: Kann eine Strafe – im Wege der Diversion – vermieden werden und, wenn ja, wodurch? Welche Möglichkeiten haben arme Klienten, eine Geldstrafe abzuzahlen? Kann eine Freiheitsentziehung abgewendet oder zumindest aufgeschoben werden?

📖 *Zum Weiterlesen*

Fastie, Friesa (2008): Opferschutz im Strafverfahren. Verlag Barbara Budrich, Opladen

3 SOZIALE ARBEIT IM KONTEXT VON STRAFVERFAHREN

Was Sie in diesem Kapitel lernen können

Was tun, wenn ein Jugendlicher eine Straftat ‚beichtet'? Was, wenn man von häuslicher Gewalt hört oder sexuelle Gewalt vermutet? Behandelt man den Gebrauch illegaler Drogen als lässliche Sünde oder als strafbare Handlung? Wie reagieren, wenn man bei einer SGB II-Beratung von Schwarzarbeit hört? Und schließlich: Wann ist man selbst in Gefahr, sich strafbar zu machen, etwa wenn man jemand beim illegalen Aufenthalt hilft?

Im folgenden Kapitel soll gezeigt werden, wann (und warum) Fachkräfte der Sozialen Arbeit fast überall in ihrem professionellen Alltag mit dem Thema ‚Kriminalität' konfrontiert sein können. Daneben werden im folgenden Abschnitt die Sozialen Dienste der Justiz, freie Angebote der Straffälligenhilfe sowie die Beratung und Begleitung von Verletzten hinsichtlich ihrer Aufgaben und sozialarbeiterischen Tätigkeiten detailliert beschrieben. Sie können dieses Kapitel so nutzen, dass Sie sich – nachdem Sie den allgemeinen Überblick gelesen haben – jeweils nur über die Sie interessierenden Tätigkeitsbereiche informieren.

3.1 Strafbare Handlungen im professionellen Alltag

3.1.1 Kriminalitätsfurcht

Es ist erwartbar, dass Soziale Fachkräfte in ihrem Berufsalltag mit Ängsten konfrontiert werden, die sich auf Kriminalität im sozialen Zusammenleben und die individuelle Angst, Opfer von Straftaten zu werden, beziehen können. Sowohl mit den sozialen wie den individuellen Ängsten müssen Fachkräfte umgehen können.

Hilfreich ist, zu verstehen, dass auch Ängste eine Konjunktur haben: In einer Übersicht, die die R+V Versicherung alljährlich über ‚die Ängste der Deutschen' erhebt, waren Straftaten in den Jahren 1991 bis 1997 auf den Plätzen zwei (1991) bis sieben (1997) – interessanterweise umgeben von der Angst vor Spannungen durch den Zuzug von Ausländern. Seither sind sie von der Top-7-Liste verschwunden. Dort tauchte aber – seit 2003 – die Angst vor dem Terrorismus auf, vereinzelt auch die Angst, die eigenen Kinder könnten drogen- oder alkoholsüchtig werden (1996, 1998). Ansonsten beherrschen wirtschaftliche Ängste, Krankheiten und Pflegebedürftigkeit sowie Naturkatastrophen die oberen Ränge (R+V 2011). Oft werden diese Ängste durch eine ‚aufgeregte' Berichterstattung ausgelöst.

Es ist bekannt, dass es sehr große Unterschiede zwischen tatsächlicher Kriminalität und dem persönlichen Sicherheitsempfinden gibt: So täuschen wir uns häufig über die Gefährlichkeit von bestimmten Orten (Parks) oder fühlen uns sicher, wenn – kriminalstatistisch – eher Vorsicht angebracht wäre (Autofahren). Ein besonderes Paradox besteht auch darin, dass die Kriminalitätsfurcht bei denen am größten ist, deren tatsächliches Opferrisiko (statistisch) am geringsten ist: nämlich bei Frauen und alten Menschen. Erklären lässt sich dies mit einem besonderen Gefühl der Verletzlichkeit, aber auch mit den gravierenden Folgen, die z. B. Delikte haben können, deren Opfer fast ausschließlich Frauen werden, nämlich sexuelle Gewaltdelikte (PSB 2006: 485 ff). Frauen, so ergab eine Bevölkerungsbefragung des LKA-NRW (2006a: 29), haben Angst um ihre sexuelle und körperliche Integrität – Männer um ihr Auto.

Die Wahrscheinlichkeit, Opfer einer Straftat zu werden, lässt sich durch Opferuntersuchungen (englisch: crime victim survey) genauer eingrenzen: Die Chancen steigen mit der Zeitspanne, die sich ein Mensch, zumal in den Abendstunden, in der Öffentlichkeit und damit außerhalb familiärer Bezugssysteme aufhält. Wohnungen sind demgegenüber in der Regel Orte, an denen man sich von potentiellen Tätern isolieren kann. Mit dem Leben an öffentlichen Orten geht in der Regel ein bestimmter Lebensstil einher, der von den Menschen geteilt wird, mit denen man dort Kontakt hat. ‚Täter' und ‚Opfer' ähneln sich deshalb oft in ihren demographischen Merkmalen. Hinzu kommen situative Elemente wie Gelegenheit, Überlegenheit und Gewinnaussicht.

Entsprechend setzt die Prävention bei den ‚Tätern', den Situationen und den (potentiellen) Opfern an:

	Allgemeinheit (Primäre Prävention)	Gefährdete Gruppen (Sekundäre Prävention)	Täter (Tertiäre Prävention)
Täter	Sozialisation, Normverdeutlichung, Aufklärung	Jugendhilfe, Abschreckung	Freie und öffentliche Hilfe für Straffällige
Situation	Polizeiarbeit, sozialräumliche Konzepte	Objektschutz	z. B. Diebstahlssperren
Opfer	Aufklärung Selbstverteidigung	Schutzmaßnahmen (z. B. Frauenparkplätze/-taxi)	Opferhilfe

Der Bericht der Enquetekommission zur Erarbeitung von Vorschlägen für eine effektive Präventionspolitik in Nordrhein-Westfalen zeigt, welche wichtige Aufgabe der Sozialen Arbeit dabei zugedacht ist (Lt-Drs. 14/10700: 192). Eine wichtige Forschungserkenntnis ist sicher die, dass Kriminalitätsfurcht (und Kriminalität) mit der Stärkung nachbarschaftlicher Zusammenhänge zurückgeht (LKA-NRW 2006a: 11).

3.1.2 Eigentumsverletzungen

Wenn die Forschungen der Kriminologie über das sog. Dunkelfeld zutreffen, dann begeht zumindest jeder männliche Jugendliche einmal in seinem Leben ein Eigentumsdelikt (PSB 2001: 12). Für die Soziale Arbeit ist es so gesehen völlig ausgeschlossen, nicht mit diesem Thema in Kontakt zu kommen. 44 % der Jugendlichen, die Erziehungshilfen erhalten – 90 % derjenigen in stationären Einrichtungen – sind straffällig gewordene, zu drei Viertel männliche, Jugendliche (Landtag NRW 2010: 103). Wie eine Befragung des Kuratoriums für Verkehrssicherheit zeigte, können die psychischen Folgen für Betroffene von Wohnungseinbrüchen enorm sein – und werden schon deshalb auch in der Sozialen Arbeit ankommen. Als Fachkraft braucht man deshalb kriminologisches Forschungswissen, theoretische Kenntnisse, durch die sich Phänomene nicht nur psychologisch, sondern auch soziologisch einzuordnen lassen, sowie Daten über erwünschte und unerwünschte Wirkungen von Interventionen. Auch ‚Professionelle' können nämlich sehr viel Unheil anrichten: Zu beobachten sind Überreaktionen oder eine Laisser-faire-Haltung bis hin zur Kumpanei. Davor schützt nur eine gut reflektierte, wissenschaftlich fundierte Praxis.

3.1.3 Gewaltdelikte

So seltsam es klingen mag, ist Gewalt, sind körperliche Auseinandersetzungen ein Mittel sozialer Interaktion. Als solche sind sie Gegenstand der Sozialen Arbeit, jedenfalls dann, wenn sie als unsozial (und damit als ‚Problem') gebrandmarkt sind. Ob Gewalt dramatisiert, bagatellisiert oder legitimiert wird oder als illegitim gilt, bekämpft wird oder im Kampf genutzt, ist auch eine Frage gesellschaftlicher Machtverhältnisse und sozialer Aushandlungsprozesse. Die gute Nachricht im Prozess der Zivilisierung ist, dass Menschen im Laufe der Geschichte mitfühlender miteinander und immer friedfertiger geworden sind (Pinker 2011): Einstmals legitime Formen der Gewalt wie das elterliche Züchtigungsrecht oder die eheliche Vergewaltigung gelten heute als inakzeptabel.

3.1.3.1 Jugendgewalt

Trotzdem werden Anstiege der registrierten Körperverletzungen, vor allem unter Jugendlichen, berichtet und jeder dritte männliche Jugendliche sowie halb so viele Mädchen gaben in der Shell-Studie an, in gewaltsame Auseinandersetzungen verwickelt gewesen zu sein (Wahl/Hees 2009). Wer ‚Täter' ist und wer Opfer, ist oft nicht zu entscheiden. Jugendgewalt – In Schulen, Freizeiteinrichtungen, Wohngebieten – findet zwangsläufig unter den Augen der Sozialen Arbeit statt. Diese kann eskalieren und de-eskalieren, paternalisieren oder zur Verantwortungsübernahme beitragen, zu Mitteln der Prävention oder der Repression greifen. Die Frage ist eher, ob sie das, was sie tut, (auf wissenschaftlicher Grundlage) reflektiert, mit anderen Worten, ob sie weiß, was sie tut – und mit welcher Wirkung.

3.1.3.2 Kindesschutz

Endgültig ernst wird es, wenn es um die Vernachlässigung, Misshandlung und den Missbrauch von Kindern und Jugendlichen durch ihre Eltern und andere Bezugspersonen geht – alles dem Grunde nach strafbare Handlungen (§§ 170, 171, 225, 173, 174, 176, 180, 182, 235, 236 StGB).

Hier sind das Jugendamt und andere Fachkräfte zur Einschätzung des Gefährdungsrisikos verpflichtet. Sind Hilfen zur Abwendung der Gefährdung geeignet und notwendig, so sind diese den Erziehungsberechtigten anzubieten (§ 8a Abs. 1 SGB VIII). Sind Hilfen dagegen nicht ausreichend, muss das Familiengericht eingeschaltet und ggf. das Kind oder der Jugendliche in Obhut genommen werden (§ 8a Abs. 2 SGB VIII).

Als Risikoindikatoren gelten: eigene Gewaltgeschichte der Eltern, Auffälligkeiten wie kriminelle Vorgeschichte, psychische Krankheiten oder Suchtmittelmissbrauch, soziale Isolation, geringes Selbstwertgefühl oder Depressionen, multiple Stress- und Krisenszenarien (Geldmangel, Arbeitslosigkeit), unkontrolliertes Gewaltverhalten, unrealistische und rigide Erwartungen an das Verhalten des Kindes verbunden mit harten Strafen und die Wahrnehmung des Kindes als schwierig und provokativ, geringe Bindung zum Kind und ungewollte Schwangerschaft (Kindler 2005).

Die Polizei soll in der Regel eingeschaltet werden (§ 8a Abs. 3 SGB VIII). Eine Meldepflicht des Jugendamtes besteht nicht, allenfalls ein Melderecht. Aber auch dieses steht unter dem Vorbehalt, dass dadurch der Hilfeauftrag nicht vereitelt werden darf (Krieger et al. 2007: 124). Im Hinblick auf die gemeinsamen Arbeitskreise von Jugendamt und Justiz haben Dawid et al. (2010: 133) festgestellt, dass eine auffallende Gemeinsamkeit die betont distanzierte Haltung zur Strafanzeige sei.

3.1.3.3 Gewalt gegen Frauen und sexueller Missbrauch

Auch Gewalt gegen Frauen (§§ 223 ff StGB) kann in nahezu jeder sozialarbeiterischen Beratung zum Thema werden, vor allem, wenn es um familiäre Beratungssituationen geht. Kindler/Unterstaller (2007) haben Ansatzpunkte für eine gesellschaftliche Primärprävention von Partnergewalt zusammengestellt. Die wichtigsten Eckpunkte sind: Veränderung gesellschaftlicher Geschlechterverhältnisse und Wandel von Männlichkeitsbildern, Versorgungsangebote für Kinder und Jugendliche, die in ihren Herkunftsfamilien Gewalt erlebt oder miterlebt haben, sowie für solche, die aggressiv verhaltensauffällig sind, Angebote im Jugendalter zur Förderung der Beziehungsfähigkeit, Begleitung während Schwangerschaft und Trennung, regelmäßige Gewaltscreenings im Rahmen von Gesundheitsprogrammen und Suchtberatungen, Unterstützung in beruflichen Belastungssituationen und bei drohender Arbeitslosigkeit.

Ist Gewalt nicht zu vermeiden, kann an spezialisierte Einrichtungen vor Ort weiter verwiesen werden wie sie z. B. im Bundesverband Frauenberatungsstellen und Frauennotrufe (http://www.frauen-gegen-gewalt.de) zusammengeschlossen sind. Darüber hinaus bieten Frauenhäuser Zuflucht (www.frauenhauskoordinierung.de). Auch Männer finden Hilfe (www.gewaltberatung.org).

3.1.3.4 ‚Täterarbeit'

‚Täterarbeit' meint ein Unterstützungs- und Beratungsangebot, dessen Kernziel es ist, gewalttätiges Verhalten zu beenden. Es richtet sich häufig an Männer, obwohl nicht nur Männer ‚Täter' sind (Döge 2011). Dennoch, Kriminalstatistiken und Dunkelfeldstudien sehen häufiger Männer als ‚Täter' körperlicher Gewalt. Nicht alle Männer sind stolz darauf. An diese richtet sich das Beratungsangebot (Selbstmelder), aber auch an solche, die von Fachkräften der Sozialen Arbeit oder der Justiz ‚geschickt' werden. Typische Zielgruppen sind:

- erwachsene Männer, die gegenüber ihrer (Ex-) Partnerin gewalttätig geworden sind (http://bag-täterarbeit.de) oder ihr – oft nach einer Trennung – nachstellen (www.stop-stalking-berlin.de/)
- pädophile oder pädosexuelle Männer (www.Kein-Täter-werden.de)
- Jugendliche, die sexuell grenzverletzendes Verhalten zeigen (http://www.maennerbuero-hannover.de)

3.1.3.5 Traumata

Gewalthandlungen, die bei den Betroffenen mit starken Ohnmachtsgefühlen und Todesangst einhergehen, können traumatisierend wirken (Reddemann/Dehner-Rau 2008). Mit solchen Situationen oder deren Folgen können gerade Soziale Fachkräfte in ihrem Berufsalltag immer wieder konfrontiert werden. Dabei gibt es nicht nur die man-made-trauma (wie Gewalt oder Überfälle), sondern oft auch non-man-made-trauma (wie Krankheiten und Naturkatastrophen).

In einem strengen klinischen Sinn entwickeln nur 10–25 % der Betroffenen nach einem traumatischen Ereignis eine posttraumatische Belastungsstörung (Risikogruppe), etwa ein Drittel ist ‚auf der Kippe' und kann sich bei günstigen Bedingungen erholen, bei ungünstigen aber abrutschen. Ein weiteres Drittel wird der Kategorie der ‚Selbstheilenden' zugeordnet, die sich ohne fremde, gar therapeutische Hilfe wieder erholen (Gahleitner 2009).

Noch scheint es keine verlässlichen Kriterien der Zuordnung zu einer der Gruppen zu geben, insofern empfiehlt sich ein vorsichtiges Mitgehen, das den unterschiedlichen Verarbeitungsprozessen Rechnung trägt. In jedem Fall sollte man pauschale Annahmen darüber vermeiden, was für Betroffene gut und richtig ist. Entscheidend ist in der akuten Phase, dass Betroffene wieder Kontrolle über ihren Alltag und ihre Affekte erlangen (Stabilisierung). Dabei kann es wichtig sein, Auslösereize (Trigger) zu erkennen und dadurch das erneute Durchleben von schmerzlichen Erfahrungen (Intrusion) zu vermeiden. Als hilfreich haben sich Imaginationsübungen erwiesen, durch die sich Betroffene selbst stabilisieren und distanzieren können. Erst, wenn Betroffene ausreichend stabil sind, sollen Interventionen zur Bearbeitung des Traumas einsetzen. Die Begleitung in der Phase der Konfrontation, Verarbeitung und der Reintegration sollte speziell geschultem Personal überlassen bleiben.

Dagegen wird die Frage, ob ein Strafverfahren eingeleitet werden soll und was dessen Vor- und Nachteile sind, nicht selten mit Sozialen Fachkräften besprochen werden. Eine besondere Problematik liegt hier einerseits in der persönlichen

Betroffenheit von (unerfahrenen) Sozialen Fachkräften und einer daraus resultierenden Überreaktion sowie im antizyklischen Verlauf von Strafverfahren und Verarbeitungsprozess. Bei Unsicherheiten helfen spezialisierte Beratungsstellen.

3.1.4 Drogen

Auch mit dem Gebrauch illegaler Drogen sind Fachkräfte der Sozialen Arbeit ständig konfrontiert. Dabei kann die Strafdrohung (BtMG) die Beziehungen zu den Klienten und Klientinnen in vielfältiger Weise prägen und den Aufbau von vertrauensvollen und dennoch professionellen Beziehungen zu einer Herausforderung machen (Deutsche Hauptstelle für Suchtfragen 2005: 3): Die Strafdrohung, (zum Teil lange) Hafterfahrungen sowie Ausgrenzungen als vorbestraft beeinträchtigen die Mitwirkungsbereitschaft. Fast unweigerlich beschränkt sich die Soziale Arbeit in diesem Bereich nicht auf individuelle Hilfestellungen, sondern umfasst politisches Lobbying (Entkriminalisierung drogenabhängigen Verhaltens) und die Arbeit in (interdisziplinären) Verbundsystemen, die auch die Straffälligenhilfe und die Sozialen Dienste der Justiz einschließen.

3.1.5 Schwangerschaft

Sobald eine Fachkraft in der Praxis mit einer ungewollten Schwangerschaft konfrontiert ist, kann sich auch die Frage nach einem (legalen) Schwangerschaftsabbruch stellen (§§ 218 ff StGB). Das gilt nicht nur für Mitarbeiterinnen der entsprechenden Beratungsstellen. Gerade bei Jugendlichen können pädagogische Fachkräfte die erste Ansprechperson sein – bevor es Eltern erfahren und noch bevor sich jemand in eine Beratung traut. Diese können Ängste nehmen und die Gefahr reduzieren, sich z. B. durch Fristüberschreitung strafbar zu machen.

3.1.6 Leben in der Illegalität

Eine strafrechtsgeneigte Tätigkeit stellt auch die Soziale Arbeit mit Menschen ohne Papiere dar. Nicht nur machen sich Menschen, die ‚illegal', das heißt ohne die erforderliche Genehmigung, in Deutschland leben, strafbar (§§ 95 ff AufenthG). Auch diejenigen, die ihnen helfen, können Strafdrohungen ausgesetzt sein (BMI 2007: 43; Hoffmann 2004). Handlungsfähigkeit setzt voraus, dass man ohne Angst vor Strafe und ohne das Risiko, andere einer Bestrafung auszusetzen, intervenieren kann. Nicht selten ist Rechtlosigkeit ein Mangel an Ressourcen; Soziale Arbeit dagegen könnte eine Ressource sein.

3.1.7 Umgang mit Informationen

Schließlich haben Fachkräfte der Sozialen Arbeit in ihrem Berufsalltag ganz unmittelbar für sie geltende (Straf-)Rechtsnormen einzuhalten: Vielleicht die wichtigsten betreffen den Umgang mit Klientendaten (§ 203 StGB, Datenschutzgesetze), andere den Schutz vor Übergriffen (vgl. §§ 174, 174c, 225 StGB).

3.2 Soziale Arbeit mit Beschuldigten

3.2.1 Jugendhilfe im Strafverfahren

Gesetzlicher Auftrag

Der Dormagener Qualitätskatalog der Jugendhilfe beschreibt die gesetzliche Aufgabenstellung wie folgt:

> „Das Jugendamt (oder die Vertreter) tritt hier als unabhängige Fachbehörde auf, die den Jugendlichen und Heranwachsenden helfen möchte. Diese Form der Hilfe grenzt sich von der Staatsanwaltschaft und den Gerichten in der Form ab. Sie will ‚helfen statt urteilen und fachlich begleiten statt gutachterlich Stellung nehmen'.
>
> Das Jugendamt ist nach § 52 Abs. 2 Satz 1 verpflichtet, frühzeitig auf die Straffälligkeit des Jugendlichen oder Heranwachsenden zu reagieren und gegebenenfalls Jugendhilfemaßnahmen anzubieten bzw. zu initiieren, um zeitnah Beratung und Unterstützungsangebote für die Jugendlichen und Heranwachsenden und deren Familien anbieten und einleiten zu können. Die Jugendgerichtshilfe soll durch ihr Mitwirken im Jugendgerichtsverfahren darauf hinwirken, dass vom Jugendgericht nur solche Maßnahmen und Hilfen angeregt und ggf. angeordnet werden, die auch von der Jugendhilfe für fachlich richtig und geeignet angesehen werden. Dies trifft insbesondere auf Hilfen zur Erziehung nach § 12 JGG zu, die nur nach Anhörung des Jugendamtes auferlegt werden. Solche Hilfen können nur im Konsens zwischen Gericht und Jugendamt entwickelt und verwirklicht werden" (Stadt Dormagen 2001: 2).

Hier die gesetzliche Aufgabenbeschreibung – und die Selbstbeschreibung eines Jugendamtes:

Jugendgerichtshilfe in § 38, 50 JGG und 52 SGB VIII	Jugendgerichtshilfe Berlin, Pankow
Die Vertreter der Jugendgerichtshilfe bringen die erzieherischen, sozialen und fürsorgerischen Gesichtspunkte im Verfahren vor den Jugendgerichten zur Geltung. (§ 38 Abs. 2 JGG).	Die Jugendgerichtshilfe (JGH) wird von der Staatsanwaltschaft, wenn sie Anklage gegen einen Jugendlichen (ab 14 Jahre) oder einen Heranwachsenden (ab 18 Jahre) erhebt, in jedem Fall informiert.
Das Jugendamt hat frühzeitig zu prüfen, ob für den Jugendlichen oder den jungen Volljährigen Leistungen der Jugendhilfe in Betracht kommen. Ist dies der Fall oder ist eine geeignete Leistung bereits eingeleitet oder gewährt worden, so hat das Jugendamt den Staatsanwalt oder den Richter umgehend davon zu unterrichten, damit geprüft werden kann, ob diese Leistung ein Absehen	Häufig werden bereits entsprechende Ermittlungsberichte der Polizei vorab dem Jugendamt zugeschickt. Die Jugendgerichtshilfe ist verpflichtet in jedem Jugendstrafverfahren mitzuwirken und den Anspruch auf Jugendhilfeleistungen zu prüfen.

von der Verfolgung (§ 45 JGG) oder eine Einstellung des Verfahrens (§ 47 JGG) ermöglicht (§ 52 Abs. 2 SGB VIII)).	
Der Mitarbeiter des Jugendamts soll den Jugendlichen oder den jungen Volljährigen während des gesamten Verfahrens betreuen (§ 52 Abs. 3 SGB VII). Die Jugendgerichtshilfe unterstützt die beteiligten Behörden durch Erforschung der Persönlichkeit, der Entwicklung und der Umwelt des Beschuldigten und äußert sich zu den Maßnahmen, die zu ergreifen sind (§ 38 Abs. 2 JGG).	Die Aufgabe der Jugendgerichtshilfe besteht darin, mit den Betroffenen über deren persönliche Situation zu sprechen und dem Gericht Vorschläge zu unterbreiten, mit welchen Maßnahmen auf die Straftat reagiert werden könnte.
Im gesamten Verfahren gegen einen Jugendlichen ist die Jugendgerichtshilfe heranzuziehen. Dies soll so früh wie möglich geschehen. Vor der Erteilung von Weisungen (§ 10) sind die Vertreter der Jugendgerichtshilfe stets zu hören (§ 38 Abs. 3 JGG). Dem Vertreter der Jugendgerichtshilfe sind Ort und Zeit der Hauptverhandlung mitzuteilen. Er erhält auf Verlangen das Wort (§ 50 Abs. 3 JGG).	Der Vorschlag der Jugendgerichtshilfe wird vom Gericht ernst genommen, aber das Gericht entscheidet unabhängig.

Rolle und Rollenkonflikt

Die Selbstdarstellungen verweisen auf Rollenkonflikte, die in der Arbeit der Jugendgerichtshilfe begründet sind. Als solche werden sie eher selten thematisiert. Das Jugendamt der Stadt Dormagen hat es versucht:

> *„Die Hilfestellung für die straffällig gewordenen Jugendlichen und ihre Familie und die Anforderungen des Strafverfahrens können kollidieren. Am deutlichsten wird dies bei den Kontroll- und Informationspflichten des Jugendamtes, mit denen es sich gegen die Interessen der Jugendlichen stellen muss.*
>
> *Daraus resultieren fast unweigerlich Rollenkonflikte im Umgang mit Nähe und Distanz und in der schwierigen Balance von Vertrauens- und Machtbeziehungen" (Stadt Dormagen 2001: 2f).*

Hilfreich ist Rollenklarheit: Die Jugendgerichtshilfe hat sich weder zur Schuldfrage (§ 38 Nr. 1 RL-JGG) noch zur ‚Bestrafung' zu äußern, sondern „die erzieherischen, sozialen und fürsorgerischen Gesichtspunkte" im Verfahren zur Geltung zu bringen (§ 38 Abs. 2 JGG). Etwas ‚zur Geltung' bringen kann nur, wer (institutionell) eigenständig und in seiner Fachlichkeit selbstbewusst ist.

Erst dadurch wird auch interdisziplinäre Zusammenarbeit möglich und fruchtbar, kann aber gleichzeitig einen Systemkonflikt heraufbeschwören: Die auf Hilfe und Unterstützung ausgerichtete Jugendhilfe trifft auf eine strafende Justiz; die an Regeln und Normen ausgerichtete Justiz trifft auf eine lebensweltlich ausgerichtete Soziale Arbeit; eine Berufsgruppe, deren höchstes Gut die stringente Argumentation ist, trifft auf eine Berufsgruppe, die mit Komplexität und Chaos umzugehen hat. Das kann nur funktionieren, wenn unterschiedliche Systemlogiken gesehen und respektiert werden. Der Mehrwert liegt in der Co-Produktion eines erzieherischen Ziels. Schwierig wird es dann, wenn Zweifel bestehen, ob Erziehung im Kontext von Strafverfahren möglich ist.

Ein persönlicher Rollenkonflikt ergibt sich zwangsläufig immer dann, wenn man in einem System arbeitet, also ein ‚Vertreter' eines Systems (hier: Jugendstrafrecht) ist, an das man nicht glaubt. Die ‚Lösung' besteht aus Sicht der Sozialen Arbeit oft darin, sich in Abgrenzung von den übrigen Akteuren zu definieren (und deshalb – in klassischer Stereotypbildung – deren Zweifel am System nicht mehr wahrzunehmen). Ein Beispiel dafür findet sich – leider – auch im Dormagener Qualitätskatalog:

> *„Im Mittelpunkt des justiziellen Denkens steht die allgemeingültige Verbindlichkeit von Rechtsnormen. Demgegenüber verfolgt die Jugendhilfe überwiegend einen individualistischen Ansatz, der die Autonomie und Einzigartigkeit des Individuums in den Vordergrund stellt.*
>
> *Der Handlungsansatz der Justiz ist normativ/direktiv, der der Jugendhilfe überwiegend emanzipatorisch ausgerichtet"* (Stadt Dormagen 2001: 2).

Stereotype, also Generalisierungen, sind immer falsch: Auch Erziehung ist ‚normativ' (Durkheim 1902). Tatsächlich werden hier zwei Normsysteme gegenübergestellt: Ein kollektivistisches, das mit Blick auf das gesellschaftliche Zusammenleben die Einhaltung von Regeln erreichen will, und ein ‚individualistischer Ansatz', der seine Richtschnur (Norm) darin sieht, die Autonomie und Einzigartigkeit des Individuums in den Vordergrund zu stellen. Trotzdem stehen beide im Dienst der Kriminalitätsvermeidung, also der sozialen Kontrolle von ‚abweichendem Verhalten' (Peters 2009).

Tipp

Wenn jemand einen Gegensatz konstruiert, machen Sie den Test: Ist die Justiz (als Ganzes) so wie beschrieben – und die Jugendhilfe immer so anders? Meistens nämlich nicht; auch weil die Justiz, wie die Jugendhilfe aus Menschen besteht, die durchaus die gleichen Zweifel spüren oder etwas Ähnliches wollen können – bei allen Unterschieden in ihren Aufgabenstellungen.

Besonders vorsichtig sollte man sein, wenn nicht nur Gegensätze, sondern Wertigkeiten (‚direktiv' vs. ‚emanzipatorisch') anklingen.

Jugendhilfe, die ihre normative Ausrichtung nicht reflektiert, wäre einfach nur unprofessionell, und ein Jugendgericht, das nicht auf den erzieherischen Bedarf eines Jugendlichen (und dessen Persönlichkeit) abstellt, würde schlicht rechtsfehlerhaft handeln. Eine ganz andere Frage ist aber, ob beide ein gemeinsames Ziel formulieren könnten und an welche Grenzen die Zielverfolgung im System des Jugendstrafrechts (notwendig) stößt (vgl. dazu Dawid 2010).

Weitere Rollenkonflikte können sich aus der Parallelität der Jugendhilfe und des Jugendstrafrechts ergeben: Auch jugendhilferechtliche Interventionen können von Jugendlichen und ihren Familien als Kontrolle und Sanktion erlebt werden. Eine strafrechtliche Sanktion könnte leicht das Gefühl auslösen, ‚doppelt bestraft' zu sein – und zwar bei den Betroffenen wie bei den Fachkräften.

Und schließlich verleitet Strafrecht immer zum Urteil, davon ist auch die Jugendhilfe – nicht nur im Strafverfahren – nicht gefeit. Eine qualifizierte Ausbildung erfordert Sprech- und Schreibkompetenz, namentlich die Fähigkeit, zwischen Beschreibung und Bewertung differenzieren zu können sowie sorgfältig und verantwortungsvoll zu argumentieren. Gerade dadurch, dass die Jugendgerichtshilfe den Auftrag hat, die Persönlichkeit des Jugendlichen, seine Entwicklung und seine Umwelt ‚zu erforschen' (§ 38 Abs. 2 Satz 2 JGG), ist sie in besonderer Gefahr, eine Person auf lange Zeit zu ‚fixieren' und eine ‚Aktenkarriere' zu etablieren (siehe Fallbeispiel: Eigentumsdelikt, S. 182 ff).

Arbeitsweise

Soziale Dienste im Strafverfahren haben im Grundsatz sehr ähnliche Aufgaben:

- sie begleiten Menschen, die straffällig geworden sind [Klientenebene]
- sie verwalten ihre Fälle [institutionelle Ebene] und
- sie kooperieren mit Anderen im Kontext des Strafverfahrens, insbesondere mit der Justiz [Systemebene].

Entsprechend dieser Untergliederung wird im Folgenden die Arbeitsweise Sozialer Fachkräfte im Kontext des Strafverfahrens beschrieben. Dabei wird nicht – wie z. B. in der Therapie-Richtlinie vom 12.12.2007 – zwischen Verfahren, die auf einem umfassenden Theoriesystem beruhen, den daraus abgeleiteten Methoden und konkreten Vorgehensweisen (Techniken), mit deren Hilfe die (durch Verfahren und Methoden) beschriebenen Ziele erreicht werden sollen, unterschieden, sondern die praxisnäheren und deshalb eindrücklicheren sozialarbeiterischen Handlungsarten (Lüssi 2008) herangezogen:

- *Beratung* meint die Besprechung eines Problems und seiner Lösung. Dazu zählt Lüssi nicht nur Gespräche, sondern auch Soziale Trainings (Lüssi 2008: 393 ff).
- *Verhandeln* meint eine Vermittlung zwischen mehreren an einem sozialen Konflikt Beteiligten (Lüssi 2008: 404), das können Eltern und Kinder oder auch Antragssteller und Behördenvertreter sein.
- Den Begriff ‚*Intervention*' beschränkt Lüssi auf Eingriffe, also auf Fälle der Selbst- und Fremdgefährdung oder des Schutzes in Abhängigkeitsverhältnissen (Lüssi 2008: 415).
- Von *Vertretung* spricht Lüssi, wenn Soziale Fachkräfte anstelle ihrer Klienten handeln (Lüssi 2008: 431), sei es, dass diese sich dies selbst nicht zutrauen – oder andere ihnen dies nicht zutrauen wie im Fall der gesetzlichen Betreuung.
- Den Begriff *Beschaffung* benutzt Lüssi in Fällen, in denen eine soziale Bedürfnislage vorliegt, die durch (die Beschaffung von) Geld, Sachen, Ausbildung, Arbeit oder sozialen Dienstleistungen kompensiert werden kann (Lüssi 2008: 443).

- Stehen Soziale Fachkräfte Menschen in der alltäglichen Lebensbewältigung bei, spricht Lüssi von *Betreuung* (Lüssi 2008: 460).

In manchen Kontexten (wie dem Strafverfahren) wird auch der Begriff Begleitung benutzt. Begleitung ist eine Mischung aus Beratung, Verhandlung (mit Institutionen), Beschaffung (z. B. von Rechtsbeiständen), Betreuung und auch (Krisen-)Intervention.

Immer wichtiger wird daneben die Planung und das ‚Management' von Hilfen (nicht von ‚Fällen'): Beides fußt auf dem Beratungsgespräch und mündet oft in die Beschaffung von Leistungen.

Klientenebene
Jugendhilfe muss Jugendliche (und deren Umfeld) in schwierigen Situationen und im Umgang mit schwierigen Themen begleiten: Das setzt die Fähigkeit voraus, über den Anlass (Sexualität, Gewalt), die institutionellen Hilfsangebote und die Folgen im Kontext des Strafverfahrens zu sprechen. Kompetente Gesprächsführung ist empathisch einerseits, muss aber gleichzeitig auch orientieren und motivieren. Darüber hinaus soll das Jugendamt den Probanden (nach dem Gesetzesideal) geeignete Leistungen der Jugendhilfe ‚beschaffen', mit Konfliktbeteiligten verhandeln (um die Möglichkeiten der Diversion zu klären), Jugendliche während des gesamten Verfahrens ‚betreuen' und manchmal für(sie)sprechen (§ 52 SGB VIII).

Institutionelle Ebene
Verwaltung und Aktenführung: Jugendhilfe ist auch öffentliche Verwaltung: Alle wesentlichen Fakten, die für den Beratungsverlauf wichtig sind, sollten ‚unverzüglich' in einem sog. Vermerk, also einer Aktennotiz, dokumentiert werden (diese kann auch handschriftlich sein). Eine Aktennotiz enthält mindestens: das Aktenzeichen, Datum, Anlass und Art des Kontakts, die anwesenden Personen, eine Sachstandsbeschreibung sowie eine konkrete Auflistung der nächsten Schritte. Wurden Absprachen getroffen, sollten diese, verbunden mit der Angabe von wem sie bis wann zu erfüllen sind, ebenfalls aufgenommen und regelmäßig überwacht werden. Die Notiz sollte mit einer Unterschrift oder einem Kürzel versehen sein, um zu wissen, von wem sie stammt, und das aktuelle Datum angeben.

Über den Einzelfall hinaus sind weitere Dokumentationen sinnvoll zum Beispiel über Koordinierungsgespräche mit Gericht, Staatsanwaltschaft oder Bewährungshilfe, Dienstbesprechungen, Kooperationen mit anderen Trägern und Institutionen.

Akten sollten so geführt werden, dass sie jederzeit einen nachvollziehbaren Überblick über den ‚Sachstand' erlauben. Ordnungsgemäße Aktenführung garantiert, dass man selbst schnell und qualifiziert Auskunft geben kann, und dass andere z. B. eine Urlaubsvertretung sich in einer Sache (= Akte) zurechtfindet. Wenn – wie im Fall Kevin – ein sog. Fallmanager des Jugendamtes seine Akte nur noch als Lose-Blatt-Sammlung führt, deutet das in der Regel darauf hin, dass er auch in der Sache den Überblick verloren hat (vgl. Bremische Bürgerschaft 2007: 101). Im öffentlichen Dienst gibt es deshalb Regeln für die Aktenführung (sog.

Aktenordnungen). Ein wichtiges Überwachungsinstrument sind die sog. Wiedervorlagen einer Akte an einem bestimmten Tag. In ihnen soll nachvollziehbar festgelegt werden, was bis wann erfolgt sein soll, um überprüfen zu können, ob es tatsächlich erfolgt ist und dann zu entscheiden, was zu tun ist, wenn etwas nicht erledigt wurde.

Der Schutz personenbezogener Daten ist auch Teil einer ‚ordnungsgemäßen Verwaltung': Sie muss sich auf die Erhebung der zur Aufgabenerfüllung notwendigen Daten beschränken, muss diese in der Regel beim Betroffenen (und nicht unbemerkt!) erheben und darf diese nur weitergeben, wenn dies erlaubt und zur Aufgabenerfüllung erforderlich ist (§§ 61 SGB VIII, 35 SGB X). Für den Bereich der Jugendgerichtshilfe empfiehlt sich eine Trennung von Verfahrensakte (Anklageschrift, Stellungnahme/Bericht, Leistungen der Jugendhilfe) und Aufzeichnungen über den Beratungs- und Hilfeprozess, der – u. a. wegen der Schweigepflicht nach § 203 StGB – keiner weiteren Person (außerhalb der Sachbearbeitung) zugänglich gemacht werden darf.

Wie sich im Fall Kevin gezeigt hat, müssen zudem die internen Strukturen so beschaffen sein, dass eine Kontaktaufnahme überhaupt möglich ist (Sprechzeiten, Telefondienste). Entscheidend ist zudem, dass Termine und Absprachen auch zuverlässig eingehalten werden. Das ist besonders wichtig im Umgang mit Klienten und Klientinnen, die damit selbst Schwierigkeiten haben. Oft haben sie in der Vergangenheit Konstanz und Zuverlässigkeit in ihrem familiären Umfeld nicht erlebt und glauben deshalb, sich auf niemanden verlassen zu können. Solchen Jugendlichen helfen Soziale Fachkräfte nicht, die sind wie sie selbst.

Kooperation und Vernetzung: Zu einer qualitätsorientierten Arbeit auf der institutionellen Ebene gehört auch, dass „umfassende Probleme nicht im Alleingang gelöst werden" (Stadt Dormagen 2001: 2):

„Gute Zusammenarbeit bietet eine Möglichkeit zur Verringerung der Gefahr von Fehlentscheidungen, durch gegenseitige Ergänzung und Kontrolle. Durch interdisziplinären Austausch und kollegiale Beratung können die vielschichtigen Informationen über die soziale und psychische Situation des Hilfesuchenden, über seine wirtschaftliche Lage und die rechtlichen Möglichkeiten überblickt und eingeordnet werden. Es wird vermieden, dass der Einzelne nur auf seine eigenen Kenntnisse zurückgeworfen ist und den Fall möglicherweise einseitig interpretiert."

Dem dienen bestimmte, in der Sozialen Arbeit bewährte, Instrumente der Zusammenarbeit:

- *Teamarbeit* soll dazu beitragen, dass sich die Zusammenarbeit, aber auch das Arbeitskonzept, kontinuierlich und kollegial weiterentwickelt. Teambesprechungen dienen dem Informationsaustausch, der Fallbesprechung, den kollegialen Absprachen, organisatorischen Verbesserungen und der inhaltlich-konzeptionellen Auseinandersetzung.
- *Helferkonferenzen* werden einberufen, wenn eine gemeinsame Entscheidungsfindung in einem besonders komplexen Einzelfall notwendig erscheint und verschiedene Einrichtungen oder Professionen mit einem Fall befasst sind.

- *Kollegiale Beratung* ist ein im Ablauf festgelegtes Verfahren zur Fallreflexion in einer kollegialen Gruppe (ohne Leitung, aber mit wechselnder Moderation). Eine kollegiale Beratung wird bei Bedarf einberufen. Sie dient als unterstützende Hilfe und Selbstüberprüfung.
- *Einzelfallsupervision,* also die extern angeleitete Fallbearbeitung, legt den Fokus stärker auf persönliche Anteile und mögliche Verstrickungen, Koalitionen, Ausblendungen etc.
- *Arbeitskreise* sind dagegen nicht fall-, sondern themenbezogen. Sie fassen regional oder institutionell Menschen zusammen, die aus unterschiedlichen Arbeitsfeldern kommen, aber einen gemeinsamen thematischen Bezugspunkt haben. Ziel von Arbeitskreisen ist es, das Thema und die interdisziplinäre Zusammenarbeit weiterzuentwickeln sowie Vorschläge für die Praxis und die Politik zu erarbeiten.

Als weiteres Element auf der institutionellen Ebene sind noch Selbst- und Fremdevaluationen zu nennen: Sie dienen der Überprüfung der eigenen Arbeit und der Wirkung der Interventionen im Hinblick auf ein erwünschtes Ziel. Noch fehlen systematische Evaluationen der Arbeit der Jugendgerichtshilfe und ihrer Wirkungen.

Justizielles System
Um innerhalb des Systems ‚Jugendstrafrecht' gelungen agieren und vor allem erfolgreich kooperieren zu können, muss man seine eigene Fachlichkeit unter Beweis stellen. Das erfolgt zunächst durch eine sorgfältige und verantwortungsvolle Sachbearbeitung: Hat man die benötigten Informationen zusammengetragen – und dabei eine vertrauensvolle Beziehung aufbaut? Ist man in der Lage, diese schnell, fundiert und kompakt darzustellen und kompetent zu erläutern? Erledigt man seine Aufgabe fristgemäß und bringt man einen deutlichen ‚Mehrwert' in das Verfahren ein? Sind die Vorschläge, die man macht, nachvollziehbar, durchdacht, realisierbar und angemessen? Kann man erklären, was man sich davon verspricht – und warum man annimmt, dass die erwünschte Wirkung auch eintritt?

Strafverfahren ist Kooperation. Kooperation setzt Kenntnis der Arbeitsteilung und der jeweiligen Aufgabenstellung, Respekt für die Fachlichkeit und Arbeit der Anderen sowie Verlässlichkeit im Umgang voraus. Gefordert sind Kommunikations-, Überzeugungs- und Kompromissfähigkeit sowie ausreichend Wissen, um Verfahrenshandlungen verstehen und ‚übersetzen' zu können. Auf der Systemebene spielen fallunabhängige Vernetzungen und Arbeitskreise eine wichtige Rolle (Dawid 2010).

Die Stadt Dormagen hat sich eine faire und fachliche Kommunikation mit anderen Institutionen wie Gericht, Staatsanwaltschaft und Bewährungshilfe zum Ziel gesetzt. Dazu hat sie einfache Kooperationsregeln aufgestellt (PPQ 20 Jugendgerichtshilfe):

- persönliche Teilnahme an der Gerichtsverhandlung,
- vorherige Übersendung der Stellungnahme,
- Vorschlag zu geeigneten Maßnahmen aus erzieherischer und sozialer Sicht.

- Bei Erteilung von Auflagen und Weisungen:
  - Arbeitsstunden innerhalb von zwei Wochen nach der Gerichtsverhandlung,
  - vorherige mündliche Abklärung mit dem Jugendlichen/Heranwachsenden,
  - Organisation des Informationsaustausch mit den Arbeitsstellen und
  - weitere Beratung und Unterstützung.

Dahinter stehen Grundregeln guter Kooperation, die darauf beruht, dass die andere Seite weiß, was sie erwarten kann, und sich dann auch darauf verlassen kann, dass das – zeitnah – tatsächlich geschieht. Auch hier gilt: Es sollte nichts versprochen werden, was nicht auch gehalten werden kann.

Tätigkeiten

Erstkontakt
Die Jugendhilfe soll frühzeitig Beratungs- und Hilfsangebote für straffällig gewordene Jugendliche und ihre Eltern machen. Gute Kooperationsbeziehungen mit Polizei und Staatsanwaltschaft ermöglichen und erleichtern, dass Ermittlungen dem Jugendamt überhaupt frühzeitig bekannt werden. Zudem sind die internen Strukturen in den Jugendämtern wichtig, um schnell handlungsfähig zu sein: telefonische Erreichbarkeit, kurzfristige Terminangebote oder, wo nötig, auch Hausbesuche, kurze Entscheidungswege bei Einleitung von Hilfemaßnahmen, um Einfluss auf Diversionsentscheidungen der Staatsanwaltschaft nehmen zu können, usw. (siehe dazu Bremische Bürgerschaft 2007).
Darüber hinaus enthält der Dormagener Qualitätskatalog (2001) auch klare Regeln, wie oft jemand zum Gespräch ‚eingeladen' wird, nämlich zweimal schriftlich, danach erfolgt bei Jugendlichen noch ein Hausbesuch.

Begleitung im Jugendstrafverfahren
Das Ziel der Mitwirkung der Jugendhilfe in Jugendstrafverfahren kann so umrissen werden:

> „Im Mittelpunkt des Tätigwerdens aus Anlaß eines Strafverfahrens steht der Auftrag – soweit erforderlich –, einen Hilfeprozeß einzuleiten. Es soll frühzeitig geprüft werden, ob für den Jugendlichen oder jungen Volljährigen Leistungen der Jugendhilfe in Betracht kommen. Die Fachkraft der Jugendhilfe hat bei der Mitwirkung in gerichtlichen Verfahren auf die vertrauensvolle Zusammenarbeit mit dem Betroffenen Wert zu legen. Die Tätigkeit nach § 52 KJHG erfolgt nach sozialpädagogischen Handlungsprinzipien, gleichwohl hat sie sich auf das Strafverfahren zu beziehen.
>
> Dabei ist immer auch die kriminologische Erkenntnis zu berücksichtigen, daß Jugendkriminalität häufig eine alterstypische Erscheinung ist, die besondere erzieherische Hilfen meist nicht erforderlich macht. Die Möglichkeit zur Vermeidung eines förmlichen justiziellen Verfahrens (Diversion) sind auszuschöpfen" (LJA Hessen 1999: 5).

Nach den Ausführungsvorschriften über die Mitwirkung der Jugendhilfe in Verfahren nach dem Jugendgerichtsgesetz (AV-JGH) des Landes Berlin hat die Jugendgerichtshilfe folgende konkrete Aufgaben:

- Aufklärung und Beratung über den Verlauf von Jugendstrafverfahren und die möglichen rechtlichen Konsequenzen
- Begleitung und sozialpädagogische Betreuung während des gesamten Verfahrens
- Ressourcenanalyse und Feststellung von erzieherischem Bedarf
- Prüfung, ob Hilfen zur Erziehung oder andere Hilfen und Leistungen nach dem SGB VIII bzw. andere Hilfen zur Erreichung des Erziehungsziels angezeigt sind
- Beratung über Leistungen nach dem SGB II/SGB XII
- Ggf. Prüfung einer Kindeswohlgefährdung (§ 8 a SGB VIII) und Einleitung der entsprechenden Maßnahmen
- Hilfeplanung
- Klärung, ob ein Absehen von der Verfolgung oder eine Einstellung des Verfahrens nach den §§ 45 oder 47 JGG in Betracht kommt (Diversion)
- regelmäßig Kontakt während der Haft, einschließlich Anregung von Haftverschonung und Mitwirkung bei der Haftentlassung und nachgehender Betreuung
- Vorbereitung auf die Hauptverhandlung
- Mitwirkung bei Wiedereingliederung der Jugendlichen und Heranwachsenden.

Überdies soll sich die Jugendgerichtshilfe an Präventionsmaßnahmen beteiligen.

Angebote der Jugendhilfe: Am Anfang sollte geprüft werden, ob den Jugendlichen und Heranwachsenden und ihren Familien (Personensorgeberechtigten) Leistungen der Jugendhilfe oder andere soziale Maßnahmen angeboten werden können. Durch solche frühen Interventionen kann ein Strafverfahren vermieden werden (§ 45 JGG). In Betracht kommen Angebote der Jugendsozialarbeit wie Ausbildungs- und Arbeitsmöglichkeiten (§ 13 SGB VIII) oder Hilfen zur Erziehung (§ 27 SGB VIII). Dies fällt in die Zuständigkeit des Allgemeinen Sozialen Dienstes.

Mitwirkung an der Diversion: Auf Seiten der betreuenden Fachkraft der Jugendgerichtshilfe sollte möglichst frühzeitig die Möglichkeit einer (strafvermeidenden) Schadenswiedergutmachung angesprochen und Jugendliche bei einem Ausgleich mit den Geschädigten unterstützt werden. Das ermöglicht gleichzeitig einen Zugang, Beschuldigte für die Folgen der Tat auf Seiten der Geschädigten zu sensibilisieren.

Eine Aufgabe der Jugendhilfe im Strafverfahren ist die Unterbreitung geeigneter Angebote und Vorschläge für die Durchführung von Weisungen und Auflagen. Dazu gehören pädagogisch betreute Arbeitsprojekte, Arbeitsstunden in gemeinnützigen Einrichtungen, Verkehrserziehungskurse, Erste-Hilfe-Kurse, Informationsveranstaltungen, Täter-Opfer-Ausgleich, Anti-Gewalt-Seminare u. ä. Ist eine Einstellung des Verfahrens mit erzieherischen Maßnahmen, Weisungen und Auflagen möglich (§§ 45, 47 JGG), dann ist es sehr wichtig, dass der erzieherische Bedarf abgeklärt und die Motivation des Jugendlichen, sich an Auflagen und Weisungen tatsächlich zu halten, ermittelt wird. Das gilt vor allem für längerfristige Maßnahmen, bei denen eine pädagogische Einschätzung des Durchhaltevermögens hilfreich ist. Genau genommen ist bereits zu diesem Zeitpunkt eine sozialpädagogische Diagnose erforderlich, die auch Grundlage des Berichtes an Gericht und Staatsanwaltschaft ist.

Entscheidend für eine Diversion des Strafverfahrens ist nicht selten, ob gute Kontakte zu anderen Institutionen gepflegt werden, um z.B. Arbeitsstellen akquirieren oder pädagogische Angebote kurzfristig initiieren zu können. Dabei kommt der Jugendhilfe im Strafverfahren auch die Aufgabe zu, sich von deren sozialpädagogischen Inhalten zu überzeugen (AV-JGH Nr. 19).

Mitwirkung am Verfahren: Ein weiterer wichtiger Aufgabenbereich ist die Unterstützung im Strafverfahren durch Bereitstellung von Informationen über den voraussichtlichen Verfahrensverlauf, einzelne Entscheidungen und den zu erwartenden Ausgang.

Wird im Verlauf des Verfahrens eine Inhaftierung vorgenommen, soll für Begleitung während der Haft gesorgt werden. Auch Entlassungen aus der Haft sind vorzubereiten, zu begleiten und Unterstützung nach der Haft anzubieten.

Eine Begleitung des Jugendlichen ist auch für die Hauptverhandlung vorgesehen. Allerdings trifft die Jugendhilfe hier auf verschiedene Rollenanforderungen: Sie soll nicht nur den Jugendlichen begleiten, sondern auch den eigenen Bericht (über den Jugendlichen) erläutern, sich auch sonst durch Wortmeldungen am Verfahren beteiligen sowie Vorschläge zu den zu ergreifenden Maßnahmen machen (§§ 52 SGB VIII), eines der vielen Doppel- und Triplemandate der Sozialen Arbeit.

Nach der Hauptverhandlung soll Gelegenheit zu einem nachbereitenden Gespräch gegeben werden. In diesem soll das Ergebnis der Hauptverhandlung und seine Bedeutung für den Jugendlichen besprochen werden (LJA-Hessen 1999: 12).

Schließlich kann die Jugendhilfe auch bei gerichtlichen Entscheidungen in die Erfüllung von Weisungen (§ 10 JGG), Auflagen (§ 15 JGG) und angeordneten Hilfen zur Erziehung (§ 12 JGG) einbezogen sein. Dies beginnt mit der Auswahl geeigneter Angebote, umfasst aber auch Überwachungs- und Mitteilungspflichten (soweit nicht die Bewährungshilfe eingeschaltet ist). Dabei soll die Jugendgerichtshilfe im Kontakt mit dem Jugendlichen darauf achten, dass die Maßnahme nicht überfordernd aber realisierbar ist. Andernfalls kann sie beim Gericht Änderungen anregen. Auch hier überwiegt die Begleitung und Betreuung gegenüber Überwachung und Kontrolle.

Eine besondere Herausforderung stellt dabei die Arbeit mit Jugendlichen dar, die gefährdet sind, in eine „kriminelle Karriere" abzugleiten.

Berichte
Der Umfang des Berichtes hängt vom Einzelfall ab: Bei geringfügigen Delikten kann er sich auf eine Stellungnahme und einen Entscheidungsvorschlag beschränken. Ansonsten sollten sich die Aussagen auf erzieherische und soziale Hilfestellungen konzentrieren und dazu die Lebenslage, die Erlebnisweise und die sozialen Beziehungen des Jugendlichen beschreiben. Dabei ist folgendes zu beachten:

"Bewertungen und Interpretationen zur Persönlichkeit und zur Lebenslage des Jugendlichen sind mit aller fachlich gebotenen Sorgfalt vorzunehmen und als solche auch zu kennzeichnen. Die ausschließliche Beschreibung von Defiziten unterbleibt. Vielmehr äußert sich die Jugendgerichtshilfe im Sinne des § 52 KJHG vornehmlich zu möglichen Hilfen oder Leistungen für den straffällig gewordenen jungen Menschen. Aufgabe der Jugendgerichtshilfe ist es nicht, Vorbelastungen dem Gericht mitzuteilen, sondern im Einzelfall den Staatsanwalt zu informieren, wenn noch ein anderes Strafverfahren anhängig ist (§ 70 S. 2 JGG). Bei Heranwachsenden nimmt die Jugendgerichtshilfe Stellung zur Frage der Anwendung des Jugendstrafrechts nach § 105 JGG. Die JGH schlägt grundsätzlich nur solche Maßnahmen vor, die dem Jugendhilfe- und Erziehungsverständnis des KJHG entsprechen. Die Jugendgerichtshilfe soll besondere Weisungen oder Hilfen zur Erziehung im Rahmen des Jugendstrafverfahrens nur vorschlagen, wenn sie vorher mit dem Jugendlichen oder jungen Volljährigen das jeweils vorzuschlagende Hilfeangebot auch vorbereitet hat. § 36 KJHG ist hier besonders zu beachten" (LJA Hessen 1999: 11).

Bei Berichten, Stellungnahmen und Gutachten gelten einige allgemeine Qualitätsstandards:

- Fakten (Beschreibungen) und Bewertungen sollten erkennbar getrennt sein
- Für alle Fakten muss nachvollziehbar sein, aus welcher Quellen sie stammen
- Mit Daten muss sensibel umgegangen werden (Datenschutz)
- Fokus ist die eigene Aufgabenstellung und die spezifische Fachlichkeit: Besonders Einschätzungen sollten sich auf den eigenen Kompetenz- und Zuständigkeitsbereich beschränken.

Für den umfassenden Bericht der Jugendgerichtshilfe sieht der Dormagener Qualitätskatalog (2001: 6) folgende Themen vor:

a) Familiäre Verhältnisse:
  – Personalien der Eltern und Geschwister (Name, Vorname, Alter, Beruf)
  – Haushaltsgemeinschaft
  – Besonderheiten des Entwicklungsverlaufes
  – Kontakte zur Familie
b) Optional je nach Fall, soweit für die Stellungnahme relevant:
  – Sozialverhalten in der Familie, Schule, Freizeit
  – emotionale Entwicklung
  – Beziehung zur Herkunftsfamilie
  – Stärken und Ressourcen
  – Defizite und Probleme
  – Bisherige therapeutische und pädagogische Maßnahmen
c) Schule:
  – Schulische Laufbahn
  – Beruflicher Werdegang
  – Berufliche Perspektive
  – Einkommen
d) Freizeit:
  – Vereinsgebundene Aktivitäten

- Soziale Kontakte in der Freizeit
- Interessen/Hobbys
e) Einstellung zur Tat:
- Keine Darstellung des Tatverlaufs
- Geständig ja/nein
- Vorgeschichte zur Tat und daran anschließende Ereignisse, soweit relevant
f) Zusammenfassende Stellungnahme:
Einschätzung der Tat aus erzieherischer und sozialer Sicht, unter Berücksichtigung der Persönlichkeit des Jugendlichen im Kontext seiner bisherigen Entwicklung und der Entwicklungsperspektiven.
Bestehen Anzeichen für eine Gefährdung des Jugendlichen?

Organisation

In den Empfehlungen des Landesjugendamt Hessen wurde eine möglichst lebensweltnahe Aufgabenwahrnehmung mit regionalisierten und bezirksorientierten Organisationsformen vorgeschlagen (1999: 6). Dadurch soll eine präventive, gemeinwesenbezogene Arbeit im Zusammenhang mit Jugenddelinquenz ermöglicht werden, Zuständigkeiten und Kooperationsregeln sollten zwischen den Diensten vor Ort festgelegt werden. Die für Jugendgerichtshilfe zuständigen Fachkräfte sollen in einem Team eingebunden sein.

Während die Deutsche Vereinigung für Jugendgerichte und Jugendgerichtshilfen (DVJJ) in ihren Standards eine Fallzahl von ca. 110 pro sozialpädagogischer Fachkraft in der Jugendgerichtshilfe empfiehlt, scheinen sich die Zahlen in der Praxis derzeit an vielen Orten dem Doppelten zu nähern.

Zu einer qualifizierten Beratungstätigkeit zählt das Landesjugendamt sowohl eine räumliche Ausstattung, die Schwellenängste reduziert und ungestörte vertrauliche Einzelgespräche ermöglicht, als auch die zeitliche Flexibilität, die bei Bedarf für Abendsprechstunden offen ist (LJA-Hessen 1999: 6).

Qualifikation

Hinsichtlich der Qualifikation war vorgesehen, dass die Jugendgerichtshilfe in der Regel von staatlich anerkannten Sozialarbeiterinnen durchgeführt wird. Diese sollten Erfahrungen auf anderen Gebieten der Jugendhilfe mitbringen und über Kenntnisse des Jugendstrafrechts sowie jugendkriminologisches und jugendsoziologisches Wissen verfügen (LJA-Hessen 1999: 6). Als persönliche Voraussetzungen werden „eine besondere Verantwortlichkeit und Zuverlässigkeit" gefordert.

Der Dormagener Qualitätskatalog (2001) empfiehlt weiterhin eine regelmäßige Fortbildung und den fachlich-kollegialen Austausch im Arbeitsfeld und darüber hinaus.

3.2.2 Ambulante Maßnahmen

Im Rahmen der Diversion gibt es eine Reihe von pädagogischen bzw. psychosozialen Maßnahmen, in die ebenfalls Fachkräfte der Sozialen Arbeit einbezogen sind. Die wichtigsten sind die Sozialen Trainingskurse, die vor allem im Jugendverfahren zum Tragen kommen, der Täter-Opfer-Ausgleich, der inzwischen eine fast eigenständige Bedeutung im gesamten Strafverfahren hat (BMJ 2011), und die ‚freie' (gemeinnützige) Arbeit, durch die u. a. eine Ersatzfreiheitsstrafe abgewendet werden kann.

3.2.2.1 Soziale Trainingskurse

Soziale Trainingskurse sind pädagogische Angebote der sozialen Gruppenarbeit. Die Gruppenarbeit kann gesprächs-, themen- oder handlungszentriert gestaltet sein. Üblich sind auch erlebnispädagogische und andere gruppendynamische Angebote. Die Landesarbeitsgemeinschaft für ambulante sozialpädagogische Angebote nach dem Jugendrecht in Niedersachsen hat eine Maßnahmebeschreibung und Qualitätsstandards für Soziale Trainingskurse entwickelt (www.dvjj.de/download.php?id=343). Bremen (2000) hat eine Richtlinie zur Durchführung dieser Kurse aus der Sicht des Finanzierungsträgers vorgelegt. Auf beides beziehe ich mich im Folgenden.

Auftrag

Soziale Trainingskurse kommen als Weisungen im Jugendstrafverfahren in Betracht (§ 10 Abs. 1 Nr. 6 JGG), können aber auch im Erwachsenenstrafrecht als Auflage oder Weisung verhängt werden, da § 153a StPO keine abschließende Aufzählung der möglichen Maßnahmen enthält (‚insbesondere'). Üblich ist auch, dass soziale Gruppenarbeit das Angebot der Bewährungshilfe ergänzt und in den JVAs eingesetzt wird.

Rolle und Rollenkonflikte

Auch in diesem Kontext ergeben sich fast notwendig Rollenkonflikte, da Soziale Arbeit mit den Trainingskursen in ein System sozialer Kontrolle und ‚Disziplinierung' eingebunden ist. Gleichzeitig ist das Ziel, das in der niedersächsischen Maßnahmenbeschreibung enthalten ist, zutiefst pädagogisch: Vermeidung freiheitsentziehender Rechtsfolgen, Auseinandersetzung mit delinquentem Verhalten, Förderung der persönlichen, schulischen und beruflichen Entwicklung, Verselbstständigung und Alltagsbewältigung, Anregungen zur Freizeitgestaltung.

Darin kann eine Gefahr liegen: Gerade weil Maßnahmen pädagogisch wünschenswert und hilfreich erscheinen, wird manchmal vernachlässigt, dass es sich um ein Strafverfahren – mit strengen Verfahrensgarantien (Schuldnachweis, Strafmündigkeit) – handelt.

Arbeitsweise

Gearbeitet wird in den Trainingskursen mit gruppenpädagogischen Verfahren und Übungen, ergänzt um Einzelbetreuung, die individuelle Problemlagen aufgreifen soll.

Klientenebene
Das ‚Angebot' sozialer Gruppenarbeit erfolgt unter dem (Ein-)Druck eines Strafverfahrens – als Alternative zur Strafe. Das setzt der Autonomie der Betroffenen deutliche Grenzen. Aus Sicht der Jugendhilfe bzw. der Sozialen Dienste der Justiz ist deshalb wichtig, Angebot und Bereitschaft im Gespräch mit den Betroffenen zu erörtern, bevor dem Gericht oder der Staatsanwaltschaft ein entsprechender Vorschlag unterbreitet wird.

Im Hinblick auf die Aufnahme in eine konkrete Maßnahme wird in den Qualitätsstandards angesprochen, dass der/die Betroffene der konkreten Einrichtung nicht ablehnend gegenüberstehen darf. Eventuell müssen andere Angebote in Betracht gezogen werden. Im Hinblick auf Geschlecht oder Ausdrucksfähigkeit kann es sinnvoll sein, eine homogene Gruppenstruktur anzustreben.

Als eine weitere Voraussetzung wird genannt, dass der/die Betroffene zumindest als bedingt gruppenfähig eingeschätzt wird. Erhebliche psychische Störungen sollen ein Ausschlussgrund sein. Diese lassen aber das gesamte Jugendstrafverfahren fragwürdig erscheinen (§§ 3, 105 JGG, 20 StGB). Für Betroffene mit Suchtmittelproblemen wird dagegen soziale Gruppenarbeit empfohlen.

Institutionelle Ebene
Auf der institutionellen Ebene der freien Träger, die die Trainingskurse in der Regel anbieten, und der öffentlichen Träger, die auf dieses Angebot zurückgreifen (Grundsatz der Subsidiarität) müssen entsprechende Konzepte erarbeitet, genehmigt, umgesetzt und evaluiert werden.

Justizielles System
Die Rückbindung an das justizielle System erfolgt oft über die Jugendgerichtshilfe oder die Bewährungshilfe, die die Einhaltung der Weisungen im Auftrag des Gerichts überwachen. Insofern ist interdisziplinäre Zusammenarbeit und institutionelle Vernetzung auch hier zentral.

Tätigkeiten

Kontaktaufnahme
Noch vor der Hauptverhandlung soll ein Gespräch mit dem Jugendlichen/Heranwachsenden gesucht werden, um die Bereitschaft zur Teilnahme an einem sozialen Trainingskurs in Erfahrung zu bringen. In das Gespräch können Personensorgeberechtigte einbezogen werden. Gibt es seitens der Jugendgerichtshilfe bereits Überlegung zur Teilnahme an einem bestimmten Trainingskurs, kann das Gespräch in der Einrichtung stattfinden, um zu sehen, ob die (Vor-)Auswahl akzeptiert wird. Die Aufnahme in die konkrete Maßnahme erfolgt dann zeitnah nach der Entscheidung im Strafverfahren.

Betreuung
Auch bei Sozialen Trainingskursen soll zunächst eine ‚anamnetische Erhebung zur Biographie' durchgeführt werden, die es erlaubt, Arbeitshypothesen zu bilden und einen Förder- und Hilfeplan zu erstellen. Letzteres soll im Einzelgespräch gemeinsam mit den Betroffenen erfolgen; dabei werden auch die Aufgaben und Ziele für die Gruppenphase konkretisiert.

Als mögliche Betreuungsinhalte nennen die Qualitätsstandards:

- Auseinandersetzung mit dem eigenen Verhalten und Versuch einer Veränderung von problematischen Haltungen und Verhalten
- Förderung der Persönlichkeitsentwicklung, der Gruppenfähigkeit und des Sozialverhaltens durch den Aufbau tragfähiger Beziehungen in der Gruppe, die Förderung der Reflexions- und Strukturierungsfähigkeit, die Unterstützung problem- und konfliktlösender Handlungsstrategien, Bestätigung und Wertschätzung
- Unterstützung der schulischen und beruflichen Entwicklung durch Erörterung von Erfahrungen und Perspektiven, Hilfe bei der Bewerbung, Begleitung zur Arbeitsvermittlung
- Verselbstständigung und Alltagsbewältigung durch Überlegungen zur Lebensplanung und Vermittlung lebenspraktischer Fertigkeiten, Hilfe bei Schuldenregulierung und beim Behördenkontakt
- Alternative Freizeitgestaltung durch bewussten Umgang mit Medien, Kontaktaufnahme zu Freizeiteinrichtungen und Vereinen, Besuch kultureller Veranstaltungen.

Als Mittel stehen Gruppenarbeit und Einzelbetreuung zur Verfügung. Zudem soll die Möglichkeit gegeben sein, auch nach Ende der Weisung noch freiwillig an den Angeboten der Einrichtung zu partizipieren oder an andere Einrichtungen vermittelt zu werden.

Der soziale Trainingskurs endet mit einem Abschlussgespräch, in dem gemeinsam mit dem/der Betroffenen ein Fazit der Maßnahme gezogen werden soll.

Berichte
Auch bei sozialen Trainingskursen freier Träger ist eine Dokumentation und Auswertung der Beratungsverläufe erforderlich. Sie ist Grundlage eines Sachberichts über die Durchführung der Kurse (Jahresbericht), der über die weitere Finanzierung einer Einrichtung entscheidet (Bremen 2000).

Organisation

Die Bremer Richtlinie sieht vor, dass ausschließlich Träger mit Erfahrungen in der Durchführung erzieherischer Jugendhilfe mit sozialen Trainingskursen beauftragt werden können. Diese müssen ein Kurskonzept, eine Planung der zu fördernden Plätze sowie eine Finanzierungsplanung vorlegen. Wird das Konzept genehmigt, können soziale Trainingskurse – für das folgende Kalenderjahr – durchgeführt werden. Über die Durchführung der Kurse ist ein Jahresbericht vorzulegen, dem auch Nachweise über die Teilnahme/Belegung der Kurse beizufügen sind.

Soziale Trainingskurse in Bremen bestehen aus durchschnittlich acht Teilnehmenden und dauern in der Regel sechs Monate. In den Kurs werden alle aufgenommen, die durch jugendrichterliche Entscheidung der Maßnahme zugewiesen wurden. Es besteht zusätzlich die Möglichkeit, auch Gleichaltrige aus dem sozialen Umfeld einzubeziehen. Längere Wartezeiten sollen vermieden werden.

Qualifikation

In einer Stellenausschreibung werden die Anforderungen so zusammengefasst:

- Abschluss im Bereich Sozialwesen (B. A./Diplom)
- Berufliche Erfahrungen in der Arbeit mit sozial benachteiligten und/oder verhaltensauffälligen sowie straffällig gewordenen Kindern, Jugendlichen und Heranwachsenden
- Kenntnisse im Bereich der ambulanten Hilfen zur Erziehung (gesetzliche Grundlagen, Hilfe- und Betreuungsplanung, Kenntnisse über soziales Kompetenztraining u. ä.)
- Sicherer Umgang mit Behörden und Institutionen, insbesondere Jugendamt und Jugendgericht
- Physische und psychische Belastbarkeit, flexible Einsatzbereitschaft, vor allem am Abend
- Eigeninitiative und selbständige Arbeitsweise
- Fahrerlaubnis Klasse B und Fahrpraxis (Abholung der Teilnehmer)

Die Aufgaben im Beruf werden so umschrieben:

- Erzieherische Betreuung von Jugendlichen und Heranwachsenden in Einzel- und Gruppenarbeit
- Elternarbeit
- Dokumentation von Betreuungsverläufen sowie Erstellung von Abschlussberichten
- Planung und Durchführung von Intensivwochenenden
- Zusammenarbeit mit anderen Institutionen (Jugendamt, Schulen, anderen freien Trägern)
- Mitarbeit bei der Planung und Bewirtschaftung des Budgets
- Teilnahme an regelmäßiger Gruppensupervision
- Beteiligung an der Fortschreibung der Konzepte

3.2.2.2 Täter-Opfer-Ausgleich (TOA)

Der Täter-Opfer-Ausgleich (TOA) ist ein Angebot zur Aufarbeitung der Folgen einer Straftat mithilfe einer neutralen Vermittlungsperson (Mediator). Das Angebot richtet sich an Beschuldigte und Geschädigte und legt die Bereinigung eines Konflikts oder die Regulierung eines Schadens in deren Hände (statt in die der Justiz). Das Angebot kann abgelehnt werden (vgl. § 155 a StPO). Insofern ist der Täter-Opfer-Ausgleich ‚ergebnisoffen'.

Auftrag

Eine ganze Reihe von Vorschriften sieht die Möglichkeit einer Wiedergutmachung des Schadens und eines Täter-Opfer-Ausgleichs vor (vgl. §§ 10, 45 JGG, 46 a StGB, 153 a, 155 StPO) – allerdings nicht notwendig unter Einschaltung einer Täter-Opfer-Ausgleichsstelle.

Ein Täter-Opfer-Ausgleich kann durch die Polizei, die Staatsanwaltschaft, das Gericht, die Gerichts- oder Bewährungshilfe sowie durch Beschuldigte oder Geschädigte angeregt werden. Er darf niemals gegen den Willen der Geschädigten durchgeführt werden (§ 155 a StPO).

Rolle und Rollenkonflikte

Der Täter-Opfer-Ausgleich beruht entscheidend darauf, dass die Person, die ‚vermittelt', von beiden/allen Beteiligten als glaubhaft und Vertrauen erweckend wahrgenommen wird. Deshalb werden strenge Anforderungen an das Rollenverständnis formuliert (TOA-Standard: 4.3). Als Grundprinzip gilt das der ‚Allparteilichkeit', also ein Gebot der Neutralität und Fairness, indem man sich beiden Parteien zuwendet (statt keiner, oder nur einer). Auch die Rollenklarheit, dass Vermittlung Beratung/Betreuung ausschließt, und die Transparenz des Handelns sind wichtig. Schließlich trägt die vermittelnde Person die Verantwortung für den Prozess: den Schutz der Beteiligten, die Vertraulichkeit der Gespräche sowie die Selbst- und Fremdsorge. All dies basierend auf einem reflektierten Vorgehen.

Ganz grundlegend ist, dass der vermittelnden Person ihr Auftrag und ihre fachliche Kompetenz bewusst ist: Die Soziale Fachkraft soll für die erfolgreiche Konfliktregelung Sorge tragen, die Justiz würdigt das Ergebnis strafrechtlich. Im Konfliktfall sollten beide auf der Grundlage ihrer eigenen Fachlichkeit argumentieren.

Die Einbindung in das justizielle System bedeutet, dass Entscheidungen nicht von Sozialen Fachkräften (nach deren fachlichen Kriterien), sondern von Anderen, nach deren juristischer Logik, getroffen werden (wenn auch auf mehr oder weniger guter psychosozialer Grundlage!). Darüber hinaus müssen sie sich mit einem stark reglementierten, hierarchischen System und wechselnden Ansprechpersonen arrangieren.

Deshalb messen die TOA-Standards persönlichen Kompetenzen der Sozialen Fachkräfte einen hohen Stellenwert bei: Sie sollten zuverlässig sein, klar und seriös auftreten, das heißt ihre Möglichkeiten realistisch darstellen und auch Probleme oder Misserfolge ansprechen können, ihre eigene Praxis kontinuierlich reflektieren und sich mit den Sichtweisen und Haltungen der anderen Berufsgruppen – wertschätzend – auseinandersetzen.

Arbeitsweise

Klientenkontakte
Vermittler sind für die Struktur der Ausgleichsgespräche verantwortlich. Das heißt, sie haben für einen sicheren Rahmen zu sorgen, (in jeder Phase) Entscheidungsfreiheit zu garantieren, die Eigenverantwortlichkeit bei der Lösung zu betonen und zu unterstützen, (Macht-) Unterschiede auszugleichen und, wo nötig, Schutz zu gewähren.

Bei Mediationsprozessen hat sich der folgende Ablauf bewährt: Klärung der Voraussetzungen, Darstellung subjektiver Sichtweisen, Tatauseinandersetzung und emotionale Aufarbeitung des Geschehens, Diskussion von Lösungsmöglichkeiten, Fixierung der Ergebnisse (Vereinbarung).

Am Ende des Ausgleichsprozesses steht eine Vereinbarung über die erzielten Ergebnisse. Diese sollte konkret und eindeutig formuliert sein. Dabei kann auf vorformulierte Texte oder anwaltlichen Rat zurückgegriffen werden, damit die Umsetzbarkeit der Vereinbarung gewährleistet ist. Strittige und unstrittige Inhalte sollten kenntlich gemacht werden. Vor der Unterschrift sollte Gelegenheit zum ‚Drüber Schlafen' sein.

Institutionelle Ebene
Der Täter-Opfer-Ausgleich wird in der Regel durch freie Träger angeboten und setzt, wenn nicht eine spezifische Einrichtung, so doch eine spezifische Konzeption voraus. Solche Konzeptionen können sich in ihren Rechts- und Organisationsformen, ihrer Finanzierungsart, ihren methodischen Ansätzen oder auch ihren kriminalpolitischen Zielsetzungen unterscheiden. All dies wird in der Konzeption des Angebots niedergelegt, die oft auch die Grundlage für die Beantragung von Mitteln und Ressourcen darstellt. Die Konzeption ist dann auch der Rahmen für die Personalauswahl und Qualifizierung, aber auch für Marketingaktivitäten und die Öffentlichkeitsarbeit.

In der Konzeption ist das Angebot hinsichtlich Ziel und Zielgruppe, Falleignungs- bzw. Fallausschlusskriterien, Ablauf, Dokumentation und Berichtswesen, Anforderungen an die eingesetzten Fachkräfte, Organisationsstrukturen, Kooperationen und Vernetzung definiert (vgl. TOA-Standard: 1). Aus der Konzeption leiten sich überdies organisatorische Anforderungen ab: Arbeitsbedingungen, notwendige Infrastruktur, Erreichbarkeit (TOA-Standard: 2).

Justizielles System
Interessant ist, dass die TOA-Stellen die Kommunikation und Kooperation zwischen Sozialen Fachkräften und der Justiz detailliert beschrieben haben. Sie sind beispielhaft für viele Bereiche der ‚justiznahen' Sozialen Arbeit. Zunächst wird geraten, dass sich eine Fachkraft Klarheit über die Ausgangslage vor Ort z. B. hinsichtlich Sanktions- und Einstellungspraxis sowie die ‚Geschichte' der Kooperation: Justiz/Soziale Arbeit verschafft. Gleich die zweite Anregung gilt dem Umgang mit eigenen und fremden ‚Fehlern'. Fehlerfreundlichkeit (Schmauch 2011), also die Möglichkeit, Fehler zu machen, aber auch darüber zu sprechen, ist eigentlich ein Gütekriterium Sozialer Arbeit. Genauso wichtig sind die weiteren angesprochenen Themen: Überforderungssituationen, Wertschätzung im Umgang mit anderen Berufsgruppen, Zuverlässigkeit z. B. hinsichtlich der Einhaltung von Terminen und Fristen, Seriosität im Hinblick auf die Darstellung der eigenen Fähigkeiten und Möglichkeiten sowie Kontinuität und Nachhaltigkeit der Arbeitsbeziehungen.

Immer wieder scheint dabei durch, dass man es bei der Sozialen Arbeit und der Justiz mit zwei ‚Kulturen' zu tun hat: Hierarchische, an Gesetze gebundene, tendenziell überlastete und stark ergebnis- und erledigungsorientierte Strukturen auf der Seite der Justiz versus eine an pädagogischen Kriterien orientierte, auf einzelne Menschen, ihr Schicksal und ihre ‚Lebenswelt' konzentrierte Soziale Arbeit auf der anderen Seite. Wobei die justizielle ‚Kultur' im Strafverfahren die prägende ist und die Soziale Arbeit darin oft fremdbestimmt agiert.

Tätigkeiten

Kontaktaufnahme und Vorgespräche
Im Vorfeld der Gespräche mit den Beteiligten wird in der Regel mit dem Sachbearbeiter der Staatsanwaltschaft die Falleignung geklärt. Dazu muss die Ermittlungsakte gelesen und eine eigene TOA-Akte angelegt werden.
Danach folgt das Erstgespräch mit dem Beschuldigten:

Gesprächsphasen	Aufgaben der vermittelnden Person
Kontaktaufnahme	
Vorstellen, warm-up, allgemeine Information	Kontakt herstellen
Information	
Zum TOA, Vorgehensweise, Freiwilligkeit, Rolle der vermittelnden Person, rechtliche Fragen, Verweis auf Rechtsberatung	Verständliche Erläuterung
Situationsklärung	
Sichtweise des Vorfalls, Folgen, Beziehungen zu anderen Konfliktbeteiligten, bisherige Regelungsversuche	Verstehen und nachvollziehen
Entscheidungsfindung	
Interessen und Ziele klären, Erwartungen und Befürchtungen ansprechen, Entscheidung über Ausgleichsversuch	Kriterien, Alternativen, Überlegung
Abschluss	
Zusammenfassung und weitere Schritte klären	Absprache und Verabschiedung

Auch mit den Geschädigten findet ein Vorgespräch statt, zu dem schriftlich eingeladen wird. In diesem wird über den Verfahrensstand, die Rolle der Verletzten im Strafverfahren, Ablauf und Ziel des TOA und die Rolle des Mediators sowie weitergehende zivilrechtliche Ansprüche informiert. Darüber hinaus wird angesprochen, in welcher Situation sich Geschädigte als Folge der Tat befinden und welche Erwartungen sie an einen TOA haben. Erst danach ist zu entscheiden, ob der Versuch eines Tatausgleichs unternommen werden soll: Erst wenn beide unabhängig von einander zustimmen, findet ein gemeinsames Ausgleichsgespräch statt.

Ausgleichsgespräche
Im Ausgleichsgespräch, an dem Beschuldigte und Geschädigte teilnehmen, werden die jeweiligen Sichtweisen des Vorfalls und die emotionale Betroffenheit auf Seiten der Geschädigten dargestellt. Schritt für Schritt werden Lösungsmöglichkeiten und Ansprüche angesprochen, geklärt, bewertet, konkretisiert und

schließlich als Möglichkeit eingegrenzt. Am Ende steht eine Vereinbarung über Art und Umsetzung einer ‚Wiedergutmachung' und Absprachen zur Kontrolle ihrer Einhaltung. Ergänzend können Ansprüche an einen ‚Opferfonds' gerichtet oder finanzielle Leistungen durch die Vermittlung gemeinnütziger Arbeit realisiert werden.

Berichte
Abschließend ist die Auftraggeberin, meist die Staatsanwaltschaft, über Verlauf und Ergebnis des Täter-Opfer-Ausgleichs, in der Regel schriftlich, zu informieren.

Organisation

Der TOA setzt eine gewisse Spezialisierung der Mitarbeiter und Mitarbeiterinnen voraus: Sie sollten schwerpunktmäßig und dauerhaft in dem Bereich tätig sein. Darüber hinaus ist die Vermittlungstätigkeit, als nicht-parteiliche Tätigkeit, von der parteilichen (weil klientbezogenen) Sozialen Arbeit zu trennen. Räumlich sollten allen Fachkräften eigene Büros zur Verfügung stehen, um ungestört Gespräche führen zu können. Das Angebot sollte überdies bekannt und gut erreichbar sein (TOA-Standard: 2).

Ganz wichtig und organisatorisch sicherzustellen ist, dass innerhalb der Einrichtung regelmäßige Teambesprechungen stattfinden und die Stellen auch darüber hinaus gut vernetzt sind (TOA-Standard: 3.3). Die regelmäßige Reflexion der Fallarbeit, Supervision bei schwierigen Fallkonstellationen sowie Hospitationen in anderen Einrichtungen sollten ebenfalls vorgesehen sein (TOA-Standard: 4.2).

Qualifikation

In den Qualitätsstandards für den TOA sind die Qualifikations- und Qualifizierungsanforderungen beschrieben (TOA-Standard: 2.3): Grundlegend ist eine Ausbildung als Sozialarbeiterin, die Fachkräfte in die Lage versetzt, über zentrale straf- und zivilrechtliche Fragen zu informieren (ohne die Grenzen zur Rechtsberatung zu überschreiten). Methodisch wird die Beherrschung verschiedener Formen der Gesprächs- und Klärungshilfe vorausgesetzt. Persönlich kommt es auf die Fähigkeit an, mit Konflikten Dritter umzugehen und die eigene Konfliktfähigkeit zu reflektieren, sowie auf die Bereitschaft, sich zu vernetzen und sich kontinuierlich fachlich weiterzuentwickeln.

3.2.2.3 Gemeinnützige Arbeit

Gemeinnützige Arbeit, auch ‚freie Arbeit' genannt, ist eine unentgeltliche, nicht Erwerbszwecken dienende Tätigkeit, bei einem freien und steuerlich als gemeinnützig anerkannten Träger. Ein Arbeitsverhältnis wird dabei nicht begründet, allenfalls Auslagen im Zusammenhang mit der Arbeitsleistung dürfen durch geringfügige finanzielle Zuschüsse erstattet werden.

Auftrag

Gemeinnützige Arbeit kann im Kontext einer Verfahrenseinstellung oder einer Strafaussetzung zur Bewährung auferlegt werden.

Darüber hinaus gibt es die Möglichkeit, eine Geldstrafe auf Antrag durch freie Arbeit zu tilgen (Art. 293 EGStGB) und dadurch eine drohende Ersatzfreiheitsstrafe (§ 43 StGB) zu vermeiden. Auf diese Möglichkeit sind Verurteilte durch die Staatsanwaltschaft (Strafvollstreckungsbehörde) hinzuweisen. Die Verurteilten können selbst eine Beschäftigungsstelle vorschlagen. Da dies schwer, wenn nicht unmöglich ist, sieht die nordrhein-westfälische „Verordnung über die Tilgung uneinbringlicher Geldstrafen durch freie Arbeit" vor, dass die Strafvollstreckungsbehörde (Staatsanwaltschaft) der verurteilten Person behilflich ist. Und da auch das unrealistisch erscheint, soll sie sich in allen geeigneten und Erfolg versprechenden Fällen bei der Vermittlung eines Beschäftigungsverhältnisses der Unterstützung des ambulanten Sozialen Dienstes der Justiz oder eines freien Trägers bedienen.

Rolle und Rollenkonflikte

Die Soziale Arbeit ist auf vielfältige Weise in die Leistungsgewährung eingebunden: Sie muss Kontakte zu Beschäftigungsstellen herstellen und pflegen, die Betroffenen motivieren, Hilfe planen und intervenieren, wenn etwas schief zu gehen droht (DBH 2004: 64 ff).

Arbeitsweise

Die Qualitätsstandards zur Ableistung gemeinnütziger Arbeit (DBH 2004) fassen die Tätigkeit von Fachvermittlungsstellen in fünf Leistungsgruppen zusammen: Verwaltung und Organisation, Tilgungsberatung, Soziale Hilfen, Vermittlung in Arbeit, Anleitung interner Teams.

Klientenebene
Auf der Ebene der Klienten ist die Abklärung im Erstgespräch, die Hilfeplanung, weitere Beratungsgespräche, Hausbesuche und diverse Antragstellungen, z.B. zur Vermittlung Sozialer Hilfen (z.B. bei Schulden- oder Suchtproblematiken), ebenso vorgesehen sowie die Anwerbung, Pflege und Vermittlung von Einsatzstellen bis hin zur Kontrolle der Arbeitsleistung und Intervention bei Konflikten.

Institutionelle Ebene
Auf institutioneller Ebene werden Verwaltungsaufgaben von der Datenerfassung und Aktenführung über die Abfassung von Berichten bis hin zur Außendarstellung erwartet. Ein besonderes Gewicht nimmt auch die Anleitung interner Arbeitsgruppen ein, die sich mit der Akquise von Aufträgen, der Entwicklung neuer Projekte, der Kontaktpflege, der Rekrutierung und Anleitung von neuen Mitarbeitern, der Fallbesprechung im Team sowie dem Controlling befassen.

Justizielles System
Die Kooperation der Fachvermittlungsstellen mit Staatsanwaltschaften und Gerichten ist in den Standards festgelegt (DBH 2004: 35 ff): die Justiz gilt – neben

Einsatzstellen und Klient – als ‚primärer Kooperationspartner'. Die Standards sehen vor, dass Unterlagen ausgewertet, (gewünschte) fachliche Einschätzungen vorgenommen, Anfragen beantwortet, Informationen ausgetauscht, Daten (elektronisch) gepflegt, Dokumentationen umfassend vorgenommen und Absprachen mit den zuständigen Stellen getroffen und eingehalten werden.

Tätigkeiten

Kontaktaufnahme
In einer schematischen Darstellung sieht ein typischer Vermittlungsverlauf so aus:

Information über Fachvermittlung (FGA)		
Kontaktaufnahme	keine Kontaktaufnahme	
Erstgespräch – Clearing – Information – Alternativen	keine Gesprächsaufnahme	Mitteilung an zuweisende Stelle
Vermittlung – Kontaktaufnahme – Zusage	Alternativen	
Arbeitsbeginn (Kontrolle)	Intervention	
gemeinnützige Arbeit (Kontrolle)	Intervention bei Problemen	
Erfüllung		

Vereinfachte Darstellung nach DBH 2004: 13

Beratung und Begleitung
Die Beratung und Begleitung durch die Fachvermittlungsstellen nehmen vielfältige Formen an. In Beratungsgesprächen wird über Tilgungsmöglichkeiten gesprochen, womöglich Ratenzahlung beantragt oder auf eine Änderung der Zahlungsvereinbarungen hingewirkt. Oft ist dazu eine Auseinandersetzung mit

der Straftat und eine Abklärung der finanziellen, beruflichen, sozialen, manchmal auch gesundheitlichen, Verhältnisse erforderlich. Darüber hinaus müssen die Motivation für diesen Lösungsweg abgeklärt und (verbindliche) Absprachen getroffen werden. Ergibt sich aus den Gesprächen ein zusätzlicher Beratungsbedarf, erfolgt eine qualifizierte Weitervermittlung oder die Betreuung durch spezielles Personal. Eine Weitervermittlung kommt insbesondere in Betracht, wenn nicht nur eine Geldstrafe, sondern erhebliche weitere Schulden zu tilgen sind oder wenn z. B. eine Suchtproblematik erkennbar wird.

Der Kernbereich der Begleitung besteht allerdings in der Vermittlung von Arbeit, durch die Suche einer geeigneten und verfügbaren Einsatzstelle. Dies setzt auf Seiten des Klienten die Einschätzung von beruflichen Fähigkeiten (und Grenzen), der persönlichen Motivation sowie der Fähigkeit zur Einhaltung von Absprachen und Terminen voraus. Danach wird das Erklären von Arbeitskontexten und -prozessen, die Begleitung bei der Arbeit, auch die Kontrolle der Arbeitsleistung, ein persönliches Feed-back oder auch die Vermittlung bei Konflikten in der Einsatzstelle erforderlich.

Berichte
Die Dokumentation von Beratung, Vermittlung und Begleitung wird grundsätzlich erwartet, „um die geleistete Arbeit nachvollziehbar zu gestalten und gegenüber dem Auftraggeber zu dokumentieren" (DBH 2004: 15). Darüber hinaus wird die Dokumentation aber auch deshalb für erforderlich gehalten, um die Alltagsarbeit bewältigen zu können, jederzeit die soziale Situation einzelner Klienten zu erfassen, fallbezogene Leistungen anbieten und Nachfragen beantworten zu können. Schließlich dient die Dokumentation als Nachweis der Leistungserbringung sowie als Grundlage für die Ermittlung eines (veränderten) Bedarfs.

Üblich sind auch Sachstandsberichte über die Ableistung der gemeinnützigen Arbeit sowie über die persönlichen Hintergründe des Klienten, ebenso wie Informationen über die Nichteinhaltung von Absprachen und Terminen sowie ein Abschlussbericht an die justiziellen Auftraggeber.

Organisation

Die Organisation der gemeinnützigen Arbeit ist oft in einer sog. ‚Leistungsvereinbarung' geregelt.

Nachfolgend das Muster einer Leistungsvereinbarung aus dem Zebra-Projekt des Landes Sachsen-Anhalt:

> § 1 Rechtliche Grundlagen
> Eine rechtliche Grundlage für die Leistungsvereinbarung bildet die Verordnung des Ministeriums der Justiz LSA über die Abwendung der Vollstreckung von Ersatzfreiheitsstrafe durch freie Arbeit von zu Geldstrafen Verurteilten vom 21. September 1993 (GVBL. LSA Nr. 42/1993). Weiterhin sind gerichtliche oder staatsanwaltliche Arbeitsauflagen im Rahmen von Beschlüssen zur Einstellung von Straf- bzw. Ermittlungsverfahren sowie gerichtliche Auflagen/Weisungen im Rahmen von gerichtlichen Beschlüssen zur Aussetzung der Vollstreckung einer Freiheitsstrafe zur

Bewährung, die Beschuldigten, Angeschuldigten, Angeklagten oder Verurteilten gemacht werden, Gegenstand der Vereinbarung.

§ 2 Partner der Vereinbarung
Partner der Vereinbarung sind der Soziale Dienst der Justiz ... und
die Zentrale Beratungsstelle ... als Fachvermittlungsstelle.
der ... (Verein/Verband) als Teil der Zentralen Beratungsstelle ... (Fachvermittlungsstelle).

§ 3 Rechte und Pflichten der Partner der Vereinbarung
Der Soziale Dienst der Justiz überantwortet auf der Grundlage dieser Vereinbarung den in § 1 genannten Personenkreis an die Fachvermittlungsstelle.

Die Fachvermittlungsstelle vermittelt eigenständig auf der Grundlage dieser Vereinbarung den in § 1 genannten Personenkreis in gemeinnützige Arbeit. Die Partner der Vereinbarung verpflichten sich, zur Einhaltung der Leistungsvereinbarung vertrauensvoll zusammenzuarbeiten.

Der Soziale Dienst der Justiz unterstützt den in § 1 genannten Personenkreis in organisatorischen Angelegenheiten, die im Zusammenhang mit der Vermittlung in gemeinnützige Arbeit auftreten und hilft bei der Klärung von Fragen und Problemen im Umgang mit Vollstreckungsbehörden und Gerichten.

Die Fachvermittlungsstelle vermittelt den in § 1 genannten Personenkreis in eine geeignete Beschäftigungsstelle und informiert diese Stelle über rechtliche Rahmenbedingungen und fallbezogene Angelegenheiten.

§ 4 Durchführung der gemeinnützigen Arbeit
Für die sozialpädagogische Betreuung während der gemeinnützigen Arbeit sind sowohl die Fachvermittlungsstelle als auch der Soziale Dienst der Justiz zuständig.

Der Soziale Dienst der Justiz überantwortet den in § 1 genannten Personenkreis an die Fachvermittlungsstelle. Diese vermittelt ihn sodann an die Beschäftigungsstelle.

Der Soziale Dienst der Justiz und die Fachvermittlungsstelle beachten die Besonderheiten der Einsatzstelle, insbesondere bei den in § 1 genannten Personen, die aufgrund spezifischer Delikte Vermittlungseinschränkungen unterliegen.

Die Fachvermittlungsstelle gewinnt geeignete Beschäftigungsstellen und unterhält regelmäßigen Kontakt zu ihnen. Die Beschäftigungsstellen erhalten von ihr alle für die formale Abwicklung erforderlichen Unterlagen. Ihnen wird u. a. die zeitliche Dauer der gemeinnützigen Arbeit mitgeteilt.

Die Fachvermittlungsstelle hat darauf hinzuwirken, dass die Beschäftigungsstelle
a) über die Fachvermittlungsstelle dem Sozialen Dienst der Justiz die Arbeitsaufnahme innerhalb von 5 Arbeitstagen mitteilt,
b) regelmäßig und kontinuierlich einen Stundennachweis führt,
c) bei wiederholtem und unentschuldigtem Fehlen, Arbeitsverweigerung, attestierter Arbeitsunfähigkeit und im Konfliktfall mit einer der in § 1 genannten Person über die Fachvermittlungsstelle den Sozialen Dienst der Justiz benachrichtigt,

d) nach Abschluss oder Abbruch der gemeinnützigen Arbeit innerhalb von 5 Arbeitstagen den Originalstundenzettel an die Fachvermittlungsstelle zur Weiterleitung an den Sozialen Dienst der Justiz übergibt, der Stundennachweis ist zu datieren sowie mit Stempel und Unterschrift der Beschäftigungsstelle zu versehen.

§ 5 Standards bei der Durchführung von gemeinnütziger Arbeit
Die Fachvermittlungsstelle stellt sicher, dass die Beschäftigungsstelle
a) einen verantwortlichen Ansprechpartner benennt, der zu den üblichen Bürozeiten erreichbar ist,
b) in der Regel an 5 Tagen der Woche gemeinnützige Arbeit anbietet,
c) die Einweisung der in § 1 genannten Personen in die Arbeit, die Arbeitsschutzbelehrung, den Datenschutz, die Kontinuität des Arbeitsangebotes und Arbeitsangebote im Rahmen der vorhandenen institutionellen Möglichkeiten gewährleistet.

§ 6 Versicherungs- und Arbeitsschutz
Die Fachvermittlungsstelle hat darauf hinzuwirken, dass die Beschäftigungsstelle die in § 1 genannten Personen während der gemeinnützigen Arbeit bei der Unfallkasse Sachsen-Anhalt unfallversichert.

§ 7 Dauer der Vereinbarung
Die Vereinbarung wird auf unbestimmte Zeit geschlossen. Die Partner der Vereinbarung sind berechtigt, die Vereinbarung bis zum 30. November eines Jahres zum Ablauf des Kalenderjahres zu kündigen.

Ort: _____ Datum: _____

(Sozialer Dienst der Justiz)   (Fachvermittlungsstelle)

Qualifikation

Die Qualitätsstandards sehen vor, dass für 300 Fälle eine Soziale Fachkraft in Vollzeit (mit abgeschlossenem Büroraum) verfügbar ist. Dieser Fachkraft soll im Jahr – idealerweise – eine Woche zur persönlichen Fortbildung zur Verfügung stehen.

3.2.3 Ambulante Soziale Dienste der Justiz

3.2.3.1 Gerichtshilfe

In den Qualitätsstandards der Sozialen Dienste der Justiz in Nordrhein-Westfalen wird die Gerichtshilfe als

> *„[...] aufsuchende Sozialarbeit, [durch die] das persönliche Umfeld und die sozialen Bezüge der Betroffenen wahrgenommen und für das Persönlichkeitsbild erfasst [werden]"* (o.J.: 27).

Die Gerichtshilfe ist im Ermittlungs-, Straf-, Vollstreckungs- und Gnadenverfahren tätig. Eine weitere Aufgabe besteht darin, die Geschädigtenperspektive in das Verfahren einzubringen und, wenn gewünscht, eine Konfliktschlichtung (Täter-Opfer-Ausgleich/Mediation) anzubieten und durchzuführen.

Auftrag

Die Gerichtshilfe kann von der Staatsanwaltschaft den Auftrag erhalten, alle Umstände zu ermitteln, die für die Bestimmung der Rechtsfolgen der Tat (§ 160 Abs. 3 StPO), also die konkrete Strafbemessung, eine mögliche Strafaussetzung zur Bewährung, Nebenstrafen und Nebenfolgen sowie das Absehen von Strafe von Bedeutung sein können (Nr. 15 Abs. 1 RiStBV). Für die Strafzumessung sind folgende Umstände maßgeblich: persönliche und wirtschaftliche Verhältnisse, Tatumstände wie Beweggründe, Ziele ‚Gesinnung', Wille des Täters, Maß der Pflichtwidrigkeit, ‚Vorleben', das Verhalten nach der Tat, insbesondere das Bemühen um Ausgleich sowie die Wirkung der Strafe für das zukünftige Leben (§ 46 StGB), die Persönlichkeit des Beschuldigten sowie die Warnungswirkung der Strafe für das weitere Leben (§ 56 StGB). Überdies kann die Gerichtshilfe auch in weitere Entscheidungsprozesse auf Verurteiltenseite einbezogen werden (§§ 453, 461, 463 d StPO, § 11 Abs. 3 GnO Nordrhein-Westfalen).

Darüber hinaus soll durch die Gerichtshilfe der den Verletzten entstandene Schaden aufgeklärt werden (Nr. 15 Abs. 2 RiStBV). Im Bereich der „Häuslichen Gewalt" wird sie als sozialdiagnostischer Justizdienst tätig (§ 160 StPO und Gewaltschutzgesetz): Sie erhebt Feststellungen zur Schwere der Verletzungen, der mutmaßlichen Dauer der Heilung sowie etwaiger Dauerfolgen (Nr. 15 Abs. 4 RiStBV).

Rolle und Rollenkonflikte

Dadurch, dass die Gerichtshilfe von den Staatsanwaltschaften, Gerichten und Gnadenbehörden beauftragt wird und diesen auch Bericht zu erstatten hat, ist ihrer Arbeit ein Loyalitätskonflikt zu den Anliegen der Beschuldigten immanent. Dieser erscheint auch weitergehend als der der Bewährungshilfe, die nachgehend zur Kontrolle von Bewährungsauflagen eingesetzt wird: Die Gerichtshilfe entscheidet durch ihren Bericht mit über die Strafe, die verhängt wird. Als sei das alles nicht schwierig genug, soll die Gerichtshilfe auch noch auf Seiten der Geschädigten tätig werden – und zwar nicht ‚parteilich', sondern um Gesichtspunkte der Strafzumessung (Folgen der Tat) einzubringen. Gemessen an der Schwierigkeit dieser Aufgabenstellung findet sich wenig (bis keine) professionelle Befassung mit den inneren Zielkonflikten in der Literatur.

Arbeitsweise

Die Gerichtshilfe sichtet zunächst die übersandten Akten und Unterlagen. Danach ist es ihre Aufgabe, einen Handlungsplan zu erarbeiten und auszuführen. Der Handlungsplan beschreibt die Einholung von Informationen, die Kontaktaufnahme, die Einschaltung weiterer Personen/Institutionen sowie etwa erforderliche Rücksprachen mit den Auftraggebern. Er soll, wie es in den Qualitätsstandards der Länder heißt, ‚dynamisch' sein und rechtliche, sozialarbeiterische sowie administrative Bereiche abdecken.

Die einzelnen Handlungsschritte werden mit einer Verfahrenssoftware dokumentiert.

Klientenebene
Die Gerichtshilfe nimmt Kontakt zu beschuldigten, angeklagten oder verurteilten Erwachsenen auf, um deren persönlichen Verhältnisse und ihre soziale Lage zu ermitteln. Durch die Gerichtshilfe findet keine Befragung zum Tatgeschehen statt. Freiwillige Angaben sind zu dokumentieren.

Darüber hinaus kann die Gerichtshilfe die Möglichkeit einer Schadenwiedergutmachung durch einen Mediationsprozess eruieren und umsetzen.

Institutionelle Ebene
Die institutionellen Prozesse beginnen mit dem Auftragseingang, der Prüfung der Zuständigkeit, der Anlage des Vorgangs, dem folgt das Aktenstudium und die Erstellung eines Handlungsplans. Erst danach wird Kontakt zum Beschuldigten aufgenommen. Abgeschlossen ist der Prozess mit der Berichterstattung an die beauftragende Stelle.

Alle Handlungsschritte müssen computergestützt dokumentiert werden. Die in Nordrhein-Westfalen benutzte Software (SoPart-Justiz) erlaubt folgende Dateneingaben: Adressmanagement, Verwaltung der Falldaten, Dokumentation der Arbeit, Dokumentenmanagement [Kalender, Fristen], Statistikfunktion, datenbankgestützter Schriftverkehr (Textbausteine) wie Hilfepläne, Anamnesebögen, Sozialberichte, TOA, Erfassung der Lebenslagendaten von Klienten, Kursverwaltung.

Der Justizsozialdienst ist überdies angehalten, sich in regionalen Arbeitsgemeinschaften zu engagieren.

Justizielles System
Die Berichte der Gerichtshilfe liefern dem justiziellen System Entscheidungshilfen, die von der Aufnahme eines Ermittlungsverfahrens über die verfahrensabschließende Entscheidung bis in das Vollstreckungs- bzw. zu Gnadenverfahren reichen können. Für den Auftraggeber besteht die Möglichkeit, in jedem Verfahrensstadium Informationen und Entscheidungshilfen zu erhalten. Umgekehrt soll die Gerichtshilfe über Entscheidungen, an deren Vorbereitung sie beteiligt war, unterrichtet werden.

Entsprechend sehen die Ausführungsverordnungen der Länder (AV-ASDJ) regelmäßige Dienstbesprechungen und eine Verpflichtung zur Zusammenarbeit mit Gerichten, Staatsanwaltschaften, Vollzugeinrichtungen, Einrichtungen des Maßregelvollzugs, Behörden, Vereinen, öffentlichen und freien Trägern und der Straffälligenhilfe vor. „Kommunikation ist Grundlage der Zusammenarbeit auf der Ebene der Sozialen Dienst der Justiz", heißt es dazu in der brandenburgischen AV.

Tätigkeiten

Kontakt zu Beschuldigten

Die Kontaktaufnahme kann auf verschiedene Art erfolgen: schriftlich, telefonisch oder ausnahmsweise persönlich ohne Absprache. Dabei kann ein Hausbesuch angekündigt, in das Büro eingeladen oder um Rückmeldung gebeten werden.

Beim Erstgespräch werden die Betroffenen über den Auftraggeber, das Auftragsziel und die Aufgaben der Gerichtshilfe informiert und die Sach- und Rechtslage erläutert. Die Betroffenen werden über die Freiwilligkeit bzw. etwaige Mitwirkungspflichten belehrt. Zudem wird ihnen mitgeteilt, dass die Gerichtshilfe zwar eine Schweigepflicht trifft (§ 203 Abs. 1 Nr. 5 StGB), diese aber im Strafverfahren nicht zur Verweigerung des Zeugnisses berechtigt (§ 53 StPO).

Die Gerichtshilfe ist in einzelne Verfahrensschritte besonders eingebunden:

- Die Ermittlung von Strafzumessungstatsachen
- Den Täter-Opfer-Ausgleich
- Erwägungen im Rahmen der Strafvollstreckung.

Aufgabe der Gerichtshilfe ist es, Informationen zu sammeln, die für die Strafzumessung relevant sind. Dazu gehören, nach einer Checkliste des Landes Nordrhein-Westfalen (o. J.), folgende Angaben:

- Persönlichkeitsanamnese und -diagnostik
- aktuelle Lebensumstände
- wirtschaftliche Situation
- gesundheitliche Situation
- soziales Umfeld
- berufliche Situation
- Freizeitverhalten
- Einstellung des Betroffenen zum Tatvorwurf.

Die Besonderheit der Gerichtshilfe liegt darin, dass sie auch selbst einen Täter-Opfer-Ausgleich durchführen kann. Dazu soll sie ermitteln, ob Beschuldigte sich um einen Ausgleich bemühen (wollen) und Geschädigte daran interessiert sind. Dabei soll bei den Geschädigten auf keinen Fall der Eindruck erweckt werden, es bestehe eine Verpflichtung, an einem gemeinsamen Schlichtungsgespräch teilzunehmen.

Die Aufgaben der Gerichtshilfe bestehen in diesem Fall darin:

- Kontakt zu den Konfliktparteien sowie zu den beteiligten Rechtsanwälten aufzunehmen
- getrennte Vorgespräche durchzuführen, bei denen über den Täter-Opfer-Ausgleich informiert und die Bereitschaft zum Schlichtungsversuch geklärt wird
- Möglichkeit und den Umfang von Schlichtung und Wiedergutmachung sowie das weitere Vorgehen abzusprechen
- Ein gemeinsames Schlichtungsgespräch unter Moderation der Gerichtshilfe durchzuführen, wenn möglich

- den zugrunde liegenden Konflikt bzw. die Tat aufzuarbeiten
- schriftliche Vereinbarungen der Wiedergutmachungsleistungen zu erstellen und
- die Auftrag gebende Stelle über die Arbeit und das Ergebnis zu informieren.

Auch im Vollstreckungsverfahren kann die Staatsanwaltschaft auf die Gerichtshilfe zurückgreifen. Dabei geht es um die Erhebung der Informationen zur Vorbereitung von Entscheidungen über Ratenzahlung, Vollstreckung der Ersatzfreiheitsstrafe, Strafaufschub wegen Vollzugsuntauglichkeit oder wegen erheblicher Nachteile, Widerruf der Strafaussetzung bzw. Aussetzung einer Maßnahme der Besserung und Sicherung, Zahlungserleichterungen bei Geldauflagen oder Ableistung gemeinnütziger Arbeit.

Kontakte zu Geschädigten
Eine gute Übersicht über die Kontakte der Gerichtshilfe zu Geschädigten gibt eine Checkliste in den Qualitätsstandards des Landes Rheinland-Pfalz (2009).

Checkliste 7

Fachbereich Gerichtshilfe
– Opferbericht –

Aufgabenbeschreibung
Die Gerichtshilfe erstellt einen Bericht über das Opfer und die Auswirkungen der Tat auf dessen Situation.

Methodisches Vorgehen
Die Kontaktaufnahme soll unverzüglich erfolgen. Hausbesuche sind anzukündigen, die Betroffenen werden über die Auftrag gebende Stelle, das Auftragsziel und die Aufgaben der Gerichtshilfe informiert. Hierzu gehören
- die Erläuterung der Sach- und Rechtslage und
- eine Belehrung entsprechend der jeweiligen Verfahrenssituation (Freiwilligkeit, Mitwirkungspflichten).

Die Gerichtshilfe ermittelt Tatsachen im Hinblick auf
- die aktuelle physische und psychische Situation sowie
- die wirtschaftliche/materielle Situation des Opfers

Sie informiert das Opfer insbesondere über die Möglichkeit
- einer Nebenklage,
- eines Adhäsionsverfahrens,
- eines Täter-Opfer-Ausgleichs,
- der Inanspruchnahme von Opferhilfeeinrichtungen,
- einer Unterstützung durch einen Opferanwalt.

Ggf. händigt sie ihm das Opfermerkblatt aus.
Weiter holt sie Informationen ein über die Einstellung des Opfers
- zum Täter,
- zu einer Schadenswiedergutmachung und
- zur ggf. bevorstehenden Gerichtsverhandlung.

> **Abschluss**
> Über die Arbeit der Gerichtshilfe und das Ergebnis erfolgt schriftliche Berichterstattung an die Auftrag gebende Stelle. Die Tat und die damit verbundenen Empfindungen und Folgen werden darin aus der Sicht des Opfers dargestellt und gewürdigt. Sofern der Gerichtshilfe Tatsachen bekannt werden, die auf eine aktuelle Gefährdung des Opfers hindeuten, hat sie diese in den Bericht aufzunehmen.

Berichte
Die Gerichtshilfe berichtet unmittelbar der Auftrag gebenden Stelle.

Inhaltlich soll der Bericht, wie es in den nordrhein-westfälischen Qualitätsstandards (o. J.: 28) heißt, „nach methodisch-fachlichen Grundsätzen der Sozialarbeit erhoben [werden]". In dem Bericht müssen sämtliche relevanten Tatsachen aufgeführt und deren Quellen angegeben sein. Der Bericht der Gerichtshilfe schließt mit einer Stellungnahme, bei der die Erhebungen unter sozialarbeiterischen Aspekten ausgewertet werden. Befunde und Wertungen sind voneinander zu trennen. Der Bericht soll eine Anamnese, die bisherige Delinquenz, Angaben zu Zukunftsvorstellungen, zur Einstellung zur Tat, eine Auftragsbeschreibung, Quellenangaben und Belehrung sowie eine Bewertung und ggf. Prognose beinhalten. Diese erstrecken sich auf

- Sprachvermögen, Ausdrucksfähigkeit, Gesprächsverhalten, Gesprächsverlauf, Auffälligkeiten
- Wahrnehmung der Person des Beschuldigten und seiner Situation
- Einschätzung der sozialen Folgen des Verfahrens
- Einschätzung der Gefährlichkeit.

Darüber hinaus sollen Anregungen zur Einstellung aufgenommen werden. Dazu gehören: Wiedergutmachung/TOA oder gemeinnützige Arbeit, Geld- oder Freiheitsstrafe, Strafaussetzung zur Bewährung (Prognose), Dauer und Zielsetzung sowie Prognosen im Hinblick auf das weitere Verhalten.

Die Geschädigtenberichte sollen folgende Fragen aufgreifen:

- Beschreibung des Gesprächsverlaufes
- Wahrnehmung der Person des Verletzten und seiner Situation
- Angaben zur Möglichkeit der Verweigerung des Zeugnisses in der Hauptverhandlung
- Einschätzung der Belastung, in Anwesenheit des Angeklagten auszusagen
- Einschätzung der Notwendigkeit einer Prozessbegleitung
- Auswirkungen der erlittenen Straftat.

Organisation

In den meisten Bundesländern wurden die Bewährungshilfe/Führungsaufsicht und die Gerichtshilfe inzwischen in eine Organisationseinheit ‚Ambulanter Sozialer Dienst der Justiz' zusammengefasst. Sie sind als Sachgebiet einem Oberlandesgericht zugeordnet, haben aber eine Sachgebietsleitung sowie Dienstsitze an verschiedenen Orten, um weiterhin eine gerichtsnahe Betreuung zu gewährleisten. Bewährungshilfe, Führungsaufsicht und Gerichtshilfe bleiben trotzdem als jeweils eigene ‚Fachbereiche' erhalten.

In diesen Bundesländern sind von den Ministerien der Justiz Anordnungen über Organisation und Aufgaben der (ambulanten) Sozialen Dienste (AV-AJSD) erlassen worden. Auf deren Grundlage wurden verbindliche Qualitätsstandards für die Arbeit der Justizsozialdienste entwickelt, die die wichtigsten Arbeitsprozesse beschreiben.

Die Fachkräfte unterstehen im Hinblick auf den zu bearbeitenden Einzelfall den Weisungen der Staatsanwaltschaft (Gerichtshilfe) oder des Gerichts (Bewährungshilfe/Führungsaufsicht). Im dienstrechtlichen Sinn sind aber die Präsidenten der zuständigen Oberlandesgerichte die ‚Vorgesetzten' der Justizsozialdienste, das Ministerium der Justiz wirkt als oberste Dienst- und Fachaufsicht.

Qualifikation

Die Aufgaben der Gerichtshilfe werden von Beamten wahrgenommen. In den Sozialen Diensten der Justiz sind Fachkräfte der Sozialen Arbeit mit Hochschulausbildung und staatlicher Anerkennung tätig (§ 32 Laufbahnverordnung des Landes Nordrhein-Westfalen).

Die AVs der Bundesländer stellen darüber hinaus fest, dass „Fortbildung und Supervision unverzichtbare Bestandteile professioneller Sozialarbeit [sind]" (8.1 AV-AJSD Brandenburg) und verpflichten den zuständigen Vorgesetzten (OLG-Präsident), für die fachliche Förderung und Weiterentwicklung der Sozialen Dienste der Justiz Sorge zu tragen.

Regelmäßige Fallbesprechungen (kollegiale Beratungen) und Teamarbeit bei der Wahrnehmung einzelfallübergreifender Aufgaben gehören zum Standard.

3.2.3.2 Bewährungshilfe und Führungsaufsicht

Durch sozialarbeiterisches Handeln während der Bewährungszeit sollen die Probanden zum selbstkritischen Erkennen ihrer Problemlagen befähigt werden, Lernprozesse sollen initiiert und Handlungskompetenzen gestärkt werden. Die Integration der Probanden in die Gesellschaft soll gefördert, Haftverbüßungen mit ihren negativen Auswirkungen vermieden und die Rückfallhäufigkeit deutlich vermindert werden.

Auftrag

Verurteilte können durch eine entsprechende Entscheidung des Gerichts der Bewährungs- oder der Führungsaufsicht ‚unterstellt' werden (§§ 56d, 68a StGB, 7, 24, 25 JGG). Während im Jugendstrafrecht die ersten zwei Jahre der Bewährungszeit grundsätzlich von der Bewährungshilfe begleitet werden, ist dies bei Erwachsenen nur dann der Fall, wenn es angezeigt erscheint, um den Probanden von weiteren Straftaten abzuhalten. Dabei soll der/die Betreuende der verurteilten Person „helfend und betreuend zur Seite (stehen)" – aber gleichzeitig auch die Einhaltung von Auflagen und Weisungen überwachen und über die Lebensweise dem Gericht berichten sowie Verstöße melden (vgl. § 56d Abs. 2 StGB).

Rolle und Rollenkonflikte

Dass dies zu Rollenkonflikten führt, erscheint klar (aus empirischer Sicht Patry/Schrattbauer 2000; Böttner 2004; Jung 2011: 1241). Thematisiert wird überwiegend das Dreieck: Bewährungshilfe – Justiz – Klient im Sinne eines ‚doppelten Mandates' (vgl. Klug/Schaitl 2012: 26), ohne dass erlernbare Wege zum Umgang mit der „schizoiden Rolle" zwischen Beziehungsarbeit und Kontrollauftrag aufgezeigt werden. Ein (nur) doppeltes Mandat (Staat/Klient) erscheint dabei sogar zu kurz gegriffen, da im strafrechtlichen Bereich auch die Öffentlichkeit/Gesellschaft der Sozialen Arbeit ein Mandat, nämlich das zur ‚Menschenverbesserung', wenn nicht gar Weltverbesserung, erteilt, (das die Profession manchmal auch bedient.) Wichtig ist hier, wie immer in der Sozialen Arbeit, die Reflexion auf persönlicher und gesellschaftlicher Ebene, aber auch die Fundierung in wissenschaftlichen Erkenntnissen z. B. über Grenzen und Möglichkeiten der Veränderung sowie über die (nachgewiesenen) Wirkungen von Interventionen.

Arbeitsweise

Die Qualitätsstandards für den ambulanten Sozialen Dienst der Justiz in Nordrhein-Westfalen (o. J.: 13) umschreiben die methodischen Grundlagen der Arbeit so:

> *„Für das Arbeitsfeld des ambulanten Sozialen Dienstes ist eine ganzheitliche Betrachtungsweise der Person unter Berücksichtigung ihres psychosozialen Umfeldes erforderlich. Hilfs- und Betreuungsangebote werden von dem Grundsatz ‚Hilfe zur Selbsthilfe' geleitet und orientieren sich an den individuellen Fähigkeiten und Lebenslagen sowie der Zielsetzung der Betreuungsarbeit. Transparenz und Verbindlichkeit gegenüber den Probanden bzw. Betroffenen sowie dem überwachenden Gericht bzw. dem Auftraggeber sind unabdingbare Voraussetzung für eine Erfolg versprechende Zusammenarbeit.*
>
> *Professionelle Sozialarbeit beinhaltet konzeptionelles Handeln und das Angebot einer helfenden Beziehung unter gleichzeitiger Wahrung der notwendigen Distanz zu den Probanden bzw. Betroffenen und deren Problemlagen. Unter der Vielfalt der möglichen methodischen Ansätze ist die soziale Einzelhilfe sowie das Cape-Management besonders hervorzuheben. Sie umfasst jedoch auch die Arbeit mit Gruppen und im Netzwerk."*

Klientenebene
Bewährungshilfe ist als Hilfe zur Selbsthilfe konzipiert. Als konkrete Hilfestellung werden genannt:

- Beratung bei persönlichen Problemen und Krisensituationen
- Unterstützung bei der Erfüllung der Auflagen und Weisungen
- Vermittlung zwischen dem Verurteilten und dem Gericht
- Beratung, Information und praktische Hilfe im Umgang mit Behörden
- Beratung und Mithilfe bei der Regulierung von Schulden
- Unterstützung bei der Schadenswiedergutmachung
- Weitervermittlung in andere Beratungsstellen.

Man erkennt hier alle Handlungsarten nach Lüssi (2008) wieder: Beratung, Verhandlung, Vertretung, Beschaffung, Betreuung und (Krisen-) Intervention.

Institutionelle Ebene
Der nordrhein-westfälische Qualitätsstandard (o. J.: 3) unterscheidet und beschreibt folgende grundlegenden Arbeitsprozesse:

- *Verwaltungstätigkeit:* Beginn der Bewährungshilfe, Fallverteilung, Übernahmemitteilung, Beendigung des Betreuungsverhältnisses
- *Betreuungs- und Kontrolltätigkeit:* Erstkontakt, Erreichbarkeit und Sprechstunde, Erstgespräch, Folgekontakt/Hilfeplanung: Hilfe- und Betreuungsangebote, Auflagen und Weisungen und Kontaktabbruch
- *Besondere Tätigkeiten:* Abschlussgespräch, Bewährungshelferwechsel, Aufhebung der Unterstellung, Dokumentation: Allgemeines, Vermerke, Berichte, Arbeitshilfen
- Projekte und Schwerpunktbildung.

Die Bewährungshilfe verpflichtet aber darüber hinaus zu einzelfallübergreifenden Angeboten und Aufgaben wie Vernetzung und Kooperation, Projekt-, Gruppen- und Öffentlichkeitsarbeit sowie zur Ausbildung.

Der Dokumentation der Tätigkeit kommt intern eine wichtige Bedeutung zu. Die Aktenführung ist in der öffentlichen Verwaltung in sog. Aktenordnungen genau geregelt. Sie enthalten Vorgaben zur Aktenregistrierung, Erfassung von Personen- und Verfahrensdaten, Ordnung einer Akte, Vergabe von Aktenzeichen, Führen von Registern und Kalendern, Aufbewahrung, Weglegen und Überführung von Aktenstücken. Erwartet wird, dass sich die Dokumentation auf das Wesentliche beschränkt, gleichzeitig aber schlüssig und nachvollziehbar ist. Alle wichtigen Informationen müssen in Vermerken festgehalten werden.

Justizielles System
Die Bewährungshilfe ist funktional in die Vollstreckung von Strafen integriert. Deshalb kooperiert sie mit den Gerichten, den Staatsanwaltschaften, der Führungsaufsichtsstelle, den Justizvollzugsanstalten und Einrichtungen des Maßregelvollzugs sowie der Jugendgerichtshilfe. Mit den Gerichten und Staatsanwaltschaften sind regelmäßige gemeinsame Dienstbesprechungen vorgesehen.

In Bayern können Richter und Staatsanwältinnen auch bei der Bewährungshilfe hospitieren. Bei dieser Gelegenheit soll über die jeweiligen Berufsbilder, die Aufgabenfelder und die Arbeitsweisen informiert werden. Darüber hinaus werden auch die gegenseitigen Erwartungen hinsichtlich Berichtswesen, Kontrolle der Auflagen und Weisungen und Möglichkeiten des schnellen Informationsaustausches ausgetauscht.

Tätigkeiten

In der Bewährungshilfe und bei der Führungsaufsicht kann man zwischen einer Eingangs-, einer Hilfe- und Kontrollphase sowie der Abschlussphase unterscheiden.

Kontaktaufnahme

Die Bewährungshilfe beginnt entweder durch Übersendung des sog. Unterstellungsbeschlusses oder indem ein persönlicher Kontakt zur Bewährungshilfe hergestellt wird. Dieser kann vom Gericht, vom Betroffenen und seiner Verteidigung oder auch von einer JVA hergestellt werden. Die Klienten (Schützlinge) der Bewährungshilfe werden auch ‚Probanden' genannt, weil sie auf Probe sind.

Danach wird der Fall einem Bewährungshelfer zugeteilt und allen Verfahrensbeteiligten eine Übernahmemitteilung zugeleitet. Zu der betreuten Person wird umgehend Kontakt aufgenommen, sei es schriftlich, telefonisch oder auch persönlich. Beim Erstgespräch sollen folgende Themen angesprochen werden:

- Auftrag der Bewährungshilfe
- Folgen von Verstößen gegen Auflagen und Weisungen
- Rechte und Pflichten
- Möglichkeit zum Wechsel der Fachkraft
- Hilfe- und Betreuungsangebote
- Erreichbarkeit und Sprechstunde der Bewährungshelfer
- Urteil, Bewährungsbeschluss, Auflagen und Weisungen
- Schweigepflicht (§ 203 StGB) und (fehlendes) Zeugnisverweigerungsrecht (§ 53 StPO).

Für das Erstgespräch hat akuter Hilfebedarf Vorrang. Am Ende des Erstgesprächs muss der nächste Kontakt verbindlich vereinbart werden.

Oft ist es erforderlich, bereits zu Beginn das Rückfallrisiko einzuschätzen. Die Bewährungshilfen haben versucht, auf wissenschaftlicher Grundlage ein Instrumentarium zur systematischen Fallanalyse zu entwickeln. Hier die Checkliste des Landes Nordrhein-Westfalen:

Aspekte der Risikoprognose im Rahmen der sich im Laufe der gesamten Bewährungszeit durchgängig stellenden Frage nach der individuellen Rückfallgefährdung des Probanden sind:
- häufige frühere Verurteilungen,
- Einstellung zur Straftat,
- mangelnde oder fehlende Opferempathie,
- Suchtmittelmissbrauch,
- besondere Straftaten (Sexualstraftaten/Tötungsdelikte),
- junges Alter (junger Mensch bis 27 Jahre),
- emotionale oder psychische Erkrankung/Probleme Persönlichkeitsstörungen,
- geringe Chancen auf dem Arbeitsmarkt,
- niedriger Ausbildungsstand,
- finanzielle Probleme und Unfähigkeit zum Finanzmanagement,
- familiäre Probleme,
- ungesicherte Wohnsituation,
- problematisches Freizeitverhalten,
- problematische soziale Umgebung.

Die Checkliste soll das Erfahrungswissen als eine Art Gedankenstütze ergänzen und helfen, die richtigen Maßnahmen zu planen. In Niedersachsen dient sie auch dazu, Betroffene einer Betreuungsgruppe zuzuordnen. Kritisch wird angemerkt, dass solche Checklisten einerseits dazu verleiten können, sie routiniert abzuhaken und andererseits der Klassifikation von Menschen Vorschub zu leisten (Klug/Schaitl 2004: 34). Wie Checklisten genutzt werden, liegt aber nicht an den Checklisten, sondern dem professionell-reflektierten Umgang damit. Zu Recht weisen Klug/Schaitl darauf hin, dass jemand, der keine Prognosekriterien hat, auch keine prognostischen Fehler erkennen kann.

Beratung und Begleitung
Nach der Eingangsphase folgt in der Bewährungshilfe die Hilfephase: In ihr wird die persönliche und soziale Situation des Betreuten erörtert und sein Hilfe-, Betreuungs- und Beratungsbedarf abgeklärt. Bei Inhaftierten wird daran die JVA beteiligt. In der Regel werden Ziele vereinbart und konkrete Absprachen getroffen wie Auflagen und Weisungen erfüllt oder Hilfe und Beratung in Anspruch genommen werden soll.

Danach wird die Betreuung in der Bewährungszeit eher prozessorientiert gestaltet: Die Kontakthäufigkeit richtet sich nach den Lebensumständen, dem Hilfebedarf, Kontrollerfordernissen sowie dem Rückfallrisiko. Zusätzlich können kurzfristig Kriseninterventionen notwendig werden. Mindestens alle acht Wochen soll ein persönliches Kontaktgespräch geführt werden. Aber auch längere Intervalle oder telefonische und Email-Kontakte sind in der Praxis üblich.

In dieser Phase wird auch das Kontaktverhalten beobachtet: Kümmert sich der Betroffene selbst um die Auflagen und Weisungen? Werden die vereinbarten Termine eingehalten oder (unter Angabe von Gründen) abgesagt? Meldet sich jemand mit Nachfragen und Problemen? Werden Absprachen eingehalten? Übernimmt die Person Verantwortung? Baut er/sie eine gute Bindung auf? Fragt er/sie bei Unklarheiten nach? Ist er/sie offen für Anregungen und Vorschläge?

Besondere Regelungen gelten für sog. Risikoprobanden, insbesondere höhere Kontrolldichte und Erarbeitung eines Notfallplans zu folgenden Fragen: Welche Situation könnte bei mir zum Rückfall führen? Wie will ich mich verhalten? Welche Alternativen habe ich? An wen kann ich mich wenden?

Die Bewährungshilfe hat dem Betreuten ein möglichst umfassendes Hilfe- und Beratungsangebot zu machen; dabei muss sie auch an andere Institutionen weitervermitteln. Eine Checkliste des nordrhein-westfälischen Justizministeriums enthält dazu folgende Punkte:

- *Beziehungsarbeit:* Angebot und Aufbau einer helfenden Beziehung durch Einzelberatung und eventuell Gruppenarbeit, Krisenintervention, lebenspraktische Hilfen, Einleitung weiterer Maßnahmen für die Zeit nach Ende der Betreuung, anlassbezogene, kurze Beratung nach Ablauf der Bewährungszeit
- *Strafrechtliche Hilfen:* Thematisierung der Straftat und deren Folgen, auch in Bezug auf erneute Straffälligkeit, Erarbeitung eines Notfallplans, Beratung im Verfahren, Besuch in der JVA, Mitwirkung beim Täter-Opfer-Ausgleich usw., Erarbeitung von Untersuchungshaftalternativen (Haftvermeidung), Unterstützung bei der Anregung zur Umwandlung von Ersatzfreiheitsstrafen in freie Arbeit, Unterstützung bei der Vermittlung von Einsatzstellen gemeinnütziger (freier) Arbeit, Kontaktaufnahme zum Inhaftierten bei anstehender Entlassung, Vorbereitung der Entlassung (gemeinsam mit JVA)

- *Psychosoziale Beratung:* allgemeine Lebensberatung (Hilfe zur Selbsthilfe), Motivationsarbeit zur Überwindung von Problemen, Information über Beratungsstellen, Bearbeitung von Konflikten im zwischenmenschlichen Bereich, Eltern-, Familien- und Paargespräche, Erziehungsberatung, schulische und berufliche Beratung, Freizeitberatung, Gesundheitsberatung
- *Suchtkrankenhilfe:* Motivationsarbeit zur Überwindung von Suchtproblemen, Information über und Kontakt zu Drogenberatungsstellen, Mitwirkung bei der Therapievorbereitung, Therapievermittlung, Kontakt während einer stationären Therapie
- *Hilfe bei wirtschaftlichen Schwierigkeiten:* Beratung und Hilfestellung bei wirtschaftlichen Schwierigkeiten, Vermittlung von materieller Unterstützung, Geldverwaltung, Schuldenbearbeitung und -regulierung, Information über und Kontakt zu Schuldnerberatungsstellen, Führen von Schriftverkehr
- *Hilfe bei Wohnungsangelegenheiten:* Hilfe zur Beschaffung und Erhaltung von Wohnraum, Angebot der Wohnungslosenhilfe, Vermittlung in stationäre Einrichtungen
- *Hilfe bezüglich Arbeit und Ausbildung:* Arbeits- und Berufsfindung, Vermittlung von Ausbildungs- und Weiterbildungsangeboten
- *Hilfe im Umgang mit Behörden:* Unterstützung bei Behördenangelegenheiten und Begleitung bei Behördengängen.

Interkulturelle Aspekte sollen durch Information und Vermittlung von einschlägigen Einrichtungen, Beratungs- und Hilfemöglichkeiten berücksichtigt werden. Die Bewährungshilfe soll zudem für die von ihr Betreuten Soziale Trainings anbieten, um Lernprozesse in Gruppen zu initiieren. Die Teilnahme ist freiwillig.

Die Hilfephase geht mit der Kontrollphase einher. Die Kontrolle bezieht sich auf

- *Die Erklärung der Auflagen und Weisungen:* Belehrung über Folgen von Verstößen, Klärung der persönlichen Voraussetzungen des Probanden zur Erfüllung von Arbeitsauflagen (räumliche, zeitliche, gesundheitliche, soziale, berufliche und finanzielle Fähigkeiten und persönliche Problemlagen, z.B. Sucht)
- *Die Erhebung notwendiger Daten:* Beschaffung von Urteil, Bewährungsbeschluss, Gutachten, JGH-Bericht, JVA-Stellungnahme
- *Die Kontrolle von Auflagen* hinsichtlich Kontakten, Wohnsitz, gemeinnütziger Arbeit, Geldbußen, Schadenswiedergutmachungen, Drogenscreening
- *Die Kontrolle von Weisungen:* Teilnahme an Therapie, Inanspruchnahme von Beratung, Teilnahme an sozialen Trainingskursen.

Hausbesuche (auch in der JVA) sind möglich und insbesondere bei Jugendlichen und Heranwachsenden auch sinnvoll. Sie müssen in der Regel schriftlich angemeldet oder mündlich vereinbart werden. Nur wenn im Einzelfall Termine nicht eingehalten werden oder der Kontakt ganz abgebrochen ist, werden unangemeldete Hausbesuche durchgeführt. Bei den Hausbesuchen ist die sog. ‚Eigensicherung' zu beachten und im Zweifel eine Begleitung mitzubringen.

Wird die Bewährungshilfe im Rahmen einer Führungsaufsicht tätig, so hat sie noch einige weitergehende Aufgaben und Rechte. Das Land Nordrhein-Westfalen

hat die Überwachungsmaßnahmen, die von der Führungsaufsicht durchgeführt werden können, in einer Liste zusammengestellt:
- Anfrage bei Behörden (§ 463a Abs. 1 Satz 1 StPO)
- Sonstige Ermittlungen im Sinne von § 463a StPO
- Einholung eines Bundeszentralregisterauszuges
- Anlassbezogenes Gespräch mit dem Probanden
- Ausschreibung zur Aufenthaltsermittlung
- Antrag auf polizeiliche Beobachtung
- Erlass eines Vorführungsbefehls (§ 463a Abs. 3 StPO)
- Stellung eines Strafantrages (§ 145a StGB)
- Austausch und Kooperation mit den Polizeibehörden
- Prüfung, ob ein Fall eines rückfallgefährdeten Sexualstraftäters vorliegt
- Maßnahmen der Krisenintervention gemäß § 67h StGB,
- Fallkonferenz.

Das Betreuungsverhältnis endet mit Ablauf der Zeit, für die die Bewährungshilfe/Führungsaufsicht vom Gericht bestellt war, oder wenn sich eine andere Zuständigkeit ergibt (Umzug, Inhaftierung). Am Ende erfolgt ein (dokumentiertes) Abschlussgespräch, in dem der Bewährungsverlauf reflektiert wird. Danach kann die Betreuungsarbeit mit Einverständnis noch für einen gewissen Zeitraum fortgesetzt werden, z. B. um eine begonnene Therapievorbereitung abzuschließen.

Berichte
Die Bewährungshilfe verfasst Berichte an das Gericht, das die Aufsicht eingerichtet hat und überwacht. Gegenstand ist der Verlauf der Bewährung. Grund kann eine Anforderung des Gerichts, ein spezifischer Anlass oder eine vereinbarte Routine sein. Die Berichte enthalten Informationen über den Aufenthaltsort und die Wohnsituation, die soziale, wirtschaftliche und Arbeitssituation, die Erfüllung von Auflagen und Weisungen, den Betreuungsverlauf und den Kontakt zur Bewährungshilfe, besondere Probleme, neue Straftaten oder Ermittlungsverfahren sowie Anregungen für weitere Maßnahmen.

Organisation

Für die Bewährungshilfe/Führungsaufsicht – als Teil der Sozialen Dienste der Justiz – gilt im Wesentlichen das für die Gerichtshilfe dargestellte Organisationsmodell.

Qualifikation

Die Aufgaben des ambulanten Sozialen Dienstes werden in der Regel von Beamten wahrgenommen, die zusätzlich zum Abschluss einer Hochschulausbildung im Bereich Sozialwesen mit staatlicher Anerkennung auch Berufserfahrung nachweisen müssen (§ 32 LVO-NRW). Allgemein wird erwartet, dass die Bewerber Erfahrungen in Menschenführung besitzen.

Die Bewährungshilfe kann auch geeigneten ehrenamtlichen Bewährungshelfern anvertraut werden (§ 56d Abs. 5 StGB); mit ihrer Bestellung nehmen diese die Bewährungshilfe selbstständig wahr. Davon zu unterscheiden ist eine ehrenamtliche Mitarbeit in der Bewährungshilfe. Sie wird von hauptamtlichen Fachkräften angeleitet; Ehrenamtliche werden mit Zustimmung der Betreuten für einzelne Aufgaben zum Beispiel zur Freizeitgestaltung oder bei der Suche nach einem Arbeitsplatz oder einer Wohnung eingesetzt.

3.2.4 Soziale Arbeit mit Inhaftierten

3.2.4.1 Sozialdienst im Strafvollzug

In den Justizvollzugsanstalten, Jugendstraf- und Jugendarrestanstalten sind Soziale Fachkräfte beschäftigt. Sie sind in einem Sozialdienst zusammengefasst, für dessen Arbeit die meisten Bundesländer Qualitätsstandards entwickelt haben.

Auftrag

Sie haben die Aufgabe, den Gefangenen soziale Hilfe anzubieten, um persönliche Schwierigkeiten zu lösen und Gefangene in die Lage zu versetzen, ihre Angelegenheiten selbst zu ordnen und zu regeln (§§ 71 ff StVollzG). Ergänzend gründet sich ihr Auftrag auf zahlreiche Gesetze und Verwaltungsvorschriften, die den Vollzug regeln, sowie auf die allgemeinen sozialen Leistungsgesetze.

Rolle und Rollenkonflikte

Die rheinland-pfälzischen Standards konstatieren, dass „das spezifische Umfeld des Justizvollzugs die Handlungsmöglichkeiten sozialer Arbeit [begrenzt]" (2011: 7). Gleichwohl sprechen sie dann – etwas zynisch, wie ich finde – von ‚Kundenorientierung'. Zu den ‚Kunden' der JVA gehören: Gefangene, Anstaltsleitungen, andere Mitarbeiterinnen und Mitarbeiter der Vollzugsanstalten, Gerichte, Staatsanwaltschaften und das Ministerium der Justiz (2011: 9).

Die Mehrheit der Gefangenen waren auch schon vor der Inhaftierung ‚Kunden' der Sozialen Arbeit: Denn sie hatten schon vor der Inhaftierung in verschiedenen Kontexten Kontakt zu Sozialdiensten. Laut Qualitätsstandards bedeutet dies, „dass Arbeitsprozesse des Sozialdienstes im Vollzug zum einen an bestehende Behandlungskontexte anknüpfen und zum anderen einen Übergang z.B. in die Arbeit der Bewährungshilfe oder der Führungsaufsicht gewährleisten" (2011: 7). Es bedeutet aber auch, dass ambulante Hilfen im Vorfeld gescheitert sind – und nunmehr, in Unfreiheit, für ein Leben in Freiheit resozialisiert werden soll (§ 3 StVollzG). Ob das möglich ist, ist umstritten. Die AWO (2007: 4) meint, dass jedenfalls „Autonomie und Selbstbestimmung nur in Freiheit erlern- und lebbar [sind]".

Arbeitsweise

Die Fachkräfte des Sozialdienstes sollen die Methoden anwenden, die ihnen in der Ausbildung und in Fortbildungen (zu denen sie verpflichtet sind) vermittelt wurden.

Klientenebene
Die rheinland-pfälzischen Standards beschreiben das Ideal des ‚Kundenkontakts' mit Gefangenen in der JVA:

„Im Explorationsgespräch sorgt der Sozialdienst für eine ruhige, störungsfreie Atmosphäre. Die oder der Gefangene werden über den Anlass des Gespräches und die Verwendung ihrer Angaben informiert. Der Sozialdienst klärt die Mitwirkungsbereitschaft der oder des Gefangenen und die Wünsche zur Vollzugsplanung und motiviert zur Mitgestaltung der Erziehung, Förderung und/oder Behandlung. Am Ende des Explorationsgespräches hat die oder der Gefangene die Möglichkeit, den eigenen Standpunkt zu den Vorschlägen des Sozialdienstes zur Vollzugsplanung darzulegen. Aufgrund des bis dahin gewonnenen Bildes von der oder dem Gefangenen legt der Sozialdienst seine Vorschläge zur Vollzugsplanung fest" (2011: 14).

In Beratungsgesprächen soll der Sozialdienst Entscheidungs- bzw. Handlungsmöglichkeiten erarbeiten sowie die Eigenmotivation und Mitarbeit fördern. Die Gefangenen können sich über Gesprächsanträge oder zu festgelegten Sprechzeiten an den Sozialdienst wenden.

Institutionelle Ebene
Auf institutioneller Ebene wird eine lückenlose, standardisierte Dokumentation der Sozialen Arbeit im Justizvollzug erwartet. Dazu gibt es Dokumentationsbögen für das Erstgespräch, die Sozialanamnese, die Entlassungsvorbereitung und die Übermittlung an andere Soziale Dienste.

Daneben wird ein sog. Verlaufsbogen geführt, der nicht standardisiert ist. In ihm werden die Fragestellung, die Vereinbarungen und das Ergebnis von Beratungsgesprächen festgehalten. Der Verlaufsbogen muss auch der Vertretung zugänglich sein. In die Gefangenenakte kommt er nur bei Verlegung und Entlassung.

Justizielles System
Nicht zufällig gelten Gerichte, Staatsanwaltschaften und das Ministerium der Justiz – neben Gefangenen, Anstaltsleitungen und anderem Vollzugspersonal – als ‚Kunden' Sozialer Arbeit im Vollzug. Die JVA muss eng mit den Behörden und Stellen der Entlassenenfürsorge, der Bewährungshilfe, den Aufsichtsstellen für die Führungsaufsicht, den Agenturen für Arbeit, den Trägern der Sozialversicherung und der Sozialhilfe, den Hilfeeinrichtungen anderer Behörden und den Verbänden der freien Wohlfahrtspflege zusammenzuarbeiten (§ 154 StVollzG). Überdies soll Kontakt zu Menschen und Vereinen bestehen, deren Einfluss die Wiedereingliederung des Gefangenen fördern kann.

Vor der Entlassung wird z. B. routinemäßig ein spezieller Übermittlungsbogen an die zuständige Dienststelle der Bewährungshilfe/Führungsaufsicht verschickt. In besonders schwierigen Fällen wird im Kontext des sog. Übergangsmanagements eine Kooperation mit den Justizbehörden, Einrichtungen der Straffälligenhilfe, kompetenten Einzelnen und verschiedenen Akteuren auf dem Arbeitsmarkt organisiert.

Tätigkeiten
Die Standards der Sozialen Arbeit im Justizvollzug des Landes Rheinland-Pfalz (2011) beschreiben Schlüsselprozesse des Sozialdienstes, also wesentliche, immer

wiederkehrende Aufgaben, die in den Vollzugseinrichtungen zu erfüllen sind. Solche Schlüsselprozesse sind

- Erstgespräch beim Sozialdienst
- Mitwirkung bei der Vollzugsplanung
- Stellungnahmen
- Angebote der Erziehung, Förderung und Behandlung
- Entlassungsvorbereitung und Übergangsmanagement
- Ausbildung von Mitarbeiterinnen und Mitarbeitern.

Kontaktaufnahme und Vollzugsplanung
Zu Beginn der Haft (in der Regel in der ersten Woche) findet ein strukturierendes Gespräch im Büro des Sozialdienstes statt, das knapp eine Stunde dauert. Ziel des Gesprächs ist es, aus Sicht des Sozialdienstes, einen ersten Eindruck vom Gefangenen zu erhalten, Krisensituationen zu erkennen und Hilfestellungen anzubieten, den (persönlichen und familiären) Hilfe- und Betreuungsbedarf festzustellen und soziale Hilfen einzuleiten, Gefangene über den Ablauf und die Bedingungen der Haft zu orientieren sowie Gesprächs- und Informationsangebote zu machen. Bei dem Erstgespräch sollen bereits Informationen für den Vollzugsplan gewonnen werden.

Nach dem Aufnahmeverfahren führt der Soziale Dienst eine Sozialanamnese (Erziehungs- und Förderbedarfs/Behandlungsuntersuchung) durch, oder, wie es in § 6 StVollzG heißt, er beginnt damit, „die Persönlichkeit und die Lebensverhältnisse des Gefangenen zu erforschen". Er erarbeitet Vorschläge für die Gestaltung der Strafhaft, den Bericht stellt er in einer Vollzugsplankonferenz vor; er ist Grundlage für die Erstellung des Vollzugsplans.

Der Bericht soll zu folgenden Fragen Stellung nehmen:

I Lebenslängsschnitt
- Herkunftsfamilie/soziales Umfeld/Freizeitverhalten: Kindheit, Erwachsenenalter, Beziehungssituation,
- Wohnsituation,
- Suchtproblematik,
- Leistungsbereich,
- Finanzielle Situation.

II Delinquenzentwicklung und aktuelle Straftat

III Lebensquerschnitt
- Perspektiven während der Haft,
- Ressourcen, Defizite und Handicaps.

IV Behandlung und Vollzugsplanung
- Gesamteindruck,
- Vorschläge für die Erziehung, Förderung und/oder Behandlung und Vollzugsplanung aus Sicht des Sozialdienstes, Entlassungsvorbereitung und Übergangsmanagement, weiteres Vorgehen.

Beratung und Begleitung
Im Rahmen der Vollzugsplanung sollen Gefangene durch Beratungsgespräche und Gruppenangebote individuell gefördert werden. Beratungsgespräche sind ein Angebot zur Klärung konkreter Frage- und Problemstellungen. Dabei soll der Hilfebedarf ermittelt und Hilfen angeboten oder vermittelt werden. Häufig wiederkehrende Inhalte sind Fragen der Vollzugsgestaltung, Motivation der Gefangenen, behördliche Angelegenheiten, Schuldnerberatung, Suchtberatung, das soziale Umfeld der Gefangenen, Behandlungen und die Bewältigung von Krisen.

Ergänzend sind in den JVAs Gruppenangebote vorzusehen, denen ein klient- oder themenorientiertes Konzept zugrunde liegen kann. Die Teilnahme erfolgt auf Antrag des Gefangenen, Vorschlag des Personals oder Weisung der Anstaltsleitung.

Der Sozialdienst ist schließlich auch an der Vorbereitung der Entlassung beteiligt. Gemeinsam mit dem Gefangenen wird die Entlassungssituation reflektiert und der Handlungsbedarf ermittelt. Dabei soll auch ausreichend Zeit sein, um sich über Bedürfnisse, Ängste und Schwierigkeiten klar zu werden. Inhaltliche Themen sind: Papiere, Unterkunft, Bekleidung, Konto, Arbeit oder materielle Absicherung. Ergänzt werden kann die Entlassung im Einzelfall durch ein sog. Übergangsmanagement, also die Zusammenarbeit des Sozialdienstes mit vollzugsexternen Reintegrationshilfen.

Hier der rheinland-pfälzische Entlassungswegweiser:

> Diese Liste dient als Wegweiser zur Erinnerung an die wichtigsten Schritte in der Entlassungsvorbereitung und in den ersten Tagen nach der Entlassung. Die nachfolgenden Punkte treffen nicht auf alle Personen zu. Prüfen Sie daher, welche Punkte für Sie zutreffend sind und haken Sie diese ab. Denken Sie daran, dass die Zeit schnell vergeht und die Klärung der Punkte Zeit kostet.
>
> Welche Behörden/Einrichtungen sind bezüglich meiner Entlassung zu informieren, wo muss ich mich (an)melden, an was muss ich denken?
>
> 6 Monate vor der Entlassung
> - Beschaffung der notwendigen Papiere oder Unterlagen, wie
> - Personalausweis
> - Sozialversicherungsausweis
> - Steuer-Identifikationsnummer (früher Lohnsteuerkarte)
> - Nachweise über frühere Arbeitsverhältnisse (ALG I Bezug)
> - Wohnberechtigungsschein beantragen
> - Unterkunft vorbereiten: eigener Wohnraum/Familie/Betreutes Wohnen
> - Kontakt mit externen Beratungsstellen (Schuldnerberatung, Drogenberatung, Beratungsstellen der Straffälligenhilfe, Jugendamt, etc.)
> - Kontakt mit Nachsorgeeinrichtungen aufnehmen,
> - Neuerwerb des Führerscheins: Voraussetzungen klären
>
> 3 Monate vor der Entlassung
> - Lebensunterhalt sicherstellen: Gegebenenfalls Antrag auf ALG I und/oder ALG II sowie Grundsicherung vorbereiten

- Unterkunft klären:
- Kosten (Mietübernahme, Kaution, etc.)
- Kontakt zur Bewährungshilfe/Führungsaufsicht aufnehmen, Ansprechpartner erfragen, ersten Termin vereinbaren
- Eröffnung eines Girokontos
- Krankenversicherung klären
- Nachsendeauftrag bei der Post stellen

Am Entlassungstag
- Anmeldung am künftigen Wohnort
- Falls Sie keine Arbeit haben: Arbeitsuchend melden bei der Agentur für Arbeit
- Lebensunterhalt sicherstellen, Sozialleistungen beantragen bei der Agentur für Arbeit/dem Jobcenter/der ARGE/dem Sozialamt
- Krankenversicherung, über Beschäftigungsverhältnis oder Sozialleistungsträger sicherstellen

In der Woche nach der Entlassung
- Kontakt mit Bewährungshilfe/Führungsaufsicht aufnehmen – Termin vereinbaren, falls noch nicht geschehen
- Girokonto eröffnen – falls noch nicht erfolgt
- Gebühreneinzugszentrale: Anmelden von Radio/TV oder Gebührenbefreiung beantragen

Notizen:
Bei Fragen wenden Sie sich bitte an den zuständigen Sozialen Dienst der Justizvollzugsanstalt/Jugendstrafanstalt.

Berichte
Schriftliche Stellungnahmen des Sozialdienstes betreffen konkrete, personenbezogene Fragestellungen. Sie dienen der Entscheidungsfindung der Anstalt, aber auch der Staatsanwaltschaft, der Strafvollstreckungskammer oder der Vollstreckungsleitung. Häufig beinhalten sie Entscheidungsvorschläge des Sozialdienstes.

Neben der ausführlichen Sozialanamnese zu Beginn der Haft hat der Sozialdienst auch für die Fortschreibung des Vollzugsplans einen schriftlichen Bericht zur aktuellen Situation, zur Entwicklung seit der letzten Vollzugsplanung sowie zu Potentialen abzugeben. Der Bericht enthält Vorschläge für weitere Erziehungs-, Förder- und Behandlungsschritte sowie Empfehlungen zur Fortschreibung des Vollzugsplans aus Sicht des Sozialdienstes. Nur wenn Gefangene aus aktuellem Aktenstudium und Gespräch bekannt sind, können Stellungnahmen in Vollzugsplankonferenzen abgegeben werden (MdJ Rheinland-Pfalz 2011: 15). Die Vollzugsbehörde kann ebenfalls ein Votum abgeben oder eine Entscheidung fällen.

Zur Entlassungsvorbereitung und Übermittlung an die Bewährungshilfe oder Führungsaufsicht sind weitere Dokumentationen anzufertigen, die in die Gefangenenakte aufgenommen werden.

Organisation

Dem Sozialdienst kommt in der JVA eine gewisse fachliche Eigenständigkeit zu: Der Anstaltsleiter kann in spezifisch sozialarbeiterischen Angelegenheiten zwar Auskunft verlangen und Anregungen geben, bei Meinungsverschiedenheiten, die nicht durch eine Aussprache zwischen den Beteiligten zu lösen sind, entscheidet aber das Justizministerium als Aufsichtsbehörde. Das ist z. B. in der ‚Richtlinien für die Sozialarbeiter und Sozialpädagogen bei den Justizvollzugsanstalten des Landes Brandenburg' ausdrücklich geregelt.

Die Tätigkeiten werden durch einen Geschäftsverteilungsplan der Anstaltsleitung zugewiesen. Dem Sozialdienst können Schwerpunktaufgaben übertragen werden. Dazu gehört die Sucht- und Schuldnerberatung, das Übergangsmanagement oder die Aus- und Fortbildung des Personals, die Betreuung von Ehrenamtlichen oder die Zusammenarbeit mit anderen Akteuren des sozialen Hilfesystems in Netzwerken und Arbeitsgemeinschaften. Außerdem können Fachkräfte des Sozialdienstes auch ganze Abteilungen innerhalb des Vollzugs leiten.

Qualifikation

Die Brandenburgische Richtlinie (1998) regelt, dass im Sozialdienst der Justizvollzugsanstalt Sozialarbeiterinnen eingestellt werden. Für die Einstellung wird die staatliche Anerkennung vorausgesetzt. Darüber hinaus wird von den Fachkräften des Sozialdienstes erwartet, dass sie die einschlägigen Gesetze und Vorschriften ebenso kennen wie die aktuelle Gesetzgebung im Bereich der Sozialen Sicherung sowie die Leistungen und Anspruchsvoraussetzungen des sozialen Hilfesystems. Für Gruppenangebote sollen Zusatzqualifikationen z. B. für Soziales Training, Anti-Gewalt-Training, Behandlungsprogramme für Sexualstraftäter, Entspannungstechniken, Freizeitgruppen erworben werden. Zur Unterstützung von Fachkräften und unter ihrer Anleitung können auch geeignete Kräfte ohne diese Qualifikation eingesetzt werden.

In den rheinland-pfälzischen Standards (2011) wird die gezielte Auswahl, Einstellung, Einarbeitung und das Mentoring neuer Fachkräfte als Beitrag zur Qualitätssicherung betrachtet. Konsequenterweise soll der Sozialdienst seinerseits an der Ausbildung der Studierenden der Sozialen Arbeit mitwirken und dabei das Aufgaben- und Tätigkeitsfeld im Vollzug sowie den professionellen Umgang mit den Gefangenen vermitteln.

3.2.4.2 Sozialdienst im Maßregelvollzug

Der Sozialdienst begleitet Patienten im Maßregelvollzug von der Aufnahme bis zur Entlassung (und darüber hinaus). Der Hilfebedarf reicht von der Hilfe zur Selbsthilfe bis zur Hilfe in fast allen sozialen Belangen, z. B. bei kognitiv eingeschränkten Personen.

Auftrag

Bei der Einlieferung in den Maßregelvollzug wird (auf der Grundlage der medizinisch-psychiatrischen Aufnahmeuntersuchung) „unverzüglich ein Behandlungs- und Eingliederungsplan aufgestellt. Er soll mindestens die notwendigen Maßnahmen der Behandlung einschließlich psychotherapeutischer Maßnahmen sowie medizinische, pädagogische, soziale und berufliche Eingliederungsmaßnahmen umfassen" (vgl. § 7 Abs. 1 Nds. MVollzG). Auf eine (sozial-) therapeutische Behandlung besteht im Maßregelvollzug ein Anspruch (vgl. § 17 Abs. 1 MRVG-NRW). Darüber hinaus sind Patientinnen und Patienten darin zu unterstützen, notwendige Maßnahmen für ihre Familien, hilfsbedürftige Angehörige und in Vermögensangelegenheiten zu veranlassen (§ 6 Abs. 3 MRVG-NRW).

Rolle und Rollenkonflikte

Rollenkonflikte können sich im Maßregelvollzug einmal daraus ergeben, dass Behandlung und Sicherheit gleichwertig nebeneinander bestehen. Zudem besteht auch hier das Problem, in Unfreiheit auf ein Leben in Freiheit vorzubereiten. Eine Aufgaben- und Rollenklärung ist überdies wichtig, weil im Maßregelvollzug verschiedene ‚helfende' Berufe nebeneinander mit einem Fall befasst sind: medizinisch-psychiatrische, psychologische, pädagogische und sozialarbeiterische. In den nordrhein-westfälischen Qualitätsstandards zur patientenbezogenen Dokumentation im Maßregelvollzug wird z. B. ausdrücklich empfohlen, dass die Dokumentation der Behandlung (‚Krankenakte') von den regelmäßigen Berichten über andere Bereiche getrennt wird. Schon das zeigt, dass die Aufgabenabklärung und -abgrenzung ebenso wichtig ist wie Kooperation und Vernetzung der beteiligten Professionen.

Arbeitsweise

Nach der Aufnahme in den Maßregelvollzug muss ein individueller Therapie- und Eingliederungsplan erarbeitet werden, „der die Persönlichkeit, das Alter, den Entwicklungsstand und die Lebensverhältnisse berücksichtigt. Der Plan ist mit der Patientin oder dem Patienten und der gesetzlichen Vertretung zu erörtern" (§ 16 Abs. 1 MRVG-NRW). Der Plan enthält folgende Angaben:

- Unterbringung und Zuweisung zu einer Behandlungsgruppe
- medizinisch und therapeutische Behandlung und Pflege
- Teilnahme an Unterricht, Beschäftigungs- und Arbeitstherapie oder Arbeit
- Lockerungen wie Ausgang mit/ohne Aufsicht oder Urlaub
- Maßnahmen der Eingliederung.

Die Pläne sind mindestens alle sechs Monate zu überprüfen und anzupassen – bis hin zur Maßgabe, dass „in geeigneten Fällen die Leitung der Einrichtung unverzüglich die Aussetzung der Vollstreckung der Maßregel (…) anregen (soll)". Nach spätestens drei Jahren ist die Möglichkeit einer Entlassung zu prüfen, hierüber wird ein (psychologisch-psychiatrisches) Gutachten angefertigt. Bei der Unterbringung in einer Entziehungsanstalt ist die Vollstreckungsbehörde unverzüglich zu unterrichten, wenn keine hinreichende Aussicht auf einen Behandlungserfolg (mehr) besteht (§ 16 MRVG-NRW).

Typisch ist das Entscheidungsverfahren vor Lockerungen, wie es in den Grundsätzen des nordrhein-westfälischen Landesbeauftragten für den Maßregelvollzug beschrieben ist (www.massregelvollzug.nrw.de): Danach werden zunächst alle für eine Prognoseentscheidung erforderlichen Daten zusammengetragen (für die Vollständigkeit der Daten ist eine verantwortliche Person zu benennen!). Danach wird auf Stationsebene ein Entscheidungsvorschlag erarbeitet. In diesen ist zwingend – neben dem zuständigen Therapeuten – auch der/die Bezugssozialarbeiter/in einzubeziehen. Abweichende Meinungen sind zu dokumentieren. Der Vorgang wird dann der therapeutischen Leitung zur Entscheidung über die Vollzugslockerung vorgelegt. Diese bezieht evtl. externe Gutachten ein, bevor sie entscheidet (zwingend ist dies bei sexuellen Gewalttaten als Anlassdelikt).

Tätigkeiten

In der ersten Phase des Maßregelvollzugs soll der notwendige Vertrauensaufbau durch intensive Gespräche sowie konkrete und aktive Hilfe bei der Klärung und Regelung sozialer Fragen erfolgen. Das betrifft nach der unfreiwilligen Unterbringung im Maßregelvollzug z.B. die Sicherung des Wohnraums und etwaiger Gegenstände sowie die Kontaktaufnahme zu Angehörigen, Freunden oder gesetzlichen Betreuern. Danach zielt die Unterstützung auf Fragen wie die Schuldenregulierung, die Beantragung von Leistungen, das Betreuungsverfahren und die Aufrechterhaltung sozialer Beziehungen. In der dritten, der Entlassungsphase, benötigen die Patienten Hilfe bei der Arbeits- und Wohnungssuche sowie für den (Wieder-)Aufbau tragfähiger sozialer Netzwerke.

Berichte

Alle Handlungen des Sozialdienstes sind – chronologisch – zu dokumentieren. Darüber hinaus müssen in regelmäßigen Abständen Berichte über den Behandlungsverlauf geschrieben werden. Zusätzliche Stellungnahmen können z.B. zur Vorbereitung von Lockerungs- und Entlassungsentscheidungen erforderlich werden.

Organisation und Qualifikation

Für Organisation und Qualifikation gilt Vergleichbares wie beim Sozialdienst der JVA. Eine besondere Zusatzqualifikation, die vor allem im Maßregelvollzug gesucht ist, ist die zum Sozialtherapeuten/zur Sozialtherapeutin. Sie schließt an ein abgeschlossenes Studium im Bereich der Sozialen Arbeit an und umfasst z.B. beim Diakonischen Werk 600 Stunden (www.sucht.org).

3.2.4.3 Freie Straffälligenhilfe

Auch die ambulanten und stationären Sozialen Dienste der Justiz bieten Hilfe für straffällig gewordene Menschen. Spricht man von Straffälligenhilfe, meint man aber meist die Hilfe, die von freien Trägern, kleinen Vereinen und den großen Wohlfahrtsverbänden angeboten wird.

Auftrag

Typisch für den Auftrag, den sich freie Träger selbst geben, ist die Selbstdarstellung der Straffälligenhilfe der Caritas Rastatt im Internet:

> *„Die Straffälligenhilfe der verbandlichen Caritas berät und begleitet straffällig gewordene Menschen und ihre Angehörigen sowie die Opfer von Straftaten auf freiwilliger Basis. (...) Schwerpunkt unseres Hilfeangebotes ist die Beratung und Begleitung von Straf- und Untersuchungsgefangenen, insbesondere die Vorbereitung auf die Entlassung in Freiheit. Daneben gibt es aber auch noch eine Reihe anderer Hilfeangebote wie beispielsweise die Beratung von Opfern, den Täter-Opfer-Ausgleich, die Vermittlung in gemeinnützige Arbeit zur Abwendung von Ersatzfreiheitsstrafen oder die Durchführung von sozialen Trainingskursen. (...) Grundanliegen und verbindendes Element aller Maßnahmen ist die Vermeidung von Ausgrenzung und Armut. Dazu greifen wir aktuelle Themen und Entwicklungen auf, mischen uns in die fach- und gesellschaftspolitische Diskussion ein, initiieren Meinungsbildungsprozesse und entwickeln daraus Haltungen und Positionen. Diese sollen zur sachlichen Auseinandersetzung über Bedingungen und Ursachen von Straffälligkeit beitragen und wollen Verständnis für die Lebenslagen der Betroffenen in der Öffentlichkeit fördern."*

Rolle und Rollenkonflikte

In den fachlichen Leitlinien der AWO zur Straffälligenhilfe sind die Rollenkonflikte mit Händen greifbar, wenn es heißt: „Rahmenbedingungen, die unseren Werten nicht entsprechen, begegnen wir mit angemessener sozialpolitischer Einflussnahme auf allen nötigen Ebenen" (2007: 3).

Wenn als Hauptziel der Straffälligenhilfe Haftvermeidung und Haftreduzierung angegeben wird, dann sind Konflikte in einem System, das dem Vollzug von Strafen dient, unvermeidbar, erst recht, wenn das Resozialisierungsziel des Strafvollzugsgesetzes und sein euphemistisches Ideal der lebensweltnahen Haftbedingungen (§ 4 StVollzG) durch den apodiktischen Satz in Frage gestellt wird, dass Autonomie und Selbstbestimmung nur in Freiheit erlernbar sind (2007: 4).

Dabei ‚lebt' auch die Straffälligenhilfe von der Straffälligkeit – und deren daran geknüpfte gesellschaftliche und soziale Folgen. Es gibt also ein ‚Gefangenendilemma' der etwas anderen Art: Soziale Arbeit, die etwas für Gefangene erreichen will, muss sich bis zu einem gewissen Grad mit dem System arrangieren – und kann nur selektiv dagegen rebellieren, zumindest wenn die Rebellion (für die Gefangenen) Wirkung haben soll.

Arbeitsweise

Die Arbeit der Straffälligenhilfe muss immer zwischen der Hilfe für die Einzelnen und der Hilfe im System balancieren. Letztlich geht es ihr darum, wie die Caritas auf ihrer Web-Seite schreibt, alle Maßnahmen bereitzustellen, die „geeignet sind, die persönlichen Fähigkeiten der Betroffenen zu erweitern und zu stärken sowie ihre Lebenssituation nachhaltig zu verbessern". Dafür soll „ganzheitliche und durchgängige Hilfe" angeboten werden. Ausdrücklich erwähnt die Caritas, dass sie dabei nicht an das justizielle Verfahren gebunden ist, sondern sich an der jeweiligen individuellen Problemlage der Hilfesuchenden orientiert.

Die Arbeiterwohlfahrt (AWO 2007: 3) hebt hervor, dass Straffälligkeit aus einer Wechselwirkung von gesellschaftlichen Bedingungen, individuellen und sozialen Voraussetzungen resultiert. Deshalb versteht sie sich auch „als sozialpolitische Interessensvertretung aller Menschen, insbesondere jener, die sich allein kein Gehör verschaffen können".

Klientenkontakte
Was sonst vielleicht selbstverständlich ist, muss bei der Hilfe für Menschen, die straffällig geworden sind und inhaftiert wurden, ausdrücklich gesagt werden:

„Straffällige sind gleichberechtigte Mitglieder unserer Gesellschaft. Wir unterstützen die Freiheit der Einzelnen in der Auswahl und in der Annahme unserer Hilfeangebote" (AWO 2007: 3).

Hilfsangebote werden deshalb mit den Betroffenen und unter Nutzung ihrer vorhandenen Ressourcen und Kompetenzen entwickelt. Alle Träger der Straffälligenhilfe, so auch die AWO, machen den Selbsthilfegedanken zum Ausgangspunkt ihrer Intervention. Allen Betroffenen sollen in Umfang und Intensität gleiche, aber individuell abgestimmte Hilfen angeboten werden. Bei der Bewertung der Geeignetheit und Qualität von Leistungen wird jedoch der Geschlechterperspektive – aufgrund unterschiedlicher Betroffenheiten – eine wesentliche Rolle beigemessen.

Institutionelle Ebene
Institutionell wird die freie Straffälligenhilfe entweder von den Wohlfahrtverbänden, von kleineren Vereinen oder von ehrenamtlich Tätigen betrieben. Sie folgt damit den arbeitsrechtlichen Regelungen des jeweiligen Arbeitsbereichs.

In Sachsen-Anhalt wurde ein Rahmenkonzept entwickelt, durch das verschiedene Projektangebote freier Träger mit dem Arbeitsschwerpunkt „Straffälligenbetreuung" unter einem organisatorischen Dach zusammengeführt werden sollen (ZEBRA). Das Rahmenkonzept soll die Vereine bei der Entwicklung fachlicher Standards für die Arbeit in der freien Straffälligenhilfe sowie bei Kriterien zur transparenten Darstellung des Hilfeprozesses (Falldokumentation) und zur einheitlichen Erhebung statistischer Daten unterstützen. Es gibt wichtige Hinweise, wie die Prozesse in der freien Straffälligenhilfe gestaltet werden können.

Auch in der Straffälligenhilfe der freien Träger kommt der Falldokumentation und Aktenführung eine wichtige Bedeutung zu. Für die Dauer des Betreuungsprozesses sollen Fallakten angelegt werden, die Hilfeplan, Beratungs- oder Betreuungsvereinbarung, Sozialberichte, Erklärung zur Entbindung von der Schweigepflicht und Statistikbogen enthalten. Gerade bei freien Trägern ist es üblich, dass sie in Jahresberichten ihre Tätigkeit sowie ihre Personal- und Finanzsituation, fachliche Kooperationen und Projekte darstellen.

Justizielles System

Die freie Straffälligenhilfe ist fester Bestandteil des ‚justiziellen Systems' (von dem sie sich abgrenzt): § 154 StVollzG verpflichtet die Vollzugsbehörden dazu, mit den Verbänden der freien Wohlfahrtspflege eng zusammenzuarbeiten und Personen und Vereine einzubeziehen, die Einfluss auf die Eingliederung von Gefangenen haben können. Das justizielle System führt der Straffälligenhilfe praktisch ihre ‚Probanden' erst zu. Eine ‚justizunabhängige' Kontaktanbahnung ist nur über Angehörige und durch anlasslose Besuche in der JVA denkbar. Aber auch hier liegt es in der Logik ‚totaler Institutionen' (Goffman), dass Kontakte der Genehmigung bedürfen (§ 25 StVollzG).

Zur Entlassungsvorbereitung empfehlen die Qualitätsstandards der Sozialdienste eine Kontaktaufnahme mit Beratungsstellen der freien Straffälligenhilfe; in manchen Einrichtungen werden sie mit Zustimmung der Gefangenen auch in die Entlassungsplanung einbezogen.

Die Zusammenarbeit zwischen den Sozialdiensten der Justiz und der freien Straffälligenhilfe ist durch Netzwerke, Arbeitskreise und Hospitationen institutionalisiert. Die starke Verschränktheit mit dem justiziellen System zeigt sich auch darin, dass die freie Straffälligenhilfe bei der Erstellung des Jahresberichts fachliche Stellungnahmen des Sozialen Diensts der Justiz und des Justizvollzugs über die geleistete Arbeit einholen soll.

Tätigkeiten

Zielgruppen der freien Straffälligenhilfe sind

- Haftentlassene, wenn sie nicht der Bewährungshilfe unterstellt sind
- Inhaftierte im Rahmen der Entlassungsvorbereitungen
- Menschen, die von Haft bedroht sind
- und deren Angehörige.

Entsprechend vielfältig sind die Tätigkeiten.

Kontaktaufnahme

Die Empfehlungen von ZEBRA sehen vor, dass der Kontakt auf vielfältige Weise – persönlich oder durch Dritte – aufgenommen werden kann: briefliche oder telefonische Anmeldung, Vorsprache beim Träger oder Nachfragen in den Sprechstunden der JVA.

Im Erstgespräch sollen Informationen über das Leistungsangebot gegeben werden. Danach findet eine Bedarfsklärung statt, wo Betroffene selbst ihren Bedarf anmelden sollen. Gemeinsam sollen die Probleme sowie der Beratungs- und Betreuungsbedarf festgestellt werden. Auf dieser ‚diagnostischen' Grundlage soll ein Hilfeplan erstellt sowie eventuell nötige Akutmaßnahmen durchgeführt und, wo nötig, an andere Soziale Dienste oder Beratungsstellen weitervermittelt werden. Damit sollen gleichzeitig der Einstieg in den Hilfeprozess und der Aufbau einer vertrauensvollen, tragfähigen Beziehung gelingen.

Beratung und Begleitung
Bei einer anstehenden Haftentlassung wird die freie Straffälligenhilfe in der letzten Phase vor der Entlassung von den Sozialdiensten der JVA eingeschaltet. Ihre wichtigsten Aufgaben sind die Begleitung von Gefangenen bei Vollzugslockerungen, die der Aufrechterhaltung privater sozialer Kontakte dienen, Hilfestellungen bei Ausgang in Vorbreitung der Haftentlassung, wenn z.B. Behördengänge oder Wohnungsbesichtigungen anstehen, und Vorbereitung einer Anschlussbetreuung.

Auch nach der Haftentlassung kann die Straffälligenhilfe noch unterstützend tätig werden. Dazu gehören Hilfestellungen bei psychosozialen und familiären Problemen, Gruppenangebote, Informationen z.B. über Rechtsansprüche und Hilfe bei deren Beantragung, wie überhaupt Hilfe im Umgang mit Behörden, bei der Wohnungs- und Arbeitsplatzsuche sowie (weiter verweisende) Hilfe bei der Schuldenregulierung und bei Drogenproblemen. Manchmal kann es dabei auch nötig werden, deutlich zu machen, welche Konsequenzen es hat, wenn Termine oder Vereinbarungen nicht eingehalten werden.

Bei Weitergabe der Betreuung oder ihrer Beendigung sollte mindestens ein Abschlussgespräch stattfinden. Besser ist eine Abschlussphase, in der die Betreuung sukzessive verringert wird – und der/die Betreute in die Beendigung einwilligt. Wird der Fall abgegeben, sollte nochmals abgesprochen werden, an welchen Fragen weiterzuarbeiten ist. Bei einem Umzug soll Kontakt zu einem anderen Betreuer hergestellt werden. Kommt es zu einem Betreuungsabbruch, sind die Gründe aktenkundig zu machen.

Berichte
Sie werden von der freien Straffälligenhilfe allenfalls intern, aber nicht gegenüber den Justizbehörden, verlangt.

Organisation
Da sich die Träger der freien Straffälligenhilfe sehr unterscheiden, kann hier nur exemplarisch auf die Darstellung der Organisationsstruktur auf der Web-Seite eines großen Trägers verwiesen werden:

„Die Straffälligenhilfe der verbandlichen Caritas beschäftigte 2003 mehr als 350 Mitarbeiterinnen und Mitarbeiter an über 80 Standorten in Deutschland. (...)
Wir arbeiten eng mit anderen Einrichtungen und Institutionen zusammen, um den Betroffenen möglichst umfangreiche Beratungs- und Hilfeangebote zugänglich zu machen. (...)
In der Zentrale des Deutschen Caritasverbandes ist die Straffälligenhilfe ein Fachbereich des Referats: Basisdienste und besondere Lebenslagen in der Abteilung Soziales und Gesundheit. Aufgabe dieses Fachbereichs ist es unter anderem, die Straffälligenhilfeangebote der verbandlichen Caritas zu koordinieren, das heißt für die Abstimmung von Vorgängen und Positionen zu sorgen und die Kooperation zu fördern. Auch die Interessenvertretung der Dienste und Einrichtungen auf Bundes- und Europaebene, etwa durch poli-

tische Stellungnahmen und Aktionen, fällt in den Aufgabenbereich der Straffälligenhilfe. Zur überverbandlichen Koordination der Hilfeangebote ist der Deutsche Caritasverband Mitglied der Bundesarbeitsgemeinschaft für Straffälligenhilfe e. V."

In der BAG Straffälligenhilfe sind außerdem noch die Arbeiterwohlfahrt, das Diakonische Werk, der Paritätische Wohlfahrtsverband, das Deutsche Rote Kreuz und die zentrale Wohlfahrtsstelle der Juden in Deutschland zusammengeschlossen. Dazu gehört auch die Deutsche Bewährungshilfe (DBH) als Fachverband für Soziale Arbeit, Strafrecht und Kriminalpolitik.

Qualifikation

In der Beratungs- und Betreuungsarbeit der freien Straffälligenhilfe sollten – wie in den Sozialen Diensten der Justiz – vorrangig Fachkräfte der Sozialen Arbeit eingesetzt werden. Ausnahmsweise kommen auch andere Berufsgruppen mit Erfahrungen im sozialen Bereich in Betracht.

Darüber hinaus ist es erklärtes Ziel, zusätzlich geeignete Ehrenamtliche einzubinden. In Sachsen-Anhalt ist für sie folgendes Anforderungsprofil entwickelt worden (das im Übrigen auch auf hauptamtlich Tätige zutreffen sollte):

- Motivation zum Ehrenamt
- keine eigenen analogen Problemlagen (z. B. Drogen, Verschuldung)
- Lebenserfahrung (Mindestalter: 21 Jahre)
- Flexibilität und Mobilität
- Empathie, Wertschätzung, Echtheit
- Gesundheit und Belastbarkeit
- Kooperationsbereitschaft und Teamorientierung
- Organisationsfähigkeit.

Es empfiehlt sich, zu Beginn ein Eignungsgespräch zu führen; zudem muss ein (ggf. erweitertes) Führungszeugnis eingeholt werden. Danach sollte eine fachliche Einarbeitung, Anleitung und Fortbildung durch hauptamtliche Fachkräfte sichergestellt sein.

3.3 Soziale Arbeit mit Geschädigten

Menschen, die durch Straftaten in ihren Rechten (Eigentum, körperliche Unversehrtheit, sexuelle Selbstbestimmung) verletzt wurden, brauchen zur Wahrnehmung ihrer Rechte im Strafverfahren (und gegenüber den ‚Tätern') Unterstützung, manchmal menschliche (‚eine Schulter zum ausweinen'; Muscat 2010), manchmal fachliche. Fachliche Hilfe erschöpft sich nicht in anwaltlicher Vertretung, sondern erfordert oft psychosoziale Unterstützung bei der Überwindung von Ängsten, Konfrontation mit dem ‚Täter' oder Begleitung bei der Rückkehr ins Leben.

Auftrag

§ 406 h StPO regelt, dass Geschädigte möglichst frühzeitig darauf hinzuweisen sind, dass sie Unterstützung und Hilfe durch Opferhilfeeinrichtungen erhalten können, etwa in Form einer Beratung oder einer psychosozialen Prozessbegleitung. Dies wird als eine Möglichkeit verstanden, dass Geschädigte im Strafverfahren ihre Rechte aktiv wahrnehmen können, statt auf dem Altar eines staatlichen Strafverfahrens ‚geopfert' zu werden, das sie nur als Beweismittel sieht.

Rolle und Rollenkonflikte

Einen Hinweis auf Rolle und Rollenkonflikte von psychosozialen Fachkräften in Strafverfahren geben die österreichischen Standards (BMWiFJ), wenn sie darauf verweisen, dass die professionelle Prozessbegleitung die Fähigkeit zur Vernetzung erfordert und dazu, die Möglichkeiten und Grenzen der eigenen Wirkungsbereiche sowie die der anderen Berufsgruppen zu erkennen und zu respektieren.

Ein weiterer ‚Rollenkonflikt' kann sich daraus ergeben, dass Sozialarbeiterinnen in der Regel kein Zeugnisverweigerungsrecht vor Strafgerichten zusteht (§ 53 StPO). Das könnte sie in die Situation bringen, z.B. von der Verteidigung aus rein prozesstaktischen Gründen als Zeuginnen benannt zu werden und dann über vertrauliche Gespräche mit der Verletzten Auskunft geben zu müssen. Um das zu vermeiden, wird allgemein geraten, nicht über den Vorfall, der Gegenstand des Strafverfahrens ist, zu sprechen (Fastie 2008; Opferhilfe Niedersachsen 2012).

Arbeitsweise

Klientenebene
‚Auftraggeber' sind die Geschädigten selbst oder deren Angehörige (Opferhilfe Niedersachsen 2012: 15). Diese wenden sich persönlich, telefonisch oder schriftlich an einschlägige Beratungsstellen. Eine Kontaktvermittlung kann, das Einverständnis der Betroffenen vorausgesetzt, auch vom sozialen Umfeld oder Institutionen ausgehen. Die Selbstbestimmung bei der Inanspruchnahme des Angebots ist aber zentral (bff 2012: 6). Im Klientenkontakt können sich vor allem folgende Fragen stellen (Fastie 2007: 177):

- Wie erlebe ich eine Person?
- Was braucht die Person? Welche Form der Begleitung?
- Was will die Person (selbst!)?
- Kann ich mir ausreichend Zeit nehmen?
- Kann ich andere in ihrer Unterstützung unterstützen?
- Wen kann/will ich begleiten?
- Wie gehe ich mit Antipathien gegenüber anderen Beteiligten um?
- Habe ich ausreichendes gutes Handwerkszeug (Wissen, Methoden, Kontakte)?
- Wann nehme ich welchen Auftrag unter welchen Bedingungen von wem an?
- Wer kommt für die Kosten meiner Arbeit auf?
- Welche Beobachtungen und Emotionen hatte ich während eines Prozesses?
- Wie verarbeite ich mein eigenes Unverständnis/Entsetzen über Entscheidungen anderer?

Institutionelle Ebene

‚Opferhilfeeinrichtungen' z. B. bei Gewalt gegen Frauen sind als ‚Selbsthilfe' aus der autonomen Frauenbewegung hervorgegangen; sie sind bewusst basisdemokratisch (z. B. als Vereine) organisiert und halten an einer parteilichen Arbeit (für Frauen) fest. Die Frauenberatungsstellen legen den Fokus deshalb auf die Gestaltung des Begleitprozesses und versuchen, ihr Angebot über ‚Zufriedenheitsbefragungen', aber auch anonymisierte Datenerhebungen, zu steuern (bff 2012: 12). Die Opferhilfe Niedersachsen (2012: 16) organisiert die regionalen ‚Opferbüros' dagegen wie Behörden mit örtlichen und sachlichen Zuständigkeiten, Dokumentationspflichten (bis hin zur ‚Anlage eines Vorgangs') und Hilfeplanung.

Justizielles System

Ausdrücklich weisen die Frauenberatungsstellen (bff 2012) darauf hin, dass die Nutzung der Zeuginnenbegleitung von der Kooperation und Vernetzung mit anderen Einrichtungen, Ämtern und Behörden wie Kriminalpolizei, Staatsanwaltschaft und Gericht, Gerichtshilfe oder allgemeinen Sozialen Diensten abhängig ist, die ihrerseits betroffene Frauen auf das Angebot hinweisen und den Kontakt vermitteln.

Tätigkeiten

Die Opferhilfe Niedersachsen (2012) beschreibt die Arbeitsweise als praktische Einzelfallhilfe zur Linderung von Ängsten, Stabilisierung, Anerkennung und Kompensation der Folgen. Sie unterscheidet drei Arbeitsphasen:

- die *Eingangsphase* durch Kontaktaufnahme oder Vermittlung (z. B. durch die Polizei),
- die *Beratungs- und Hilfephase*, beginnend mit einem Clearingprozess, bei dem Geschädigte ihren Hilfe- und Unterstützungsbedarf abklären, der Hilfegewährung (z. B. Krisenintervention, Information, Begleitung) und der Vereinbarung weiterer Handlungsschritte und
- der *Abschlussphase* (Beendigung, Weiterverweisung).

Wiederkehrende Aufgaben sind (2012: 27):

- *Allgemeine Informationen* zum (Ablauf des) Strafverfahren und den Rechten von Geschädigten.
- *Kriseninterventionen* als Unterstützung bei der psychischen Stabilisierung innerhalb der ersten Wochen und Monate nach dem Ereignis. Die Hauptelemente der Krisenintervention sind: äußere und innere Sicherheit durch die Minderung sozialer Risikofaktoren und zusätzlicher Belastungen (wieder) herstellen, Gelegenheit zum Sprechen geben, Orientierung durch Informationen ermöglichen, bei der Wiederherstellung selbstständiger Entscheidungs- und Handlungsfähigkeit unterstützen. Da es sich bei der Krisenintervention nicht um einen therapeutischen Prozess handelt, ist sie zeitlich auf vier bis sieben Gesprächseinheiten begrenzt. Ihr Ziel ist die unmittelbare Stressreduktion, die Symptommilderung, Unterstützung des Erholungs- und Verarbeitungsprozesses, die Stärkung der Selbstheilungskräfte und Ressourcen.

- *Begleitung von Zeugen* durch Informationen über den Ablauf von Gerichtsverfahren, über Aufgabe und Rolle der anderen Verfahrensbeteiligten sowie durch die persönliche Begleitung in der Hauptverhandlung (ausführlich Roth 2007).
- Demgegenüber wird die weitergehende, individuelle *psychosoziale Prozessbegleitung* angeboten, wenn infolge besonderer psychischer Belastungen durch die Straftat eine intensive Unterstützung erforderlich ist, namentlich nach sexuellen Gewaltdelikten. Sie wird von speziell ausgebildeten psychosozialen Fachkräften durchgeführt. Ziel ist es, Belastungen im Verfahren zu reduzieren und sekundäre Schädigungen möglichst zu vermeiden (bff 2012: 4; ausführlich Fastie 2007 und 2008: 227). Aufgaben sind:
  - *vor der Hauptverhandlung*: Klärung von Vorstellungen über das Verfahren und (altersgemäße) Information, Sicherstellen einer Nebenklagevertretung, Vertrautmachen mit Örtlichkeiten und Verfahrensbeteiligten, Ansprechperson für Betroffene und Angehörige
  - *während der Hauptverhandlung*: Versorgung und Begleitung, Hilfe bei Formalitäten, Kooperation mit anderen Beteiligten (Nebenklage, Gericht, Zeugenbegleitung), altersangemessene Erklärung der Abläufe
  - *nach der Hauptverhandlung*: Erklärung des Verfahrensausgangs und Aufarbeitung des Verfahrens, Weitervermittlung, Hilfe bei der Geltendmachung von Ansprüchen, Trauer und Beendigung.

Die Opferbüros in Niedersachsen helfen darüber hinaus auch bei der Erlangung finanzieller Hilfen und wenn Auskunft über Vollzugslockerungen, Urlaubsgewährung und Haftentlassung von Verurteilten gewünscht wird (§ 406 d StPO), damit Geschädigte davon nicht überrascht werden.

Organisation

‚Opferhilfe', also Hilfe und Unterstützung für Geschädigte einer Straftat, findet in verschiedenen Formen statt.
- Seit Mitte der 70er Jahre thematisierte die zweite (deutsche) Frauenbewegung die ‚Gewalt gegen Frauen' (Lenz 2009). Dabei entstanden zunächst ‚autonome' Selbsthilfestrukturen, wie Notrufe für vergewaltigte Frauen oder Frauenhäuser. Die Frauenberatungsstellen und Frauennotrufe, die Beratung für Betroffene von häuslicher und sexueller Gewalt und Begleitung zu Gerichtsverfahren anbieten, sind in einem eigenen Bundesverband zusammengeschlossen (www.frauen-gegen-gewalt.de). Die autonomen, also trägerunabhängigen Frauenhäuser haben sich in einer zentralen Informationsstelle vernetzt (www.autonome-frauenhaeuser-zif.de); für die sog. ‚Trägerhäuser' gibt es beim Deutschen Paritätischen Wohlfahrtsverband eine Koordinierungsstelle (www.frauenhaus koordinierung.de). Prozessbegleiterinnen, die über eine Zusatzqualifikation für die Begleitung im Strafverfahren verfügen, haben den Bundesverband Psychosoziale Prozessbegleitung e.V. gegründet (www.bpp-bundesverband.de). Letztere sind oft freiberuflich tätig; ihre Kosten können bei Kindern und Jugendlichen als Hilfe zur Erziehung (§§ 27 ff SGB VIII), bei Erwachsenen als

Hilfe in besonderen sozialen Schwierigkeiten (§§ 67ff SGB XII) übernommen werden (Oberlies 2008).
- Ehrenamtliche Unterstützung für Kriminalitätsopfer bietet der Weiße Ring (www.weisser-ring.de). Er unterstützt Betroffene u. a. mit finanziellen Mitteln aus Spenden. Die professionellen Opferhilfeeinrichtungen in freier Trägerschaft haben sich im Arbeitskreis der Opferhilfen (ADO) zusammengeschlossen (www.opferhilfen.de).
- Daneben hat auch die Justiz die Geschädigten entdeckt: So wurden in vielen Gerichten Zeugenbetreuungen eingerichtet, die Informationen und Unterstützung für Zeugen und Zeuginnen – und oft auch Kinderbetreuung – anbieten (Roth 2007). In Niedersachsen wurde auf Initiative des Justizministeriums sogar eine eigene Stiftung Opferhilfe gegründet (www.opferhilfe.niedersachsen.de).

Qualifikation

Die Beratung von ‚Gewaltopfern' und ihre fachkundige Begleitung im Strafverfahren hat sich in den letzten Jahrzehnten von einer Selbsthilfebewegung zu einem professionalisierten Bereich der Sozialen Arbeit entwickelt. Dafür prädestinieren eine Ausbildung im Schnittpunkt von Recht und Psychosozialem und der erklärte Anspruch auf Interdisziplinarität. Während der Weiße Ring Ehrenamtliche in dreitägigen Einführungsseminaren auf ihre Tätigkeit vorbereitet, setzen die Qualitätsstandards des bff (2012) für die psychosoziale Prozessbegleitung folgende Qualifikationen voraus:

- *Auf der fachlichen Ebene*: eine psychosoziale Grundausbildung (einschlägiges Hochschulstudium oder Berufserfahrung), straf- und strafverfahrensrechtliche Kenntnisse sowie Vertrautheit mit den Verfahrensabläufen, fundiertes Wissen über Gewalt und Traumatisierung sowie das einschlägige Hilfsangebot vor Ort
- *Auf der persönlichen Ebene*: Gesprächsführungskompetenz, Kommunikationsfähigkeit und Kooperationsbereitschaft, vor allem mit den an der Strafverfolgung beteiligten Behörden, Sicherheit im Umgang mit Polizei und Justiz (sowie Bereitschaft zur interdisziplinären Vernetzung) und emotionale Belastbarkeit
- *Auf der organisatorischen Ebene*: eine flexible Zeiteinteilung (weil äußere Bedingungen wie z. B. Gerichtstermine kaum beeinflussbar sind und Prozessbegleitung personelle Kontinuität in der Betreuung sicherstellen muss).

In den österreichischen Standards (BMWiFJ) wird auch noch die Bereitschaft zu Offenheit, Reflexion und Auseinandersetzung mit sich und anderen Berufsgruppen sowie zur kontinuierlichen Fortbildung betont.

Die Weiterbildung, die das Institut ‚RECHT WÜRDE HELFEN e.V.' (www.rwh-institut.de) anbietet, um die Kompetenzen für die psychosoziale Prozessbegleitung zu erwerben, umfasst acht Module an insgesamt 32 Tagen.

Gut zu wissen – gut zu merken

Anhand des vorhergehenden Kapitels können Sie sich gezielt über einzelne Arbeitsfelder der Sozialen Arbeit im Kontext von Strafverfahren (z.B. in Vorbereitung auf ein Praktikum) informieren. Darüber hinaus können Sie prüfen, ob die Anforderungen, hinsichtlich Auftrag, Rolle und konkreter Tätigkeiten, ihren Interessen und ihren im Studium erworbenen Kompetenzen entsprechen.

Die Darstellung zeigt, dass Soziale Fachkräfte grundlegende Kenntnisse des Strafverfahrens brauchen, um Menschen, seien sie beschuldigt, verurteilt oder geschädigt, beistehen zu können. Darüber hinaus benötigt man in allen Tätigkeitsfeldern die Kompetenz zur vertrauensvollen Beziehungsgestaltung, Interaktion und Kommunikation (im Zwangskontext des Strafverfahrens), zur interdisziplinären Vernetzung und Kooperation sowie in vielen justiznahen Arbeitsbereichen solides sozialadministratives Wissen und Können. Einiges davon kann im Studium geübt werden wie die Kompetenz, Berichte zu schreiben: Diese sollten das Ziel haben, auf der Grundlage wissenschaftlicher Theorie und Forschung, Informationen so aufzubereiten, dass sie den betroffenen Menschen gerecht werden, aber auch den entscheidenden Menschen nachvollziehbar und hilfreich sind.

Zum Weiterlesen

Miller, William/Rollnick, Stephen (^{3}2009): Motivierende Gesprächsführung. Lambertus-Verlag, Freiburg

Kähler, Harro (2005): Soziale Arbeit in Zwangskontexten. Ernst Reinhardt Verlag, München

4 WISSENSCHAFTLICH FUNDIERTE SOZIALARBEITERISCHE INTERVENTIONEN IM KONTEXT DES STRAFVERFAHRENS

Was Sie in diesem Kapitel lernen können

Im folgenden Kapitel soll eine wissenschaftlich fundierte Arbeitsweise an einigen (realen) Fallbeispielen dargestellt werden. Die Fallbeispiele werden gleichzeitig dazu genutzt, kriminologisch-strafrechtliches Wissen über wichtige Themenbereiche wie Jugendkriminalität, Partnergewalt, sexueller Missbrauch, Drogendelikte sowie das Bestrafungsrisiko von Sozialen Fachkräften zu vermitteln.

4.1 Wissenschaftlich fundierte Interventionen

4.1.1 Methodisches Vorgehen

Sozialarbeiterische Interventionen im Kontext des Strafverfahrens setzen ein wissenschaftlich fundiertes Vorgehen voraus. In Anlehnung an den von Staub-Bernasconi entwickelten transformativen Dreischritt (2007: 318f) kann dabei wie folgt vorgegangen werden:

- Zusammenstellung der Befunde sowie Heranziehung von Theorien und Forschung zur Erklärung des Problems (Phänomen, Verhalten)
- Bildung von Hypothesen (die das Justizsystem als externe Determinante einbeziehen sollten)
- Interventionsüberlegungen unter Beachtung des im Kontext des Strafverfahren Möglichen einerseits sowie des sozialpädagogisch Sinnvollen und professionell Wünschenswerten andererseits.

In einer Untersuchung über Strukturen, Prozesse und Ergebnisse des Fallmanagements in kommunalen sozialen Diensten haben Pothmann/Wilk (2009: 52) die Arbeitsweise von strukturierten und unstrukturierten Teams herausgearbeitet:

Unstrukturierte Teamberatung	Strukturierte Teamberatung	
	(4 Phasen)	(5 Phasen)
Fallvorstellung	Fallvorstellung	Fallvorstellung
	Fragerunde	Fragerunde
		Hypothesen zum Fallverlauf
	Fallbewertung und Beratung über Hilfe	Weitere Handlungsschritte
Diskussion und Ergebnisfeststellung	Empfehlung und Entscheidung	Ergebnisfeststellung

Einen sehr wichtigen Zwischenschritt bildet die Überprüfung der Hypothesen durch weitere Erhebungen wie die Exploration, also das strukturierte Gespräch mit der betroffenen Person, ergänzende Aktenauswertungen und die Befragung Dritter. Ein strukturiertes Vorgehen erläutert auch Bock vor allem mit Blick auf die Prognosebeurteilung in seiner ‚angewandten Kriminologie' (Bock 2007: 103 ff).

4.1.2 Funktion von Theorien

Kant hat die Funktion von Theorien einmal in einem wunderbar ironischen Beitrag ‚Über den Gemeinspruch: Das mag in der Theorie richtig sein, taugt aber nicht für die Praxis' (1977: 127) dargelegt. Vereinfacht sagt er, eine physikalische Theorie ist z.b. dazu da zu berechnen, wo eine Kanonenkugel einschlägt. Wenn sie dann woanders einschlägt, ist nicht etwa ‚bewiesen', dass die Theorie in der Praxis nichts taugt, sondern dann ist eine Theorie schlicht noch nicht gut genug – sonst würde sie eine exakte(re) Vorhersage erlauben! Das Gleiche gilt auch für sozialwissenschaftliche Theorien. Die meisten Kriminalitätstheorien – vielleicht mit Ausnahme des labeling approach – erheben nicht (mehr) den Anspruch, eine allgemeine Theorie der Kriminalität zu sein, sondern sind, was Merton (1998) eine Theorie mittlerer Reichweite genannt hat: Sie fördern das Verständnis für ein soziales Phänomen (‚Kriminalität'), ohne es in seiner ganzen Komplexität erklären zu wollen. Kennzeichnend für diese Theorien ist ihre Rückbeziehung auf das empirische, durch Forschung und Beobachtung erworbene Wissen.

Hinzu kommt als weiteres Problem: Menschen haben immer Theorien. Lesen Sie den Anfang der Fallgeschichte und ich bin sicher, dass wir alle annehmen, dass Flucht und das ‚dissoziale Verhalten' im Grundschulalter [sic!] Anzeichen für die späteren Entwicklungen sind. Das ist eine Theorie: ein vereinfachtes Bild der Wirklichkeit, durch das Geschehenes erklärt und Zukünftiges vorausgesehen werden soll. Anders als eine wissenschaftliche Theorie werden die Annahmen aber nicht daraufhin überprüft, ob sie tatsächlich widerspruchsfrei ein soziales Phänomen erklären – oder anders ausgedrückt, ob auch andere, ausgestattet mit den gleichen Informationen, zu den gleichen Ergebnissen gelangen würden. Mit anderen Worten: Alltagstheorien beziehen, anders als wissenschaftliche Theorien, nicht systematisch die Möglichkeit des Irrtums ein. Genau das ist das Gefährliche: Wenn nicht kritisch überprüft wird, ob an alles gedacht wurde, ob auch andere Erklärungen denkbar wären usw., wird man sich immer im Recht fühlen. Wissenschaft dagegen ist ein System, das sich selbst verunsichert, das also, wenn es eine Frage beantwortet, immer auch neue Fragen aufwirft (Luhmann 2009).

4.1.3 Angewandte Kriminologie

Den Begriff der angewandten Kriminologie verwendet Michael Bock in seinem Lehrbuch der Kriminologie, um zu sagen, dass Kriminologie (auch) eine angewandte Wissenschaft ist, die, wie er schreibt, „einen erheblichen Teil ihrer Daseinsberechtigung aus dem Anspruch [zieht], durch die Erforschung von Ursachen und Bedingungen der Kriminalität der Strafrechtspraxis Erkenntnisse für einen effizienten und ‚besseren' Umgang mit dem Problem Kriminalität bzw. mit dem Straftäter zu geben" (2007: 103).

Eben dieser ‚bessere' Umgang mit dem Straftäter ist auch eine Aufgabe Sozialer Arbeit im Strafverfahren: Sie soll

- (als Jugendgerichtshilfe) „erzieherische, soziale und fürsorgerische Gesichtspunkte" einbringen (§ 38 Abs. 1 JGG),
- (als Gerichtshilfe) die Umstände erheben, die für die Bestimmung der Rechtsfolgen der Tat von Bedeutung sind (§ 160 Abs. 3 StPO),
- (als Bewährungshilfe) der verurteilten Person helfend und betreuend zur Seite stehen (§ 56 d StGB),
- (als Sozialer Dienst in der JVA) dem Gefangenen soziale Hilfe – zur Selbsthilfe – anbieten (§ 71 ff StVollzG) und
- (als Straffälligenhilfe) bei der Überwindung besonderer sozialer Schwierigkeiten helfen (§ 67 SGB XII).

Es wäre sicher ein Gewinn, wenn die Soziale Arbeit wüsste, was (und warum) sie etwas tut und welche Wirkungen dadurch – wahrscheinlich – ausgelöst werden. Mit einem Wort: wenn sie sich wissenschaftlich verorten würde.

Für das (wissenschaftlich fundierte) methodische Handeln empfiehlt sich nach Frindt (2010):

- eine wissenschaftlich informierte Erhebung der Befunde und ihre fachliche Beurteilung (sozialpädagogische Diagnostik),
- eine genaue Überlegung (am besten im Team), was warum zu tun ist (Interventionsplanung), sowie
- eine Überprüfungsschleife im Hinblick auf gewollte und ungewollte Wirkungen (Evaluation).

Wichtig sind die Bildung von theorie- und forschungsgeleiteten Hypothesen (Annahmen) zum Fallverlauf und deren systematische (kritische) Überprüfung. Dabei können Checklisten, wie sie in den Qualitätsstandards der Sozialen Diensten der Justiz entwickelt wurden, oder auch die Methode der idealtypisch-vergleichenden Einzelfallanalyse (Bock 2007: 11) hilfreich sein. Systematische Erhebungen lenken die Wahrnehmung, ersetzen sie aber nicht.

Allerdings gibt es (bekannte) Fallen bei der Entscheidungsfindung, die man ebenfalls kennen sollte. Hilfreich ist es deshalb, sich folgende Fragen zu stellen (nach Kahneman u. a. 2011):

- Gibt es Eigeninteressen der Teammitglieder und einen übertriebenen Optimismus (z. B. bei denjenigen, die im direkten Kontakt mit den Klienten stehen)?
- Ist das Team in einen Vorschlag ‚verliebt'?
- Wie geht ein Team mit Meinungsvielfalt und abweichende Meinungen um?
- Stimmen die gegebenen Begründungen (gibt es wirklich nur entweder-oder, ist es tatsächlich wie bei …)?
- Wurden auch Alternativen entwickelt?

- Würde man in einem Jahr noch genauso entscheiden? Oder anders: Hat man heute schon alle notwendigen Informationen (besonders wichtig bei Prognosen z. B. über Entwicklung, zukünftige Handlungen usw.)?
- Woher stammen die Informationen, die der Entscheidung zugrunde liegen?
- Werden (nur) einmal erfolgreiche Vorgehensweisen reproduziert? Oder wird es gar gemacht wie immer, wie früher ...?
- Ist das präsentierte Szenario vielleicht zu optimistisch (z. B. dass es zu keiner Gewalt/Drogeneinnahme mehr kommt, dass kein Beikonsum erfolgt, dass jemand sich ändern wird ...?
- Stimmt die Entscheidung auch dann noch, wenn der schlimmste anzunehmende Fall eintritt?
- Mit was für einem Team haben wir es zu tun: Ist das Team risikoscheu und immer zu vorsichtig? Oder vielleicht etwas sorglos und zu optimistisch?

4.1.4 (Selbst-)Kritische Soziale Arbeit

Gleichzeitig ist Soziale Arbeit im Strafverfahren Teil eines Systems Sozialer Kontrolle (Peters 2009) und – ich erinnere an Foucaults ‚Normalisierungsrichter' – sie ‚erzieht' Menschen so, wie eine Gesellschaft sie braucht (Durkheim 1902): derzeit wohl als ‚reife', sich selbst steuernde Individuen. Insofern kann man das (sozialpädagogische) Konzept des ‚Empowerment' (vgl. Staub-Bernasconi 2007: 247) durchaus als Antwort auf komplexe Systemanforderungen begreifen, umso mehr, wenn es Ideen von Gemeinschaft und Solidarität ersetzt.

Die Systemtheorie erklärt dies eher leidenschaftslos, nämlich funktional. Da Sozialisation immer zwischen Konformität und Abweichung changiert, gehört es zur gesellschaftlichen Aufgabe von Sozialisationsinstanzen, positive statt negative Abweichungen zu produzieren (Luhmann 2004): Erfolgsgeschichten. Dabei, auch diese Erkenntnis verdanken wir Luhmann, gibt es aber immer auch die Möglichkeit, gesellschaftliche Zumutungen zu unterlaufen. Nach Luhmann wird der Widerspruch paradoxerweise durch eindeutige Kommunikation über den Erfolg (bestanden oder nicht) überwunden oder im (Straf-)Rechtssystem durch ein ‚Urteil' darüber, ob jemand gesellschaftliche Erwartungen erfüllt hat oder nicht – und ebenso wie bei den Noten ist auch hier ‚Besserung' möglich und erwünscht. Die Soziale Arbeit ist demnach – mit dem Wunsch, Menschen und/oder ihre Lebensbedingungen ‚bessern' zu wollen – (immer) Teil des Systems.

Dagegen gibt es für die kritische Theorie, die sich die Aufdeckung von Herrschafts- und Unterdrückungsmechanismen (und nicht nur ihre Beschreibung) zum Ziel gesetzt hat (Gess 2004), auch einen Ort außerhalb des Systems (der Macht). Für die (kritische) Kriminologie heißt das, Kriminalität nicht als Verhalten zu betrachten, das pathologisch ist (äthiologische Ansätze), sondern als Handeln, das als kriminell definiert und dessen Protagonisten kriminalisiert werden (Lamnek 1997: 38). Von daher stellt sich die Frage der ‚kritischen Kriminologie' in jedem einzelnen Fall immer wieder: Hätte es – letztlich – jede/n treffen können? Und wenn nein, welche Interessen (Ziele) stehen hinter einer bestimmten

Selektion? Gerade die Soziale Arbeit darf nicht aufhören, sich – und dem Justizsystem als Ganzem – diese Frage immer wieder zu stellen.

4.2 Die strafrechtliche Prüfung im Kontext Sozialer Arbeit

Gesucht wird ein Straftatbestand, der einen in Betracht kommenden Verhaltensverstoß (z. B. Diebstahl) definiert: Wem droht was (Strafe) woraus (gesetzlicher Tatbestand)? Hat man eine Rechtsgrundlage gefunden, empfiehlt sich die strafrechtliche Prüfung nach Schema F, um nichts Wichtiges zu vergessen:

Das vollendete vorsätzliche Begehensdelikt	Das versuchte vorsätzliche Begehensdelikt	Das fahrlässige Begehensdelikt	Das (unechte) Unterlassungsdelikt
1. Tatbestandsmäßigkeit			
a. Objektiver Tatbestand	a. Subjektiver Tatbestand	Tathandlung und Eintritt des Erfolgs	a. Objektiver Tatbestand
[bei Sonderdelikten: Tatsubjekt/ Tatobjekt]	Vorsatz (Vorstellung von der Tat)	Ursächlichkeit der Handlung für den Eintritt des Erfolgs	Unterlassung und Eintritt des Erfolgs
Tathandlung und Eintritt des Erfolgs		Objektive Verletzung der Sorgfaltspflicht	Garantenstellung
Ursächlichkeit der Handlung für den Eintritt des Erfolgs		(objektive) Vorhersehbarkeit des Erfolgseintritts	Nichteintritt des Erfolgs bei Vornahme der gebotenen Handlungen
		Eintritt des Erfolg ist auf Pflichtwidrigkeit zurückzuführen	
b. Subjektiver Tatbestand	b. Objektiver Tatbestand		b. Subjektiver Tatbestand
Vorsatz	Nichteintritt des Erfolgs		Vorsatz
	Unmittelbares Ansetzen zur Tatbestandsverwirklichung		
2. Rechtswidrigkeit (nur bei Vorliegen von Rechtfertigungsgründen)			
3. Schuld (nur bei Zweifeln an der Schuld)			
4. Weitere Bedingungen der Strafbarkeit (z. B. Rücktritt vom Versuch)			

Dieses weitere Vorgehen nennt sich Subsumtion: Dabei wird ein Merkmal des gesetzlichen Tatbestandes benannt (z. B. fremde bewegliche Sache) und definiert (vgl. Fahl/Winkler 2010), um abschließend zu prüfen, ob der geschilderte Lebenssachverhalt zu der angegebenen Definition passt. Darüber kann es fast immer verschiedene Meinungen geben (z. B. von Beschuldigten und Geschädigten, Verteidigung und Anklage). Sie stehen sich oft thetisch und antithetisch gegenüber (ich durfte das – du durftest das nicht). Das Urteil ist – im besten Fall – eine Synthese, die die Meinungsverschiedenheiten einbezieht (bewertet und entscheidet). Das ist gleichzeitig auch gute wissenschaftliche Praxis: der Zweifel, verbunden mit dem (besseren) Argument.

4.2.1 Eigentums- und Vermögensdelikte

4.2.1.1 Überblick über den Deliktsbereich

Eigentums- und Vermögensdelikte sind diejenigen Delikte, die sich gegen Sachwerte (Eigentum) oder Geldwerte (Vermögen) richten und zu einem Schaden beim Betroffenen führen.

Einschlägige Strafvorschriften

Die Straftatbestände unterscheiden sich dadurch, dass es im einen Fall um die Wegnahme von Sachen (Gegenständen und – anders als im BGB – auch Tieren) geht, im anderen Fall um die (‚freiwillige') Verfügung über Rechtspositionen (Vermögen) (s. Tabelle auf der folgenden Seite).

Ein weiteres wichtiges Kriterium zur Kennzeichnung der unterschiedlichen Deliktstatbestände bildet die Frage, ob Gewalt oder Drohung (zur Wegnahme) eingesetzt wurde, dann Raub (§ 249 StGB) oder Erpressung (§ 253 StGB), oder nicht, dann Diebstahl (§ 242 StGB), Unterschlagung (§ 246 StGB) oder Betrug (§ 263 StGB).

Annahmen zum Ausmaß

Nimmt man Straßenverkehrsdelikte aus, dann bilden Eigentums- und Vermögensdelikte mit über 60 % die bei weitem größte Deliktsgruppe im Bereich der registrierten Kriminalität (PSB 2006: 191 f). Überwiegend geht es dabei um einfache Diebstähle (§ 242 StGB), z. B. Ladendiebstähle, wobei in etwa der Hälfte der Fälle die entwendeten Waren weniger als 15 € wert waren (PSB 2006: 197).

Seit es elektronische Sicherungen gibt, hat sich die Zahl der registrierten Ladendiebstähle fast halbiert. Gleiches gilt übrigens für den Kfz-Diebstahl. Wie spiegelbildlich steigen im gleichen Zeitraum die Vermögensdelikte wie Waren- und Kreditbetrügereien an (PSB 2006: 200 ff). Ein Teil der ‚Steigerung der (Vermögens-)Kriminalität' geht aber auch auf vermehrte Kontrollen in Bussen und Bahnen zurück: Schwarzfahren gilt als Leistungserschleichung (§ 265 a StGB).

(Einfache) Diebstähle, so scheint es, begehen (fast) alle irgendwann in ihrem Leben, vor allem in ihrer Kindheit und Jugend (Wittenberg/Reinecke 2003: 207). Deshalb spricht man hier oft von einem ‚passageren' Phänomen, heißt: Es wächst

182 Wissenschaftlich fundierte sozialarbeiterische Interventionen

Straftat-bestand	§§	geschütztes Rechtsgut	Tathandlung	plus	Taterfolg	zugunsten	Erschwerung	Strafe
Diebstahl	242–248	Eigentum	Wegnahme		Besitzentzug	eigen- und fremdnützig	aus Räumen oder Behältern gewerbsmäßig Ausnutzen der Hilflosigkeit mit Waffen als Bandenmitglied	bis 5 Jahre
Unterschlagung	246	Eigentum	Zueignung		Verfügungs-entzug	eigen- und fremdnützig	anvertraute Sache	bis 3 Jahre
Raub	249–251	Eigentum	Wegnahme	Gewalt oder Drohung	Besitzentzug	eigen- und fremdnützig	mit Waffen als Bandenmitglied körperliche Misshandlung	1 bis 15 Jahre
räuberischer Diebstahl	252	Eigentum	Beutesicherung nach Diebstahl	Gewalt oder Drohung	Besitzsicherung	eigen- und fremdnützig	wie Raub	1 bis 15 Jahre
Hehlerei	259	Eigentum	Ankauf gestohlener Sachen		Beutesicherung	eigen- und fremdnützig		bis 5 Jahre
Sachbeschädigung (Antrag)	303	Eigentum	Zerstörung oder Beschädigung					bis 2 Jahre
Betrug	263	Vermögen	Täuschung	(irrtümliche) Vermögens-verfügung	Vermögens-vorteil bzw. -minderung	eigen- und fremdnützig		bis 5 Jahre
Untreue	266	Vermögen	Überschreiten von Befugnissen oder Interessenverletzung		Vermögens-minderung			bis 5 Jahre
Erpressung	253, 255	Vermögen	Vermögensverfügung oder Duldung der Wegnahme	Gewalt oder Drohung	Vermögens-minderung	eigen- und fremdnützig	Gewalt gegen Person Drohung mit Gesundheitsgefahr	bis 5 Jahre

sich aus. Während im Alter von 18 bis 21 Jahren etwa jeder achte männliche Jugendliche polizeilich auffällt, ist es in der Altersgruppe der 30 bis 40 Jährigen nur noch jeder 25. Auch in den Hochzeiten, die bei Mädchen in der Pubertät liegen, kommt auf drei Jungs nur ein ‚auffälliges' Mädchen (PSB 2006: 31), wobei immer die Frage ist, ob sie wirklich braver sind, (familiär) mehr kontrolliert werden oder ihnen schlicht nichts zugetraut wird.

Andererseits wird beobachtet, dass es einen kleinen Teil von maximal 5–10 % – überwiegend männlichen – Jugendlichen einer Geburtskohorte zu geben scheint, die für mehr als die Hälfte der registrierten Delikte ihrer Altersgruppe verantwortlich gemacht werden (Albrecht 2000: D 33). Diese sog. ‚Intensivtäter' beschäftigen die Kriminologie, weil es Anzeichen gibt, dass der frühe Beginn (statistisch) auch die Ausdehnung von kriminellen Handlungen ins Erwachsenenalter erklärt (Boers 2008: 14). In dieser Gruppe ballen sich soziale Probleme wie Bildungsabbrüche, schwierige Familienverhältnisse, Armut und oft auch Drogenprobleme.

4.2.1.2 Strukturierte Fallarbeit

Beispiel (Landgericht Berlin vom 27. 9. 2007)
I.
H. wurde am 4. Januar 1992 im Libanon geboren. Noch in diesem Jahr flüchtete die Mutter gemeinsam mit ihm und weiteren zwei Geschwistern in die Bundesrepublik Deutschland, während der Vater erst zu einem späteren Zeitpunkt folgte, weil er zur damaligen Zeit inhaftiert war. Die Familie verfügt seit 1993 über den Status der Duldung. I. ist der Drittgeborene in einer elfköpfigen Geschwisterreihe, von denen alle zwischen 1988 und 2006 geboren sind. Die Familie bewohnt eine Fünfzimmerwohnung und lebt von staatlichen Leistungen.
Der Beschuldigte wurde mit sechs Jahren altersgemäß eingeschult. Bereits im Grundschulalter fiel er durch dissoziales Verhalten auf, was Anfang 2004 zu einer zwangsweisen Versetzung durch den zuständigen Schulrat an ein sonderpädagogischen Förderzentrum, die Schule (...), führte.
Auch dort bedrohte, erpresste und bestahl I. H. Mitschüler. Infolge der insgesamt äußerst negativen familiären Situation wurde 2004 vom Jugendamt Neukölln eine Familienhilfe eingerichtet, die jedoch zunächst 2005 aufgrund der mangelnden Kooperationsbereitschaft der Familie wieder beendet werden musste. Die Probleme in der Familie sind die fehlende Erziehungskompetenz und die nicht vorhandene Integrationsbereitschaft der Eltern, verbunden mit ungenügenden Sprachkenntnissen und Sorglosigkeit gegenüber Schulen, Behörden, Wohnungsverwaltungen und anderen staatlichen Institutionen. Die Familie schottet sich zuhause ab. Sozialkontakte nach außen sind so gut wie nicht vorhanden.
Der Vater von I. ist freundlich und künstlerisch begabt, fühlt sich in Deutschland jedoch aufgrund der Sprachdefizite und des Duldungsstatus, der ihm die Aufnahme einer Arbeit untersagt, unterdrückt und ist gegenüber der ihm fremden Kultur misstrauisch. Die Mutter richtet ihr Hauptaugenmerk auf die Bewältigung des Haushaltes und der Alltagsprobleme der Großfamilie, wobei sie aber offenbar überfordert ist. Denn bei I. und zum Teil auch bei seinen Geschwistern wurden

mangelhafte schulische Leistungen, fehlende Sozialraumorientierung und äußerliche Verwahrlosungstendenzen festgestellt.

Im November 2005 wechselte der Beschuldigte dann auf Wunsch der Eltern auf die K.-Oberschule. Dort bestand er das Probehalbjahr nicht, verblieb jedoch zunächst auf dieser Schule, ehe er den Schulbesuch gänzlich einstellte.

Schon im strafunmündigen Alter trat der Beschuldigte seit 1999 durch zahlreiche Delikte wie mehrfachen Diebstahl, Sachbeschädigung, Leistungserschleichung etc. strafrechtlich in Erscheinung. Seit 2002 kamen sogenannte Rohheitsdelikte von der gefährlichen Körperverletzung, der räuberischen Erpressung über schweren Raub bis hin zu sexuellen Nötigungen vor. Ausweislich der Einschätzung der seinerzeit ermittelnden Polizeibeamten beging der Beschuldigte die Straftaten damals vor dem Hintergrund des Wissens um fehlende Sanktionsmöglichkeiten durch die Justiz. Schon zu dieser Zeit war seine persönliche Entwicklung als extrem gefährdet eingestuft worden.

Prägend für seine bisherige Sozialisation ist der eher archaisch anmutende Lebensentwurf seiner Eltern und die Erfahrungen, die der Beschuldigte auf der „Straße" gemacht hat. Seine Anerkennung erwarb er nicht über schulische Leistungen und breite Sozialkontakte, sondern über martialisches Männlichkeitsgebahren innerhalb Gleichgesinnter. Seine Straftaten dienten für den Beschuldigten dazu, sein Selbstwertgefühl über das Rollenverhalten in der Gruppe zu erwerben. Er wollte Macht demonstrieren.

Der Beschuldigte wurde am 22. Mai 2006 vorläufig festgenommen und befand sich seit dem 23. Mai 2006 für das Verfahren 47 Js 546/06 in der JSA Berlin. In der Zeit vom 2. November 2006 bis zum 5. April 2007 bestand aufgrund des Haftbefehls des Amtsgerichts Tiergarten vom 2. November 2006 (350 Gs 3142/06) Überhaft. Nach der Aufhebung dieses Haftbefehls vom 5. April 2007 verbüßt der Beschuldigte seit dem 6. April 2007 Strafhaft, die das in diesem Verfahren einbezogene Urteil betrifft.

Auch sein Verhalten während der Haftzeit gab Veranlassung zur Kritik. Vom 24. Mai 2006 bis zum 17. Juni 2007 befand er sich im Untersuchungshaftbereich K.grund. Er hatte zunächst enorme Schwierigkeiten, sich den dortigen Gegebenheiten und Normen anzupassen und wurde mehrfach auffällig. So warf er am 10. Juni 2006 brennende Gegenstände aus seinem Haftraumfenster und setzte dieses Verhalten trotz Verriegelung fort, indem er das vorab verriegelte Fenster zerschlagen und sich offensichtlich selbst verletzt hatte. Trotz der folgenden Unterbringung in einem besonders gesicherten Haftraum kam es am 14. Juni 2006 und am 2. Juli 2006 zu körperlichen Auseinandersetzungen mit jeweils anderen Mitinhaftierten. In der Folgezeit schloss er sich zunächst wesentlich älteren Mitgefangenen an, fasste dann aber auch allmählich Vertrauen zu den Bediensteten des allgemeinen Vollzugsdienstes und korrigierte sein Verhalten in positiver Weise. Es gelang ihm, sich innerhalb der Wohngruppe gut zu integrieren. Dabei pflegte er lediglich zu einer ausgesuchten Gruppe von Mitgefangenen, meist ebenfalls aus dem arabischen Kulturkreis stammend, freundschaftliche Beziehungen. Während der Sommerferien 2006 nahm er an einem Schulkurs und an einem sozialen Trainingskurs teil. Im November 2006 konnte ihm eine durchaus nennenswerte positive Entwicklung im Haus K.grund bescheinigt werden. Dort wurde jedoch

Die strafrechtliche Prüfung im Kontext Sozialer Arbeit   185

festgestellt, dass er weiterhin engmaschiger Strukturen, Grenzsetzungen und sofortiger Rückmeldungen auf sein positives wie auch negatives Verhalten bedürfe. Diese gute Entwicklung wurde jedoch unterbrochen, als es am 14. November 2006 während des Schulunterrichts zu einer heftigen körperlichen Auseinandersetzung zwischen dem Beschuldigten und einem weiteren Mitinhaftierten im Klassenzimmer kam. Auslöser soll der gegenseitige Austausch verbaler Beleidigungen in arabischer Sprache gewesen sein. Es musste durch den zuständigen Lehrer Hausalarm ausgelöst werden, um die Kontrahenten zu trennen.

Seit dem 18. Juni 2007 befindet sich der Beschuldigte im Haus II der Wohngruppe 2 der Jugendstrafanstalt B. Auch dort hatte der Beschuldigte massive Eingewöhnungsprobleme. Es kam zu mehreren dienstlichen Meldungen und zur Verhängung von Disziplinarmaßnahmen, da sich der Beschuldigte nicht unterordnete. Daher konnte er erst am 2. August 2007 eine Tätigkeit in der dortigen Berufsfindungswerkstatt beginnen. Zwei Abmahnungen und eine starke körperliche Auseinandersetzung innerhalb der Werkstatt führten schon am 29. August 2007 zur Ablösung vom Arbeitsplatz, gefolgt von Disziplinarmaßnahmen. I. H. zeigte sich weiterhin sehr unkooperativ und verweigerte strikt, sich den Gegebenheiten und Normen der Jugendstrafanstalt anzupassen; seinen Haftraum hielt er nicht sauber und hielt auch nur unzureichend Ordnung darin. Darüber hinaus hatte er keinerlei Bezug zu Werten und Gegenständen, die ihm leihweise überlassen wurden. Insgesamt verursachte er im Untersuchungshaftbereich K.grund eine Schadenssumme von 259,85 €, die sich in der Jugendstrafanstalt P. auf 433,30 € summierte. Der Beschuldigte sucht seine Leit- und Vorbilder bei Insassen, die sich ebenfalls – wie er – in der Subkultur zurecht finden und einen sozial verwahrlosten Eindruck hinterlassen. Er lässt sich oft negativ beeinflussen und will von seinem Kulturkreis gelobt und gefeiert werden.

Der Beschuldigte ist bislang einmal [rechtskräftig] bestraft. Der Tenor lautet wie folgt:

„Der Beschuldigte ist des Raubes in fünf Fällen, davon in vier schweren Fällen jeweils in weiterer Tateinheit mit einem Verstoß gegen das Waffengesetz durch Beisichführens von verbotenen Waffen sowie der räuberischen Erpressung in vier Fällen, davon in einem Fall in einem versuchten schweren Fall in Tateinheit mit einem Verstoß gegen das Waffengesetz durch Beisichführen einer verbotenen Waffe sowie des Verstoßes gegen das Waffengesetz durch Besitz und Beisichführen von verbotenen Waffen in zwei Fällen sowie des Landfriedensbruchs in einem besonders schweren Fall in Tateinheit mit gefährlicher gemeinschaftlicher Körperverletzung sowie des gemeinschaftlichen Raubes in fünf Fällen, der gemeinschaftlichen räuberischen Erpressung in zwei Fällen, des gemeinschaftlichen Raubes in drei Fällen jeweils in weiterer Tateinheit mit gefährlicher gemeinschaftlicher Körperverletzung, des gemeinschaftlichen Raubes in Tateinheit mit gemeinschaftlicher versuchter Nötigung, des gemeinschaftlichen schweren Raubes in fünf Fällen, davon in einem Fall in Tateinheit mit Volksverhetzung und weiterer Tateinheit mit gemeinschaftlicher gefährlicher Körperverletzung, in zwei weiteren Fällen jeweils in Tateinheit mit einem Verstoß gegen das Waffengesetz durch Beisichführen einer verbotenen Waffe und in einem Fall in Tateinheit mit gemeinschaftlicher gefährlicher Körperverletzung und weiterer Tateinheit mit einem Verstoß gegen das Waffengesetz durch Beisichführen einer verbotenen Waffe schuldig. Gegen ihn wird eine Jugendstrafe von 4 – vier – Jahren und 7 – sieben – Monaten verhängt."

II.
Spätestens im Januar 2006 war der Beschuldigte Anführer der Jugendbande „N.-K.-Boys". Er beschloss in dieser Zeit, sich durch Raub- und Erpressungstaten Geld für seinen Lebensunterhalt zu beschaffen. Die Taten beging er dabei teilweise allein, teilweise mit wechselnden Mittätern – bevorzugt in öffentlichen Verkehrsmitteln und deren Nahbereich. Als Opfer wählten er und seine jeweiligen Mittäter regelmäßig Kinder und andere Jugendliche aus, die sie teilweise mit Messern, Teleskopschlagstöcken sowie verbal massiv bedrohten. Teilweise fragte er seine Opfer auch nach ihrer Herkunft und verhielt sich insbesondere gegenüber türkischstämmigen Jugendlichen abwertend.

Erbeutet wurden regelmäßig Handys, die unmittelbar nach den Taten veräußert wurden, wobei der Verkaufserlös in den Fällen der gemeinschaftlichen Tatbegehung untereinander aufgeteilt wurde. Neben Handys waren auch MP3-Player und Bargeld begehrte Beute. Um seine Macht gegenüber den Opfern zu demonstrieren, gab er diesen häufig die SIM-Karten zurück, wobei er sie den zuvor Überfallenen vor die Füße warf. In Einzelfällen händigte er ihnen auch abgezähltes Kleingeld aus, damit sie mit öffentlichen Verkehrsmitteln nach Hause fahren konnten. In vielen Fällen drohte der Beschuldigte die Überfallenen, sie abzustechen, sie zusammenzuschlagen oder sie zu töten, falls sie die Tat anzeigen würden.

Im einzelnen beging der Beschuldigte [beispielhaft: Das Urteil enthält insgesamt 23 Taten] die folgenden Taten:

1. Am 23. April 2006 umringten der Beschuldigte, die gesondert verfolgten E. und A., sowie ein unbekannter Mittäter an der Bushaltestelle am S-Bahnhof N., S.straße in ... B., M. Z., woraufhin der Beschuldigte ihn unter Androhung von Schlägen aufforderte, sein Bargeld herauszugeben. Aus Angst vor der zahlenmäßig überlegenen Tätergruppe übergab M. Z. dem Beschuldigten daraufhin sein Bargeld in Höhe von 9,20 €, wovon dieser 5,– € einsteckte und ihm das übrige Geld zurückgab. Anschließend verließen die Täter zunächst den Tatort und stiegen in den ankommenden Bus in Richtung S.allee ein, den sie jedoch unmittelbar danach wieder verließen, um zu M. Z. zurückzukehren, von dem sie nunmehr erfolgreich die Übergabe des restlichen Bargeldes verlangten. Sodann flüchtete die Tätergruppe unter Mitnahme des Geldes vom Tatort, wobei der Beschuldigte M. Z. drohte, dass er „seine Mutter ficken" würde, falls er die Polizei riefe. Der so Angesprochene wandte sich dennoch an die Polizei.

2. Am 26. April 2006 gegen 18.45 Uhr verfolgten der gesondert verfolgte M. und der Beschuldigte Z. F. und A. R. bis auf Höhe der P.straße Nr. ... in ... B. Dort verlangten sie die Herausgabe der Handys der Genannten, wobei der Beschuldigte die Kleidung von A. R. abtastete und aus dessen Hosentasche das Handy „Sony Ericsson T630" an sich nahm. Gleichzeitig griff der gesondert verfolgte M. dem Z. F. in die Hosentasche, um dessen Handy zu erlangen. Als der Zeuge sich hiergegen wehrte, drohte ihm der gesondert Verfolgte an, ihn „abzustechen", wenn er sein Handy nicht herausgebe. Als Z. F. trotz dieser Drohung der Forderung nicht nachkam, trat der Beschuldigte an ihn heran und schlug ihm dreimal

heftig mit der flachen Hand ins Gesicht, wodurch der Geschlagene eine blutende Platzwunde an der Lippe erlitt. Gleichzeitig gelang es nunmehr dem M., Z.F. dessen Handy „Sagem MYV 65" im Wert von 149 € wegzunehmen. Bevor die beiden Täter sich anschließend mit den erbeuteten Handys vom Ort entfernten, drohten sie den Opfern an, sie im Falle der Anzeigenerstattung „umzubringen". Dennoch stellten die Zeugen Strafanzeige.

Wissenschaftliche Erklärungsansätze

Identifizierung der erklärungsrelevanten Befunde
Auffällig an der Fallgeschichte, die aus einem Urteil stammt, ist der wertende und beschuldigende Unterton (dissoziales Verhalten, fehlende Erziehungskompetenz, nicht vorhandene Kooperationsbereitschaft, archaisch anmutender Lebensentwurf, martialisches Männlichkeitsgebaren usw.). Einerseits liegt dies in der Natur eines Strafverfahrens, in dem Schuld zugeschrieben und Verantwortung verteilt wird. Bedrückend ist jedoch, dass gerade diese ‚Feststellungen' nicht vom Gericht selbst erhoben werden. Vielmehr ist es Aufgabe der Jugendgerichtshilfe, also der Sozialen Arbeit im Strafverfahren, die erzieherischen, sozialen und fürsorgerischen Gesichtspunkte einzubringen (§ 38 Abs. 2 JGG).

Es drängt sich auf, dass hier eine ganz andere Geschichte hätte geschrieben werden können: von einem Jungen, der, kaum geboren, fliehen musste, der die ersten Jahre, ohne Vater, in einem fremden Land aufwuchs und der offensichtlich Schwierigkeiten hatte, damit zurecht zu kommen. Soziale Arbeit im Strafverfahren trägt die Verantwortung für die Geschichten, die sie erzählt, für die Persönlichkeiten, die sie entwirft, und für die Bewertungen, die sie abgibt. Das setzt voraus, dass Soziale Fachkräfte schon in der Ausbildung lernen,

- genau zwischen Tatsachen und ihren Bewertungen zu unterscheiden,
- fachliche Bewertungen von (nicht fachlich fundierten) Bewertungen zu trennen und
- beides – auch sprachlich – unterscheiden zu können.

Die wissenschaftliche Fundierung von Erhebung und fachlicher Beurteilung sind dafür wichtige Voraussetzungen, ebenso wie das Einüben von Kommunikation (Sprechen und Schreiben).

Für die systematische Erhebung psychosozialer Befunde bietet die angewandte Kriminologie (Bock 2007: 124 bis 144) eine gewisse Orientierung. Der Anschaulichkeit halber wurden die Angaben aus dem Urteil den Kategorien zugeordnet:

Kriterien nach Bock (2007)		Landgericht Berlin
Allgemeines Sozialverhalten		
Kindheit und Erziehung	Erzieherische Kontrolle? Reaktion? Konsequent/inkonsequent? Reaktion? (altersgemäße) Rechte und Pflichten?	Vaterlosigkeit Überforderung der Mutter (11 Kinder/18 Jahre) Integrationsschwierigkeiten (Sprache, Ämter), ‚Verwahrlosungstendenzen' nimmt Hilfe nicht an

Kriterien nach Bock (2007)		Landgericht Berlin
Aufenthaltsbereich	Wohnsitz & Wohnbereich & Wohnumfeld Häufige Aufenthaltsorte Wohnungswechsel	Flucht der Eltern kurz nach der Geburt Berlin: Sozialer Brennpunkt? Aufenthalt auf der Straße
Leistungsbereich	Schule – Ausbildung – Berufstätigkeit (Art/Anzahl/Dauer/Tätigkeiten/Status/Wechsel) Interessen – Desinteresse – Einstellungen Schwierigkeiten? Gründe? Verhältnis zu Hierarchien? Umgang mit Geld?	Altersgemäße Einschulung (zwangsweise) Versetzung in Förderzentrum auf Wunsch der Eltern in Oberschule Scheitern im Probehalbjahr Einstellung von Schulbesuchen Bedrohung von Mitschülern
Freizeitbereich	Freie Zeit (Anteil) Freizeitaktivitäten (Struktur – Verlauf)	Viel freie Zeit (Schulabbruch) ... auf der Straße, unter ‚Gleichgesinnten'
Kontaktbereich	Schicksalhafte Kontakte (Familie) (Stellenwert, Bindung, Konflikte, Ablösung) Selbst gewählte Kontakte, auch sexuelle (Art, Intensität, Anzahl, Interesse an Person) Eigene Familie; Partnerschaft (Verantwortung, Verhütung, Grooming, Kinder; Akzeptanz und Auffälligkeiten, Konflikte)	Nur punktuelle Informationen: Leben von Sozialleistungen Vater fühlt sich ‚unterdrückt': Arbeitsverbot!, ist misstrauisch (eigene Hafterfahrung) 11 Geschwister (Söhne, Töchter?) Erfahrungen auf der Straße Einbindung in (kriminelle) Peer-Group Peers aus demselben Kulturkreis (Haft) Kontakt zu wesentlich älteren Gefangenen
Alkohol und Drogen	Beginn, Mengen, Häufigkeit Zeiten, Orte, Gelegenheiten, allein/sozial Gründe und Motive Auswirkungen auf sonstiges Leben	Dazu fehlen Angaben
Krankheitsgeschichte/ Handicaps	Geburt und frühkindliche Entwicklung Physische und psychische Krankheiten Narben, Tätowierungen Behandlungen und Therapien Notwendigkeit weiterer Abklärung	Es werden keine Auffälligkeiten berichtet Abklärung: Dissozialität (ICD-10 – F60.2)

Kriterien nach Bock (2007)		Landgericht Berlin
Delinquenzbereich		
Frühere Straftaten/ Verurteilungen	Tatvorgeschichte und Tatumstände Vorgehen und Zielrichtung Dauer, Vielfalt und Steigerungen Nachtatverhalten und -gefühle	Bedrohung von Mitschülern Eigentums-, Gewalt- und Sexualdelikte vor Strafmündigkeit Bandenmäßige Delikte (Eigentum/ Vermögen)
Letzte Taten		
Lebensorientierung		
Zeitperspektive	Zukunftsplanung und Vorsorge Blick zurück	Dazu fehlen Angaben: Eher: Sorglosigkeit?
Wertorientierung	Pflege/Vernachlässigung von Bezügen Anstrengungen im Hinblick auf … Zugehörigkeiten zu Subkulturen	(demonstrative) Nichtachtung von Normen ‚Chef' einer (kriminellen) Jugendbande Ostentative Missachtung des Gerichts Reagiert empfindlich auf Beleidigungen
Verhalten in der Haft		
		Keine Unterordnung unter Regeln der Haft Beginnt Streit und wird bestraft Kontakte (nur) zu Gleichgesinnten Teilnahme an Schul- und Trainingskurs Macht sich Chance zunichte …

Einordnung mittels Theorien und Forschungsergebnissen
Der Fall ist im Kontext männlicher Jugenddelinquenz zu sehen. Dabei kann es durchaus sein, dass der Fall für die Justiz ‚ein Fall von' Eigentums- und Vermögensdelinquenz darstellt, während die psychosozialen Fachkräfte auch die Aggression einbeziehen, die in der (gewaltsamen) Wegnahme der Handys und in den Bedrohungsszenarien durch die ‚Gang' erkennbar werden. Überdies muss der familiäre und soziale Hintergrund – mit Bürgerkrieg, Flucht und Zuwanderung – beachtet werden.

Für die Einordnung der Befunde helfen wissenschaftliche Theorien und Forschungsergebnisse. Auch hier gibt es sehr verschiedene Blickwinkel auf den Fall: Man kann sich lebensweltlich, verstehend [hermeneutisch] nähern, wozu die Soziale Arbeit tendiert, aber auch pathologisierend, indem man nach Persönlichkeitsmerkmalen und Verhaltensauffälligkeiten sucht (‚dissozial'), oder man kann die gesellschaftliche Funktion von Kriminalität und ihre ‚Herstellungsbedingungen', also den Prozess der Kriminalisierung, betrachten.

> **Tipp**
>
> Ich empfehle das Prinzip ‚Google Earth': Es meint, sich von weiter Ferne dem Fall zu nähern, indem zunächst die gesellschaftliche Ebene (soziologische Erklärungsansätze), dann die Ebene der sozialen Beziehungen (sozialpsychologische Erklärungsansätze) und erst ganz zum Schluss die individuelle Ebene (psychologisch-pädagogische Erklärungsansätze) betrachtet wird. Erfahrungsgemäß arbeiten Studierende in der Sozialen Arbeit eher nach dem Prinzip ‚Google Streetview': Sie wissen dann, wie einzelne Häuser aussehen, aber nicht, wo sie sind.

Die gesellschaftliche Ebene
Nähert man sich dem Fall mit der Google-Earth-Methode, dann stellen sich drei Fragen:

- Welche Funktion hat Kriminalität in der Gesellschaft? Oder anders: Was hat eine Gesellschaft davon, einzelne Menschen auszuschließen?
- Wie funktioniert dieser Prozess der Kriminalisierung? Welche Interaktionsmechanismen sind am Werk? Und:
- Wie bildet sich der (gesellschaftliche) Prozess der Kriminalisierung in der Person ab?

Denkt man an die früher übliche ‚Verbannung' von Straftätern, dann kann man annehmen, dass sich eine Gesellschaft rechtstreuer Bürger auch über den Ausschluss Einzelner konstituiert. Der Normverstoß legitimiert – wie auch das Anderssein – den Ausschluss aus der Gemeinschaft (Luhmann 2008: 152). Das Strafrecht hat dabei den Auftrag ‚enttäuschungsfeste Erwartungen' (Luhmann) zu formulieren, das heißt: Auch wenn ein Handy gestohlen wird (Enttäuschung), glaube man doch, dass das Diebstahlsverbot im Grundsatz gilt (Erwartung).

In der Vergangenheit wurde die Exklusion aus einem Teilsystem durch die Inklusion in ein anderes aufgefangen (Luhmann 2008: 164): Die Verbannten gründeten einen neuen Staat (Australien). Das ist heute zweifelhaft. Wer aus der Bildungsgesellschaft ausgeschlossen ist, ist in gewisser Weise aus jeder Gesellschaft ausgeschlossen. Man kann deshalb die Zuschreibung ‚dissozialen Verhaltens' verbunden mit der Versetzung an ein Förderzentrum als den Beginn eines gesellschaftlichen Ausschlussprozesses begreifen, nicht nur als den Beginn einer ‚kriminellen Karriere' (Quensel 1970). Das heißt, wenn nicht lange vorher ein anderer Ausschluss, nämlich der als ‚Fremder, der kam und blieb' (Simmel), wirksam war.

Selektions- und Etikettierungsprozesse: Welche Handlungen als ‚abweichend' konnotiert werden, ist abhängig von Zeit und Raum: Dass wir uns ‚zivilisiert' verhalten, alle Probleme durch Reden und keine mit Fäusten lösen, ist eine gesellschaftliche Übereinkunft (vgl. § 1631 BGB) – und der Luxus eines friedliches Lebens. Das kann Menschen, die nicht oder nicht in gleichem Maße über die Mittel ‚zivilisierter Aggression' verfügen, in böse Fallen laufen lassen, während andere, die durch Finanzspekulationen vielen ‚Gewalt' antun, nichts zu befürchten haben. Heute sind soziale Beziehungserfahrungen wie Unfairness und Soziale

Ausgrenzung als (neuronale) Auslöser von Aggressionen anerkannt (Bauer 2011: 42). Ebenso weiß man, dass sich Aggressionen verschieben können: Wer nicht in ein Team aufgenommen wird, kann sich später an unbeteiligten Dritten ‚rächen'. Dazu neigen – in Experimenten – alle (Bauer 2011: 77), aber nicht alle werden deshalb früh als ‚dissozial' klassifiziert.

Wie also funktioniert die Auswahl oder, wie die Soziologen sagen, der Selektionsprozess? Dunkelfeldstudien zeigen bei Jugendlichen kaum Unterschiede zwischen Einheimischen und Migranten – dafür aber einige zwischen den Geschlechtern (Boers 2006). Wie kommt es dann, dass bei einem ‚Ausländeranteil' von ca. 9% jeder fünfte Tatverdächtige, jeder dritte Verurteilte (PSB 2006: 419), fast 40% der Inhaftierten (Hessischer Landtag, Drs. 18/63) und sogar 80% der in einer Berliner Spezialdatei erfassten Mehrfachtäter (Tagesspiegel vom 4.3.10) nicht-deutscher Herkunft sind? Sogar die gegen sie verhängten Sanktionen sollen höher sein (Lukas 2011: 46).

Der Nachweis einer Diskriminierung ‚aufgrund' der Herkunft ist nicht ganz leicht, da sich ja auch die Taten unterscheiden könnten. Man muss deshalb ‚multivariate' Modelle berechnen, die den gleichzeitigen Einfluss verschiedener Faktoren messen, weil sich hinter der Dimension ‚Herkunft' andere, bessere Gründe verbergen könnten (vgl. für die Frauenkriminalität Oberlies 1990). So lässt sich für die Anzeigewahrscheinlichkeit zeigen, dass sich diese mit der Schwere des Delikts, dem abnehmenden Bekanntheitsgrad von ‚Täter' und ‚Opfer' sowie durch die Tatsache erhöht, dass die Konfliktbeteiligten unterschiedlichen ethnischen Herkunftsgruppen angehören (Lukas 2011: 45). Darüber hinaus kann gezeigt werden, dass sich das Registrierungsrisiko für Jugendliche mit Migrationshintergrund in sozial benachteiligten Wohngebieten erhöht (Naplava 2011: 236). Zudem wissen wir, dass die Polizei Kontrollen nach dem ‚Erscheinungsbild' vornehmen darf, weil das gerade ein Gericht gebilligt hat (VG Koblenz, 5 K 1026/11.KO).

Neben der Selektion könnten aber auch soziodemographische Unterschiede die Registrierungsquote beeinflussen: Die ausländische Bevölkerung ist männlicher, jünger, formal weniger ausgebildet und häufiger auf Sozialtransfers angewiesen (PSB 2006: 413). Mit einem Wort: Sie hat viel von dem, was polizeilich häufiger registriert wird und gerichtlich weniger Gnade erfährt. Wie Wacquant (2009) zeigt, werden diejenigen, die der Gesellschaft sowieso ‚nichts nützen': Schulabbrecher, Arbeitslose, Drogenabhängige ..., häufiger bestraft und (wiederholt) ins Gefängnis geschickt. Das macht auf makabre Weise sogar ‚Sinn', weil man so mit wenigen ‚Kriminellen' den größtmöglichen Nutzen an Rechtstreue erreichen kann. Es entsteht eine Art ‚Drehtüreffekt' – und in der Statistik trotzdem hohe Fall- und Täterzahlen.

Das besagt im Kern der Labeling-Ansatz, der den (gesellschaftlichen) Prozess der Kriminalisierung und nicht die Ursachen der Kriminalität betrachtet (Lamnek 1997: 45). Er fragt, wie es kommt, dass die Gesellschaft (aus den vielen potentiellen Kriminellen, nämlich allen, die gegen Gesetze verstoßen) einigen wenigen ein Label (Etikett) anheftet und diese im Strafsystem – und eben nicht in der Sozialpädagogik oder dem Krankenhaus – verwaltet. Foucault (1977) nahm an, dass es dabei um Disziplinierung (zur Arbeit) ging, Wacquant (2009) glaubt, dass das Gefängnis heute das Heer der Armen zähmen soll – gerade weil keine Arbeit mehr für alle da sei. Gleiches gilt wahrscheinlich längst auch für die Jugendhilfe, deren Klientel in den Erziehungshilfen schon fast zur Hälfte, bei stationären Leistungen sogar schon zu 90 %, männliche straffällige Jugendliche sind (Landtag NRW 2010: 103). Das gewählte Beispiel ist für all das typisch.

Legitime Ziele, illegitime Mittel: Das bringt uns zu einer weiteren Theorie, der Anomietheorie (vgl. Lamnek 2001: 114). Sie befasst sich mit der Diskrepanz zwischen kulturell vorgegebenen Zielen (Status, Einkommen) und den für Einzelne verfügbaren, legitimen Mitteln. Geht beides auseinander, dann werden Anpassungsleistungen abverlangt: Verzicht wäre eine Möglichkeit, Rebellion eine andere – und das Ausweichen auf illegitime Mittel (zur Erreichung gesellschaftlich erwünschter Ziele wie Konsum) eine Dritte. Solche anomischen Strukturen führen zu dem, was Luhmann (2008: 165) die ‚Indifferenz gegenüber dem Rechtscode' genannt hat: Rechtmäßig/rechtswidrig sind keine Orientierungspunkte mehr.

An dieser Stelle hat die Subkulturtheorie (vgl. Lamnek 2001: 152) einen wichtigen Gedanken beigesteuert: Jugendbanden können ihren Mitgliedern Status verleihen, Feindseligkeiten rechtfertigen und Angst- und Schuldgefühle mindern. Sie können sogar ein gegenkulturelles Werte- und Normensystem etablieren.

‚Kriminelle Karrieren' (neuerdings: persistente Verläufe): Das Problem besteht darin, dass eine Fremdzuschreibung (‚kriminell') von den Betroffenen ins Selbstbild übernommen wird. Etikettierungstheoretiker nennen dieses Phänomen ‚sekundäre Devianz' (Lemert 1975): Ich handle, wie ich denke, dass andere denken, dass ich bin.

Quensel (1970) hat diese ineinander verwobene Dynamiken in einem ‚Teufelskreis-Modell' sich aufschaukelnder Interaktionsprozesse beschrieben:

1. Jugendlicher begeht ein kleines Delikt und wird erwischt.	
Erledigt sich von selbst/durch Umweltreaktion	Wird als Erfolg verbucht
2. Jugendlicher begeht ein weiteres Delikt und wird erwischt.	
Bekommt Hilfe von Familie, Freunden	Wird offiziell sanktioniert
3. Jugendlicher begeht ein weiteres Delikt und wird erwischt	
Akzeptiert Bestrafung	Akzeptiert Bestrafung nicht (ungerecht), sucht Kontakt zu ‚Gleichgesinnten'
4. Jugendlicher begeht ein weiteres Delikt und wird erwischt.	
(bei Glück: Hilfe außerhalb des Strafsystems)	Jugendlicher gilt im System als rückfällig Aufschaukelungsprozess beginnt

5. Jugendlicher begeht ein weiteres Delikt und wird erwischt.	
	Beginn einer ‚kriminellen Karriere' Jugendlicher ist ‚registriert', Daten erscheinen auf Abruf
	Jugendlicher übernimmt Definition in sein Selbstbild erste Freiheitseinschränkungen
6. Jugendlicher begeht ein weiteres Delikt und wird erwischt.	
	Ausschließende Sanktionen Verlust sozialer Kontakte Ausweichen auf delinquente Peer-Groups ‚Identität' verfestigt sich
7. Jugendlicher begeht ein weiteres Delikt und wird erwischt.	
	Inhaftierung mit sozialen Folgeproblemen (Wohnung, Arbeit) Rolle und ‚Identität' verfestigen sich weiter
8. Haftentlassung	
	Rückkehr in ‚normales' Leben schwierig Soziale Kontakte sind abgebrochen Wohnung/Arbeit fehlt (oft)

Dieser Prozess eines fortschreitenden Ausschlusses ist im vorliegenden Fall sehr gut zu erahnen: Obwohl alle schummeln, wenn sie Gelegenheit haben (youtu. be/ZGGxguJsirI), und fast alle (Jungs) mal stehlen, reagiert das ‚System Schule' auf die Auffälligkeiten im Grundschulalter mit einer Etikettierung (‚dissozial') und mit einem Ausschluss (aus der Regelschule). Ein ubiquitäres, also überall vorkommendes Phänomen wird nicht in der (Regel-)Schule verwaltet, sondern anderen Erziehungssystemen überantwortet (Sozialpädagogik, Jugendhilfe). Dies geschieht für alle erkennbar und ist deshalb mit einer Stigmatisierung des Kindes (und der Familie) verbunden, was für dessen Selbstbild nicht ohne Folgen bleiben kann. Etikettierung und Ausschluss finden zunächst im pädagogischen System statt und werden vom Strafsystem nur (willig) aufgegriffen und perpetuiert.

Als Beschleuniger wirken zudem die fehlenden sozialen Ressourcen von Migrantenfamilien, die durch Flucht in eine andere (gesellschaftliche) Realität mit anderen Normen, Werten und Zugängen katapultiert werden. Die ‚Ausfahrt' Hilfe und Unterstützung durch Familie und Freunde nach ersten Auffälligkeiten können Kinder und Jugendliche aus Migrantenfamilien deshalb oft nicht nehmen. Auch das Gefühl einer ‚gerechten Strafe' kann sich nicht einstellen, wenn man die gesellschaftlichen Systeme als die ‚der Anderen' – und man sich selbst darin als ‚chancenlos' – erlebt.

Die Ebene sozialer Beziehungen und Gruppenzugehörigkeiten

‚Migranten': In ihrem Buch ‚Das Ende der Geduld' behauptet Kerstin Heisig, dass es in Deutschland 10 bis 12 libanesische Großfamilien gibt, die „ausschließlich nach ihren Gesetzen leben" und kriminell agieren (2010: 89). Das LKA Berlin (2010) widmet einen 54-seitigen Bericht dieser Kriminalitätsszene in Berlin. Im Innenausschuss des Berliner Abgeordnetenhauses musste der Leiter des LKA dann aber einräumen:

> „Eine sehr kleine Zahl von Einzelfamilien mit einer sehr hohen Prozentzahl einzelner Familienmitglieder" begehe Straftaten, sagte Haeberer kryptisch. Die Mehrzahl „aller Mitglieder dieser Familien" sei strafrechtlich aber unauffällig (TAZ vom 06.12.2010).

Oft wird ein ursächlicher Zusammenhang zwischen Herkunft und Kriminalität suggeriert. Das ist schon deshalb falsch, weil die Selektivität der Registrierung (durch die Polizei) außer Acht bleibt: Für welche Libanesen wird nach solchen Berichten noch eine Unschuldsvermutung gelten? Die Frage bleibt: Bildet sich in den Statistiken ‚Kriminalität' oder ‚Erwischt werden' ab? Wahrscheinlich ein bisschen von beidem. Gerade das zwingt aber zu differenzierten Aussagen. Hinter stereotypen Kategorien (Migrant, Mann) können sich relevante Unterscheidungen ‚verstecken', z.B. große soziale Unterschiede. Wird genauer differenziert, verlieren Stereotype meist ihre Aussagekraft (statistisch: Regression statt Korrelation). Erfahrungsgemäß unterscheiden sich Migranten dann auch nicht mehr von Deutschen in der gleichen sozialen Lage (Naplava 2011; Lukas 2011; Boers 2006; Walter/Trautmann 2003). Darüber hinaus ist zu beachten, dass Zusammenhänge (Korrelationen) nicht als Ursachen gelesen werden dürfen: Nur weil viele Hartz IV-Empfänger wegen Eigentums- und Vermögensdelikten verurteilt werden (Oberlies/Elz 2010), darf nicht der Umkehrschluss gezogen werden, dass Einkommensarmut der Grund für Delinquenz ist. Wäre das der Fall, müssten Menschen, die in Einkommensarmut leben, (fast zwangsläufig) kriminell werden. Das werden sie aber nicht! Deshalb muss es noch andere, bessere ‚Gründe' geben – oder, um nochmals an Kant zu erinnern, die entsprechende Hypothese ‚Armut erzeugt Kriminalität' ist nicht gut genug. Dass die ethnische Herkunft kein ‚Grund' für Delinquenz ist, hat dann auch der Präsident des Landeskriminalamt Berlin bemerkt und statt dessen die Sozialisation innerhalb der Familien verantwortlich gemacht.

Familiäre Konstellationen: Die Familie ist die erste und wichtigste Sozialisationsinstanz. In ihr werden Werte, gesellschaftliche Normen und soziale Rollen vermittelt. Kinder lernen vor allem über Konditionierung (Erfolg, Strafe) und am Model. Durch Erklärungen, Haltungen und Verhalten der Eltern werden Kinder für die Folgen ihres Handelns sensibilisiert und lernen so die Perspektive Anderer kennen. Piaget und Kohlberg sind dabei in ihren Modellen von einer Entwicklung in (moralischen) Stufen ausgegangen. Dabei scheint in allen Altersstufen die Orientierung an der Gemeinschaft zu überwiegen: Im Jugendalter geht es dabei eher um soziale Anerkennung, im Erwachsenenalter um die Verantwortung gegenüber der Gesellschaft als Ganzem. Spätere Untersuchungen haben gezeigt, dass das moralische Urteil, das Kohlberg ‚gemessen' hat, nur eine Bedingung für moralisches Handeln ist. Hinzukommen müssen eine ‚moralische Motivation', also eine Entscheidung, und der Wille, sich auch bei anderen verfügbaren Optionen moralisch zu verhalten. Wie man heute weiß, spielt dabei die Entwicklung von Empathie, also die Unterscheidung zwischen sich und Anderen, die Fähigkeit zum Perspektivenwechsel und die Einfühlung in Andere eine entscheidende Rolle (zusammenfassend Keller 2005).

Aus der Falldarstellung lässt sich entnehmen, dass die Mutter im Jahr der Geburt des Jungen (1992) mit drei kleinen Kindern aus dem Libanon geflohen ist. Der Vater saß zu diesem Zeitpunkt im Gefängnis. Von 1975 bis 1990 herrschte im Libanon ein Bürgerkrieg, der 90 000 Menschen das Leben gekostet haben soll; 800 000 Menschen flohen in dieser Zeit ins Ausland. Forschung zu den Überlebenden des Holocaust und zu den Folgen von Kriegen haben gezeigt, dass sich traumatische Erfahrungen von Eltern und deren Versuche, diese zu bewältigen, auf Kinder übertragen. So bauen schon Säuglinge bei depressiven Müttern ‚reflexive Interaktionsschleifen' auf, indem sie durch immer neue Signale versuchen, ihre Mütter ‚lebendig zu machen' (Pleyer 2004). Wegen der Abhängigkeit zu den Eltern kann sich solches Verhalten leicht chronifizieren und in der Folge als Verhaltensauffälligkeit ‚etikettiert' und ‚behandelt' werden. Auch eine überforderte Mutter ist nicht verfügbar – und der künstlerisch begabte, misstrauische Vater vielleicht auf andere Art auch nicht.

Die familiären Bedingungen gehören aus Sicht der Kriminalpsychologie „zu den besten Prädiktoren für antisoziales und kriminelles Verhalten" (Suhling/Grewe 2010: 75). Als Risikofaktoren gelten fehlende emotionale und praktische Unterstützung, fehlende Kontrolle und fehlende Regeln sowie erlebte und beobachtbare Gewalt.

Symptomatisch erscheint, dass sich die Soziale Arbeit der Familie erst zuwendet, nachdem der Junge seine Mitschüler bedrohte, erpresste und bestahl. Besser wäre sicher, wenn Familien aus Kriegs- und Krisengebieten proaktiv Hilfe erhalten könnten (Lanfranchi 2004). Möglicherweise wiederholt sich in diesen das Muster bindungsunsicherer Kinder, die mit ihren ‚Aktionen' versuchen, Handlungen und Entscheidungen von Erwachsenen herauszufordern, um sie für sich präsent und verfügbar zu machen (Pleyer 2004: 141). Die Hilfen des Jugendamtes werden, mangels Kooperationsbereitschaft, nach kürzester Zeit abgebrochen. Die Eltern gelten fortan als erziehungsunfähig und nicht integrationsbereit.

Die Sichtweise auf die Familie (Narrativ) wird erkennbar im pädagogischen System (nicht im strafrechtlichen) generiert. Man hätte auch eine andere Geschichte erzählen können: von einer durch Inhaftierung, Flucht und Fremde traumatisierten Familie, die nicht aufgenommen, sondern geduldet wird. Eine Familie, die misstrauisch kommt und bleibt und der in der neuen Umgebung kein Erfolg vergönnt ist (Schule, Arbeit).

Es liegt auf der Hand, dass im Kontext von Flucht und Zuwanderung Eltern Kindern oft keinen Halt geben können. Man wird vermuten dürfen, dass das Elternverhalten einige der Charakteristika aufwies, die als Risikofaktoren für dissoziales Verhalten von Kindern und Jugendlichen gelten: Inkonsequenz und instabile, unberechenbare Grenzen, wenig strukturierter Alltag, fehlende Empathie und Einsicht in die Bedürfnisse der Kinder, verbunden mit einem Mangel an Zuwendung, Fürsorge und Förderung, Anwendung von physischer und psychischer Gewalt, mangelhafte sowie verschobene Wertevermittlung. Hinzu kamen familiäre Risikofaktoren wie Arbeitslosigkeit, Integrationsschwierigkeiten, desolate, beengende Wohnverhältnisse, evtl. wenig entwickeltes Rechtsbewusstsein, jedenfalls: Sorglosigkeit im Umgang mit Behörden.

Fehlt den Eltern selbst eine klare Orientierung, sind sie mit sich selbst beschäftigt und kennen sie die sozialen Regeln im Aufnahmeland nicht, dann können sie auch den Kindern keine Grenzen und Regeln vermitteln. In manchen Familien wird dann versucht, zerbrechende Traditionen durch Zwang aufrecht zu erhalten (Wolf 2010). Soziale Isolation und ein Klima des Misstrauens, wie in diesem Fall, kann dann die Folie für auffälliges Verhalten von Kindern und Jugendlichen bilden: Aggressive Jugendliche unterstellen nämlich dem Gegenüber häufiger (fälschlich) eine feindselige Haltung (Attribuierungstheorie) und dies umso eher, je segregierter die Betroffenen von anderen sozialen Gruppen sind (Lind 1993). Weil das alles gleichzeitig als große Verunsicherung wirkt, werden Herkunftskulturen idealisiert, Männlichkeit inszeniert und für eine neue, immer noch unsichere Identität genutzt (Wolf 2010). Während Mädchen aber durch ihre Familien kontrolliert werden, genießen Jungs oft viele Freiheiten (Hirtenlehner 2011).

Die institutionellen ‚Erzieher' können stabilisierend und orientierend wirken, aber auch zu weiterer Verunsicherung beitragen:

„Ich hatte den Respekt vor Lehrern verloren. In Afghanistan hatte ich Respekt. (...) Wir Schüler dachten, wir hätten die Macht (...). Schüler können sogar Lehrer anschreien. Ich bin mit der Atmosphäre nicht klar gekommen" (Heinemann 2008: 30).

Kindergarten und Schule sind für die impliziten Erfahrungen, wie sich Kinder und Jugendliche als Person behandelt fühlen, ein sehr wichtiger Ort (Keller 2005). Oft gibt das Aufnahmeland selbst kein gutes Beispiel: Es bedroht Familien, wie hier, mit Ausschluss (aus der Regelschule), Macht (Schulrat) und Sanktionen (Einstellung der Jugendhilfe) und vermittelt so selbst keine positiven Werte wie Respekt, Wertschätzung, Verständnis und Unterstützung.

Gleichaltrigengruppen: In dieser Situation können Gleichaltrigengruppen früh zum ‚Familienersatz' werden (Wolf 2010). Freundschaftserfahrungen haben eine besondere Bedeutung für die Entwicklung von Kindern und Jugendlichen: Dort können Regeln ausgehandelt sowie Intimität und Nähe erfahren werden (Keller 2005). Heinemann (2008: 33) glaubt, dass damit auch das Fehlen des Vaters als positiver Identifikationsfigur kompensiert wird, der auch dadurch ausfällt, dass er in Deutschland nicht als Vorbild dienen kann (Spindler 2007: 294).

Dabei stellt der Zugang zu ‚wohltuenden' Milieus eine Ressource dar, die nicht allen offen steht. Theorien abweichenden Verhaltens befassen sich deshalb mit der Frage, ob jemand überhaupt gesellschaftlichen Zugang zu legitimen Mitteln hat (Anomietheorie) und, wenn nein, ob dann Wertvorstellung aus sub- oder gar kontrakulturellen Milieus stammen und diese (differentiellen) Kontakte Einstellungen, Motive, Rationalisierungen und eben auch abweichendes Verhalten erst ‚prägen' (vgl. Lamnek 2001: 106–216). Dabei spielen verschiedene Prozesse ineinander: Flucht aus dem Elternhaus, Suche nach ‚Gesinnungsgenossen', Ablehnung durch Andere (Suhling/Grewe 2010: 78). „In ihrer Sprache, ihren Sprüchen und ihren Liedern", beschreiben straffällige Jugendliche „das Gesetz des Dschungels. Nur der Stärkere überlebt" (Wolf 2010: 104). Die Gruppe dient nach Heinemann (2008) der Abwehr von Angst und gleichzeitig der Selbstvergewisserung einer männlichen Identität. In der Gruppe können Jugendliche ‚erfolgreich' Karriere machen, ein ‚Arbeitsethos' entwickeln (Spindler 2007: 299) oder – wie im Beispielsfall – Führungsqualitäten beweisen.

Wie entscheidend der Einfluss der Gruppe ist, zeigen die empirischen Daten von Naplava (2011: 235):

„Die Cliquenzugehörigkeit wie auch die Freundschaften mit delinquenten Jugendlichen erklären den Unterschied des Gewalthandelns zwischen einheimischen deutschen und Jugendlichen mit Migrationshintergrund nahezu. Mit anderen Worten: alle befragten, gewalttätigen Jugendlichen gehörten (delinquenten) Gruppenkontexten an."

Auch hier gilt allerdings, dass der Umkehrschluss nicht zulässig ist: Nicht alle Gruppenmitglieder üben Gewalt aus; aber wer Gewalt ausübt, ist mit großer Wahrscheinlichkeit Mitglied einer Jugendclique.

Auch inhaftierte Gesprächsteilnehmer eines Forschungsprojektes erzählen, dass für sie die Gruppe von sehr großer Bedeutung sei (Heinemann 2008: 33). Die Interviewten beschreiben die Unterscheidung in Eigengruppe (Brüder) und Fremdgruppe (Weicheier), die Dynamiken in der Gruppe (mehr Mut, sich verlassen können, Wettbewerb, Hierarchien) und die ‚Gesetze' und Rituale verschiedener ethnischer Gruppen. Das letzte Wort des Angeklagten im Verfahren war deshalb auch, dass man ihn irgendwann entlassen müsse und er jetzt noch nicht wisse, ob er dann mit entsprechenden Straftaten weiter machen werde. Im Gefängnis jedenfalls hatte er sich, nach ersten Zeichen der Besserung, wieder „an der kriminellen Subkultur in der Anstalt orientiert", sagt das Gericht.

Vieles scheint sich um die Aufnahme in die Männergruppe und die Abwehr des ‚Weiblichen' zu drehen. Das männliche Geschlecht, so Spindler (2007), ist als Ressource und Orientierung für Jugendliche in marginalisierter Lage zunehmend wichtig. Wenn Jugendliche ihre Eltern am unteren Ende der sozialen Bedeutungsskala wahrnehmen, dann verlieren Väter ihre Vorbildfunktion – die ‚Männer' der Familie sind dann die Jugendlichen selbst. Heraus kommt, das beklagte ‚martialisches Männlichkeitsgebahren'; oft verbunden mit der Ablehnung des ‚Unmännlichen' (Homosexualität, Opfer-Sein) und des ‚Weiblichen' (Frauenarbeiten) gleichermaßen.

Sozialraum: Kriminalität ist, zumindest in ihrer registrierten Ausprägung, ein städtisches Phänomen: Die Häufigkeitszahlen, also die Zahl der Fälle auf 100 000 Einwohner, zeigen folgendes ‚Ranking':

	Bevölkerung	Häufigkeitszahl
Frankfurt	679 664	16 137
Düsseldorf	588 735	15 130
Köln	1 007 119	14 838
Berlin	3 460 725	14 286
Bremen	547 340	14 116
Hamburg	1 786 448	12 812
Stuttgart	606 588	9 600
München	1 353 186	7 564

Quelle: PKS 2010: 22

Bei der Interpretation ist aber zu beachten, dass Bevölkerungs- und Gelegenheitsstrukturen sowie die Mobilität regional stark divergieren: Frankfurt dürfte auch dank des internationalen Flughafens ganz vorne stehen, denn auch Pendler, Touristen, Durchreisende und Stationierungsstreitkräfte tragen zu den Fallzahlen bei.

Zunehmend interessiert sich die Kriminologie deshalb für die Wirkung sozialer Desintegrationsphänomene auf die Kriminalität (vgl. Schwind 2009: 309ff). Unter sozialer Desintegration versteht man die schwindende Fähigkeit von Gemeinwesen, für ihre Bewohner gemeinsame Werte zu erzeugen und soziale Kontrolle auszuüben. Dies hat zum Teil exogene, also von Außen kommende Ursachen wie die wirtschaftliche Situation, die soziale Heterogenität, eine hohe Mobilität und der Zerfall von Familienstrukturen. Darüber hinaus spielen aber auch strukturelle Defizite des jeweiligen Gemeinwesens eine Rolle wie schwache soziale Netzwerke, fehlende soziale Kontrolle oder geringe Partizipation. Kilb (2011: 100) versucht eine Typologie ‚gefährdeter' Areale: solche, bei denen Nutzungsänderungen bevorstehen, Verkehrsdrehscheiben, traditionelle ‚Arbeiterviertel', sozialer Wohnungsbau, Hochhaussiedlungen, Obdachlosenunterkünfte. In ihnen können Abspaltung, Konfrontation, Verunsicherung und bauliche Desintegration (keine gemeinsamen Bezugspunkte) verstärkt werden, was in der Folge zu einer Indifferenz gegenüber dem Sozialen und seinen Werten und Normen beiträgt. Aber auch das Registrierungsrisiko ist für Jugendliche mit Migrationshintergrund in sozial benachteiligten Wohngebieten nachweislich höher (Naplava 2011: 236).

In einer Langzeitstudie kommt Boers allerdings zu dem überraschenden Befund, dass sich in Duisburg die männlichen Jugendlichen mit Migrationshintergrund, definiert über Staatsangehörigkeit und Sprache, bei den selbst berichteten Gewaltdelikten nicht von Einheimischen unterschieden; sehr wohl aber in Münster (Boers 2006: 18). Die Forscher stellen sich insofern zunächst die Frage, ob die Angaben durch Teilnahmebereitschaft und Ehrlichkeit verzerrt sein könnten. Danach verweisen sie aber als mögliche Erklärung auch darauf, dass die soziale Lage in Duisburg bei allen Befragten sehr ähnlich, in Münster dagegen sehr unterschiedlich ist. Darüber hinaus erwägen sie, ob eine ‚ethnische Homogenität' im Wohnviertel nicht auch stabilisierenden Charakter haben kann: Man kümmert sich und man kontrolliert sich. Dabei können auch religiöse Wertvorstellungen eine Rolle spielen.

Die Ebene des Individuums
Trotzdem bleibt ein Rest, der nicht allein aus Umweltfaktoren erklärt werden kann. Denn selbst unter widrigsten Bedingungen gibt es Menschen, die trotz Gelegenheit nicht delinquent handeln. Dies zeigt sich z. B. auch daran, dass in der Untersuchung von Heinemann die Geschwister der Inhaftierten nicht kriminell auffällig waren (2008: 40). Was also macht den Unterschied?
Werte: Dan Ariely hat in einem lustigen Experiment (youtu.be/ZGGxguJsirI) gezeigt, dass viele (ein wenig) schummeln, wenn sie Gelegenheit dazu haben, aber seltener, wenn sie vorher die 10 Gebote gelesen haben!
Die Rolle der Religion ist durchaus ein Thema der Kriminologie. Während einerseits traditionell-religiösen Werten eine kriminalitätsverhindernde Wirkung beigemessen wird (Hermann 2000; Woll 2007), wurde andererseits ein Zusammenhang zwischen patriarchal-religiösen Vorstellungen, einer Kultur von Männlichkeit und Ehre und der Befürwortung von Gewalt hergestellt (Haug 2010: 24; Toprak/Nowacki 2010: 11; Heinemann 2008: 37). Aber auch in diesen Arbeiten wird betont, dass religiöse Werte bei der Prävention und Rehabilitation genutzt werden können (Toprak/Nowacki 2010: 11; Heinemann 2008: 40).
Trotzdem bleiben Zweifel: Sicher ist nichts einzuwenden, wenn Kinder weniger materialistisch und mehr idealistisch sozialisiert sind (‚traditionell'). Andererseits ist Normabweichung, gar: Rebellion, das Privileg der Jugend: ‚Die Jugendlichen stören die Ordnung, weil die Ordnung die Jugendlichen stört', soll der Soziologe Schelsky gesagt haben. Aber fast am wichtigsten: Traditionell-religiöse Werte verhindern nicht nur kriminelle Abweichungen, sondern auch andere Abweichungen (wie z. B. der Homosexualität). Können Kinder, die von Gott, den Eltern und intrinsisch kontrolliert werden, sich überhaupt oder nur unter Schmerzen ‚abweichend' verhalten?
Persönlichkeit: Kriminalität ist, wie Verhalten insgesamt, ein Zusammenwirken von Person und Situation. Bei der Tatgenese wirken verschiedene Faktoren zusammen (Kilb 2011: Abb. 2):

Gruppe/Familie	**Individuum**	**Umfeld**	**Gesellschaft**
Erziehung			Diskriminierung
	Niedriger Selbstwert		
	Niedrige Selbstkontrolle		
		Gelegenheit	
		Impuls	
	Handlungswahl		
	Handlung		
			Definition

Für Gottfredson und Hirschi (Lamnek 1997: 120 ff) war eine wichtige Frage, ob und wann Menschen nicht nur den kurzfristigen Nutzen in ihre ‚Kalkulation' einbeziehen, sondern auch die langfristigen Folgen krimineller Handlungen (z. B. den Ausschluss von Handlungsoptionen nach einer Verurteilung). Dieses Element der Abwägung bezeichnen sie als „Selbstkontrolle", weil die unmittelbare Befriedigung von Wünschen zugunsten längerfristiger Ziele zurückgestellt werden muss.

Der Routine-Activity-Ansatz betrachtet etwas genauer, ob es einen ‚bereiten Täter', ein geeignetes Tatziel und keine ‚fähigen' Beschützer gibt (vgl. Kunz 2001: 206). All dies fließt auch in die psychischen Prozesse ein, die nach Suhling/Grewe (2010: 101) das Verhalten beeinflussen:

Person Temperament, Impulsivität, Einstellungen		Situation Provokation, Reize, Dynamiken
Innerer Zustand Emotionen wie Wut, Feindseligkeit		
Schemata und Skripte		Erregungspoten- tiale
Bewertungsprozesse/Interpretationen		
Handlungswahl		

Schwierig ist es allerdings, Persönlichkeitsmerkmale zu identifizieren, die ein bestimmtes Verhalten (z. B. strafbare Handlungen oder Aggressionen) auslösen. Das Problem ist, dass man Eigenschaften erst sicher erkennen kann, wenn sie sich zeigen: ‚Rassisten' sind demzufolge Menschen, die sich rassistisch äußern oder fremdenfeindlich handeln. Eine ‚Ursache', gar Persönlichkeitseigenschaft, lässt sich daraus nicht ableiten (ausführlich zu diesem logischen Zirkel: Suhling/Grewe 2010: 83). Allenfalls ist es möglich, aus häufig gleichgerichteten Verhaltensweisen eine Vorhersage abzuleiten – verbunden mit der Möglichkeit des Irrtums.

Bei Delinquenzuntersuchungen wurden ‚Karriereparameter' entwickelt wie der Anteil von ‚Tätern' in einer Bevölkerungsgruppe, die Zahl der Taten pro Täter, Beginn und Abbruch der delinquenten Entwicklung (Boers 2008: 2). Eine der eher schlichten Annahmen war: Wer früh beginnt, schon in der Jugend viele, gravierende Straftaten begeht, bleibt auch lange kriminell. Wenn sich solche Rollen im Lebenslauf über einen längeren Zeitraum ohne große Unterbrechungen verfestigen, spricht man von persistenten Delinquenzverläufen (Boers 2008: 6), früher hieß das gleiche Phänomen ‚kriminelle Karriere' (Quensel 1970).

Ähnlich geht man beim sog. dissozialen Verhalten vor – definiert als „die Verletzung von altersgemäßen sozialen Erwartungen, Regeln und informellen wie formellen Normen" (Beelmann/Raabe 2007: 17). In den gängigen Klassifikationssystemen (ICD-10/DSM-IV) wird von einer Störung des Sozialverhaltens gesprochen, wenn in den letzten 12 Monaten mindestens drei Kriterien erfüllt wurden:

- aggressives Verhalten gegenüber Menschen und Tieren
- (absichtliche) Zerstörung von Eigentum
- Betrug oder Diebstahl (verbunden mit einem Einbruch oder erheblichem Schaden)
- schwere Regelverstöße (Weglaufen, Schule schwänzen) und dadurch
- soziale, schulische oder berufliche Funktionsbereiche beeinträchtigt wurden.

Nicht selten, das sei hier eingeschoben, ist innerfamiliale Gewalt prägend für das Sozialverhalten von Kindern und Jugendlichen und deshalb Auslöser aggressiver Übergriffe auf andere (Baier et al. 2009: 80), wobei ,Täter' zunächst immer auch Opfer sein und werden können (Mansel 2001: 35).

Das Dilemma zeigt sich deutlich, wenn – so wie in unserem Fall – suggeriert wird, ,Dissozialität' sei eine Ursache (Bedingungen) von Kriminalität (Rabold/Baier 2007: 15). In einem tautologischen Argument schließt der Begriff der ,Dissozialität' nämlich „oppositionelles, aggressives, delinquentes und kriminelles Verhalten" ein (Beelmann/Raabe 2007: 17). Schon daran zeigt sich, dass Dissozialität keine Ursache von Kriminalität ist, sondern schlicht dasselbe (in einem anderen System). Möglichweise zeigte der Grundschüler nur deshalb ,dissoziales Verhalten', weil seine Taten mangels Strafmündigkeit noch nicht ,kriminell' genannt werden konnten.

Trotzdem werden ,Modelle dissozialer Entwicklungspfade' angeboten (Beelmann/Raabe 2007: 113). Diese gehen von der Annahme aus, dass von Verhaltensproblemen im (frühen) Kindesalter auf – durchgängiges – Problemverhalten bis ins Erwachsenenalter geschlossen werden kann; weil sich umgekehrt bei erwachsenen Straftätern oft Auffälligkeiten bis in die frühe Kindheit zurückverfolgen lassen. Neben dem fortdauernden (persistenten) Kriminalitätsverlauf soll es einen zweiten, zeitlich limitierten Verlauf geben (Beelmann/Raabe 2007: 128). Diese Annahme scheint sich jedoch nach neueren Forschungen so nicht halten zu lassen: Irgendwann wird es bei den Beharrern (,Persister') weniger – bis sie ganz aufhören; statistisch sind sie dann meist Mitte Dreißig (Boers 2008: 12). Als einen möglichen Wendepunkt haben Sampson, Laub & Wimer (2006) die Ehe beschrieben: „Deine Freunde oder ich". Oder aber die Ehen scheitern: „Versuch' es mit der Gosse, sagte sie und legte auf" (Feridun Zaimoglu, FAZ vom 17.06.2012).

Mit einer ,empirischen' Fundierung arbeiten im Übrigen auch Prognoseinstrumente wie MIVEA, das auf der Tübinger Jungtäter-Studie basiert (Bock 2006). Eindringlich weist Bock darauf hin, dass es dabei nicht um Eigenschaften, Merkmale, Ursachen oder Faktoren geht, sondern nur um eine Möglichkeit der ,kontinuierlichen Hinentwicklung zur Kriminalität' – die sich realisieren kann, oder nicht. Es handelt sich also keinesfalls um ein deterministisches Modell. Wichtig ist vielmehr, dass Veränderungen und echte Wendepunkte im Lebenslauf vorkommen und wahrgenommen werden. Deshalb wird neben dem Längsschnitt auch ein Querschnitt, also ein Moment in jüngster Vergangenheit, genauer analysiert (ausführlich Bock 2007: 145f).

Schaut man nämlich nicht rückwärts, sondern vorwärts, wie Boers es in seiner Verlaufsstudie getan hat, dann staunt man über den Befund, dass

„Nach unseren bisherigen Befunden jedenfalls nicht auszuschließen [ist], dass es bei Mehrfachtätern sogar schon während des Jugendalters zu einem bedeutsamen Anteil an Karriereabbrüchen kommen kann" (Boers 2006: 12).

Statistisch ist zu beobachten, dass starken Anstiegen der Prävalenz in der Jugendzeit ein ebenso ‚spontaner' Rückgang folgt. Bei der registrierten Kriminalität liegt dieser Rückgang bei Mädchen zwischen 14 und 16 Jahren, bei Jungs zwischen 18 und 20 (Boers 2006: 9), im Dunkelfeld noch früher (Boers 2008: 4). Deshalb wird Kriminalität im Jugendalter auch als ‚passageres Phänomen' bezeichnet: Mit anderen Worten, es geht vorüber – überwiegend ohne dass jemand (formell) interveniert (Boers 2008: 4). Mehrfachtäter mit fünf und mehr (berichteten) Delikten im letzten Jahr (etwa 9 % der Jungs und 4 % der befragten Mädchen), bilden dabei keine Ausnahme.

Ob dies in gleicher Weise gilt, wenn eine formelle Intervention erfolgt, erscheint fraglich – jedenfalls ist es schwerer (Theorie der kumulierten Misserfolge; Boers 2008: 17). Auch wenn ein Akteur selbst eine seiner Handlungen als kriminell definiert, ist es zunächst nur eine von vielen Handlungen. Seine Selbstwahrnehmung beginnt sich dann zu wandeln, wenn auch andere Personen ihn so sehen. Ernst wird es, wenn Kontrollinstanzen beginnen, eine ‚kriminelle Rolle' zu definieren – und diese ‚neue Identität' zur Grundlage der sozialen Kontakte wird (Jugendbande). Die Chance, sich außerhalb dieser ‚kriminellen Rolle' zu bewegen, wird geringer, die Erwartungen an sich selbst, ihr zu entsprechen, werden entsprechend größer. In diese (gefestigte) Rollenerwartung geht wiederum ein Konzept von Männlichkeit, Ehre und ethnischer Identität ein. Daraus gibt es dann immer schwerer ein Entkommen.

Interventionen: Nun würde man annehmen, dass eine Soziale Arbeit (Stichwort: Sozialarbeitswissenschaft) systematisch erforscht, wie ihre Interventionen wirken (genauer: ob sie das überhaupt tun). Dafür finden sich aber in der pädagogischen Literatur selten Belege (vgl. z.B. Böhnisch 2010: 186; Gabriel et al. 2003: 317). Auch nach Theorien, die ‚Kriminalität' aus der Sicht der Sozialen Arbeit angemessen beschreiben und darauf aufbauend eine gesellschaftliche Analyse (Füssenhäuser 2008) sowie Methoden, Konzepte, Verfahren und Techniken anbieten, sucht man vergeblich. Wir wissen also sehr wenig über die Wirksamkeit der sozialpädagogischen Interventionen im Hinblick auf Integration und Rückfälligkeit (so auch Suhling/Grewe 2010: 165). So muss die Soziale Arbeit Anleihen bei bezugswissenschaftlichen Theorien und Forschungen machen (vgl. Dollinger/Raithel 2006). Zumindest im Bereich der forensischen Sozialen Arbeit überwiegt deshalb das gut Gemeinte, Fürsorgerische und der Einzelfall. Das Problem ist, wenn man halt macht, kann man Halt auch einiges falsch machen.

Wir haben eingangs gesehen, dass die Gesellschaft durch strafrechtliche Interventionen Erwartungen absichert. Das muss die Soziale Arbeit nur insofern interessieren als sie – ungewollt – ein Instrument sozialer Kontrolle darstellt (vgl. Peters 2009: 142; Böhnisch 2010: 165). Was also sollte der Fokus (die Zielsetzung) einer forensischen Sozialen Arbeit sein? Aus meiner Sicht vor allem zweierlei:

- Verletzungen der physischen und psychischen Integrität von Menschen zu verhindern (den Schutz der Eigentumsordnung kann die Soziale Arbeit beruhigt den Strafverfolgungsbehörden und Versicherungen überlassen) und
- Sorge zu tragen, dass Menschen nicht von sozialen Handlungschancen ausgeschlossen sind.

Beides kann nicht gelingen, wenn nicht auch Maßnahmen der ‚sozialen Prävention' mitgedacht werden. Statistisch beeinflussen die landesweite Arbeitslosenquote, der Bildungsstatus der Eltern, das Leben in dysfunktionalen (Ein-Eltern-) Familien und, wie schon gesehen, religiöse Werte die Kriminalitätsrate Jugendlicher: Ein Schuljahr mehr reduziert die Wahrscheinlichkeit, inhaftiert zu werden, signifikant (Winter 2008: 103).

Soziale Prävention: Eines der erstaunlichsten Forschungsergebnisse zur ‚Kriminalitätsbekämpfung' hat Steven Levitt in seinem lesenswerten Buch ‚Freaconomics' (2007) dargestellt: Er zeigt, dass sich der Rückgang der Kriminalität in den USA nicht durch kriminalpolitische Programme wie ‚zero tolerance', sondern am besten durch die Legalisierung des Schwangerschaftsabbruchs erklären lässt: Abtreibungen, so seine Erklärung, reduzieren die Geburt von Kindern, die in ihrem späteren Leben – mit großer Wahrscheinlichkeit – als kriminell registriert worden wären. Abtreibung und Kriminalisierungen sondern dann die gleiche Gruppe von Menschen aus (Wacquant 2009).

Dies relativiert etwas die gut gemeinten Versuche (der Sozialen Arbeit), diese Menschen – und ihre Familien – zu bessern und zwingt uns einen Blick auf die gesellschaftlichen Verhältnisse auf. In Nordrhein-Westfalen werden gerade z.B. die Folgekosten niedriger Bildungsabschlüsse unter dem Stichwort ‚Soziale Prävention' diskutiert (Prognos 2011).

Ambulante Hilfen: In einer Zusammenfassung wissenschaftlicher Befunde über Erfolg und Misserfolg der Jugendhilfe bei straffälliger Klientel kommt eine Enquêtekommission des nordrhein-westfälischen Landtags zu dem Ergebnis, dass es sich um eine „Hochrisikogruppe mit reduzierter Erfolgswahrscheinlichkeit" handelt (2010: 103). Wie im Beispielsfall, scheitern eine Vielzahl von Hilfen oder werden vorzeitig oder unplanmäßig beendet. Trotzdem: Verglichen mit dem Strafvollzug scheinen sie immer noch besser zu wirken (Drewniak 2011: 394) – und billiger sind sie auch.

Die Wirkungsforschung hat einige Erfolgsfaktoren zusammengetragen (Landtag NRW 2010: 108):

- möglichst frühzeitige Hilfe
- je mehr Hilfen, umso geringer der Erfolg
- je besser die Diagnostik, umso besser der Erfolg
- gelungene Weiterverweisung ist wichtig
- Förderziele sind besser als Defizitbeschreibungen
- schlecht qualifizierte Fachkräfte produzieren schlechte Ergebnisse
- gelungene Kooperation ist zentral
- intensiv-pädagogische (24-h) Angebote erzielen gute Wirkungen
- je länger die Hilfedauer, desto erfolgreicher.

Auffällig am Fallbeispiel ist, dass der Zugang zu migrantischen Milieus noch schwer zu fallen scheint. Eine Möglichkeit liegt in der interkulturellen Öffnung der Sozialen Dienste, insbesondere dem Aufbau multiethnischer Teams (Rommelspacher/Kollack 2008), wie ihn die Polizei schon seit einiger Zeit – mit guten Gründen – vorantreibt. Beleidigte Beziehungsabbrüche helfen erkennbar niemand. Die traurige Wahrheit (u. a. im Rhein-Main-Gebiet!) ist allerdings, dass Frauen, die Kopftuch tragen, nach wie vor von Praktika und Tätigkeiten in Jugendämtern ausgeschlossen werden. Und auch den Betroffenen scheint niemand wirklich zuzuhören:

> *„Eindringlich schildert Herr C. das Versagen des deutschen Schulsystems und der Beratungsangebote. Bereits im Kindergarten war er auffällig, wurde in der Psychiatrie als hyperaktiv diagnostiziert und sollte im ersten Schuljahr zurückgestellt werden. Er war bei Schulpsychologen, Psychologen und Beratungsstellen. Dabei konnte Herr C. genau formulieren, was er damals brauchte: menschlichen Kontakt, spielerischen Unterricht, berufsorientierten Lernstoff, Lehrer, mit denen man lachen und auch über die Vergangenheit reden könne"* (Heinemann 2008: 63).

Haft und Rückfall: Über die Wirkungen formeller Sanktionen wissen wir näheres durch die ‚Rückfallstatistik' (BMJ 2010). Zwei Drittel der im Bundeszentralregister registrierten Personen werden in den drei Jahren nach ihrer Eintragung nicht erneut registriert. Allerdings hat der Jugendliche des Beispielfalls – zumindest statistisch – auch hier einen kumulativen Nachteil: Bei Jugendlichen liegt die Rückfallrate bei 40 % (bei männlichen höher als bei weiblichen); etwa 3 % von ihnen müssen eine Jugendstrafe ohne Bewährung verbüßen. Von diesen wiederum haben 70 % die ‚Chance', wieder straffällig zu werden – einem Drittel droht erneut Haft. Nach Jugendarrest ist es nicht besser (BMJ 2010: 60). Sozialtherapie verbessert die statistische Chance nur geringfügig (Lüdemann/Ohlemacher 2002: 176). Dafür gilt: je härter die Strafen, umso höher die Rückfallrate (Heinz 2007: 6).

Eine niederländische Studie zeigt, dass sich die kriminellen Aktivitäten (im Dunkelfeld) nach der ersten Inhaftierung sogar erhöhen (Nieuwbeerta u. a. 2009: 251).

Bei denen, die nach einer Inhaftierung nicht mehr straffällig werden, scheint die Strafe zu wirken. Das sehen auch die Gefangenen so, die Heinemann (2008: 28) befragt hat. Sie beschreiben die positiven Wirkungen der Haft: mit dem Kiffen aufhören, mal nachdenken, (endlich) mit dem Vater/den Eltern reden, Kontakt zu einem Pfarrer, Möglichkeit zu lernen und einen Abschluss zu machen, morgens aufstehen, Pflichten einhalten, vor weiterer Kriminalität bewahrt werden, Zeit für sich haben, arbeiten ...

Folgen des Verhaltens im Kontext eines Strafverfahrens

Strafbarkeit des Verhaltens
In den Beispielsfällen ist es nicht ganz leicht, die richtigen, heißt: einschlägigen Strafvorschriften zu finden. Einen Überblick über die Eigentums- und Vermögensdelikte gibt die Tabelle auf S. 182. Demnach gibt es vor allem drei Deliktstatbestände, die durch Einsatz oder Drohung mit Gewalt begangen werden können, nämlich

Delikt	§§	Tathandlung	Ziel
Raub	249–251	Wegnahme	Besitzentzug
Räuberischer Diebstahl	252	Beutesicherung nach Diebstahl	Besitzsicherung
Erpressung	253, 255	Duldung der Wegnahme	Vermögensminderung/mehrung

Sie unterscheiden sich dadurch, dass beim Raub (§ 249 StGB) die Gewalt vorher eingesetzt wird, als Mittel zur Wegnahme, im Fall des räuberischen Diebstahl (§ 252 StGB) dagegen erst nach der Wegnahme, um sich die Beute zu sichern. Bei der Erpressung (§ 253 StGB) werden Betroffene ‚genötigt', die Handlung selbst vorzunehmen oder – wohl oder übel – zu ‚dulden'. Zudem reicht bei der Erpressung aus, dass Gewalt gegen Sachen eingesetzt wird, während sich die Gewalt bei den räuberischen Delikten (§§ 249, 252, 255 StGB) gegen Personen richten muss. Ist das der Fall, dann unterscheiden sich auch die Strafrahmen nicht (§ 255 StGB).

Tatbestandsmäßigkeit: Bei der rechtlichen Prüfung hilft es, genau zu unterscheiden, wer was (gegen wen) unternommen hat:

Fall 1 (23.4.06)	Täter	Opfer	Handlung	Ziel	Erfolg
Situation 1	Beschuldigter	M.Z.	Umringen Androhen von Schlägen	Herausgabe des Bargelds	Übergabe
Situation 2	Alle	M.Z.	Herausgabeverlangen	Übergabe des restlichen Bargelds	Übergabe
	Beschuldigter	M.Z.	Aussage ‚ich ficke deine Mutter'	Unterlassen der Strafanzeige	Keiner

Da in diesem Fall M.Z. jeweils selbst das Bargeld übergibt, kommt eine (räuberische) Erpressung in Betracht (§§ 253, 255 StGB). Der Versuch, M.Z von einer Anzeige abzuhalten, könnte eine (versuchte) Nötigung darstellen (§§ 240, 22 StGB).

Im zweiten Fall nehmen die Beschuldigten den Opfern die Handys dagegen weg.

Fall 2 (26.4.06)	Täter	Opfer	Handlung	Ziel	Erfolg
	Beschuldigter	A. R.	Verfolgung Abtasten & Herausnahme	Herausgabe des Handys	Wegnahme
	M.	Z. F.	Greifen in Hosentasche Androhung, ihn ‚abzustechen' Schläge ins Gesicht	Herausgabe des Handys	Wegnahme Verletzung
	Beide	A. R & M. Z.	Drohung, ‚ihn umzubringen'	Unterlassen der Strafanzeige	Keiner

Wenn durch die Verfolgung ein Bedrohungsszenarium entstanden ist, dann kommt in diesem Fall ein (vollendetes) Raubdelikt in Betracht, verbunden mit einer Körperverletzung (durch die Schläge ins Gesicht) und einer versuchten Nötigung (eine Strafanzeige zu unterlassen).

Täterschaft: Wenn mehrere Jugendliche Straftaten gemeinschaftlich begehen, kann jeder von ihnen unabhängig vom individuellen Tatbeitrag als Mittäter bestraft werden (§ 25 Abs. 2 StGB): Entscheidend ist ein gemeinsamer Tatplan sowie ein Zusammenwirken bei der Tatbegehung. In diesem Fall werden die einzelnen Tatbeiträge allen ‚Mittätern' angelastet; alle werden als ‚Täter' behandelt und bestraft.

Rechtswidrigkeit und Schuld: Bei Jugendlichen ist ausdrücklich festzustellen, dass sie reif genug sind, das Unrecht der Tat einzusehen und entsprechend zu handeln (§ 3 JGG). Entscheidend ist die moralische Entwicklung (sittliche Reife) sowie die geistige Reife, also Intelligenz, Sprachfertigkeit und kognitive Defizite. In die Feststellung ist die Jugendgerichtshilfe einbezogen, nur bei Zweifeln ist ein Gutachten einzuholen (Eisenberg, § 3 Rdn. 56).

Reife	Unreife
Realistische Lebensplanung	Leben im Augenblick
Eigenständigkeit ./. Eltern	Anlehnungsbedürftig/hilflos
Eigenständigkeit ./. Peers	
Ernsthaftigkeit (Arbeit, Schule)	Spielerische Einstellung (Pflicht)
Äußerer Eindruck	Tagträumen
Alltagsbewältigung	Selbstüberschätzung
(mind.) gleichaltrige Freunde	Eher jüngere Freunde
Bindungsfähigkeit	Bindungsschwäche
Integration von Sexualität/Erotik	
Berechenbarkeit (Stimmungen)	Stimmungsschwankungen, Labilität

Geachtet wird auf soziale Autonomie und Lebensführung, Beziehungen und Partnerschaft, Qualifikation und Ziele, Werte und Normen, Emotionalität und Impulsivität, Problem- und Konfliktmanagement, Kommunikation und Reflexivität (Busch 2006).

Reifeverzögerungen nach § 3 und 105 JGG dürfen nicht gleichgesetzt werden mit krankhaften Störungen nach §§ 20, 21 StGB, die ebenfalls zum Ausschluss strafrechtlicher Verantwortlichkeit führen können.

Vorliegend war die Sache für das Gericht eindeutig:

„Der Angeklagte war zu den Tatzeiten 14 Jahre alt und somit Jugendlicher im Sinne von § 1 Abs. 2 JGG. Er besaß die sittliche und geistige Reife nach § 3 JGG und ist daher für seine Taten verantwortlich. Schon vor Erreichen der Strafmündigkeit wurde er häufig straffällig, wobei er wusste, dass er wegen seines geringen Alters noch nicht bestraft werden konnte. Damit war ihm klar, dass er nach seinem 14. Geburtstag für seine Verfehlungen zur Verantwortung gezogen werden würde. Der Angeklagte wusste auch, dass die von ihm begangenen Überfälle schwere Verstöße gegen das Gesetz darstellen."

Strafzumessungserwägungen
Schwere räuberische Erpressung: Soweit die Beteiligten – gemeinsam – als Mitglied einer Bande gehandelt haben, die sich zur Begehung von Eigentumsdelikten zusammengefunden hat, liegt eine ‚Qualifikation' zum schweren Raub bzw. zur schweren räuberischen Erpressung vor (§ 250 Abs. 1 Nr. 3 i.V.m. § 255 StGB).

Im Erwachsenenstrafrecht würde sich die Mindeststrafe dadurch von einem auf drei Jahre erhöhen. Im Jugendstrafrecht gelten andere Regeln: Entscheidend ist hier, ob Erziehungsmaßregeln und Zuchtmittel zur Erziehung ausreichen oder eine Jugendstrafe erforderlich erscheint (§§ 5, 17 JGG). Jugendstrafe kommt nach dem Gesetz dann in Betracht, wenn in der Tat ‚schädliche Neigungen' hervorgetreten sind oder die Schwere der Schuld eine Strafe erfordert.

Schädliche Neigungen: Der (umstrittene) Begriff der ‚schädlichen Neigungen', der von den Nazis in das deutsche Jugendstrafrecht übernommen wurde, wird heute überwiegend als negative Rückfallprognose verstanden. Heißt, dass ohne eine längere erzieherische Einwirkung immer weitere Straftaten zu erwarten sind (Eisenberg, § 17 Rdn. 18a).

Wie die Gerichte dabei argumentieren, zeigt das vorliegende Urteil:

„Aus der Vielzahl der Taten, die der Angeklagte in dem kurzen Zeitraum seit seiner Strafmündigkeit bis zu seiner Inhaftierung begangen hat, ergeben sich schwerwiegende Charakter- und Persönlichkeitsmängel. Die genannten Mängel haben sich im Laufe der Zeit verfestigt und liegen weiterhin vor. Seine Eltern waren nicht imstande, seinem normwidrigen Verhalten irgendwelche Grenzen zu setzen. So fiel er bereits während der Schulzeit wiederholt wegen Gewalttaten gegenüber Mitschülern auf, wurde daher in andere Schulen versetzt, in denen er gleichfalls durch Regelverstöße auffiel, bis er den Schulbesuch gänzlich einstellte. Selbst in den engen Strukturen der Jugendstrafanstalt war der Angeklagte nicht in der Lage, sich an die Regeln zu halten."

Schwere der Schuld: Die Schwere der Schuld verweist nicht allein auf die Schwere der begangenen Straftaten, sondern auf das Maß persönlicher Vorwerfbarkeit. Hier berücksichtigte das Gericht, dass „die Opfer durch den Einsatz von Messern und Teleskopschlagstöcken sowie verbal massiv eingeschüchtert" wurden. Nach Einschätzung des Gerichts ging es dem Angeklagten „nicht nur darum, Geld und Wertgegenstände zu erbeuten. Er wollte die von ihm Überfallenen auch demütigen und ihnen zeigen, dass ausschließlich er die Macht im Umgang mit ihnen hat."

Erkennbar kann hier eine Rolle spielen, wie sich Angeklagte in der Hauptverhandlung selbst präsentieren, ob sie sich nachdenklich zeigen (können) und auch die Folgen ihrer Taten für die Opfer reflektieren, ein weites Betätigungsfeld für die forensische Soziale Arbeit. So wurde dem Angeklagten vom Gericht denn auch vorgehalten:

„In den Taten und Äußerungen des Angeklagten zeigt sich ein gefährliches Maß an sozialer Verwahrlosung. Ein Prozess des kritischen Nachdenkens über seine Taten scheint noch nicht begonnen zu haben. Ansätze für ein Verständnis dessen, was er mit seinen Überfällen angerichtet hat, sind derzeit nicht erkennbar. (...) Der Angeklagte gab sich auch dem Gericht gegenüber weitgehend gleichgültig, was seine Zukunft angeht. Während der Hauptverhandlung fiel er durch mehrfaches Lachen und Grinsen während der Zeugenvernehmungen sowie während des Plädoyers der Staatsanwältin auf. Hierauf angesprochen erwiderte er, dass dies den Vorsitzenden doch ‚gar nichts angehe'. Das könne man ihm nicht verbieten. Seine mangelnde Einsicht kam auch in seinem letzten Wort zum Ausdruck, wo er äußerte, dass die Justiz ihn irgendwann entlassen werden müsse. Er wisse jetzt noch nicht, ob er – wieder in Freiheit – dann mit entsprechenden Straftaten weiter machen werde."

Es ist eine Binsenweisheit der Strafverteidigung, dass das Verhalten vor Gericht die Strafzumessung mindestens so sehr beeinflusst wie die Tat selbst.

Strafzumessung: Obwohl es in jugendgerichtlichen Verfahren die Daumenregel gibt, dass Freiheitsstrafen von mehr als fünf Jahren keine erzieherische Wirkung mehr entfalten können, wurde der Jugendliche zu einer Freiheitsstrafe von sechs Jahren und sechs Monaten verurteilt. Grund war u.a., dass die bisherige Haftzeit nicht zur ‚Besserung' genutzt worden sei. Eine nachhaltige ‚Erziehung' scheint dem Gericht nur möglich, wenn der Jugendliche längere Zeit den Einflüssen seiner Familie und seines Umfeldes entzogen ist, zumal er einiges, wie den Einsatz von Gewalt, erst wieder ‚verlernen' muss. Ob die JVA dafür der richtige Ort ist, wird nicht ausgeführt.

Eintrag im Bundeszentralregister
Da es sich um eine Verurteilung zu unbedingter Jugendstrafe handelt, erfolgt eine Eintragung im Bundeszentralregister, nicht aber im Erziehungsregister (§§ 3, 4, 59 ff BZRG). Die Eintragung bleibt dort 10 Jahre bestehen, danach wird sie getilgt (§ 34 Abs. 1 Nr. 2, 45 BZRG). Sie erscheint auch im polizeilichen Führungszeugnis (§ 32 BZRG); solange keine Sperre beantragt und genehmigt wurde (§ 39 BZRG).

4.2.1.3 Möglichkeit zur Vertiefung

1. Bereiten Sie diesen Fall nach den Regeln der multiperspektivischen Fallarbeit für sich auf (Einführung bei Michel-Schwartze 2007: 138).
2. Lesen Sie nochmals nach, wie dissoziales Verhalten bzw. eine dissoziale Persönlichkeit definiert sind (Beelmann/Raabe 2007; ICD-10-GM 2012: F60.2) und überprüfen Sie die Klassifikationskriterien im vorliegenden Fall.
3. Fertigen Sie dann anhand der Fallgeschichte ein Gutachten der Jugendgerichtshilfe:

Daten zur Person:	
Anlass der Stellungnahme:	Auftrag der Staatsanwaltschaft, Eigeninitiative zur Diversion
Quellen:	Gespräche, Akteninhalte, Urkunden und Atteste usw.
Biografische Daten:	Geburtsdatum, Geburtsort, Wohnort, ausgeübter Beruf/Tätigkeit
Vorgeschichte und derzeitige Situation:	Familiärer Hintergrund, Werdegang, Umfeld und soziale Einbindung, Probleme und Potentiale, Haltungen und Handlungen; bisherige Hilfen und Interventionen
Psychosozialer Befund:	Checklisten bei Klier u. a. 1995: 208; Bock 2007: 116
Diagnostische und prognostische Überlegungen: Zusammenfassende Stellungnahme Entscheidungsvorschlag	Fachliche Einordnung der Befunde [ausführlich Bock 2007]

📖 *Zum Weiterlesen*

Shaw, Clifford (1966): The Jack-Roller. A delinquent boy's own story. Chicago Press

4.2.2 Partnergewalt

4.2.2.1 Überblick über den Deliktsbereich

Einschlägige Strafvorschriften

In Fällen häuslicher Gewalt können eine ganze Reihe von Straftatbeständen relevant werden: Beschädigung von Sachen (§ 303 StGB), Eindringen in die Wohnung (§ 123 StGB), Verletzung und Bedrohung von Personen (§§ 212, 223 ff, 240 ff StGB) oder Einschränkung ihrer Bewegungsfreiheit (§§ 238 f StGB). Eine Übersicht der einschlägigen Tatbestände (nach Schwere) findet sich auf der folgenden Seite.

Wissenschaftlich fundierte sozialarbeiterische Interventionen

Straftat-bestand (§)	Tathandlung	Handlungsziel	Erschwerung	Versuch	Strafantrag	Privatklage	Strafe	Minder schwer
Hausfriedensbruch (123)	Widerrechtliches Eindringen in Wohnung	Besitzverletzung		Nein	Ja	Ja	Geld bis 1 Jahr	
Beleidigung (185)	Beleidigung (Missachtung)	Kränkung	Tätlichkeit, Verächtlichmachung, unwahre Behauptungen	Nein		Ja	Geld bis 1 Jahr	
Bedrohung (241)	Bedrohung mit Verbrechen	Furchteinflößung		Nein		Ja	Geld bis 1 Jahr	
Sachbeschädigung (303)	Beschädigung, Zerstörung, Veränderung fremder Sachen	Eigentumsverletzung		Ja		Ja	Geld bis 2 Jahre	
Nötigung (240)	Handlung, Duldung oder Unterlassung	Zwang	Nötigung zu sexuellen Handlungen, Zwangsehe, Schwangerschaftsabbruch	Ja			Geld bis 3 Jahre	
Freiheitsberaubung (239)	Einsperren oder auf andere Weise der Freiheit beraubt	Bewegungsfreiheit	Mehr als 1 Woche, Gesundheitsschäden, Tod	Ja			Geld bis 5 Jahre	Ja
Körperverletzung (223)	Misshandlung, Gesundheitsschädigung	Verletzungswille	Gift, Waffe, Hinterlist, gemeinschaftlich, Lebensgefahr, Schutzbefohlene, dauerhafte Körperschäden	Ja	Ja	Ja	Geld bis 5 Jahre	
Stalking (238)	(beharrliche) Nachstellungen	Beeinträchtigung der Lebensgestaltung	Todesgefahr, Gesundheitsschädigung, Tod	Nein	Ja	Ja	3 Monate bis 5 Jahre	
Tötungsdelikt (212)	Tötung eines Menschen	Tötung – zumindest – in Kauf genommen	Niedrige Beweggründe, Heimtücke, Grausamkeit, gemeingefährliche Mittel, Verdeckungsabsicht	Ja			5 bis 15 Jahre	Ja

Wichtiger zum Schutz von Frauen und Kindern sind aber präventive Interventionen wie die Platzverweise nach den Polizeigesetzen der Länder und Schutzanordnungen nach dem Gewaltschutzgesetz.

Annahmen zum Ausmaß

Im Jahr 2004 hat das Bundesministerium für Familie, Senioren, Frauen und Jugend (BMFSFJ 2004) eine repräsentative Untersuchung zu Gewalt gegen Frauen vorgelegt. In dieser Studie berichtet jede dritte Frau (über 16 Jahren) über körperliche oder sexuelle Gewalterfahrungen; in etwa der Hälfte dieser Fälle durch den (Ex-)Partner. Die Daten zur Partnergewalt wurden nochmals genauer im Hinblick auf Schwere, Muster, Risikofaktoren und Unterstützung nach erlebter Gewalt ausgewertet (BMFSFJ 2008). Am häufigsten kam es (nur) zu körperlicher Gewalt; in jedem fünften Interview wurden aber (auch) unerwünschte sexuelle Handlungen berichtet. Ein Viertel der körperlichen Übergriffe betraf nur leichte Formen wie Schubsen, ebenfalls ein Viertel wurde von den Frauen dagegen als schwere bis lebensbedrohliche Gewalthandlung wahrgenommen. Der Rest lag irgendwo dazwischen. Oft geht dies einher mit psychischen Formen von Gewalt wie Eifersucht, die mit unterschiedlichen Graden von Kontrolle einhergeht. Besonders gefährdet sind Frauen durch ihre (gewalttätigen) Partner in Trennungs- und Scheidungssituationen – bis hin zum Risiko, getötet zu werden. Obwohl die meisten Frauen Kenntnis von Unterstützungsangeboten haben, werden sie – abhängig vom Schweregrad – nur von jeder vierten bis siebten Frau genutzt.

In jüngster Zeit gibt es auch Hinweise darauf, dass Männer Opfer von – überwiegend psychischer – Gewalt ihrer Partnerin werden (GIG-net 2008). In einer – nicht repräsentativen – Befragung berichtete jeder fünfte Mann von (starker) Eifersucht seiner Partnerin – bis hin zur Kontrolle von Emails und Telefonanrufen. 5 % gaben an, bei Auseinandersetzungen von der Partnerin schon einmal körperlich verletzt worden zu sein – die Hälfte beteuerte, noch nie mit Gewalthandlungen angefangen zu haben. Eine Strafanzeige hatte kein befragter Mann erstattet.

4.2.2.2 Die strukturierte Fallarbeit

Beispiel (Amtsgericht Aachen vom 30.09.2008)
I.
Der im Zeitpunkt der Hauptverhandlung 28 Jahre alte Beschuldigte ist ledig und kinderlos. Der Beschuldigte hat eine Ausbildung als Maler und Lackierer krankheitsbedingt abgebrochen und in der Vergangenheit in verschiedenen Berufen gearbeitet. Derzeit bezieht der Beschuldigte staatliche Sozialleistungen in Form von Arbeitslosengeld II in Höhe von 700,00 €. Der Beschuldigte nimmt darüber hinaus einen 1-Euro-Job als Hausmeister in einem Altenheim wahr.

Der Beschuldigte ist strafrechtlich bislang einmal [wegen Betrugs] in Erscheinung getreten.

II.
Im Rahmen der Hauptverhandlung konnten in der Sache folgende Feststellungen getroffen werden:

Fall 1:
Ende Mai 2007 beendete die Nebenklägerin ...... die Beziehung zu dem Beschuldigten. Dies nahm der Beschuldigte, der sich mit dem Beziehungsende nicht abfinden wollte, zum Anlass, der Nebenklägerin in den folgenden Wochen und Monaten beharrlich nachzustellen. Er belästigte sowohl die Nebenklägerin als auch ihre Verwandtschaft zunächst durch ständige Telefonanrufe. Er rief u. a. bis zu zehnmal am Tag und insbesondere auch während der Nachtzeit an und hinterließ über 100 Nachrichten auf dem Anrufbeantworter der Nebenklägerin. Obwohl die Nebenklägerin ihm signalisierte, dass sie an einer Fortsetzung der Beziehung kein Interesse hatte und er sie in Ruhe lassen sollte, suchte der Beschuldigte des weiteren beharrlich ihre räumliche Nähe auf und versuchte sie vor ihrem Haus, auf der Arbeitsstelle und an anderen Orten abzupassen. Darüber hinaus nahm er in Form von Briefen mit der Nebenklägerin Kontakt auf, die er u. a. selbst in ihrem Briefkasten warf und sogar in einem Fall auf dem Grab der Mutter der Nebenklägerin hinterlegte.

Am 11.06.2007 bestellte der Beschuldigte im Internet bei der Fa. Blume 2000 einen Blumenstrauß, den er an die Nebenklägerin liefern ließ. Dabei gab er die Personalien und die Kontonummer der Nebenklägerin ...... an. Die Blumen wurden an die Nebenklägerin geliefert. Auf der Karte stand: „sowie es in den wald schallt, so schallt es heraus=)". Ein Betrag in Höhe von 34,85 € wurde der Nebenklägerin in Rechnung gestellt.

Am 19.06.2007 begegnete die Nebenklägerin ...... dem Beschuldigten gegen 16.30 Uhr auf dem Gehweg der Bahnhofstraße in Alsdorf. Es kam zu einer zunächst verbalen Auseinandersetzung in deren Folge sich die Nebenklägerin ...... in einem Optikerladen flüchtete. Obwohl der Beschuldigte wiederholt durch die Nebenklägerin .... und durch die Beschäftigten des Optikerladens aufgefordert wurde, die Nebenklägerin in Ruhe zu lassen und den Optikerladen unverzüglich zu verlassen, kam der aufgebrachte Beschuldigte dieser Aufforderung nicht nach. Vielmehr beschimpfte er die Nebenklägerin und schubste sie, so dass diese ihr Gleichgewicht verlor und gegen die Theke des Optikerladens fiel. Erst als die Inhaberin des Optikerladens die Polizei informierte, verließ der Beschuldigte den Optikerladen.

Am 25.06.2007 gegen 20.45 Uhr traf der Beschuldigte auf die Nebenklägerin. Hier kam es erneut zu einem Streitgespräch. Der Beschuldigte packte die Nebenklägerin am rechten Arm und tippte ihr mit dem Zeigefinger auf den Brustkorb. Weiterhin bedrohte und beleidigte er die Nebenklägerin, die sich schließlich in einen Imbiss flüchtete.

Am 29.06.2007 rief der Beschuldigte die Geschädigte wiederum mehrmals an, dann begab er sich zu ihrem Wohnhaus und klingelte an der Wohnungstür.

Die Nebenklägerin verständigte daraufhin die Polizei. Gegenüber den eingesetzten Beamten erklärte der Beschuldigte, dass er die Nebenklägerin liebe und auch eine Ingewahrsamnahme und jede Geldstrafe in Kauf nehmen werde, um in ihrer Nähe zu sein.

Das Verhalten des Beschuldigten hatte zur Folge, dass die Nebenklägerin ihre gewohnte Lebensweise änderte. Aus Angst vor den Nachstellungen des Beschuldigten wechselte die Nebenklägerin häufig ihre Telefonnummer und litt aufgrund der permanenten Belästigungen – auch zur Nachtzeit – unter Schlafstörungen. Die Nebenklägerin lebte in ständiger Angst vor Begegnungen und Konfrontationen mit dem Beschuldigten, was dazu führte, dass sie vorübergehend nicht mehr allein in ihrer Wohnung übernachtete, sondern bei Verwandten schlief und sich beispielsweise durch Verwandte oder Arbeitskollegen auf dem Weg nach Hause oder zur Bushaltestelle begleiten ließ. Des Weiteren erwog die Beschuldigte einen Arbeitsplatzwechsel, um Zusammentreffen mit dem Beschuldigten in Alsdorf zu vermeiden.

Fall 2:
Am 29.06.2007 erwirkte die Nebenklägerin ...... beim Amtsgericht Aachen AZ: 10 C 305/07 einen einstweilige Verfügung gegen den Beschuldigten, worin ihm jeglicher Kontakt mit der Nebenklägerin untersagt wurde. Die einstweilige Verfügung wurde dem Beschuldigten am 02.07.2007 zugestellt.

Dennoch erschien der Beschuldigte am 03.07.2007 kurz vor Mitternacht vor dem Anwesen des Onkels der Nebenklägerin, des Zeugen ......, und wollte die Nebenklägerin sprechen. Trotz mehrfacher Aufforderung entfernte der Beschuldigte sich nicht, woraufhin der Zeuge ...... die Polizei einschaltete. Gegen 0.40 Uhr rief der Beschuldigte die Geschädigte erneut auf dem Festnetzanschluss an.

Fall 3:
Am 05.07.2007 erfolgte u.a. aufgrund dieser Vorfälle eine Gefährderansprache durch die Polizei. Hier zeigte sich der Beschuldigte zunächst einsichtig und versprach, sich in Zukunft ruhig zu verhalten und sich seiner früheren Freundin, der Nebenklägerin ......, nicht mehr zu nähern.

Trotz der ergangenen einstweiligen Verfügung und der Gefährderansprache tauchte der Beschuldigte am 15.07.2007 gegen 22.42 Uhr erneut vor dem Wohnhaus der Nebenklägerin ...... auf und beschimpfte diese. Im Verlaufe eines Streitgesprächs um die Herausgabe eines Fernsehers trat der Beschuldigte mit dem Fuß in Richtung der Nebenklägerin, die diesen sodann bespuckte. Da die Nebenklägerin dem Tritt ausweichen konnte, kam es nicht zu Verletzungen.

Fall 4 und 5:
Weiterhin erschien der Beschuldigte trotz des vorangegangenen Verbotes mehrmals am Arbeitsplatz der Nebenklägerin ......, u.a. am 14. und 17.08.2007. Dabei beschimpfte und beleidigte er die Nebenklägerin sowie ihre Arbeitskolleginnen und die anwesenden Kunden massiv.

Fall 9 bis 11 der Anklageschrift 104 Js 1359/07:
Soweit dem Beschuldigten darüber hinaus zur Last gelegt wurde, sich zum Nachteil der Geschädigten ...... wegen Nachstellung, Verstoßes gegen das Gewaltschutzgesetz und wegen Körperverletzung zum Nachteil der Freundin ......, der

Geschädigten ...... strafbar gemacht zu haben, hat sich der Tatvorwurf im Rahmen der Hauptverhandlung nicht mit der für eine Verurteilung erforderlichen Sicherheit bestätigt.

Wissenschaftliche Erklärungsansätze

Identifizierung der erklärungsrelevanten Befunde
Bei Stalkingfällen sollte nicht ausschließlich auf Bedrohungsgefühle seitens des Opfers, sondern auf möglichst objektivierbare Verhaltensweisen abgestellt werden. Trotzdem ist das Opferinterview, zumal beim Stalking durch Expartner, eine der wichtigsten Quellen (neben einer guten Dokumentation der Vorfälle sowie Kopien von Briefen, Emails und gespeicherte Nachrichten). Relevante Faktoren finden sich in der Person des Täters, des Opfers, in der Situation und in der (Beziehungs-)Dynamik.

Kriterien nach Hoffmann (2009)		AG Aachen
Stalker		
Robuste Faktoren	Persönlichkeitsstörung	Nichts bekannt
	Depression (klinisch)	Nichts bekannt
	Wahnhafte Eifersucht	Nichts bekannt
	Vorgeschichte von Gewalttätigkeiten	Nichts bekannt
	Alkohol und Drogenmissbrauch	Nichts bekannt
	Aktuelle und frühere Drohungen	Nichts bekannt
Dynamische Faktoren	Derzeitiges Ausmaß der Fixierung	Bis zu 10 Anrufe täglich; 100 Nachrichten auf AB ständige Kontaktaufnahme Brief im Kasten und auf Grab der Mutter
	Aktuelle Feindseligkeit	Blumenstrauß auf ihre Kosten Handgreiflichkeiten bei (zufälliger) Begegnung Einbeziehung Dritter Schubsen (nach verbaler Auseinandersetzung) Fußtritt (im Streit um Fernseher)
	Derzeitige persönliche Situation	Arbeitslos, geringfügig beschäftigt
	Durchführbarkeit eines Angriffs	Erleben, dass Gegenmaßnahmen nicht wirksam
	Entschlossenheit	Auftauchen trotz Gefährderansprache und Kontaktverbot
	Konkrete Vorbereitungshandlungen	

Kriterien nach Hoffmann (2009)		AG Aachen
Opfer		
	Mitglied einer gefährdeten Gruppe (Expartner, (helfende) Berufsgruppen, ‚Stars')	Expartnerin
	Ressourcen, um sich zu schützen (technische Mittel, Untertauchen)	Schlafen bei Verwandten Begleitung bei notwendigen Wegen
	Psychische Stabilität und Belastbarkeit	Schlafstörung
	Bereitschaft zum Selbstschutz	Ruft Polizei, Anzeige Wechsel der Telefonnummer
	Entschlossenheit und Durchhaltevermögen (z. B. Kontaktvermeidung)	Einschaltung von Polizei und Gericht ‚Wehrhaft' seit 2 Monaten
Situation		
	Räumliche Entfernung	Leben am selben (kleinen) Ort
	Zeitliche und logistische Ressourcen	Geringfügig beschäftigt (Hausmeister)
	Soziale Berührungspunkte (Arbeit, Freunde, Kinder)	Einkaufen, Weg zur Arbeit
Dynamik		
	Beziehungsgeschichte (Umgang mit Kritik, Zurückweisung)	Nichts bekannt
	Dramatischer Moment (Scheidungs-, Sorgerechtsverfahren)	Polizeieinsatz – Anzeige, uneinsichtig, aber ruhig

Im vorliegenden Fall hat sich die Betroffene für eine offensive Strategie (polizeiliche und gerichtliche Maßnahmen gegen den Stalker) entschieden. Gleichzeitig hat sie aber auch defensive Strategien angewandt (Änderung der Telefonnummer, Einbeziehung von Personen zu ihrem Schutz, Versuch der Kontaktvermeidung). Wichtig erscheint, dass die offensiven Strategien keine Gewalteskalation nach sich zogen, sondern die Gewalttätigkeiten weiterhin ‚ungeplant' erfolgten, und vor allem verbale Belagerungen und Beleidigungen das Mittel der Wahl waren.

Erkennbar ist auch, dass die verschiedenen Strategien nicht zur Einsicht beim Stalker führten: Er hätte sich ‚aus Liebe' auch einsperren und bestrafen lassen, sagt er. Zu beachten ist aber auch, dass es sich bislang um ein relativ kurzes Zeitfenster handelt: Die Trennung erfolgte Ende Mai, der aufgezwungene Blumenstrauß wurde 10 Tage später geliefert, die Gewalttätigkeiten spielten sich innerhalb von weiteren 10 Tagen (und in der Regel infolge verbaler Streits) ab. Einen Monat nach der Trennung erging der Gerichtsbeschluss. Insofern sollte die Hypothese genauer geprüft werden, ob es sich nicht um einen in seiner Intensität abnehmenden Belagerungszustand handelt, der sich durch Zeitablauf ‚unblutig' erledigen könnte.

Einordnung mittels Theorien und Forschungsergebnissen
Die Gewaltforschung hat eine ganze Reihe theoretischer Konzepte hervorgebracht, die erklären sollen, wie Gewalt entsteht. Dabei besteht ein wichtiger Unterschied zwischen soziologischen Theorien, die die gesellschaftlichen Bedingungen untersuchen (Heitmeyer 2004), und bio-psycho-sozialen Theorien, die Aggression und Gewalt vom Individuum und seinen sozialen Bezügen her denken (Wahl 2009; Bauer 2011).

Darüber hinaus hat sich in den letzten Jahren vor allem die Geschlechterforschung mit der Gewalt im Geschlechterverhältnis befasst und dabei die gesellschaftliche wie die individuelle Perspektive einbezogen (GIG-net 2008). Dabei spielten auch immer wieder die Dimensionen von Macht und Ohnmacht eine Rolle (als Einfluss auf andere und als innere Befriedigung). Insofern kann die Entwicklungspsychologie der Gewalt auch als die Geschichte der Menschheit erzählt werden (Pinker 2011).

In einer interdisziplinären Perspektive hat Wahl (2009: 172) die Mechanismen der Aggression in einem Schema, das ich vereinfacht wiedergebe, wie folgt zusammengestellt:

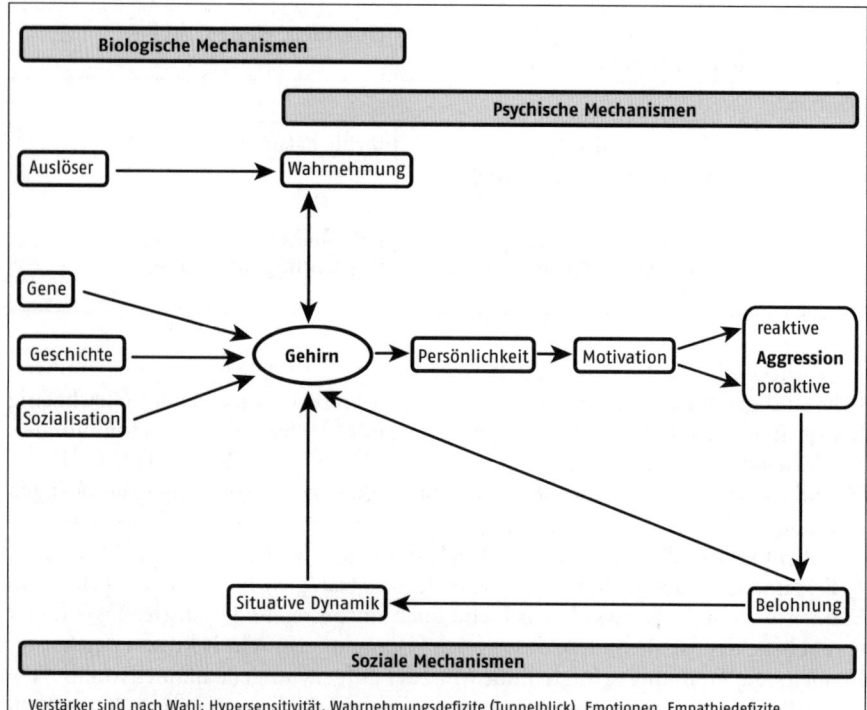

Interessant ist, dass daraus eine Art Kreislauf entsteht, eine Gewaltspirale. Man(n) wird fast automatisch zum ‚Wiederholungstäter'. Die Männerberatung beschreibt die Dynamik aus der Sicht des (gewalttätigen) Mannes so:

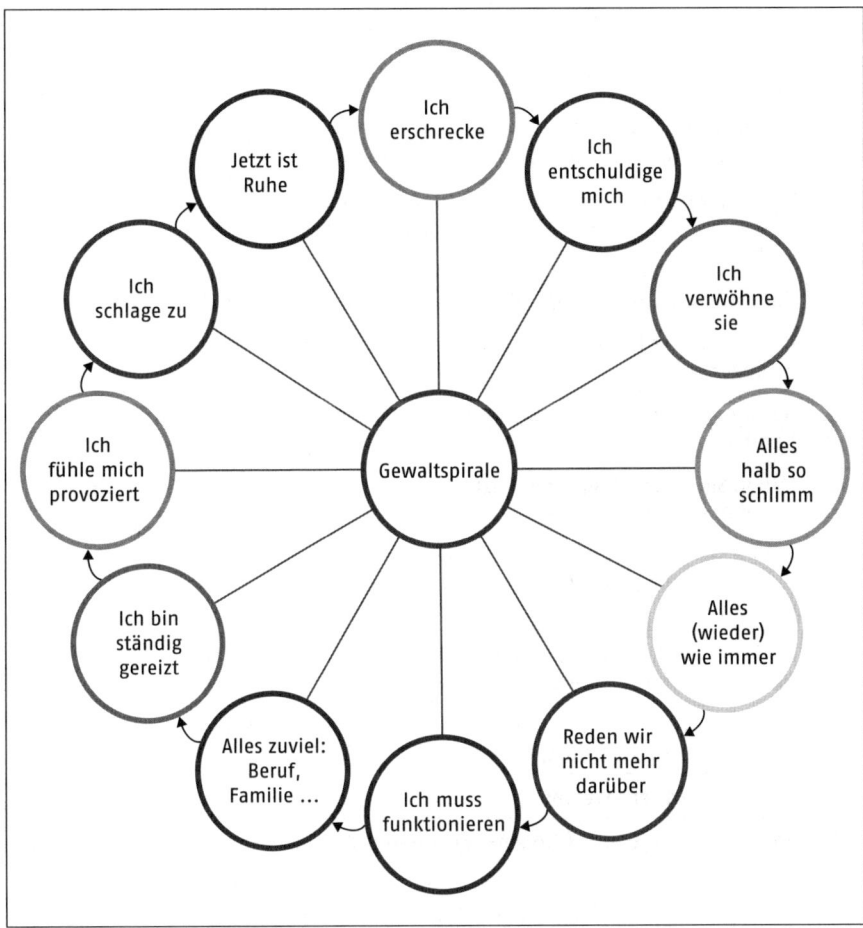

Auch aus Sicht potentieller Opfer kann versucht werden, die Gefahr richtig einzuschätzen. Das erste Interventionsprojekt (in Duluth) hat einmal die „Big 26" (Gefährdungsfaktoren bei häuslicher Gewalt) zusammengestellt:

		ja	nein
1.	Ist Ihr Partner zunehmend gewalttätiger, brutaler und/oder gefährlicher geworden?	☐	☐
2.	Hat Ihr Partner Sie jemals so schwer verletzt, dass Sie medizinische Betreuung benötigten?	☐	☐

		ja	nein
3.	Hat Ihr Partner Sie jemals gewürgt?	☐	☐
4.	Hat Ihr Partner je ein Tier verletzt oder getötet?	☐	☐
5.	Hat Ihr Partner gedroht, Sie umzubringen?	☐	☐
6.	Hat Ihr Partner Sie je sexuell genötigt/vergewaltigt?	☐	☐
7.	Hat Ihr Partner je eine Waffe gegen Sie eingesetzt oder gedroht, eine solche einzusetzen? Wenn ja, was für eine Waffe?	☐	☐
8.	Wirkte Ihr Partner je vereinnahmend oder wie besessen auf Sie ein (Verfolgung, Kontrolle, Beobachtung, Nachstellungen, Eifersucht)?	☐	☐
9.	Hat Ihr Partner die Häufigkeit der Übergriffe/Angriffe erhöht?	☐	☐
10.	Hat Ihr Partner jemals damit gedroht oder versucht, Selbstmord zu begehen?	☐	☐
11.	Hat Ihr Partner Sie jemals während der Schwangerschaft misshandelt?	☐	☐
12.	Haben Sie sich während der letzte 12 Monate von Ihrem Partner getrennt oder es versucht?	☐	☐
13.	Haben Sie in den vergangenen 12 Monaten versucht, von außen Hilfe zu erhalten (Schutzanordnung, Polizei, Frauenhaus, Beratung)?	☐	☐
14.	Fühlen Sie sich abgeschnitten von Hilfsquellen (Auto, Telefon, Familie, Freundinnen etc.)?	☐	☐
15.	Hatte Ihr Partner in den letzten Monaten außergewöhnlichen Stress (Arbeitsplatzverlust, Todesfall, Finanzkrise)?	☐	☐
16.	Trinkt Ihr Partner exzessiv?	☐	☐
17.	Hat Ihr Partner je eine (Drogen-) Entziehungskur gemacht?	☐	☐
18.	Besitzt Ihr Partner eine Waffe oder führt er eine mit sich bzw. hat Zugang zu einer Waffe? Machen Sie bitte nähere Ausführungen.	☐	☐
19.	Glauben Sie, dass Ihr Partner Sie ernsthaft verletzen oder töten könnte?	☐	☐
20.	Haben Sie versucht, Ihren Partner zu schützen, indem Sie z.B. Ihre Aussage bei der Polizei zurückgezogen haben?	☐	☐
21.	Wissen Sie, ob Ihr Partner als Kind misshandelt wurde?	☐	☐
22.	Wissen Sie, ob Ihr Partner als Kind Zeuge von Misshandlungen an seiner Mutter war?	☐	☐
23.	Äußert Ihr Partner Reue oder zeigt Trauer ob seines Verhaltens?	☐	☐
24.	Hat Ihr Partner nichtgewalttätige Straftaten begangen?	☐	☐

		ja	nein
25.	Hat Ihr Partner eine Geschichte von Gewalttätigkeiten gegenüber anderen Menschen außerhalb der Familie?	☐	☐
26.	Benutzt Ihr Partner Strassendrogen (Speed, Kokain, Crack, Steroide etc.)?	☐	☐
	Summe		

Quelle: www.ava2.de/download/gefahr.pdf

Gewalt, vor allem in Partnerschaften, kann dabei viele verschiedene Formen annehmen. Gemein ist ihnen allen der Wunsch nach Macht und Kontrolle – und eine Überreaktion bei Kritik und Zurückweisung (Hoffmann 2009a).

Das Risiko von Frauen, im Falle einer Trennung oder Scheidung Opfer von Gewalthandlungen des männlichen (Ex-)Partners zu werden, gilt als hoch (BMFSFJ 2008: 49) – bis hin zu Tötungen, die vor allem in dieser Situation besonders häufig vorkommen. Scheidungs- und Sorgerechtsverfahren gelten gemeinhin als besonders gefährliche ‚dramatic moments' (Hoffman 2009).

Männliche Ex-Partner stellen den größten Anteil der Stalking-Täter (Weiner/ Haas 2009: 196). Kam es in der Beziehung zu (häuslichen) Gewalthandlungen, dann sind diese auch bei Nachstellungen vermehrt möglich (Hoffmann 2009a): Wut und Hass werden als Reaktionen auf Schmerz beschrieben – ausgelöst durch eine Trennung (Bauer 2011) oder Beschämungen (vgl. Gilligan 1996). (Männliche) Stalker und Gewalttäter ganz allgemein sind oft Menschen, die extrem verwundbar auf Zurückweisungen reagieren (Hoffmann 2009). Gerade das kann sie sehr gefährlich machen.

Hoffmann (2009) rät deshalb zu

- konsequenter Kontaktvermeidung mit dem Verfolger,
- der genauen Dokumentation des Stalking-Verhaltens,
- dem Bekanntmachen des Stalking-Vorfalls im Umfeld von Verfolger und Verfolgter, sowie
- der Suche nach (fachkundiger) Unterstützung.

Die Frage nach einer Strafanzeige wird dabei wesentlich davon abhängen, ob sich die Verletzte das Verfahren (emotional und gesundheitlich) zutraut und welche Unterstützung sie hat, wie die Beweislage (Dokumentation) eingeschätzt wird – aber vor allem, wie die Gefährdungseinschätzung in Bezug auf den Verfolger ausfällt. Eine Strafanzeige bei der Polizei kann erfolgreich sein, wenn sie frühzeitig erfolgt und Konsequenzen für den Stalker hat (z.B. ‚Interventionsgespräch'): Sie durchbricht seine Idee eines privaten, um nicht zu sagen intimen Kontaktes mit dem Opfer (Hoffmann 2009a). Problematisch ist dagegen, wenn Näherungs- und Kontaktverbote folgenlos gebrochen werden können, weil dies das Gefühl vieler Stalker, im Recht zu sein, noch verstärkt (Hoffmann 2009).

Folgen im Kontext des Strafverfahrens

Strafbarkeit des Verhaltens

Das Verhalten im Fall 1 könnte sich als – strafbare – Nachstellung (§ 238 StGB) darstellen. Diese liegt u. a. vor, wenn der Beschuldigte beharrlich die räumliche Nähe der Betroffenen sucht (Nr. 1) und dadurch deren Lebensgestaltung schwerwiegend beeinträchtigt. Dabei verweist der Begriff ‚beharrlich' einmal auf eine gewisse Dauer der Nachstellung, zum anderen auch auf die Missachtung dessen, was die Betroffene selbst will (Fahl/Winkler 2010: 91).

Darüber hinaus stellen auch Verstöße gegen gerichtliche Anordnungen nach dem Gewaltschutzgesetz – wie in den Fällen 2 bis 5 – einen Straftatbestand dar (§ 4 GewSchG).

In Fall 3 könnte zudem der Versuch einer Körperverletzung vorliegen (§§ 223 Abs. 1, 22 StGB). Wäre die Betroffene nicht ausgewichen, hätte der Fußtritt sie verletzt. Darin liegt der Versuch einer Gesundheitsschädigung (§ 233 Abs. 1 StGB).

Daran, dass der Beschuldigte seine Handlungen bewusst und gewollt, also vorsätzlich, ausgeführt hat, bestehen keine Zweifel.

Allenfalls könnte eine krankhafte Obsessionen, wie z. B. sog. wahnhaftes oder sadistisches Stalking (Weiner/Haas 2009: 198), die Schuldfähigkeit (§§ 20, 21 StGB) mindern oder ausschließen. Dies müsste aber durch ein psychiatrisches Gutachten festgestellt werden. Solange ‚Stalker' – wie hier – im sonstigen Leben unauffällig sind, kann dies als Indiz für ihre Steuerungsfähigkeit gelten.

Strafzumessungserwägungen

Einfache Körperverletzungsdelikte werden nur auf ausdrücklichen Antrag der Geschädigten verfolgt, oder wenn die Staatsanwaltschaft ein besonderes öffentliches Interesse an der Strafverfolgung bejaht (§ 230 StGB). Bei den anderen Vorfällen handelt es sich dagegen um sog. Offizialdelikte, die die Polizei immer verfolgen muss (§ 152 StPO).

Nachstellungen werden vom Gesetz mit Geldstrafe oder Freiheitsstrafen bis zu drei Jahren, Verstöße gegen das Gewaltschutzgesetz mit bis zu einem Jahr geahndet. Bei einer versuchten Körperverletzung kann die Strafe gemildert werden (§§ 23 Abs. 2, 49 StGB). Da es verschiedene – tatmehrheitliche – Handlungen sind, wird eine Gesamtstrafe durch Erhöhung der höchsten Einzelstrafe für Stalking gebildet (§§ 53, 54 StGB).

Als Anhaltspunkt kann auch hier die Verurteilungsquote der Strafverfolgungsstatistik herangezogen werden: Von den 350 männlichen Verurteilen erhielten 239 (68 %) Geldstrafen, überwiegend (75 %) zwischen 30 und 90 Tagessätzen, und 111 (32 %) Freiheitsstrafen, davon 91 (82 %) zur Bewährung (Strafverfolgung 2010, Tabelle 3.1. und 3.3.).

Im vorliegenden Fall hat das Gericht auf eine Bewährungsstrafe (von sieben Monaten) erkannt. Dass es für den Beschuldigten nicht bei einer Geldstrafe blieb, könnte sich dadurch erklären, dass er durch sein Verhalten mehrmals gerichtliche Anordnungen übertreten hat. Trotzdem nimmt das Gericht an, dass der Beschuldigte sich bereits die Verurteilung zur Warnung dienen lassen wird (§ 56 Abs. 1 StGB), weil es, so die Logik, seine erste Verurteilung zu einer Freiheitsstrafe ist. Sicherheitshalber wurde das Kontaktverbot zur Bewährungsauflage (§ 56b StGB) gemacht. Eine Übertretung könnte so zum Widerruf der Bewährung führen. Im Übrigen wurde dem Beschuldigten zugute gehalten, dass er – wie immer – bedauert, (in Ansätzen) gestanden und bislang nur eine Vorstrafe hat.

Eintrag im Bundeszentralregister
Da es sich insoweit um eine Verurteilung handelt, wird diese im Bundeszentralregister eingetragen (§§ 3, 7 BZRG) und drei Jahre lang in einem polizeilichen Führungszeugnis mitgeteilt (§§ 32, 34 BZRG). Dieses können sich zum Beispiel Arbeitgeber bei einer Bewerbung vorlegen lassen.

4.2.2.3 Möglichkeit zur Vertiefung

Bitte versuchen Sie sich im oben geschilderten Fall an einer Strafanzeige nach dem folgenden Muster:

Frau XY

An die Staatsanwaltschaft
[Adresse]

Datum
Betr. Strafanzeige gegen Herrn Ferv, Holger aus allen rechtlich in Betracht kommenden Gesichtspunkten
Sehr geehrte Damen und Herren,
hiermit erstatte ich **Strafanzeige** gegen
Holger Ferv, geboren am ..., wohnhaft im ...
und stelle Strafantrag wegen aller in Betracht kommenden Delikte.
Zum Hergang:
Was
Wann
Wo
Wer (kann's bezeugen)
Wie (kann man's beweisen)
..., den
Unterschrift

📖 *Zum Weiterlesen*

GIG-net (2008): Gewalt im Geschlechterverhältnis, Barbara Budrich Verlag, Opladen

4.2.3 Sexualdelikte

4.2.3.1 Überblick über den Deliktsbereich

Im 13. Abschnitt des Strafgesetzbuches (StGB) werden Straftaten gegen die sexuelle Selbstbestimmung unter Strafe gestellt. Sexuelle Selbstbestimmung meint „die Freiheit einer Person, über Ort, Zeit, Form und Partner sexueller Betätigung frei zu entscheiden" (Fischer, vor § 174 StGB Rdn. 5).

Einschlägige Strafvorschriften

Das Gesetz unterscheidet, auch hinsichtlich der Strafhöhe, zwischen Nötigungshandlungen (§§ 177, 178, 181 StGB), bei denen Zwang eingesetzt wird, und Missbrauchshandlungen (§§ 174, 176, 180, 180a StGB), bei denen Gelegenheiten ausgenutzt werden, die sich oft aus der Schutzlosigkeit bestimmter Opfergruppen (Kinder, Widerstandsunfähige, Gefangene) ergeben. Gerade weil die Opfer im letzteren Fall als Fall absolut schutzwürdig erscheinen, hat ihre Einwilligung keinen Einfluss auf die Strafbarkeit (Fischer, vor § 174 Rdn. 9a StGB).

Annahmen zum Ausmaß

Dunkelfeldschätzungen zum Ausmaß des sexuellen Missbrauchs unterscheiden sich stark, je nachdem welche Definition des Missbrauchs und welche Stichprobe zugrunde gelegt wird (vgl. Finkelhor 1998: 75; Degener 2006: 34; Volbert/Galow 2010). Für Deutschland hat das Kriminologische Forschungsinstitut Niedersachsen (2011) eine repräsentative Befragung veröffentlicht, in der die Befragten Handlungen in folgender Häufigkeit berichteten:

Häufigkeit des erlebten Missbrauchs (bis 16 Jahre)	Entblößen		Berühren		Berührt werden		Penetration		Vaginale Penetration		Orale Penetration		Sonstige Handlungen	
	m	w	m	w	m	w	m	w	m	w	m	w	m	w
nie	98.1	95.8	98.3	95.8	98.3	93.5	99.2	97.2	99.3	97.7	99.2	98.3	99.0	97.7
1 Mal	0.3	1.2	0.3	1.2	0.4	2.4		0.6	0.1	0.6		0.2	0.4	1.5
2 Mal	0.1	0.6	0.1	0.6	0.1	1.3		0.3		0.2		0.2		
mehrmals im Jahr	0.3	1.1	0.3	1.1	0.3	1.3	0.1	0.6		0.4		0.4		
mehrmals im Monat	0.1	0.2	0.1	0.2	0.1	0.4		0.3	0.1	0.2	0.1	0.1		
mehrmals in der Woche	0.1	0.2	0.1	0.2	0.1	0.3		0.1		0.1		0.1		
keine Angaben	0.7	0.8	0.7	0.8	0.6	0.7	0.6	0.9	0.4	0.7	0.6	0.8	0.5	0.7

Quelle: KFN 2011: Tabelle 10

Die strafrechtliche Prüfung im Kontext Sozialer Arbeit

Straftat-bestand (§)	Schutzalter	Opfer	Tatbegehung	Erschwerung	Strafe	Versuch	Verjährung (ab Volljährigkeit)
Inzest (173)	-.-	leiblich verwandt	Beischlaf	-.-	bis 3 Jahre	–	(5 Jahre)
Missbrauch von Schutzbefohlenen (174)	16 Jahre	schutzbefohlen	-.-	-.-	bis 5 Jahre	+	(5 Jahre)
	18 Jahre	schutzbefohlen	Ausnutzung der Abhängigkeit				
	18 Jahre	Kind	-.-				
Missbrauch Widerstandsunfähiger (179)	-.-	widerstandsunfähig	-.-	Beischlaf	bis 5 (10) Jahre	+	5 Jahre
Missbrauch in der Therapie (174 c)	-.-	(sucht-)krank	Ausnutzung der Beziehung	-.-	bis 5 Jahre	+	(5 Jahre)
		in therap. Behandlung					
Missbrauch von Kindern (176, 176 a)	14 Jahre	-.-	-.-	Beischlaf; gemeinschaftlich; Gesundheitsgefahr; Wiederholungstat	bis 10 (15) Jahre	(+)	10 Jahre

Straftat-bestand (§)	Schutzalter	Opfer	Tatbegehung	Erschwerung	Strafe	Versuch	Verjährung (ab Volljährigkeit)
Missbrauch von Jugendlichen (182)	16 Jahre	jugendliche Unreife	Zwangslage Geld	-.-	bis 3 Jahre	–	(5 Jahre)
sexuelle Nötigung (177)	-.-		Gewalt, Drohung		bis 15 Jahre	+	20 Jahre
Vergewaltigung		schutzlos	Gewalt, Drohung	Penetration gemeinschaftlich Waffe Gesundheitsgefahr			
Frauenhandel (180, 180 b)	-.-	Ausländerinnen	Zwangslage	Kenntnis der Hilflosigkeit unter 21 Jahren Gewalt, Drohung, List gewerbsmäßig	bis 5 (10) Jahre	(+)	(5 Jahre)

Es zeigt sich, dass Mädchen deutlich häufiger betroffen sind als Jungen: vom Entblößen etwa viermal so häufig und von Missbrauch mit Körperkontakt etwa fünfmal mehr. Gleichzeitig sehen die Autoren Anzeichen, dass der sexuelle Missbrauch abnimmt: Während in der Gruppe der 31- bis 40-Jährigen noch jede elfte Frau von einem sexuellen Missbrauch mit Körperkontakt berichtete, ist es in der Gruppe der 16- bis 20-Jährigen eine von 35; bei den Männern sank die berichtete Zahl der Betroffenen von 1:55 auf 1:125 (KFN 2011: 24; Pinker 2011: 440). Diese Annahme wird auch durch die Daten im Hellfeld unterstützt (Volbert/Galow 2010). Allerdings liegt die Anzeigequote in der Repräsentativbefragung zwischen 11,7 % und 18,0 %. Mit anderen Worten: Trotz gestiegener Anzeigebereitschaft gelangt nur jeder fünfte Übergriff zur Kenntnis der Polizei (KFN 2011: 39).

Deshalb sollte gerade in der Sozialen Arbeit nicht die statistische Häufigkeit, sondern die individuelle Betroffenheit Maßstab des Handelns sein. Auch ein ‚Rückgang' auf ca. 12 000 angezeigte Fälle/Jahr (PKS 2010) ergibt noch eine besorgniserregende Zahl von Betroffenen.

4.2.3.2 Die strukturierte Fallarbeit

Beispiel (Amtsgericht Bielefeld vom 30. 9. 2002)
Die Zeuginnen 1 und 2 (geboren am …), waren in der Zeit der Tätigkeit des Beschuldigten als Musiklehrer in … seine Schülerinnen. Es herrschte ein freundschaftliches Verhältnis zwischen allen Beteiligten, die sich aufgrund des dörflichen Charakters zum Teil seit Jahren kannten und duzten.
Die Zeuginnen erhielten vom Beschuldigten Gruppen- bzw. Einzelunterricht. Inhalt des Unterrichts waren auch Atemübungen, um den Schülern die unterschiedlichen Atmungsarten „normale Atmung", „Zwerchfellatmung" und „Tiefenflankenatmung" näherzubringen. Der Beschuldigte kontrollierte dabei die Atmung, indem er seine Hand auf den entsprechenden aktiven bzw. zu aktivierenden Bereich wie Brust und Bauch legte. Nach der Einlassung des Beschuldigten hat er jeweils zuvor den entsprechenden Schüler bzw. die entsprechende Schülerin gefragt, ob er ihn/sie anfassen dürfe.
Die Zeugin 3, die erst später beitrat, erhielt zunächst Gruppen- und sodann Einzelunterricht beim Beschuldigten.
In der Zeit zwischen dem 24.09.1994 und 24.09.1996 griff der Beschuldigte der Zeugin 3 während mindestens zwei Unterrichtsstunden unter dem Vorwand, ihre Atemtechnik prüfen zu wollen und nachdem er sie gefragt hatte, ob er sie anfassen dürfe, unter ihre Bluse bzw. ihren Pullover und führte seine Hand mehrmals langsam von unten unter die Oberbekleidung und oberhalb ihres Unterhemdes vom Bauch zur Brust hoch und wieder zum Bauch zurück. Dabei hielt er jeweils nach Erreichen des Bauch- bzw. Brustbereichs kurz inne und führte die Hand dann zurück zum anderen Bereich. Während dieser Vorfälle war die Tür des Unterrichtsraumes geschlossen.
Ein Berühren der Zeugin unterhalb der Oberbekleidung war für die Kontrolle der Atemtechnik im Rahmen von Atemübungen nicht erforderlich, was der Beschuldigte auch wusste.

Der Zeugin 3, die bei den beiden Vorfällen 12 und 13 Jahre alt war, war die ganze Situation unangenehm und sie hatte dabei ein „merkwürdiges Gefühl". Da der Beschuldigte für die Zeugin eine Vertrauensperson war und sie sich nicht vorstellen konnte, dass er in seiner Position mit ihr etwas machen würde, was er nicht machen darf, sagte die Zeugin nichts und forderte den Beschuldigten auch nicht auf, aufzuhören. Aus demselben Grund erzählte die Zeugin auch ihren Eltern nichts von den Vorfällen. Erst nachdem eine andere Zeugin bzw. deren Eltern entsprechend Vorwürfe gegen den Beschuldigten erhoben, hat sie ihre Erlebnisse bei der Polizei geschildert.

Nach der Aussage der Zeugin hat sie durch die Vorfälle keine psychischen Schäden bzw. Beeinträchtigungen erlitten.

An einem Tag kurz vor den Sommerferien des ... im Jahr 1996, das heißt kurz vor dem 04.07.1996, kam es während einer Unterrichtsstunde der Nebenklägerin, der Zeugin 2, zu einem ähnlichen Vorfall. Die Zeugin 2 war bei diesem Vorfall 12 Jahre alt.

Die Zeugin 2 hatte zunächst zusammen mit ihrem Bruder und ihrer Schwester, der Zeugin 1, später dann nur noch zusammen mit ihrem Bruder Musikunterricht bei dem Beschuldigten. Bei den gemeinsamen Unterrichtsstunden mit dem Bruder wurden ebenfalls Atemübungen gemacht. Der Beschuldigte überprüfte die Atemtechnik dann in der Art, dass ein Buch auf den Bauch des liegenden Schülers gelegt wurde.

An dem oben genannten Tag war ihr Bruder krank, so dass die Zeugin alleine Unterricht hatte. Sie trug zum Tatzeitpunkt eine kurze schwarze Hose sowie ein beiges T-Shirt, das ihr ungefähr bis zum Bauch reichte, jedenfalls aber mit dem Hosenbund abschloss. Darunter trug sie ein Bustier. Unter dem Vorwand, ihre Atemtechnik prüfen zu wollen, stellte sich der Beschuldigte neben die Zeugin und griff ihr zunächst oberhalb des T-Shirts auf den Brust- und Bauchbereich. Nach einiger Zeit schob er dann seine Hand langsam von unten unter ihr T-Shirt und führte seine Hand unterhalb ihres T-Shirts zwei- bis dreimal vom Bauch zur Brust und zurück zum Bauch. Beim Erreichen des Brustbereichs strich er jeweils mit seiner Hand von einer Brust zur anderen.

Ob die Tür des Unterrichtsraumes zum Zeitpunkt des Vorfalles geschlossen war oder nicht, konnte nicht mehr festgestellt werden.

Am 13.09.1999, als die Zeugin ... 15 Jahre alt war, hatte die Zeugin ... um 16.00 Uhr im ... erneut alleine Unterricht bei dem Beschuldigten, weil ihr ... an diesem Tag wieder krank war. Sie trug an diesem Tag einen Pullover und darunter einen BH. Der Beschuldigte stellte sich wieder neben die Zeugin und fasste ihr wiederum mit der rechten Hand unter dem Vorwand, ihre Atemtechnik prüfen zu wollen, oberhalb ihres Pullovers auf den Bauch. Von dort aus griff er von unten her unter den Pullover und führte seine Hand zwei- bis dreimal vom Bauch zur Brust und wieder zum Bauch. Beim Erreichen des Brustbereichs strich er jeweils oberhalb ihres BHs mit seiner Hand von einer Brust zur anderen. Während dieses Vorfalles war die Tür des Unterrichtsraumes geschlossen.

Ein Berühren der Zeugin unterhalb der Oberbekleidung war für die Kontrolle der Atemtechnik im Rahmen von Atemübungen nicht erforderlich, was der Beschuldigte auch wußte.

Die Zeugin ... sagte während der Vorfälle nichts zu dem Beschuldigten, obwohl sie wollte, dass der Beschuldigte damit aufhört. Sie hatte zum Beschuldigten bis dahin ein sehr vertrautes und freundschaftliches Verhältnis und es bestand ein über Jahre gewachsenes Vertrauensverhältnis, weshalb sie das von ihr als falsch empfundene Verhalten des Beschuldigten nicht einordnen konnte und die Vorfälle daher zunächst verdrängte. Sie erzählte auch ihren Eltern nichts, da sie befürchtete, dass ihr nicht geglaubt würde, insbesondere auch wegen der Position des Beschuldigten als ..., dem auch ihr Vater angehörte, und dem freundschaftlichen Verhältnis der Mitglieder des ... untereinander.

Nach dem ersten Vorfall im Jahre 1996 ließen die schulischen Leistungen der Zeugin nach und sie erkrankte an Bulimie. Im Oktober 1997 erzählte sie ihrer ..., der Zeugin ..., von dem ersten Vorfall. Nach dem Vorfall am 13.09.1999, den die Zeugin ... als erheblichen Eingriff in ihre Intimsphäre empfand, versuchte sie dann zunächst, Ausreden zu erfinden, um nicht mehr zum Unterricht gehen zu müssen. Später offenbarte sie sich dann ihren Eltern gegenüber, weil sie nicht wollte, dass das noch einmal passiert. Nachdem ihre Eltern den Beschuldigten mit den Vorwürfen konfrontiert hatten, schrieb der Beschuldigte der Zeugin ... und deren Eltern einen Brief, in denen er die Vorfälle bedauerte und sich entschuldigte. In seinem Brief an die Zeugin ... vom 14.10.1999 (Bl. 20 d.A.) führte er auch aus, er habe sie „nie und zu keiner Zeit kränken oder an Körper und Seele schädigen wollen". In seinem Brief an die Eltern der Zeugin ... vom 14.10.1999 (Bl. 21 d.A.) räumte er ein, es sei „ja auch nichts alltägliches passiert", die Vorfälle hätten sich nun mal zugetragen, wenngleich das ... anders sehe als er es gemeint habe. Hier müsse auch er „noch dazulernen".

Wissenschaftliche Erklärungsansätze

Identifizierung der erklärungsrelevanten Befunde
Für die Frage, welche Befunde bei einer sozialarbeiterischen Diagnostik wichtig werden können, ist entscheidend, welchen Auftrag(geber) Sie haben:

- Werden Sie als justiznaher Sozialer Dienst eingeschaltet (Jugendgerichtshilfe, Gerichtshilfe)? Wenn ja, um einen Beschuldigten- oder Geschädigtenbericht anzufertigen?
- Haben sich besorgte Eltern, Fachkräfte oder der Arbeitsgeber an Sie gewandt, um eine Risikoeinschätzung vorzunehmen?
- Oder ist gar nach einem solchen Vorfall eine ganze Gemeinde in Aufruhr?

In gewisser Weise beeinflusst der Auftrag immer auch die Befunderhebung: Ihre Arbeit ist nur dann gut und hilfreich, wenn ‚Auftraggeber' ihre Befunde gebrauchen können.

Nehmen wir also an, der Auftrag umfasst einzuschätzen, welche Gefährlichkeit von dem Musiklehrer zukünftig ausgeht. Dazu müssten Sie Kriterien haben, die Ihnen erlauben, die Frage zu beantworten, ob es sich hier um einmalige Vorfälle gehandelt hat oder eine Wiederholung wahrscheinlich ist.

Pädophile Neigungen: Zunächst ist einzuschätzen, ob der Musiklehrer ‚pädophile Neigungen' haben könnte, die ihn auch für andere Mädchen gefährlich machen. Leider wird mit Begriffen wie ‚Pädophilie' oft ungenau umgegangen. Eine Orientierung für die Soziale Arbeit bieten medizinisch-psychologische Klassifikationssysteme:

ICD 10	DSM-IV	
F65.0	302.81	Fetischismus
F65.1	302.3	Fetischistischer Transvestismus
F65.2	302.4	Exhibitionismus
F65.3	302.82	Voyeurismus
F65.4	302.2	Pädophilie
F65.5	302.83	Sadomasochismus

Quelle: www.sexualmedizin.charite.de/forschung/dissexualitaet_und_paraphilien/

Der ICD-10 definiert Pädophilie als sexuelle Präferenz für Kinder, Jungen oder Mädchen oder Kinder beiderlei Geschlechts, die sich in der Vorpubertät oder einem frühen Stadium der Pubertät befinden. Der DSM-IV bietet folgende Diagnosekriterien an:

- (Über einen Zeitraum von mindestens sechs Monaten) wiederkehrende intensive sexuell erregende Phantasien, sexuell dranghafte Bedürfnisse oder Verhaltensweisen, die sexuelle Handlungen mit einem präpubertären Kind oder Kindern (in der Regel 13 Jahre und jünger) beinhalten.
- Diese verursachen in klinisch bedeutsamer Weise Leiden oder Beeinträchtigungen in sozialen, beruflichen oder anderen wichtigen Funktionsbereichen.
- Die Person selbst ist mindestens 16 Jahre alt und mindestens 5 Jahre älter als das Kind oder die Kinder, die sie begehrt.
- Zusätzlich wird danach differenziert,
  – ob sich das Begehren eher auf Mädchen oder Jungen oder beides bezieht und
  – ob die Kontakte eher in der Familie oder auch außerhalb gesucht werden und
  – ob jemand ausschließlich Kontakte mit Kindern sucht oder auch sexuelle Beziehungen zu Erwachsenen hat. Zu bedenken ist nämlich, dass es unter den Pädophilen Männer gibt, die erwachsene Sexualpartnerinnen vorziehen, bei der Aufnahme geeigneter Kontakte aber dauernd frustriert werden und sich deshalb ersatzweise Kindern zuwenden.

Ausdrücklich weist der ICD-10 darauf hin, dass ein einzelner Vorfall niemals das Diagnosekriterium erfüllt, sondern dass es sich um eine anhaltende oder vorherrschende Veranlagung handeln muss.
Im vorliegenden Fall führt das zu folgenden Befunden:

Kriterium	Fall
Wiederkehrende intensive Phantasien, Bedürfnisse oder Verhaltensweisen	Phantasien und sexuelle Wünsche sind nicht erwähnt Verhaltensweise: wenig intensiv (Berührung); x Vorfälle bekannt
Zeitraum von mindestens 6 Monaten	Zeitraum erstreckt sich zwar auf 3 Jahre, aber mit großen Zwischenräumen
Gerichtet auf präpubertäres Kind	Mädchen sind – mehrheitlich – über 13 Jahre alt
Bevorzugtes Geschlecht	Die Betroffenen waren alle Mädchen
Ausschließlichkeit	Über andere Sexualpartner nichts bekannt
Leiden oder Beeinträchtigungen	Nicht bekannt
Altersunterschied	Deutlich mehr als 5 Jahre

Die mitgeteilten Befunde geben keinen Anlass zu der Annahme, dass es sich bei dem Musiklehrer um einen ‚gefestigten' Pädophilen handelt. In einem streng klinischen Sinn sind diese sogar unter den inhaftierten Sexualstraftätern relativ selten.

Pädosexuelle Täter: Zu den typische Missbrauchssituationen, über die Betroffene der Unabhängigen Beauftragten zur Aufarbeitung des sexuellen Kindesmissbrauchs berichtet haben, gehören „arrangierte Situationen durch Lehrpersonal, in der das Kind mit der Lehrkraft in einem Raum sein muss" (2011: 51). 70 % der Schulen gaben bei einer Befragung an, in den letzten drei Jahren mit einem Verdachtsfall konfrontiert worden zu sein. In über 80 % der Fälle wurden männliche Lehrer verdächtigt, dreiviertel der Betroffenen waren unter 14 Jahre; das häufigste Fehlverhalten betraf nicht gewalttätige Berührungen am Körper (2011: 107 ff).

In seinem Buchbeitrag für die Tagung ‚Grenzverletzungen' hat Thomas Röhl (2011) die Strategien dieser sog. ‚pädosexuellen Täter' beschrieben. Nach seiner Erfahrung haben diese

- verzerrte Gedanken, die der Tat vorausgehen und diese begleiten und die ihnen helfen, Hemmungen abzubauen;
- Phantasien, die sie für Belange des Opfers desensibilisieren und ihr Verlangen steigern – bis sie handeln (müssen);
- Strategien, um ein bestimmtes Kind auszuwählen und danach einzukreisen;
- einen Plan, wann, wo und wie sie die Misshandlung inszenieren und
- Manipulationstechniken, um Komplizenschaft zu erzeugen und sodann das Geheimnis zu wahren.

Um dies zu erreichen, nehmen sie das Umfeld für sich ein, isolieren das Kind von Anderen und irritieren es in seiner Wahrnehmung (Du bis etwas besonderes, es ist Liebe, Du bist verführerisch, Du hättest nein sagen können ...). Die

Manipulationstechniken haben das Ziel, dass das Umfeld dem Handelnden die Tat nicht zutraut und ihm eher glaubt als dem Kind, und dass das Kind seinen eigenen Wahrnehmungen – und den Reaktionen der anderen – nicht mehr trauen kann.

Auch wenn wenig über die Gedanken und Phantasien des Musiklehrers bekannt ist, fehlt es nach der Fallbeschreibung doch an dem, was man ‚Grooming' nennt, also dem langsamen Erschleichen des Vertrauens und dem Aufbau einer emotionalen Beziehung, die vor Entdeckung schützen soll. Trotzdem wäre es wichtig, abzuklären, dass es keine weiteren Vorfälle und keine drängenden Wünsche und Phantasien gegeben hat.

Bislang gibt es keine Anzeichen dafür, dass Sexualtäter eine Karriere von gewaltlosen zu gewaltförmigen Delikten durchlaufen; sie scheinen ihrem Vorgehen eher treu zu bleiben (Baurmann 1983). Überdies wird von denjenigen, die wegen eines außerfamiliären sexuellen Missbrauchs mit Köperkontakt verurteilt wurden, nur etwa jeder Vierte einschlägig rückfällig (Elz o.J.). Man wird also – mit dem Gericht – davon ausgehen können, dass sich die Vorfälle nicht wiederholen, nachdem der Musiklehrer entdeckt wurde und einschneidende soziale Reaktionen erlebt hat (Stellenverlust, Strafverfahren).

Folgen für die betroffenen Mädchen: Ein anderer Blickwinkel ergibt sich, wenn die ‚Befunde' für die Folgen bei den Opfern erhoben werden sollen. So hat z.B. die Gerichtshilfe den Auftrag für die Staatsanwaltschaft einen Bericht über das Opfer und die Auswirkungen der Tat auf dessen Situation zu erstatten. Dabei sollen auch die Schwere der Verletzungen, die mutmaßliche Dauer der Heilung sowie etwaige Dauerfolgen bei den Geschädigten erhoben werden (Nr. 15 Abs. 4 RiStBV).

Die Befunderhebungen (für die Zeugin 2) sollte folgende Angaben umfassen:

Checkliste	Befunde
Derzeitige Lebenssituation der Verletzten	Lebt weiterhin bei ihren Eltern
Beziehung zum Beschuldigten	Näheverhältnis (langjähriger Musiklehrer) Hierarchisch (Lehrer) Dörfliches Umfeld Bekanntschaft mit den Eltern des Opfers
Gesundheitliche und soziale Auswirkungen der Straftat	
Verletzungen, Krankheiten, Störungen, bleibende Schäden, Arbeitsunfähigkeit	Erkrankung an Bulimie
Persönliche Betroffenheit (Schlafstörungen, Angstzustände, Flashbacks, Angst, Panik, Vermeidungsverhalten, Selbstzweifel, Selbstvorwürfe)	Schulische Leistungen ließen nach
Behandlung und Therapie	Unbekannt

Checkliste	Befunde
Soziales Umfeld (Unterstützung, Ignoranz, Schuldzuweisungen)	Eltern verhalten sich unterstützend (Konfrontation des Musiklehrers)
Wirtschaftliche/materielle Situation des Opfers nach der Tat	
Auswirkungen des Verfahrens und Haltung zum Verfahren	
Bestehen Ängste im Hinblick auf die Zeugeneigenschaft im Verfahren?	
Wird Einfluss/Druck ausgeübt? Von wem?	
Einstellung zum Täter und zur Tat	
Haltung zu Aspekten der Wiedergutmachung des Schadens und zu den Möglichkeiten eines Täter-Opfer-Ausgleichs	

Quelle: Checkliste 7 der Qualitätsstandards der Gerichtshilfe in Nordrhein-Westfalen

Bei einer Längsschnittuntersuchung (Baurmann 1983) wurden Opfer von Sexualdelikten, vorwiegend Frauen, nach der Anzeige und nochmals sechs bis 10 Jahre nach der Tat befragt. Vor allem bei harmloseren Sexualkontakten berichteten die Opfer nicht über Schädigungen durch die Tat – allenfalls über sekundäre Schädigungen durch die Reaktionen ihrer Umwelt, das Verhalten des Beschuldigten oder das Strafverfahren. Ein Rat der Autoren der Studie war deshalb, Opfer von Sexualdelikten nicht als ‚krank' zu behandeln.

Allerdings gibt es Anzeichen, dass Frauen, die an Bulimie leiden, zu einem sehr hohen Prozentsatz sexuelle Übergriffe erlebt haben (www.gestalt.de/wardetzki_bulimie.html). Essstörungen können sich als ständiges Ekelgefühl oder als Aggression gegen sich selbst entwickeln (Reddemann/Dehner-Rau 2008: 56). Nach Schätzungen der Bundeszentrale für gesundheitliche Aufklärung (www.bzga-essstoerungen.de) treten sie bei etwa 1 % der Bevölkerung auf, überwiegend Mädchen jenseits des 12. Lebensjahres. Oft können essgestörte Menschen sich selbst nur schwer verzeihen, aus Angst vor Verlust oder der Meinung Anderer trauen sie sich nicht, eigene Bedürfnisse zu erfüllen; in ihren Familien haben sie gelernt, Konflikte zu vermeiden und ihre Gefühle zu kontrollieren. Es wäre deshalb unzureichend, in dem sexuellen Übergriff den ‚Grund' für die Essstörung zu sehen (sonst hätten alle Mädchen eine Essstörung entwickeln müssen!). Oft suchen sich ‚Täter' instinktsicher Mädchen mit einem gestörten Selbstwertgefühl aus. Luise Reddemann rät: Beachten Sie die alltäglichen Dinge, seien Sie freundlich mit sich, sorgen Sie für ihr ‚inneres Kind' (2008: 121). Dies weist auch die Richtung für die Unterstützung durch Fachkräfte (Gahleitner 2009).

Von einem ‚Trauma' oder einer ‚Traumatisierung' sollte man dagegen nur sprechen, wenn durch ein Ereignis Gefühle von existentieller Angst, große Hilflosigkeit oder Schockzustände ausgelöst wurden (Reddemann/Dehner-Rau 2008: 16). Dafür gibt es im vorliegenden Fall keine Anhaltspunkte.

Einordnung mittels Theorien und Forschungsergebnissen
Sexualdelikte an Kindern und Jugendlichen können als ‚Störung' der Sexualpräferenz pathologisiert und individualisiert werden. Wie wir gesehen haben, trifft das in einem strengen klinischen Sinn aber nur auf sehr wenige ‚Täter' zu. Bei diesen treffen die pädosexuellen Neigungen oft mit eigenen frühkindlichen Missbrauchserfahrungen zusammen (Urban/Fiebig 2011). Den Großteil sexueller Übergriffe, vor allem auf Frauen, erklärt dies aber nicht.

Brockhaus/Kolshorn (1998: 89) haben den traditionellen ‚Trieb- und Verführungstheorien' auf der einen Seite und den feministischen Erklärungsansätzen, die von der Ubiquität patriarchaler Macht ausgehen, andererseits ein differenzierter Modell an die Seite gestellt, das nach Motivation, Einstellung, Gelegenheit und Nutzen fragt. Sie nehmen an, „dass sexuelle Gewalt umso eher ausgeübt wird, je geringer der Täter die Kosten der Gewaltanwendung im Verhältnis zum Nutzen einschätzt" (1998: 102). Der Fall bietet durchaus Anhaltspunkte, diese Hypothese weiter zu verfolgen. Eine patriarchale Gesellschaft, so die Autorinnen, begünstigt sexuelle Gewalt, indem sie auf Seiten des ‚Täters' die Kosten (z.B. Gefahr der Bestrafung) niedrig hält, auf Seiten der Opfer und des sozialen Umfelds dagegen die Kosten der Gegenwehr und einer Intervention (z.B. Belastungen durch Anzeige und Verfahren) erhöht.

Folgen im Kontext des Strafverfahrens

Strafbarkeit des Verhaltens
Der Musiklehrer könnte sich wegen verschiedener sexueller Handlungen strafbar gemacht haben. Da die Zeuginnen bei Begehung der meisten Übergriffe unter 14 Jahren alt waren, kommt ein sexueller Missbrauch von Kindern (§ 176 StGB) in Betracht. Handlungen nach dem 15. Lebensjahr können als Missbrauch von Schutzbefohlenen (§ 174 StGB), sexuelle Nötigungen (§ 177 StGB) oder ausnahmsweise als sexualbezogene Beleidigungen (§ 185 StGB) geahndet werden.

Objektiver Tatbestand: § 176 Abs. 1 StGB setzt voraus, dass sexuelle Handlungen an einem Kind unter 14 Jahren vorgenommen wurden. Gefordert wird, dass sich das Verhalten (Dritten) als sexualbezogen darstellt, also auf Bedürfnisbefriedigung ausgerichtet ist. Die Berührung der Brust erscheint, in dem geschilderten Kontext, sexualbezogen. Hinzu kommen muss, dass die sexuelle Handlung im Hinblick auf das geschützte Rechtsgut, die sexuelle Selbstbestimmung, von einiger Erheblichkeit ist (§ 184f StGB). Dabei fließen Kriterien wie Art, Dauer, Intensität, aber auch das Alter der Opfer und der Einfluss auf ihre sexuelle Entwicklung mit ein. Letztlich geht es um die Frage, was – sozial – noch hinnehmbar erscheint (vgl. Fischer zu §§ 176 und 184 StGB).

Daneben kommt noch eine Bestrafung wegen sexuellen Missbrauchs von Schutzbefohlenen (§ 174 StGB) in Betracht. Diese Vorschrift kann – wie in den Vorfällen 1996 – neben dem Kindesmissbrauch (Tateinheit) oder – wie beim Vorfall 1999 – allein angewandt werden. Voraussetzung ist, dass die sexuellen Handlungen an einer Person unter 16 Jahren vorgenommen werden, die dem Beschuldigten „zur Erziehung, Ausbildung oder Betreuung anvertraut" war (§ 174 Abs. 1 Nr. 1 StGB). Erziehung meint eine Einwirkung auf die Entwicklung eines jungen Menschen über einen längeren Zeitraum hinweg. Ausbildung ist ein Obhutsverhältnis, in dem fachliches Wissen und Fertigkeiten vermittelt werden. Betreuung meint die verantwortliche Überwachung der Lebensführung (Fischer, § 174 StGB). Lehrer-Schülerinnen-Verhältnisse betreffen demnach die Ausbildung, während sozialpädagogische Beziehungen in der Regel zur Erziehung oder Betreuung gehören.

Subjektiver Tatbestand: All dies muss vorsätzlich gewesen sein. Da der Beschuldigte – wie üblich – leugnet, wird das Gericht die äußeren Umstände heranziehen, um auf die (innere) Motivation zu schließen. Auch in diesem Fall hat das Gericht die behauptete Unabsichtlichkeit als ‚Schutzbehauptung', ‚lebensfremd' und wenig glaubhaft abgetan.

Rechtswidrigkeit und Schuld: Zur Rechtswidrigkeit und Schuld muss nur dann Stellung genommen werden, wenn es Anhaltspunkte gibt, dass diese NICHT vorliegen. Ansonsten wird angenommen, dass beide durch die (vorsätzliche) Verletzung des gesetzlichen Tatbestandes indiziert sind.

Strafzumessungserwägungen
Strafausschließungsgründe: Strafe könnte allerdings noch dadurch ausgeschlossen sein, dass einzelne Tathandlungen verjährt sind. Nach § 78 StGB beträgt die Verjährungsfrist bei sexuellem Missbrauch 10 Jahre (Abs. 3 Nr. 3), beim Missbrauch Schutzbefohlener nur fünf Jahre (Abs. 3 Nr. 4). Allerdings beginnt sie bei Sexualdelikten erst mit dem Erreichen der Volljährigkeit der Tatopfer zu laufen (§ 78 b Nr. 1 StGB).

Gesetzlicher Strafrahmen: Der gesetzliche Strafrahmen beträgt beim Missbrauch Schutzbefohlener drei Monate bis fünf Jahre Freiheitsstrafe (§ 174 Abs. 1 StGB), beim Missbrauch von Kindern sogar sechs Monate bis 10 Jahre (§ 176 Abs. 1 StGB). Treffen – wie hier – mehrere Taten zusammen, werden zunächst Einzelstrafen für jede Tat gebildet, die dann zu einer Gesamtstrafe zusammengefasst werden (§ 53, 54 StGB). Diese wird gebildet, indem die schwerste Einzelstrafe, also die für Kindesmissbrauch, erhöht wird, ohne dass die Summe aller Einzelstrafen erreicht werden darf (§ 54 StGB).

Empirische Strafzumessungserwägungen: Sexuelle Übergriffe (§§ 174 bis 184 StGB) von erwachsenen Männern werden, wenn es denn zu einer Verurteilung kommt, in zwei Drittel aller Fälle mit Freiheitsstrafen geahndet (Strafverfolgung 2010: Tabelle 2.3). Von diesen werden über 70 % zur Bewährung ausgesetzt; nur jeder vierte Erwachsene wird zu einer Freiheitsstrafe von mehr als zwei Jahren verurteilt (Strafverfolgung 2010. Tabelle 3.1).

Gesetzliche Strafzumessungserwägungen: Innerhalb des so gefundenen Strafrahmens muss – unter Beachtung aller für uns gegen den Beschuldigten sprechenden Umstände (§ 46 Abs. 2 StGB) – eine schuldangemessene Strafe gefunden werden. Kriterien sind: Beweggründe und Ziele, das Maß der Pflichtwidrigkeit, Ausführung und Auswirkungen, das Vorleben, Wiedergutmachungsbemühungen. Dabei sollte eine Rolle spielen, dass die Opfer seine ‚Schülerinnen' waren. Inwiefern die Bulimie eines Mädchens auf das Verhalten des Musiklehrers zurückgeht, könnte im Verfahren umstritten sein. Die Briefe an die Eltern und die Mädchen, in denen er einerseits die Vorfälle bedauert und sich entschuldigt, andererseits deren Bedeutung herabspielt (er habe es nicht so gemeint und müsse noch dazu lernen), scheinen wohl auch dem Gericht nicht als ein Bemühen um Wiedergutmachung. Sonst hätte es wohl keine Freiheitsstrafe von einem Jahr und sieben Monaten verhängt.

Möglichkeit der Strafaussetzung zur Bewährung: Nach § 56 Abs. 1 StGB kann eine Freiheitsstrafe bis zu einem Jahr zur Bewährung ausgesetzt werden, „wenn zu erwarten ist, daß der Verurteilte sich schon die Verurteilung zur Warnung dienen lassen und künftig auch ohne die Einwirkung des Strafvollzugs keine Straftaten mehr begehen wird". Dabei soll die Persönlichkeit des Verurteilten, sein Vorleben, die Umstände seiner Tat, sein Verhalten nach der Tat, seine Lebensverhältnisse und die Wirkungen berücksichtigt werden, die von der Aussetzung für ihn zu erwarten sind. Eine weitergehende Strafe kann nur beim Vorliegen besonderer Umstände ausgesetzt werden (§ 56 Abs. 2 StGB).

Die Rückfallquote ist bei den Sexualdelikten – nach den Tötungsdelikten (18 %) – mit insgesamt 25 % am niedrigsten von allen Deliktsbereichen (Weigelt 2009: 172). Betrachtet man nur die einschlägigen Rückfälle, wird z. B. nur jeder Fünfte (22 %) erneut wegen eines sexuellen Kindesmissbrauchs erneut verurteilt (Elz o. J.). Noch positiver ist die Prognose bei Bewährungsstrafen: Hier sinkt die einschlägige Rückfallquote auf 12 %, wenn der Verurteilte der Bewährungshilfe unterstellt wird, und auf 5 %, wenn dies nicht der Fall ist (Weigelt 2009: 194). Das Gericht wählt also scheinbar (intuitiv) ‚die Guten' für die niedrigschwelligen Interventionen aus.

Man wird also der Einschätzung des Gerichts in dem Fall folgen können:

„Es ist zu erwarten, dass sich der Beschuldigte bereits die Verurteilung als solche auch ohne die Einwirkung des Strafvollzuges zur Warnung dienen lassen und künftig keine weiteren Straftaten mehr begehen wird, § 56 Abs. 1 StGB. Es handelt sich um die erste Verurteilung des ansonsten unbescholtenen Beschuldigten, der in einem sozial geordneten Umfeld lebt und feste familiäre Bindungen hat. Nach den Taten sind den Beschuldigten bereits erheblich belastende Umstände eingetreten. So ist er von der ..., die er mit viel Engagement wahrgenommen hatte, ausgeschlossen worden. Seine Taten sind jedenfalls den Mitgliedern des ... bekannt gemacht worden, was sich negativ auf die soziale Stellung des Beschuldigten und seiner Familie auswirkt. (...) Die Gesamtwürdigung der Taten, der Persönlichkeit des Beschuldigten und der nachtatlichen Umstände ergibt, dass Umstände vorliegen, die eine Aussetzung der Vollstreckung der Gesamtfreiheitsstrafe als nicht unangebracht erscheinen lassen."

Eintrag im Bundeszentralregister
Da es zu einer Verurteilung kommt, wird diese im Bundeszentralregister eingetragen (§ 4 BZRG). Aufgrund ihrer Art und Dauer wird sie dort erst nach zwanzig Jahren getilgt (§ 46 Abs. 1 Nr. 3 BZRG). Während der ersten zehn Jahre wird die Eintragung in das sog. Führungszeugnis aufgenommen (§ 34 Abs. 1 Nr. 2 BZRG), das auf Antrag dem Betroffenen (§ 30 BZRG) und im Rahmen ihrer Aufgabenerfüllung oder zum Schutz von Minderjährigen auch Behörden (§ 31 BZRG) erteilt wird.

4.2.3.3 Möglichkeit zur Vertiefung

1. Bitte lesen Sie im Abschlussbericht der Unabhängigen Beauftragten zur Aufarbeitung des sexuellen Kindesmissbrauchs (2011) nach, was sich Betroffene im Fall eines sexuellen Übergriffs vom Täter und von Sozialen Fachkräften wünschen.
2. Könnten Sie versuchen, der jungen Frau, die sich als ‚Opferzeugin' dem Strafverfahren aussetzen muss und durch ihre Essstörungen zusätzlich belastet ist, eine (sozialpädagogische) Prozessbegleitung als Hilfe zur Erziehung zu vermitteln? Bitte stellen Sie einen entsprechenden Antrag an das Jugendamt, unter Beachtung der rechtlichen Voraussetzungen (Oberlies 2008). PDF-Formulare zum Ausfüllen finden Sie im Internet (siehe Formular: Antrag auf Gewährung von Hilfen zur Erziehung im Anhang).

Zum Weiterlesen

Schmauch, Ulrike (2011): Körperlichkeit und Sexualität in der Sozialen Arbeit. In: Fachbereich Soziale Arbeit und Gesundheit (Hrsg.): Grenzverletzungen, Fachhochschulverlag, Frankfurt am Main, Seite 35–50

4.2.4 Drogendelikte

4.2.4.1 Überblick über die Deliktsbereiche

Die sog. Drogendelikte können als klassisches Beispiel (nach Christie 2005) dafür gelten, wie die Kriminalisierung bestimmter Drogen zur Kriminalisierung (suchtkranker) Menschen beiträgt – und gleichzeitig, wie willkürlich Kriminalisierung, hier die Unterscheidung zwischen legalen und illegalen Drogen, unter dem Gesichtspunkt der Sozialschädlichkeit des Verhaltens sein kann.

Einschlägige Strafvorschriften

Das Betäubungsmittelrecht (BtMG) regelt, welche Mittel nur mit einer behördlichen Erlaubnis angebaut, erworben oder vertrieben (§§ 3, 4 BtMG) und nur von Ärzten verschrieben sowie von Apotheken abgegeben werden (§ 13 BtMG) dürfen. Die in Deutschland verbotenen (chemischen) Substanzen sind in den Anlagen zu § 1 BtMG aufgelistet: So verbirgt sich Kokain z. B. hinter der Substanz Methyl[3β-(benzoyloxy)tropan-2β-carboxylat] (Anlage III). Welche Handlungen genau verboten sind, regelt die §§ 29 ff BtMG. Man kann insofern zwischen den spezifischen Verboten und etwas weiteren Auffangregelungen unterscheiden:

	Handlung	Begriffsdefinition
Grunddelikte (§ 29 Abs. 1 Nr. 1 BtMG)		
Nr. 1	Anbau	Aufzucht von Betäubungsmitteln mit landwirtschaftlichen Mitteln
Nr. 1	Herstellung	Gewinnen, Anfertigen, Zubereiten, Be- oder Verarbeiten, Reinigen und Umwandeln (§ 2 Abs. 1 Nr. 4 BtMG)
Nr. 1	Handeltreiben	Jede eigennützige auf Umsatz gerichtete Tätigkeit wie Verkauf oder Ankauf

	Handlung	Begriffsdefinition
Nr. 1	Einfuhr	Verbringen oder Verbringenlassen von Waren in den Geltungsbereich des Gesetzes
Nr. 1	Ausfuhr	Das Verbringen oder Verbringenlassen von Waren aus dem deutschen Hoheitsgebiet
Nr. 1	Veräußerung	Verkauf auf fremde Rechnung oder den Weiterverkauf von Drogen zum Einstandspreis
Nr. 1	Abgabe	Unentgeltliche Übertragung der Verfügungsmöglichkeit auf einen Anderen
Nr. 1	Erwerb	Die Übernahme der tatsächlichen Sachherrschaft im Einverständnis mit dem Vorbesitzer
Nr. 1	Verschaffung	Erwerb durch Fundunterschlagung, Diebstahl, Raub oder räuberische Erpressung
Auffangtatbestände (§ 29 Abs. 1 Nrn. 1, 3, 5 BtMG)		
Nr. 1	In-Verkehr-Bringen	Jede Handlung, durch die ein Anderer Zugriff auf Betäubungsmittel erlangt
Nr. 3	Besitz	wenn die Besitzerlangung (Erwerb) nicht nachweisbar ist oder nicht verfolgbar ist
Nr. 5	Durchfuhr	Transit, ohne dass Verfügungsgewalt entsteht

Der Strafrahmen ist in allen Fällen gleich: Geldstrafe oder Freiheitsstrafe bis zu fünf Jahren (§ 29 Abs. 1 BtMG). Mit der Strafe können Vermögens- und Nebenstrafen verbunden sein (§§ 30 c, 33 BtMG). Die Strafe erhöht sich bei einer Abgabe an Minderjährige (§§ 29a Abs. 1, 30a BtMG), bei Handlungen mit nicht geringen Mengen (§ 29a Abs. 1, 30 Abs. 1, 30a BtMG), beim banden- oder gewerbsmäßigen Handeln (§§ 29 Abs. 3, 30 Abs. 1, 30a BtMG) sowie bei einer Gesundheitsgefährdung oder gar Todesverursachung (§§ 29 Abs. 3, 30 Abs. 1 BtMG). Umgekehrt kann auf ein Verfahren verzichtet werden, wenn es sich um einen Eigenverbrauch in geringer Menge (§§ 29 Abs. 5, 31a BtMG) handelt oder eine beschuldigte Person als ‚Kronzeuge' auftritt und freiwillig Wissen offenbart (§ 31 BtMG) und schließlich auch, und besonderes wichtig, wenn jemand sich therapiewillig zeigt (§ 35 BtMG).

Annahmen zum Ausmaß

Spricht man über ‚Drogendelikte', so denkt man unwillkürlich an den Besitz und Handel mit illegalen Drogen.

Mindestens genauso wichtig sind aber die Delikte, die unter Alkoholeinfluss begangen werden: Bei jedem dritten Gewaltdelikt spielte Alkohol eine Rolle (PSB 2006: 297f). Langfristig lässt sich ein Zusammenhang von Inhaftierung und Alkoholkonsum nachweisen – wobei, wie immer, die Richtung nicht eindeutig ist: Führt Alkohol vermehrt zu Inhaftierungen oder die Inhaftierung zum vermehrten Alkoholkonsum?

Drogendelikte im engeren Sinn, also direkte Verstöße gegen das Betäubungsmittelrecht (BtMG), sind in der polizeilichen Kriminalstatistik (PKS) exorbitant angestiegen: Während in den fünf Jahren von 1961 bis 1965 weniger als 1000 Drogendelikte registriert wurden, waren es im letzten 5-Jahreszeitraum über 250 000 Drogendelikte (PSB 2006: 303). Die Begleit- und Beschaffungskriminalität, die mit dem Konsum harter Drogen in Verbindung gebracht wird, wird in manchen Deliktsbereichen wie Wohnungseinbrüchen, Handtaschenraub, Überfälle auf Geschäfte, Tankstellen und Taxifahrer mit um die 25 % angegeben, beim Ladeneinbruch sogar mit über 40 % (PSB 2006: 301).

Nimmt man Dunkelfeldstudien dann zeigt sich, dass etwa jeder dritte Mann und jede fünfte Frau schon einmal im Leben Kontakt zu illegalen Drogen hatte. Tendenz: mehr und jünger; Studierende etwas häufiger als die Durchschnittsbevölkerung (PSB 2006: 282 ff). Obwohl also ein ‚Verbot' des Gebrauchs illegaler Drogen nicht wirklich durchgesetzt werden kann, zeigen Studien, dass die Normgeltung vor allem im Hinblick auf harte Drogen (mit 70 % Zustimmung zur Kriminalisierung) ungebrochen hoch ist (PSB 2006: 293). Luhmann (1972) würde sich freuen: Das Recht schafft es hier, (gültige) Erwartungen zu formulieren – auch wenn sich niemand mehr daran hält.

Das gelingt auch dadurch, dass – wie Wacquant (2009: 81) jüngst gezeigt hat – das Strafrecht nicht Drogendelikte, sondern letztlich Drogenabhängige kriminalisiert. Diese geraten in eine Art ‚Drehtüreffekt', durch den Verurteilungsraten generiert werden. Entsprechend ist der Anteil der Erstkonsumenten unter den Tatverdächtigen eher gering: um die 15 % bei Heroin und Kokain, unter 5 % bei Ecstasy; einzig die Partydroge ‚Crystal' kommt auf einen Anteil von 60 % Erstauffälligen (Lagebild 2010: Tabelle 4.1). Dagegen liegt der Anteil suchtmittelabhängiger Menschen in der JVA Bremen bei über 50 % (www.straffaelligenhilfe-bremen.de). Paradoxerweise werden sie dann dort gesundheitlich gut versorgt, was zu einer körperlichen Stabilisierung, vor allem bei chronisch mehrfach Abhängigen, führen kann.

4.2.4.2 Strukturierte Fallarbeit

Beispiel (Landgericht Dortmund vom 31. 3. 2010)
Die 44 Jahre alte Beschuldigte wuchs gemeinsam mit ihrer fünf Jahre jüngeren Schwester in sehr behüteten Verhältnissen bei ihren Eltern in E auf.

Im Jahre 1971 wurde die Beschuldigte altersgerecht eingeschult und wechselte im Anschluss auf die Realschule, die sie im Jahre 1981 mit dem Abschluss der mittleren Reife verließ. Bereits vor dem Ende ihrer Schulzeit war die sehr an Sprachen interessierte Beschuldigte der Idee verhaftet, Fremdsprachenkorrespondentin zu werden. Um dieses Ziel zu erreichen, besuchte sie die Benedikt Sprachschule für Italienisch und Spanisch. Da diese Ausbildung für ihre Eltern aber zu kostenträchtig war und sie eine solche Ausbildung selbst nicht weiter finanzieren konnte, gab die Beschuldigte ihr Vorhaben, als Fremdsprachenkorrespondentin tätig zu werden, nach bereits neun Monaten auf und entschied sich noch im Jahre 1981 eine Lehre zu beginnen. Da auch ihr Vater bereits bei der Stadt E tätig war und sie die Stadt E für einen zuverlässigen Arbeitgeber hielt, entschied sie sich letztlich für eine Ausbildung zur Verwaltungsfachangestellten bei der Stadt E. Während ihrer dreijährigen Ausbildungszeit durchlief sie verschiedene Fachbereiche der kommunalen Verwaltung in E. Im Jahre 1984 im Sommer schloss sie ihre Ausbildung bei der Stadt E ab und wurde im Anschluss auch übernommen.

Die Beschuldigte wurde danach zunächst für die Dauer von neun Monaten im Bereich der Stadtkasse eingesetzt. Hier arbeitete sie auf einer überplanmäßigen Stelle. Danach wechselte sie in der Zeit zwischen 1985 bis 1989 in das Hauptamt, in die zentrale Beschaffungsstelle. Hier war sie u. a. tätig für die Ausschreibungen und die Vergabe von öffentlichen Aufträgen an Reinigungsunternehmen. Im Jahre 1989 wechselte sie in das Rathaus der Stadt E in eine Planstelle des Oberbürgermeisteramtes der Stadt E. Hier arbeitete sie zunächst am Empfang und war für die Betreuung von Besuchergruppen und für Führungen zuständig. Als Assistenzkraft der Verwaltungsleitung war sie außerdem auch für die Personalangelegenheiten der angestellten Verwaltungskräfte und für die Vergabe der Sitzungssäle zuständig. Ab dem Jahr 2001 arbeitete sie schwerpunktmäßig in der Verwaltung, und zwar in dem Bereich „Rechnungsabteilung/Rechnungswesen". Dies war zu einer Zeit, als die Stadt E dabei war, das gesamte Rechnungswesen auf das sog. „Neue Kommunale Finanzmanagement" umzustellen. Ab dem Jahre 2002 nahm die Beschuldigte nach entsprechenden Schulungen nur noch Aufgaben in dem vorgenannten Bereich wahr, der dem Oberbürgermeisteramt zugeordnet war. In diesem Bereich war sie bis zu ihrer Festnahme am 18.04.2007 tätig.

Im Rahmen eines Urlaubs auf Gran Canaria kam die Beschuldigte im Jahre 1993 erstmals mit Kokain in Berührung. Während eines Discobesuchs wurde sie von einem DJ angesprochen, ob sie nicht Kokain probieren wolle. Da die Beschuldigte auch „dazu gehören wollte" und Kokain zu dieser Zeit von ihr als „Partydroge" angesehen wurde, konsumierte sie bei diesem Discobesuch erstmals Kokain. Die Beschuldigte, die merkte, dass sie durch den Genuss des Kokains lange wach und „gut drauf" war, konsumierte während dieses Urlaubs auch noch bei einer weiteren Gelegenheit Kokain, das ihr auf einer Party angeboten wurde.

Nach ihrer Rückkehr nach Deutschland setzte die Beschuldigte ihren Kokainkonsum in zunächst sehr unregelmäßigen Abständen bei Party- und Discothekenbesuchen fort. Sie musste auch keinerlei Anstrengungen entwickeln, um Kokain konsumieren zu können, da ihr diverse Bekannte jeweils den Konsum ermöglichten und sie dazu einluden. Die Beschuldigte selbst schilderte es so, dass sie zu dieser Zeit naiv und unbedarft gewesen sei und sich bei dem Konsum „nichts Besonderes gedacht habe".

Im Jahre 1994 heiratete die Beschuldigte nach einer vorangegangenen vierjährigen Beziehung einen Mann, den sie bereits im Alter von 19 Jahren kennengelernt hatte. Ihren Konsum von Kokain hielt die Beschuldigte aber die ganze Zeit vor ihrem Ehemann geheim, da sie wusste, dass dieser dafür kein Verständnis haben würde und sie auch keine Schwächen zeigen wollte.

1995 oder 1996 kam es zum ersten eigenen Kauf von Kokain durch die Beschuldigte. Dies war zu einer Zeit, als die Beschuldigte im Rahmen einer Nebentätigkeit in einer Discothek arbeitete. Sie kaufte ihr erstes ½ g für einen Preis für ca. 80,00 bis 100,00 DM. Der Mann der Beschuldigten, der immer noch keinerlei Kenntnis von dem Kokainkonsum seiner Ehefrau hatte, wechselte im Verlauf der Ehe von seinem erlernten Beruf als Elektriker in die Gastronomie, wo er als Geschäftsführer einen

Biergarten betrieb. Aufgrund dieser neuen Tätigkeit war er berufsbedingt oft nicht zu Hause. Die Beschuldigte fühlte sich deshalb vernachlässigt und war unzufrieden. Sie überbrückte dadurch auftretende Stimmungstiefs mit dem Konsum von Kokain. Denn sie wollte nach außen, wie sie selbst ausführte, keine Schwäche zeigen und „gut drauf" sein.

Aufgrund der geänderten beruflichen Situation des Ehemannes kam es auch zu Schwierigkeiten in der Ehe der Beschuldigten. Im Jahre 2000 erfolgte eine erste Trennung von ihrem Ehemann, die von diesem ausging. Die Beschuldigte reagierte darauf mit einer Steigerung ihres Kokainkonsums. Nachdem es zunächst zu einer Versöhnung gekommen war, kam es im Jahr 2002 erneut zu einer Trennung der Eheleute. Dies hatte zur Folge, dass die Beschuldigte ihren Kokainkonsum abermals deutlich steigerte. Allerdings gelang es ihr in dieser Zeit immer noch, den Konsum an den Werktagen in der Woche zu vermeiden und auf die Wochenenden zu beschränken, an denen sie nun regelmäßig mindestens ein volles Gramm und bisweilen auch mehrere Gramm Kokain zu sich nahm. Die Beschuldigte hatte zu dieser Zeit noch keine besondere Erwerbsquelle. Sie wusste allerdings in E von diversen Straßenverkäufern und Lokalitäten, bei denen man Kokain käuflich erwerben konnte. Zu dieser Zeit verdiente die Beschuldigte als Angestellte bei der Stadt nach eigenen Angaben ca. 1800,00 € netto. Da die Beschuldigte nur eine geringe Warmmiete von 260,00 € zu zahlen hatte, reichten ihre Einkommensmöglichkeiten noch aus, um die Kokainmengen aus ihrem Einkommen zu zahlen. Je mehr sich allerdings der Konsum steigerte, desto weniger konnte die Beschuldigte aus eigenen Mitteln noch den Konsum finanzieren. Dies führte dazu, dass sie ihre Eltern anlog und vorgab, sie habe hohe Stromnachzahlungen zu leisten. Die Eltern, die zu diesem Zeitpunkt schon in Rente waren, stellten ihr deshalb Geld zur Verfügung, das die Beschuldigte dann für den Einkauf von Kokain einsetzen konnte.

Nebenbei begann die Beschuldigte, auch selbst gemalte Bilder zum Preis von ca. 100,00 bis 200,00 € an Bekannte zu verkaufen. Nebenbei erhielt die Beschuldigte, die sich selbst als sogenanntes „Papa-Kind" bezeichnet, allerdings auch immer wieder Geld von ihrem Vater, wenn sie diesen aufgrund eines finanziellen Engpasses und unter Hinweis auf erlogene Rechnungen darum bat. Eine Zeitlang konnte sie so ihren Drogenkonsum finanzieren. Nachdem im August 2003 aber die endgültige Scheidung von ihrem Ehemann erfolgte, verschlechterte sich ihre psychische Verfassung zusehends, worauf sie mit einer ständigen Steigerung ihres Kokainkonsums reagierte. Drogenfreie Zeiten in ihrem Leben gab es bis zu ihrer Festnahme danach nur noch, wenn diese sich mit ihren Freundinnen, denen gegenüber sie die Fassade von einem normalen bürgerlichen Leben aufrechterhalten wollte, einmal jährlich für ca. 10 bis 14 Tage im Urlaub auf Mallorca befand.

Da die Beschuldigte ihren Drogenkonsum nicht mehr aus legalen Quellen finanzieren konnte, begann sie illegale Quellen zu nutzen, um weiterhin Kokain erwerben zu können. Hierbei kam ihr zunächst der Zufall zur Hilfe. Nachdem sie in ihrer beruflichen Tätigkeit für die Bargeldbeschaffung im Oberbürgermeisteramt zuständig und ihr dabei aufgefallen war, dass versehentlich ein Bargeldposten zweimal angewiesen worden war und deshalb noch in bar zur Abholung auf dem Dienstzimmer lag, nahm sie sich von diesem Betrag Geld, zunächst allerdings in der Absicht, den Geldbetrag zurückzulegen. Nachdem die Beschuldigte schnell gemerkt hatte, dass diese Doppelbuchung niemandem aufgefallen war, begann sie in der weiteren Zeit Auszahlungstatbestände zu erfinden und so erhebliche Geldsummen in Höhe von ca. 400 000,00 € zu veruntreuen. Dieser Sachverhalt war Gegenstand der Verurteilung der 33. Strafkammer.

Ihr Kokain beschaffte sich die Beschuldigte in dieser Zeit in Discotheken und Bistros im Raum E und später auch an einem Mehrfamilienhaus in E –. Dort bezog sie das Kokain von einem Bekannten namens „Fritz" oder „Franz", der später als der gesondert verfolgte P identifiziert werden konnte. In den Jahren 2003 bis 2004 konsumierte die Beschuldigte so eine Menge von ca. 5 g Kokain in der Woche. Der Konsum steigerte sich allerdings im Jahre 2005 extrem auf teilweise bis zu 10 g pro Woche, da die Beschuldigte erfahren musste, dass ihr Vater, an dem sie sehr hing und den sie sehr liebte, an Krebs erkrankt war. Die Mengen von 5 g pro Woche kaufte die Beschuldigte nicht immer in einer Menge, sondern oftmals in Mengen von 2 bis 3 g, um nicht größere Mengen vorrätig halten zu müssen. Immer wenn die Beschuldigte Geld zur Verfügung hatte, ging sie zu dem Dealer P und besorgte sich dort Kokain. Sie zahlte damals ca. 70,00 € pro Gramm. Die Qualität erschien ihr dabei nicht ähnlich betäubend, wie sie dies von dem Kokain, das sie auf Gran Canaria konsumiert hatte, gewohnt war.

Auf diese Weise erwarb die Beschuldigte bei dem gesondert verfolgten P bis zum Herbst 2004 ihr Kokain. Sie fand das Haus des gesondert verfolgten P allerdings abstoßend und zu stark frequentiert und war deshalb daran interessiert, eine andere Erwerbsmöglichkeit zu finden. Als sie im Verlauf des Jahres 2004 mitbekam, von wem P sein Kokain erhielt, beschloss sie, den Lieferanten zu wechseln. Zu diesem Zwecke wandte sie sich an den Lieferanten, der ihr als „Marco" bekannt war und später als der gesondert verfolgte J identifiziert werden konnte. Über einen Bekannten ließ sie Kontakt zu J herstellen. Bei einem im Anschluss auf Rückruf erfolgten Treffen vereinbarten die beiden, dass J sie in Zukunft beliefern solle. Der Vorteil an diesem Lieferanten war für die Beschuldigte, dass sie weit mehr ihre Anonymität wahren konnte, da J ihr die Ware zumeist in die Wohnung lieferte. Auf diese Art und Weise bezog sie ab Ende 2004 etwa alle zwei bis drei Tage ca. 5 g Kokain zu einem Preis von 70,00 später 60,00 € pro Gramm.

Die Beschuldigte ging zu dieser Zeit auch dazu über, das Kokain nur noch allein zu konsumieren und nicht mehr auf Partys. Sie wollte bei dem Konsum die Anonymität wahren und konsumierte die Droge deshalb nur noch in der eigenen Wohnung. Das Kokain nahm sie dabei stets durch die Nase zu sich. Nur wenn ihr dies durch die Nase, an der sie mit fortschreitender Zeit zunehmend häufiger an schmerzhaften Scheidewandentzündungen litt, schlechterdings nicht möglich war, legte die Beschuldigte in Einzelfällen das Kokain auch unter ihre Zunge und führte es mit dem entstehenden Speichel ihrem Körper zu. Geraucht oder gespritzt hat die Beschuldigte das Kokain nie.

Nachdem der erkrankte Vater der Beschuldigten im März 2006 verstorben war, steigerte sich der Konsum der Beschuldigten abermals dramatisch. Nachdem die Beschuldigte, sie nannte als Anhaltspunkt ihren 40. Geburtstag im Jahre 2005, noch etwa 10 g pro Woche konsumiert hatte, steigerte sie ihren wöchentlichen Konsum nunmehr auf ca. 15 g pro Woche. Zu dieser Zeit fing sie auch an, das Kokain auch im Büro zu konsumieren. Denn nach dem Tod des Vaters verlor die Beschuldigte jeden weiteren Halt und hatte sich überhaupt nicht mehr im Griff. Sie begann schon morgens vor der Arbeit zu konsumieren, da sie ansonsten gar nicht in der Lage gewesen wäre, das Büro aufzusuchen. Sie war aufgrund ihres gesteigerten Drogenkonsums auch nicht in der Lage, längere Stunden zu schlafen, was ihren Körper zusehends schwächte. Dies führte dazu, dass die Beschuldigte auch mehrfach im Dienst kollabierte und ins Krankenhaus gebracht werden musste. So musste im Jahre 2006, zu Zeiten der Weltmeisterschaft, ein Notarzt gerufen und die Beschuldigte mit Kreislaufschwäche ins Krankenhaus gebracht werden. Nachdem der Beschuldigten dort ein Kreislaufmittel gespritzt worden war, ging die Beschuldigte auf eigenen Wunsch wieder nach Hause, um kein Aufsehen zu erregen.

Im Jahre Mai/Juni 2006 kam es zu einer letzten drogenfreien Episode im Leben der Beschuldigten, als diese während eines Urlaubs mit ihren Freundinnen auf Mallorca 10 Tage kein Kokain konsumierte. Dies führte dazu, dass die Beschuldigte an den ersten Urlaubstagen allerdings nur im Bett lag und schlief, was auch ihren mitgereisten Freundinnen auffiel, die sie auch darauf ansprachen. Die Beschuldigte lehnte aber Hilfe konsequent ab, was dazu führte, dass ihre Freundinnen sich in der Folgezeit von ihr abwandten. Dies wiederum hatte neben dem Drogenkonsum zur Folge, dass die Beschuldigte zunehmend antriebloser wurde und wie sich, wie sie es ausdrückte, einfach „hängen" ließ. Sie verwahrloste bei ständiger Gewichtszunahme, in dem letzten Jahr vor ihrer Festnahme nahm sie rund 20 kg zu körperlich zusehends und war auch nicht mehr im Stande, ihre Wohnung in Ordnung zu halten und aufzuräumen. Ihr Tagesablauf drehte sich weitestgehend nur noch um die Beschaffung und den Konsum von Kokain.

Nachdem die Beschuldigte bereits im Jahre 2003 für ca. zwei Wochen wegen einer Sprunggelenkserkrankung krankgeschrieben worden war, fiel sie im Jahr 2007 nach einem Schwächeanfall auf ihr durch einen vorhergehenden weiteren Sturz bereits lädiertes Knie und musste aufgrund dessen auch ins Krankenhaus verbracht werden. Da sie aber befürchtete, als Kokainkonsumentin entdeckt zu werden, verließ sie auch nun wieder bereits nach einem Tag auf eigenen Wunsch das Krankenhaus, wurde allerdings in der Zeit zwischen dem 16.01. bis zum 01.04.2007 krankgeschrieben.

Kaum hatte sie ihren Dienst wieder angetreten, kam es bei der Beschuldigten im April 2007 zu einem erneuten körperlichen Zusammenbruch, nach dem sie wiederum ins Krankenhaus verbracht wurde. Bei diesem Aufenthalt bemerkte ihre Schwester, dass mit der Beschuldigten offensichtlich etwas nicht stimmte und sprach die Ärzte darauf an, die aber auch nicht konsequent nachfragten. Erneut gelang es der Beschuldigten, die Entdeckung ihrer Kokainsucht zu verhindern, indem sie sich nach einem eintägigen stationären Aufenthalt abermals auf eigenen Wunsch entlassen ließ. In der Folgezeit wurde sie zwischen dem 12.04.2007 und 28.04.2007 erneut krankgeschrieben.

Selbst während dieser Zeit der Krankschreibungen gelang es der Beschuldigten, allerdings bei der Stadt E Gelder abzuzweigen und für ihren Kokainkonsum zu verwenden. Zu dieser Zeit benötigte die Beschuldigte schon alle zwei bis drei Tage eine Menge von 15 g Kokain, um ihren Drogenkonsum zu befriedigen.

Am 18.04.2007 wurde die Beschuldigte vorläufig festgenommen, was sie nach eigenen Angaben als eine Erlösung empfand, da sie selbst keinerlei Elan oder Antrieb mehr hatte, um ihrem Leben eine Wendung zu geben.

Wissenschaftliche Erklärungsansätze

Identifizierung der erklärungsrelevanten Befunde
Aus Kindheit und Jugend werden keine körperlichen und psychischen Auffälligkeiten berichtet. Die Angeklagte berichtet sogar, ‚behütet' aufgewachsen zu sein; sie hatte augenscheinlich eine unauffällige Schul- und Berufskarriere. Als städtische Beamtin war sie beruflich und privat lange gut integriert: Sie hatte eine feste Arbeitsstelle und bis zu ihrer Inhaftierung auch eine Wohnung.

Eine starke Veränderung setzte durch den Kontakt mit Kokain ein. Mit zunehmendem Kokainkonsum nehmen körperliche und psychische Symptome zu (z. B. Schlafstörungen, Entzündung der Nasenscheidewand, Klinikaufenthalte nach physischen Zusammenbrüchen). Auffällig ist auch das beschriebene allgemeine Desinteresse, der fortschreitende Rückzug in den privaten Wohnbereich, die Angst vor Entdeckung der Abhängigkeit, insbesondere die Verheimlichung des Kokain-Konsums gegenüber nahe stehenden Personen, die Ablehnung von Hilfen – und natürlich die Veruntreuung großer Geldsummen.

Der Suchtmittelkonsum war in der ersten Phase unregelmäßig und auf die Wochenenden beschränkt (1993–2000), danach regelmäßig am Wochenende (2000–2003). In den folgenden Jahren konsumierte sie regelmäßig zunächst ca. 5 g/Woche (2003–2004); ab 2005, evtl. im Zusammenhang mit der Erkrankung ihres Vaters, dann 10 bis 15 g/Woche. In diese Zeit regelmäßigen Konsums fällt auch die Veruntreuung der Gelder.

Einordnung mittels Theorien und Forschungsergebnissen
Auffällig ist zunächst, dass – sozial, kulturell und historisch – eine Spannbreite besteht, welche Drogen als schädlich definiert werden – und erst recht, bei welchen (schädlichen) Drogen das Strafrecht in Stellung gebracht wird. Die Kriminalisierung ist eigentlich nur durch den Labeling-Ansatz angemessen zu erklären: Gäbe es die Strafvorschriften nicht, würde sich wahrscheinlich – und ausschließlich – das Gesundheitssystem mit dem Phänomen der Sucht befassen. Es gäbe schlicht keine Drogenkriminalität. Warum es doch das Strafrecht ist, hat jüngst Wacquant (2009) versucht damit zu erklären, dass das Strafrecht zu dem Ort geworden ist, wo, wie er es überspritzt nennt, der ‚Sozialmüll' entsorgt wird; also all die Menschen, die für eine kapitalistische Leistungsgesellschaft ‚unbrauchbar', weil nicht produktiv, sind. Das könnte bedeuten: Menschen werden nicht ausgegrenzt, weil sie bestraft wurden, sondern sie werden bestraft, weil sie – aus anderen Gründen – ausgegrenzt sind.

Damit verschiebt sich die Frage weg von den Kriminalitätstheorien hin zu den Suchttheorien, die die Frage zu beantworten versuchen, wie Sucht entsteht. Auch sie setzen zunächst auf einer gesellschaftlichen Ebene an, nämlich bei der Akzeptanz schädlicher Drogen wie Alkohol einerseits und der gesellschaftlichen Ausgrenzung infolge des – auffälligen – Gebrauchs nicht akzeptierter Substanzen andererseits. Schacke (2008: 23) verweist darauf, dass ein Kontinuum besteht, von den (akzeptierten) positiven Bewusstseinszuständen mit geringen Abhängigkeitsgraden hin zu den (pathologisierten) negativen Wirkungen mit hohen Abhängigkeitsgraden. Insofern ist die Zugänglichkeit von Drogen (‚das erste Mal') sowie die Wirkung, die sie auf einzelne Menschen haben (Wiederholung von

Gefühlszuständen), ein weiterer wichtiger Baustein einer Suchttheorie, der zu der Frage führt, welche Menschen, meist schleichend, ein unabweisbares Verlangen nach veränderten Bewusstseinzuständen entwickeln, und wann. Soziale Probleme (Armut, Angst, Konflikte, Traumata) rücken damit erneut ins Blickfeld – verbunden mit (evtl. daraus resultierenden) persönlichen Problemen wie Selbstwert- oder Beziehungsproblemen sowie geringer Frustrationstoleranz und mangelnde Konfliktfähigkeit; oft Folgen und nicht Ursache der Suchtproblematik.

Ein gerade im Zusammenhang mit der Drogenkriminalität häufig diskutierter Theorieansatz ist der des ‚rational crime' (rationales Verbrechen). Dabei interessiert Kriminologen die Frage nach Kosten und Nutzen von Kontrollen und Kriminalisierung (Winter 2008: 82). Verhaltensökonomen stellen sich verrückte Fragen, z.B. die, warum jemand Drogendealer wird, obwohl das Todesrisiko höher ist als im texanischen Todestrakt, der Stundenlohn niedriger als bei McDonalds – und die meisten Dealer noch bei ihren Müttern wohnen (Levitt/Dubner 2005: 89). Levitts Antwort ist: wegen der Chance auf das große Geld!

Folgen im Kontext des Strafverfahrens
Strafbarkeit des Verhaltens
Nach § 29 macht sich strafbar, wer Betäubungsmittel unerlaubt erwirbt (§ 29 Abs. 1 Ziffer 1 BtMG) oder besitzt (§ 29 Abs. 1 Ziffer 3 StGB). Erwerb und Besitz knüpfen beide an der faktischen Verfügungsgewalt (nicht am Eigentum) über die Betäubungsmittel (hier: das Kokain) an, wobei Erwerb einen Vorbesitzer voraussetzt, mit dem der ‚Erwerber' zusammenwirkt (Weber § 29 BtMG Rdn. 711). Da beide Tatbestände zusammenfallen, spricht man von Tateinheit, wobei die Rechtssprechung davon ausgeht, dass der Besitz nur einen Auffangtatbestand bildet (wenn nichts Anderes greift), der deshalb hinter dem Erwerb zurücktritt (Weber, § 29 BtMG Rdn. 753). Dieser Verstoß konnte der Beschuldigten in insgesamt 125 Fällen nachgewiesen werden.

Das Gericht kann von einer Bestrafung absehen, wenn die Betäubungsmittel lediglich in geringen Mengen zum Eigenverbrauch erworben wurden (§ 29 Abs. 5 BtMG). Als gering gilt dabei eine Menge, die höchstens drei Gebrauchseinheiten umfasst (Weber § 29 Rdn. 1462). Die Rechtsprechung orientiert sich am Wirkstoffgehalt, der oft nur ein Viertel des Gewichts ausmacht. In Nordrhein-Westfalen sind die Grenzwerte in einer Richtlinie vom 13. Mai 1994 (JMBl. NW S. 133) festgelegt worden.

Maßgeblich ist nicht die gekaufte Gesamtmenge, sondern die einzelnen Handlungen. Deshalb hat die Beschuldigte die Schwelle zum Besitz nicht mehr geringer Mengen (§ 29a Abs. 1 Nr. 2 BtMG) wohl nur einmal überschritten, als sie während des Urlaubs ihres Dealers eine größere Menge (100 g Kokain) eingekauft hat.

Strafzumessungserwägungen
Gesetzlicher Strafrahmen: Insgesamt bleibt aber der Vorwurf, dass die Angeklagte in 125 Fällen Betäubungsmittel in geringen Mengen und einmal in nicht geringer Menge ohne entsprechende Erlaubnis zum Eigenverbrauch angekauft hat.

Für den unerlaubten Erwerb von Betäubungsmitteln droht im Regelfall Geldstrafe oder Freiheitsstrafe bis zu fünf Jahren (§ 29 Abs. 1 BtMG). Betrifft der Besitz – wie in einem Fall – eine ‚nicht geringe Menge', dann erhöht sich die Mindeststrafe auf ein Jahr Freiheitsstrafe (§ 29a Abs. 1 Nr. 1 BtMG). Es sei denn, es wird ein minder schwerer Fall (§ 29a Abs. 2 BtMG) oder ein anderer Minderungsgrund (§ 49 StGB) angenommen.

Da die Frau nur einmal den Grenzwert für geringe Mengen überschritten und dies selbst eingestanden hat, ist das Gericht von einem minder schweren Fall ausgegangen. Eine weitere Absenkung des Strafrahmens resultierte daraus, dass eine Gutachterin die Schuldfähigkeit durch die Kokainsucht und die schweren persönlichen Krisen als vermindert einstufte (§ 21 StGB). Schließlich wurde der Angeklagten auch die freiwillige Offenbarung ihres Wissens zugute gehalten (§ 31 BtMG).

Empirische Strafzumessung: Statistisch werden bei Erwachsenen zwei Drittel aller Verurteilungen wegen Verstoßes gegen das Betäubungsmittelgesetz mit Geldstrafen geahndet (Strafverfolgung 2010: 114).

Konkrete Strafzumessung: Bei der Strafzumessung wurde der Angeklagten ihr Geständnis, fehlende Vorstrafen, ihre schweren Schicksalsschläge, die Drogenfreiheit seit der U-Haft und die Durchführung einer Drogentherapie, die Bereitschaft zur Schadenswiedergutmachung sowie die Belastung durch eine langjährige, belastende, öffentliche Berichterstattung zugute gehalten. Negativ wirkte sich die Vielzahl von Delikten aus.

Während für die Drogendelikte nur Geldstrafen (von 30 bis 120 Tagessätzen à 30 €) verhängt wurden, ergab sich, unter Einbeziehung der Strafe wegen der Unterschlagung, eine Gesamtstrafe von zwei Jahren Freiheitsstrafe. Diese wurde vom Gericht zur Bewährung ausgesetzt, da der Angeklagten, die seit der U-Haft drogenfrei lebte und eine anderthalb-jährige Therapie an die Haftzeit anschloss, eine günstige Sozialprognose ausgestellt wurde (§ 56 StGB).

Ein vollständiges Absehen von Strafe wegen geringen Eigenverbrauchs (§ 29 Abs. 5 BtMG) kam hier nicht in Betracht, da es sich um einen Dauerkonsum von harten Drogen handelte (Weber § 29: Rdn. 1513). Dagegen konnte die Strafvollstreckung zurückgestellt werden, weil die Strafe zwei Jahre nicht überschritt und – durch die Aufnahmezusage einer Therapieeinrichtung sowie die Zusage eines Kostenträgers (Renten- oder Krankenversicherung) – ein Therapiebeginn gewährleistet werden konnte (§ 35 Abs. 1 BtMG).

Eintrag im Bundeszentralregister
Solange eine Strafe zugunsten einer Therapie zurückgestellt wird (§ 35 BtMG), wird sie nicht in das polizeiliche Führungszeugnis aufgenommen (§ 32 Abs. 2 Nr. 3, 6, 7 BtMG).

4.2.4.3 Möglichkeit zur Vertiefung

1. Da Drogenkonsum und Inhaftierungen sehr eng verwoben sind, sollten Sie wissen, wie Sie selbst zu – illegalen – Drogen stehen und welche Kenntnisse Sie diesbezüglich haben. In einer Befragungsstudie von Prof. Irmgard Vogt an der Fachhochschule Frankfurt wurden Studierenden u.a. die folgenden Fra-

gen gestellt: Welche illegalen Drogen [Haschisch, Marihuana, Amphetamine, Ecstasy, Pilze, LSD, Kokain, Crack, Heroin, andere Opiate] hast Du schon einmal probiert und in welchem Alter warst Du, als Du die Stoffe das erste Mal genommen hast? Wie oft in den letzten 30 Tagen? Versuche – auf einer Skala von 1 (macht sehr süchtig) bis 6 (macht gar nicht süchtig) – den einzelnen Substanzen Noten zu geben.
2. Fertigen Sie aus den Angaben des Fallbeispiels einen Sozialbericht zur Vorlage bei der Krankenkasse/Rentenversicherung. PDF-Formulare zum Ausfüllen finden Sie im Internet (siehe Formular: Sozialbericht im Anhang). Der Sozialbericht ist Grundlage der Entscheidung über eine Behandlung und diese wiederum Voraussetzung für ein mögliches Absehen von Strafe.

📖 *Zum Weiterlesen*

Vogt, Irmgard (2012): Zwangs- und Quasi-Zwangskontexte der Behandlung von süchtigen Männern und Frauen in Deutschland: Ein Überblick. In: Suchttherapie 2012/13, Seite 81–89

4.2.5 Aufenthaltsrechtliche Verstöße

4.2.5.1 Überblick über den Deliktsbereich

Einschlägige Strafvorschriften

Das Aufenthaltsgesetz, das den Aufenthalt von – nicht privilegierten – Ausländern in Deutschland regelt, enthält ebenfalls Strafvorschriften und gehört deshalb zum Nebenstrafrecht. Die wichtigsten aufenthaltsrechtlichen Verstöße sind:

Einreise ohne Pass	§ 95 Abs. 1 Nr. 1 AufenthG	Ausländer_in	
Unerlaubter Aufenthalt	§ 95 Abs. 1 Nr. 2 AufenthG	Ausländer_in	
Unerlaubte Einreise	§ 95 Abs. 1 Nr. 3 AufenthG	Ausländer_in	
Unerlaubte Erwerbstätigkeit	§ 95 Abs. 1 Nr. 1a AufenthG	Ausländer_in	An allen Tatbeständen ist die Teilnahme durch Dritte möglich und strafbar.
Einreise nach Wiedereinreisesperre	§ 95 Abs. 2 Nr. 1 AufenthG	Ausländer_in	
Erschleichen eines Aufenthaltstitels/Duldung	§ 95 Abs. 2 Nr. 2 AufenthG	Ausländer_in	
Einschleusen	§ 96 AufenthG	Alle	
Urkundenfälschung	§ 267 StGB	Alle	
Verschaffen von Ausweispapieren	§ 276 StGB	Alle	
Missbrauch von Ausweispapieren	§ 281 StGB	Ausländer_in	

Annahmen zum Ausmaß

Jährlich kommt es zu über 40 000 Ermittlungen wegen unerlaubter Einreise (PKS 2010: 55), von denen etwa 7000 zu einer Verurteilung wegen Verstoßes gegen Vorschriften des Aufenthaltsgesetzes führen. Die Strafen sind überwiegend Geldstrafen (Strafverfolgung 2010: Tabelle 2.3).

10 % der nichtdeutschen Tatverdächtigen hielten sich illegal in Deutschland auf. Zwei Drittel von ihnen gehören nur deshalb zu den Tatverdächtigen, weil sie gegen eine Aufenthalts-, Asylverfahrens- oder Freizügigkeitsregelung verstoßen haben (PKS 2010: 11).

4.2.5.2 Strukturierte Fallarbeit

Beispiel (in Anlehnung an LG Hamburg 704 Ns 66/09)
Der Beschuldigte ist erneut nach Deutschland eingereist. Die Kosten für seine illegale Einreise in Höhe von 5000,– Dollar hat ein Unterstützerkreis aus Deutschland getragen. Er ist sofort zu seiner Lebensgefährtin gegangen, in deren Wohnung er unterkam. Sie selbst hat inzwischen eine Niederlassungserlaubnis. Alle Beteiligten wussten, dass der Beschuldigte nicht im Besitz einer erforderlichen Aufenthaltsgenehmigung oder Duldung war. In seinem Heimatland hat der Beschuldigte keine Schritte unternommen, legal nach Deutschland einzureisen. Der Beschuldigte ist nach Deutschland gekommen, um mit seinen von ihm gezeugten Kindern zusammenleben zu können. Zu dem Zeitpunkt, als die Kinder geboren wurden, war die Lebensgefährtin des Beschuldigten noch mit einem Deutschen verheiratet.

Wissenschaftliche Erklärungsansätze

Identifizierung der erklärungsrelevanten Befunde
Aus sozialarbeiterischer Perspektive – weniger aus juristischer – ist sicher wichtig zu verstehen, warum ein Mensch sein Heimatland verlässt – hier sogar wiederholt (Push-Faktoren). Neben den rein wirtschaftlichen ‚Pull-Faktoren', also Faktoren, die Menschen anziehen, müssen hier auch die familialen Beziehungen (Lebensgefährtin, Kind) berücksichtigt werden. Daneben können aber auch ‚ethnische Kolonien' eine Rolle spielen, also eine Ansammlung von Stammesmitgliedern oder Verwandten an einem Ort in der Diaspora (FES 2009).

Einordnung mittels Theorien und Forschungsergebnissen
Die Produktion ‚irregulärer Migration' durch die Verengung von legalen Migrationspfaden, hält Nuscheler (2004: 57) für das eigentliche migrationspolitische Kernproblem. Es hat die Kriminalisierung zum Ausgangspunkt und gleichzeitig Kriminalität (Menschenhandel, Schlepperwesen) zur Folge. Geschätzt macht das organisierte Schlepperwesen weltweit jährlich 7 Mrd. $ Umsatz mit der (erzeugten) Not der Menschen. Die Zahlungen für Schlepperdienste bringen die Betroffenen oft in weitere Abhängigkeiten, denen sie, da ihnen der legale Arbeitsmarkt verschlossen ist, wiederum durch ‚kriminelle Handlungen' (Schwarzarbeit, illegale Prostitution, Drogenhandel) begegnen.

Damit wird Kriminalität – im Sinne des labeling approach – in mehrfacher Weise ‚produziert': Flüchtlinge und Arbeitsmigranten werden so nicht nur als Fremde behandelt, die kommen und, wie Simmel schreibt, bleiben, sondern als ‚Illegale' und ‚Kriminelle'. Auch hier stellt sich einerseits die Frage, was das mit den betroffenen Menschen macht (sekundäre Devianz)? Aber auch, was das mit der Wahrnehmung einer Gesellschaft macht, die Ausländer mit Kriminalität assoziiert?

Folgen im Kontext des Strafverfahrens

Strafbarkeit des Verhaltens
In §§ 95, 96 AufenthG sind aufenthaltsrechtliche Verstöße unter Strafe gestellt. Dem Sachverhalt ist zu entnehmen, dass der Beschuldigte unerlaubt, weil ohne Einreisegenehmigung, eingereist ist (§ 95 Abs. 1 Ziffer 3 AufenthG) und sich ohne den erforderlichen Aufenthaltstitel (§ 95 Abs. 1 Ziffer 2 AufenthG), also ‚illegal', hier aufgehalten hat – und dies auch wusste (Vorsatz). Beide Verstöße, unerlaubte Einreise und unerlaubter Aufenthalt, stehen zueinander im Verhältnis der Tateinheit (§ 53 StGB).

Strafzumessung
Sozialarbeitsstudierende sollten wissen, dass die Beziehung eines Vaters zu seinem Kind grundrechtlich geschützt ist (Art. 6 GG), auch wenn er – wegen der Ehe der Mutter – zunächst rechtlich nicht der Vater war (§ 1592 Nr. 1 BGB). Entsprechend hat das Kind ein Recht, den biologischen Vater zu sehen (§ 1684 BGB) und umgekehrt (§ 1685 BGB).

Die Frage ist, ob und wie das strafrechtlich berücksichtigt werden kann. Zu denken ist an Rechtfertigungs- oder Schuldausschließungsgründe sowie nachrangig auch an einen persönlichen Strafausschließungsgrund. Durch letzteren wird eine Handlung zwar nicht erlaubt oder entschuldigt; er berücksichtigt aber, dass es Gründe in der Person des Beschuldigten geben kann, die eine Straflosigkeit angezeigt erscheinen lassen. Dies hat das Gericht im vorliegenden Fall angenommen, weil nicht nur ein Umgangsrecht besteht, sondern eine darüber hinausgehende Pflicht zur Pflege und Erziehung des Kindes (Art. 6 Abs. 2 GG und § 1684 Abs. 1 BGB). Stellt das Gesetz widersprüchliche Anforderungen (nicht hier sein und gleichzeitig sein Kind erziehen), dann kann man niemanden bestrafen, der (s)einer Pflicht nachkommt. Das Gericht jedenfalls hat den Mann freigesprochen.

Zu beachten ist, dass persönliche Strafausschließungsgründe nur für die Person wirken, bei der sie vorliegen. Das heißt, dass die Unterstützergemeinschaft, die ihm das Geld geliehen hat, durch das die illegale Einreise erst möglich wurde, ebenso wie seine Lebensgefährtin, die durch die Gewährung von Unterkunft den illegalen Aufenthalt ermöglicht hat, wegen Beihilfe (§ 27 StGB) belangt werden könnten. Die Lebensgefährtin könnte – glaubhaft – argumentieren, dass es ihr nicht darum gegangen ist, den illegalen Aufenthalt zu fördern (fehlender Gehilfenvorsatz), sondern darum, mit dem Vater ihres Kindes zusammen zu leben (vgl. OLG Karlsruhe 2 Ss 53/08). Für die Unterstützer könnte es aber in diesem Fall eng werden, weil ihre Zahlung – schon der Höhe nach – auf die Förderung einer illegalen Einreise gerichtet war.

Eintrag im Bundeszentralregister
Freisprüche werden nicht in das Bundeszentralregister eingetragen und erscheinen folglich auch in keinem Führungszeugnis. Allerdings dürfen sie noch zwei Jahre im staatsanwaltschaftlichen Verfahrensregister gespeichert werden (§ 494 StPO).

4.2.5.3 Möglichkeit zur Vertiefung

1. Bitte überlegen Sie, welche Problemsicht, Zielvorstellungen und Handlungsoptionen die verschiedenen Fallbeteiligten – z. B. Beschuldigter, Lebensgefährtin, Kind, Ausländerbehörde, Jugendamt und Strafjustiz – haben könnten (dazu Michel-Schwartze 2007: 138).
2. Überlegen Sie, wie Fachkräfte der Sozialen Arbeit – unter Beachtung der herausgearbeiteten Fallperspektiven – helfen können. Als Raster können die sechs Handlungsarten nach Lüssi (2008: 392 ff) dienen: *Beratung* (Besprechung des Problems und seiner möglichen Lösung), *Vertretung* (Handeln anstelle einer anderen Person), *Beschaffung* (Verschaffen von Geld, Arbeit, Wohnung, sozialen Diensten usw.), *Betreuung* (Beistehen in der alltäglichen Lebensbewältigung), *Verhandlung* (Vermittlung zwischen verschiedenen Interessen) und *Intervention* (Schutz bei Selbst- oder Fremdgefährdungen)?

📖 *Zum Weiterlesen*

Will, Annegret (2008): Ausländer ohne Aufenthaltsrecht. Nomos Verlagsgesellschaft, Baden-Baden

Hoffmann, Holger (2004): Flüchtlingssozialarbeit: Strafbar? ASYLMAGAZIN 3/2004, Seite 5–9

4.2.6 Strafbarkeit von Fachkräften der Sozialen Arbeit

4.2.6.1 Überblick über den Deliktsbereich

Einschlägige Strafvorschriften

Fachkräfte der Sozialen Arbeit können sich selbst ebenfalls strafbar machen. Bereiche, in denen dies in den vergangenen Jahren der Fall war, sind:

- Eigenes Fehlverhalten, z. B. Missbrauch oder Misshandlung von Schutzbefohlenen (§§ 174 ff, 225 StGB)
- Versagen bei der Abwendung von Gefahren (Stichwort: Garantenpflicht, § 13 StGB)
- Beteiligung an den Delikten anderer (Beihilfe: § 27 StGB, Strafvereitelung: § 258 StGB)
- Verletzung von Geheimhaltungs- und Datenschutzregelungen (§§ 203 StGB, 44 BDG).

Annahmen zum Ausmaß

Trotz der Aufmerksamkeit, die der Missbrauch in pädagogischen Einrichtungen in jüngster Zeit erregt hat, dürfte das Ausmaß der Delikte, die von sozialen

Fachkräften begangen werden, im Kontext der registrierten Gesamtkriminalität eher gering sein. Die Strafverfolgungsstatistik wies 2010 (Tabelle 2.2) folgende Verurteilungen aus:

	Verurteilung (M)	Einstellung & Freispruch (M)
Geheimnisverrat (§ 203 StGB):	6 (5)	14 (8)
Sexueller Missbrauch in (stationären) Einrichtungen (§ 174 a StGB)	8 (7)	
Ausnutzung von Beratungs- und Behandlungsverhältnissen (§ 174 c Abs. 1 StGB)	14 (14)	10 (10)
Sexueller Missbrauch in der Therapie (§ 174 c Abs. 2 StGB)		3 (3)
Sexueller Missbrauch von Schutzbefohlenen (§ 174 StGB)	98 (97)	22 (21)
Körperliche Misshandlung Schutzbefohlener (§ 225 StGB)	158 (109)	113 (64)

In die letzten beiden Kategorien fallen auch Eltern und andere Haushaltsangehörige, nicht nur Fachkräfte.

Das statistische Argument sollte allerdings nicht davon ablenken, dass es einen besonderen Vertrauensbruch darstellt, wenn Menschen, die für die Betreuung besonders schutzbedürftiger Gruppen verantwortlich sind, selbst zu ‚Angreifern' werden (vgl. Schiltsky 2010) und sich gezielt pädagogische Arbeitsfelder aussuchen (Röhl 2011). Hier ist, unabhängig vom statistischen Ausmaß, jeder Fall einer zuviel.

4.2.6.2 Strukturierte Fallarbeit

Beispiel (Bayerisches Oberstes Landesgericht vom 8. 11. 1994)
Nach den Feststellungen des Landgerichts war der Beschuldigte, von Beruf Diplom-Sozialpädagoge, als Berater in dem von der Arbeiterwohlfahrt betriebenen Heim angestellt, zuletzt als Erziehungsleiter. In dem Heim wurden psychisch gestörte, schwer erziehbare Jugendliche betreut. Im April 1991 übernahm er die Therapie der „inzwischen" 21 Jahre alten Zeugin. Diese wies Borderline-Persönlichkeitsstörungen, geringe Belastbarkeit und starke affektive Impulsivität auf. Unter Druck und Spannungen kam es zu autoaggressiven Handlungen, z. B. brachte sie sich Ritze oder Schnitte im Bereich der Unterarme bei, äußerte auch Selbstmordgedanken, denen im Jahre 1991 einmal entsprechende Handlungen folgten. Der Beschuldigte kam zu der Ansicht, Ursache dieser psychischen Störungen seien „sexuelle Mißbrauchserfahrungen", wenngleich diese Symptome gelegentlich auch andere Ursachen hätten. Etwa im Juli 1991 verließ die Zeugin das Heim und wechselte in das sogenannte außenbetreute Wohnen. Sie wurde aber weiterhin als Klientin des Beschuldigten pädagogisch durch das Heim be-

treut. Am 2.2.1993 eröffnete die Zeugin dem Beschuldigten bei einer von ihr erbetenen außerplanmäßigen Unterredung – nachdem sie ihn zuvor gefragt hatte, ob er zur Verschwiegenheit verpflichtet sei –, dass sie in der Zeit seines Urlaubs sexuelle Beziehungen zum Heimleiter, der sie in dieser Zeit betreut hatte, aufgenommen habe. Der Beschuldigte war der Meinung, diese Beziehungen könnten schwerste psychische Störungen zur Folge haben, auch Suizidgefahr hielt er für nicht ausschließbar. Zudem erschien es ihm unerträglich, dass dem Heim ein Leiter vorstand, der selbst sexuelle Kontakte zu den Schutzbefohlenen aufnahm. Am 9.2.1993 trug der Beschuldigte den Fall der Supervision vor, einem Gremium von Mitarbeitern des Heimes, dem er selbst und zwei Diplom-Psychologen angehörten, die ebenso wie er selbst zur Verschwiegenheit verpflichtet waren.

Wissenschaftliche Erklärungsansätze

Identifizierung der erklärungsrelevanten Befunde
Juristisch entscheidend ist, dass ein in der Beratung tätiger Pädagoge sich nicht an ein von ihm gegebenes Versprechen der Verschwiegenheit hält. Aus einer professionellen Perspektive scheint die Beschreibung der Betroffenen im Urteil aber fast ebenso ‚erklärungsbedürftig', zumal sie mutmaßlich auf das Vorbringen des Angeklagten im Verfahren zurückgeht.

Einordnung mittels Theorien und Forschungsergebnissen
Die Kriminalität in diesem Bereich kann als klassische gesellschaftliche, heißt rechtliche Setzung gelten: Dem Gesetzgeber beliebte es, Geheimnisverrat bei einigen Berufsgruppen unter Strafe zu stellen (primäre Kriminalisierung) – und es nicht dem Arbeits-, Berufs- und Disziplinarrecht zu überlassen, Fehlverhalten zu ahnden. Dadurch sollen Einzelne geschützt werden, die sich ärztlichen, psychosozialen oder anwaltlichen Berufen anvertrauen. Umgekehrt heißt das, dass die genannten Berufe als zentral für den Schutz des persönlichen, intimen Lebensbereichs angesehen werden. Eine ganz ähnliche Logik steckt auch hinter der ‚Garantenstellung' (Bringewat 2002).

Folgen im Kontext des Strafverfahrens

Strafbarkeit des Verhaltens
Das Verhalten des Pädagogen könnte gegen § 203 StGB verstoßen. Nach § 203 StGB können sich staatlich anerkannte Sozialarbeiter/Sozialpädagogen (§ 203 Abs. 1 Ziffer 6 StGB) strafbar machen, die

- unbefugt
- ein fremdes Geheimnis, namentlich eines, das zum persönlichen Lebensbereich gehört,
- offenbaren,
- das ihnen in ihrer Eigenschaft als Soziale Fachkraft anvertraut wurde.

Geheim sind Dinge, die nur einem begrenzten Personenkreis bekannt sind. Sie gehören dann zum persönlichen Lebensbereich, wenn sich die Informationen konkret auf eine Person beziehen (Fischer, § 203 StGB Rdn. 4f). Anvertraut sind sie, wenn sie unter Umständen weitergegeben werden, aus denen die Pflicht zur Verschwiegenheit deutlich wird (Fischer, § 203 StGB Rdn. 8). All dies trifft im vorliegenden Fall zu.

Die vertraulichen Informationen – über die sexuelle Beziehung zum Heimleiter – wurden in dem Moment ‚offenbart', wo der Pädagoge in der Supervision Anderen davon erzählte, die davon bislang noch nichts wussten – und zwar in einer Art und an einem Ort, die Rückschlüsse auf die betroffene Person zuließen (Fischer, § 203 StGB Rdn. 30). Anders wäre der Fall deshalb zu beurteilen gewesen, wenn der Pädagoge den Fall in einem Supervisionskontext besprochen hätte, der die Anonymität der betroffenen Person gewahrt hätte.

Diese Weitergabe geschah ohne Einwilligung der betroffenen Frau, also unbefugt (Fischer, § 203 StGB Rdn. 32). Hätte er sich vorab ihre Einwilligung eingeholt, den Fall in einer (externen) Supervision – mit anderen Schweigepflichtigen – zu besprechen, wäre eine Strafbarkeit entfallen.

Schließlich greifen auch keine anderen Rechtfertigungsgründe. Zwar könnte eine Weitergabe durch den Wunsch motiviert sein, die Frau vor weiteren Übergriffen zu schützen und deshalb – durch Notstand (§ 34 StGB) oder die Wahrnehmung berechtigter Interessen (analog § 193 StGB) – befugt sein. Anders als eine Offenbarung gegenüber dem Dienstvorgesetzten des Heimleiters war die Offenbarung in der Supervision im Beisein anderer Mitarbeiter aber nicht geeignet, die Gefahr zu beenden. Sie diente lediglich der Entlastung des Pädagogen, nicht dem Schutz der Frau.

Dies führt zu dem Ergebnis, dass die konkreten Umstände dieses Falles das Verhalten als nicht gerechtfertigt und deshalb strafwürdig erscheinen lassen.

Strafzumessungserwägungen
Das Gesetz sieht bei Geheimnisverrat eine Geldstrafe bzw. eine Freiheitsstrafe von bis zu fünf Jahren vor (§ 203 Abs. 1 StGB). Die sechs in 2010 verurteilten Personen erhielten alle eine Geldstrafe (Strafverfolgung 2010: 98). Auch im vorlegenden Fall ist der Pädagoge nur zu einer Geldstrafe in Höhe von 75 Tagessätzen zu 50 DM, also etwa 1875 €, verurteilt worden.

Eintrag im Bundeszentralregister
Da eine Verurteilung erfolgt ist, wird diese zwar im Bundeszentralregister geführt, allerdings nicht ins Führungszeugnis aufgenommen, solange sie unter den erforderlichen 90 Tagessätzen bleibt (§ 32 Abs. 2 Nr. 5 BZRG).

4.2.6.3 Möglichkeit zur Vertiefung

Bitte prüfen Sie, ob der Heimleiter sich durch sein Verhalten nach §§ 174, 174 a, 174 c Abs. 1 StGB strafbar gemacht hat. Nutzen Sie dafür das Prüfschema oben 4.2.

Zum Weiterlesen

Die Beiträge in: Fachhochschule Frankfurt am Main (Hrsg.) (2011): Grenzverletzungen, Fachhochschulverlag, Frankfurt am Main

Gut zu wissen – gut zu merken

Durch die vorstehende Fallarbeit sollten Sie gelernt haben, wie wichtig es für Soziale Fachkräfte ist, nicht nur die Argumentationslogik des justiziellen Systems nachvollziehen und (ihren Klienten und Klientinnen) ‚übersetzen' zu können, sondern selbst – proaktiv – eine Einschätzung der Strafbarkeit des Verhaltens und der mutmaßlichen Sanktionierung vornehmen zu können. Dies versetzt Sie in der Lage, im Weiteren kompetent zu ‚navigieren' und verlässlich zu agieren. Dazu brauchen Sie Übung in der juristischen Subsumtion von Sachverhalten sowie in der (empirischen) Eingrenzung der Sanktionierungswahrscheinlichkeit.

Mindestens genauso wichtig ist aber, psychosoziale Befunde zuverlässig erheben, kritisch prüfen und diagnostisch und prognostisch einordnen zu lernen. Dazu wiederum braucht es Theorien und einen Zugang zu aktuellen Erkenntnissen der kriminologischen Forschung.

Wenn Sie die Falllösungen genau durcharbeiten (zumindest die, die sie thematisch interessieren), sollten Sie das methodische ‚Handwerkszeug' an der Hand haben, wie das gehen kann. Wichtig ist dann, es – immer wieder – auch auf neue Fallgestaltungen anzuwenden und die gefundenen Lösungen im Team (Arbeitsgruppen) zu diskutieren.

5 AUSBLICK: SOZIALE ARBEIT IM STRAFVERFAHREN

Der Frage nach Funktion und Wirkung Sozialer Interventionen innerhalb oder außerhalb des Systems strafrechtlicher Sozialkontrolle wird sich die Soziale Arbeit theoretisch und empirisch stellen müssen. Das, so scheint mir, müsste auch der wissenschaftliche Anspruch an eine Disziplin: Soziale Arbeit sein.

In anderen Bereichen dagegen, wie bei den psychologischen und neuronalen Grundlagen menschlichen Verhaltens, wird sie auch weiterhin die Erkenntnisse vieler Bezugswissenschaften heranziehen können (und müssen). Dabei wird es aber darauf ankommen, wie die Soziale Arbeit diese Erkenntnisse transdisziplinär aufgreift und disziplinär integriert. Auch das stellt spezifische Anforderungen an die Ausbildung Sozialer Fachkräfte.

Ohne wissenschaftliche Fundierung werden Juristen vielleicht weiterhin das Gefühl haben, dass Soziale Arbeit vor allem ‚menschelt'; und die Soziale Arbeit wird dem kein eigenes, wissenschaftliches Selbstbewusstsein entgegensetzen können. Ohne das Gefühl, dass die Soziale Arbeit im Strafverfahren etwas tut, was keine andere Profession tut, nämlich Menschen, auch im Alltag, psychosozial begleiten, und dass sie etwas kann, was keine andere Profession kann, nämlich Wissensbestände aus dem Recht, verschiedenen Bezugswissenschaften und eigener Disziplinarität zu einem Neuen, Ganzen zu integrieren, wird sie Strafverfahren nicht im Sinne ihrer Klientel beeinflussen können. Sie bleibt dann, und fühlt sich als, Spielball der Justiz.

Mit diesem Lehrbuch möchte ich meinen Beitrag zum Selbstbewusstsein der Sozialen Arbeit im Strafverfahren leisten und dadurch indirekt auch dazu, dass Menschen, die in die Fänge der Justiz geraten, so gut wie möglich informiert und begleitet werden – nicht ganz unabhängig davon, ob sie ‚Täter' oder ‚Opfer' sind, aber doch gleichermaßen, ob sie ‚Täter' oder ‚Opfer' sind.

Anhang

Glossar der wichtigsten Begriffe

Begriff	§§ StGB	Definition	Folgen
Tun (Begehungsdelikt)		Regelfall des strafbaren Handelns, z. B.: Diebstahl, Tötungsdelikte usw.	
· Tätigkeitsdelikte	154	= das schlichte Handeln reicht aus: z. B. falsches Schwören	
· Erfolgsdelikte	242, 211	= das Handeln muss einen bestimmten „Erfolg" nach sich ziehen, z. B.: Wegnahme, Tod	
· erfolgsqualifizierte Delikte		= Delikte, bei denen der Täter über das eigentlich Gewollte hinausschießt, z. B. Körperverletzung/Vergewaltigung mit Todesfolge	☞ Fahrlässigkeit
· Gefährdungsdelikte	330, 316	= manchmal reicht die konkrete oder sogar die abstrakte „Gefährdung" aus, z. B. bei vielen Umweltdelikten oder bei Trunkenheitsfahrten	
· eigenhändige Delikte		= solche Delikte können nur selbst, nicht durch andere (mittelbare Täterschaft) verwirklicht werden, z. B.: Falschaussagen	
Unterlassen	13, 138, 323c ...	nur strafbar, wenn das Unterlassen selbst unter Strafe gestellt ist oder	Strafmilderung möglich
		man rechtlich dafür einzustehen hat, dass Taterfolg nicht eintritt	
· unechte Unterlassungsdelikte	13	= im Gesetz ist nur das „Begehungsdelikt" geregelt; über § 13 wird das Unterlassen aber gleichbehandelt	s. o.
· echte Unterlassungsdelikte	138, 323c	= das Gesetz stellt das Unterlassen selbst unter Strafe; Beispiel: unterlassene Hilfeleistung, Nichtanzeige einer Straftat	
Versuch	22, 23	Unmittelbares Ansetzen zur Tatverwirklichung, eindeutig: Verwirklichung eines gesetzlichen Merkmals, sonst maßgeblich: eigene Vorstellungen von der Tat (konkreter Tatvorsatz)	nur strafbar bei Verbrechen (F) bei ausdrücklicher Regelung
			(strafloser) Rücktritt möglich;

Glossar der wichtigsten Begriffe

Begriff	§§ StGB	Definition	Folgen
			Strafmilderung möglich
• unbeendeter Versuch	24	= Versuch wird ohne weiteres Zutun des Täters nicht vollendet	Rücktritt durch (freiwilliges) Abbrechen der Tat
• beendeter Versuch	24	= es ist alles getan, nur der „ Erfolg" ist noch nicht eingetreten	Rücktritt nur durch (freiwillige) Verhinderung des Erfolgs
Vollendung		Eintritt des Erfolges, Durchführung der strafbaren Handlung	
Vorsatz	15	Wissen und Wollen der Tatbestandsverwirklichung	Möglichkeit des Irrtums (§ 16)
• direkter Vorsatz		= der Erfolg wird als sicher vorausgesehen und auch gewollt	Strafzumessung
• Absicht		= das Wollen richtet sich direkt auf einen bestimmten Taterfolg, z. B.: Zueignungsabsicht	
• bedingter Vorsatz		= Tatfolge wird nicht als sicher, sondern nur als möglich (und nicht gänzlich unwahrscheinlich) angesehen, Tatfolge wird aber (billigend) in Kauf genommen	Strafzumessung
Fahrlässigkeit	15	pflichtwidriges Verhalten = Verletzung gesetzlicher, vertraglicher, beruflicher oder allgemeiner Sorgfaltspflichten bzw. Abwendungspflicht, wenn sich Gefahr aus dem vorausgegangenen Verhalten erst ergibt Tatbestandsverwirklichung ist vorhersehbar Verhalten ist erkennbar rechtswidrig	nur strafbar, wenn ausdrücklich geregelt
• bewusste Fahrlässigkeit		= Tatfolge wird als möglich erachtet, Täter will sie nicht und vertraut darauf, dass sie auch nicht eintritt	Strafzumessung
• unbewusste Fahrlässigkeit		= Tatfolge wird (vorwerfbar) nicht vorausgesehen, Täter macht sich keine/nicht die nötigen Gedanken	Strafzumessung

Begriff	§§ StGB	Definition	Folgen
Täterschaft	25	derjenige, der die gesetzlichen Tatbestandsmerkmale verwirklicht und das Tatgeschehen beherrscht	
• unmittelbare Täterschaft	25	= eigene Tatbegehung	
• mittelbare Täterschaft	25	= Tatbegehung durch einen anderen; Täter bedient sich zur Tatbegehung eines (menschlichen) „Werkzeugs", z.B. einer schuldunfähigen Person (Kind) oder einer Person, die sich im Irrtum über Tatzusammenhänge befindet	Bestrafung als Täter
• Mittäterschaft		= gemeinsame Tatbegehung; maßgeblich: gemeinsamer Tatentschluss, Tatbeiträge müssen sich ergänzen	
Teilnahme	25 II	Beteiligung an der Tat eines Anderen	
• Anstiftung	26	= „weckt" den Tatentschluss beim eigentlichen Täter	Bestrafung wie Täter
• Beihilfe	27	= Hilfeleistung z.B.: Schmiere Stehen, Bestärkung; erforderlich: Wille, die Tat zu unterstützen	Strafmilderung möglich
Verbrechen	12	Mindestmaß der gesetzlich angedrohten Strafe ist ein Jahr Freiheitsstrafe	Versuchsstrafbarkeit
		maßgeblich ist der sog. „Grundtatbestand", unberücksichtigt bleiben Milderungs- oder Erschwerungsgründe	Zuständigkeit des Schöffengerichts
Vergehen	12	Mindestmaß weniger als 1 Jahr Freiheitsstrafe oder Geldstrafe	
Tateinheit	52	durch dieselbe Handlung werden mehrere Strafgesetze verletzt, z.B. Vergewaltigung der eigenen Tochter = Vergewaltigung und Beischlaf unter Verwandten	Strafe aus dem schwersten Gesetzesverstoß
• Gesetzeskonkurrenz		= eine Handlung verletzt notwendig zwei Straftatbestände, z.B. ist Tötung immer auch Körperverletzung, dann wird nur wegen Tötung bestraft	
• natürliche Handlungseinheit		= maßgeblich ist der soziale Sinnzusammenhang, so dass auch mehrere zeitlich und räumlich zusammenhän-	nur eine Strafe

Begriff	§§ StGB	Definition	Folgen
		gende Handlungen strafrechtlich als eine Handlung erscheinen können, z. B. mehrere Schüsse aus einem Maschinengewehr ohne Zwischenladung	
· fortgesetzte Handlung		= wenn sich der Vorsatz (F) von vornherein auf ein wiederholte Tatbegehung richtete, dann können mehrere, gleichartige, fortgesetzte Handlungen rechtlich als nur eine Handlung gewertet werden, z. B. bei der – fortgesetzten – Lieferung von Spionagematerial, nicht mehr bei sexuellem Missbrauch (vgl. BGHSt 40, 138)	nur eine Strafe
Tatmehrheit	53	mehrere Straftaten, die gleichzeitig abgeurteilt werden	Gesamtstrafenbildung: Erhöhung (nicht Addition) der höchsten Einzelstrafe

Beteiligte am Strafverfahren und ihre Aufgaben

Begriff	§§	Definition	Rechte/Aufgaben	Pflichten
Verdächtiger		Person, gegen die ermittelt wird	Zeugenbeistand	Zeugnispflicht bei ‚informatorischer Befragung'
Beschuldigter	133, 136	Oberbegriff, Ermittlung förmlich eingeleitet	Schweigepflicht, Verteidiger	Aussage zur Person
Angeschuldigter	157	Anklage erhoben		
Angeklagter	157	Hauptverfahren eröffnet		
Verteidiger		Parteiliche Interessenvertretung des Beschuldigten	Akteneinsichtsrecht, Frage- Erklärungs- und Antragsrecht, Rechtsmittelbefugnis	‚Organ der Rechtspflege' (str.), Ausschluss möglich
Beistand	149, 69 JGG	Ehegatten, gesetzliche Vertreter	wie Verteidiger	

Begriff	§§	Definition	Rechte/Aufgaben	Pflichten
Pflichtverteidiger	140	Vom Gericht bestellter Verteidiger	wie Verteidiger	
Wahlverteidiger	137, 138	Selbst gewählter Verteidiger, sonstige Person	wie Verteidiger	
Zwangsverteidiger	145	Vom Gericht bestellter Verteidiger, wenn Wahlverteidiger ‚ausfällt' (RAF-Prozesse)	wie Verteidiger	
Polizei	161	Ermittelt im Auftrag der Staatsanwaltschaft	Handlungen bei Gefahr in Verzug	Information und Übergabe an Staatsanwalt (RiStBV)
Staatsanwalt	160	Anklagebehörde, ‚Herrin' des Ermittlungsverfahrens	Aufträge an Polizei, Vorladungen	Auch Entlastendes zu ermitteln
Sitzungsvertreter/in		Vertritt ermittelnden StA in der mündliche Verhandlung, kennt i. d. R. nur die Akten		
Amtsanwalt	142 GVG	Beamte, keine Juristen, die Funktion der Staatsanwaltschaft vor dem Einzelrichter übernehmen		
Zeuge/Zeugin	48	Person, die über eigene Wahrnehmung berichtet	Zeugnisverweigerungsrecht, Zeugenbeistand oder Vertrauensperson, Beanstandung von Fragen	Erscheinens-, Aussage- und Wahrheitspflicht, u. U. körperliche Untersuchungen
Verletzte/r		Person, deren Rechtsgüter (Eigentum, sexuelle Selbstbestimmung usw.) durch die Straftat verletzt wurde	Wie Zeuge/Zeugin, Informationsrecht, u. U. Nebenklagebefugnis	Wie Zeuge/Zeugin

Begriff	§§	Definition	Rechte/Aufgaben	Pflichten
Privat-kläger/in	374	Bei bestimmten Delikten selbst befugte Peron (statt StA); nicht gegen Jugendliche	wie Staatsanwaltschaft, Akteneinsicht nur durch Anwalt	
Neben-kläger/in	395	‚Anschluss' an staatsanwaltliche Klage, nicht bei Jugendlichen	Wie Privatkläger/in, Informationsrecht, rechtliches Gehör, Anwesenheitsrecht, Ablehnungsbefugnis, Frage- und Beanstandungsrecht, Beweisantragsrecht und Recht, Erklärungen abzugeben, Rechtsmittelbefugnis	Wie Zeugen/Zeuginnen
Vertrauensperson	406 f III	Nicht-anwaltliche Begleitperson	Nur (moralische) Unterstützung der/des Verletzten	
Zeugenbeistand	68 b	(anwaltlicher) Rechtsbeistand	Akteneinsichts-, Anwesenheits- und Beanstandungsrecht	Verschwiegenheit
Verletztenbeistand	406 f, g	(anwaltlicher) Rechtsbeistand	Akteneinsichts-, Anwesenheits-, Antrags- und Beanstandungsrecht	Verschwiegenheit
Nebenklagevertretung	397, 378	(anwaltlicher) Rechtsbeistand	Wie Nebenkläger/in, zusätzliche Akteneinsicht	Verschwiegenheit
Ermittlungsrichter/in	162	Zuständig für richterliche Untersuchungshandlungen im Ermittlungsverfahren auf Antrag der Staatsanwaltschaft	Haftrichter/in, Beschlagnahmen und Durchsuchungen, körperliche Untersuchungen, (richterliche) Vernehmungen	Unparteilichkeit
Vorsitzende/r	238	Verhandlungsleitung	Ladung, Vernehmungen, Beweisaufnahme, Sachleitung in der Hauptverhandlung	Unparteilichkeit
Beisitzer/in	76 GVG	Berufsrichter/innen in einem sog. ‚Kollegialgericht' (Kammer/Senat)	Fragerechte, Beteiligung an Gerichtsbeschlüssen, Urteil	Unparteilichkeit

Begriff	§§	Definition	Rechte/Aufgaben	Pflichten
Schöff/in	30 GVG	‚Laienrichter/innern', ehrenamtliche Richter/innen	Fragerechte, Beteiligung an Gerichtsbeschlüssen in der Hauptverhandlung, Urteil	i. d. R. Amtsübernahme, Unparteilichkeit
Berichterstatter/in	Vgl. 324	Berufsrichter/in, der/die die Verhandlung anhand der Akte vorbereitet	Wie Beisitzer/in	Unparteilichkeit
Jugend (schöffen)gericht	33 JGG, 26 GVG	Zuständig bei Delikten von oder an Jugendlichen		Unparteilichkeit
Einzelrichter/in	25 VG	Richter/in beim Amtsgericht, die/der bei Privatklagedelikten oder sonstigen Vergehen entscheidet, die (voraussichtlich) mit 2 Jahren Strafe bestraft werden		Unparteilichkeit
Vollstreckungsbehörde	451	Staatsanwaltschaft	Überwacht die Strafen	
Strafvollstreckungskammer	462a, 78a GVG	Gericht am Ort der Inhaftierung	Vollstreckung von Freiheitsstrafen oder Maßregeln, Beschwerden von Gefangenen, internationale Rechtshilfe	
Gerichtshilfe	160 III	Soziale Hilfsbehörde der Staatsanwaltschaft	Ermittlung ‚resozialisierungserheblicher' Umstände	
Jugendgerichtshilfe	39, 50, 107 JGG, 52 KJHG	Jugendhilfe im Strafverfahren	(vorrangiges) Leistungsangebote der Jugendhilfe, Sozialarbeit im Jugendgerichtsverfahren, Verfahrensbetreuung, Unterstützung des Gerichts, Persönlichkeitsforschung, Vorschlag erzieherische	Zusammenarbeit mit Gericht, Bewährungshilfe

Begriff	§§	Definition	Rechte/Aufgaben	Pflichten
			Maßnahmen, Teilnahme an Hauptverhandlung, Betreuungsaufsicht, Haftbetreuung, Haftentlassenenhilfe	
Gutachter/in	72	Fachkundige Person: ersetzt fehlende Sachkunde des Gerichts (z. B. Schuldfähigkeit, Glaubwürdigkeit, Alkoholgehalt, Bremsweg usw.)	Zeugnisverweigerungsrecht	Gutachterpflicht, Unparteilichkeit
Bewährungshilfe	56 d, 29 JGG	‚Aufsicht' während einer Bewährungszeit	Hilfe und Betreuung	Überwachung von Auflagen und Weisungen, Bericht über Lebensführung, Mitteilung bei Bewährungsverstoß

Reaktionsmöglichkeiten im Strafverfahren

	Einstellung vor Verfahrenseröffnung			Auf Antrag (ohne Hauptverhandlung)		Nach Eröffnung des Hauptverfahrens (Anklageerhebung)		
	Fehlender Tatverdacht	Verfahrenshindernis	Einstellung	Strafbefehlsverfahren	Sicherungsverfahren	Einstellung	Freispruch	Verurteilung
Rechtsgrundlage	§ 170 StPO	§ 170 StPO	§§ 153 ff StPO, 45 JGG	§ 407 ff StPO, 109 JGG	§ 413 ff StPO	§§ 153 ff StPO, 47 JGG	§ 260 StPO	§ 260 StPO
alle	Verhalten nicht strafbar	Verbot der Doppelbestrafung (Art. 103 GG)	Wegen geringer Schuld (§§ 153 StPO, 45 I JGG)		Unterbringung in psychiatrischem Krankenhaus oder Entziehungsanstalt (§§ 71 I StGB; 7 JGG)	Wegen geringer Schuld (§§ 153 StPO, 47 I JGG)		Maßregeln (§§ 63 StGB; 7 JGG) Unterbringung Führungsaufsicht Entziehung der Fahrerlaubnis
	oder nicht nachweisbar	Verjährung (§§ 78 ff StGB)	Nach Erfüllung von Auflagen (§ 153 a StPO)		Führungsaufsicht (§§ 68 g, 7 JGG)	Nach Erfüllung von Auflagen (§ 153 a StPO, 47 I)		Freiheitsstrafe (§§ 38 ff StGB, 17 ff JGG)
		Fehlender/ unwirksamer/zurückgenommener Strafantrag (§§ 77 ff StGB)						...mit Bewährung (§§ 56 ff StGB, 21, 27 JGG)
								Nebenstrafe: Fahrverbot (§ 44 StGB)

Reaktionsmöglichkeiten im Strafverfahren

	Einstellung vor Verfahrenseröffnung			Auf Antrag (ohne Hauptverhandlung)		Nach Eröffnung des Hauptverfahrens (Anklageerhebung)		
	Fehlender Tatverdacht	Verfahrenshindernis	Einstellung	Strafbefehlsverfahren	Sicherungsverfahren	Einstellung	Freispruch	Verurteilung
Erwachsene und Heranwachsende		und/oder fehlendes öffentliches Interesse (> Privatklageweg)		Absehen von Strafe; Verwarnung				Nebenfolgen: Verfall und Einziehung (§ 73 StGB);
				Geldstrafen und Geldbuße				
				Freiheitsstrafe bis zu 1 Jahr				
				Fahrverbot	Entziehung der Fahrerlaubnis (§§ 69 StGB, 7 JGG)			
Nur Erwachsene		Immunität (Art. 46 II GG, 18 GVG)		Entziehung der Fahrerlaubnis				Geldstrafe (33 40ff StGB)
								Maßregeln (§§ 63 StGB; 7 JGG) Sicherungsverwahrung Berufsverbot

	Einstellung vor Verfahrenseröffnung			Auf Antrag (ohne Hauptverhandlung)		Nach Eröffnung des Hauptverfahrens (Anklageerhebung)		
Rechtsgrundlage	Fehlender Tatverdacht	Verfahrenshindernis	Einstellung	Strafbefehlsverfahren	Sicherungsverfahren	Einstellung	Freispruch	Verurteilung
Rechtsgrundlage	§ 170 StPO	§ 170 StPO	§§ 153 ff StPO, 45 JGG	§ 407 ff StPO, 109 JGG	§§ 413 ff StPO	§§ 153 ff StPO, 47 JGG	§ 260 StPO	§ 260 StPO
Jugendliche und (gleichgestellte) Heranwachsende			Erzieherische Maßnahme eingeleitet oder durchgeführt (§ 45 II, 109 II JGG)			Erzieherische Maßnahme eingeleitet, angeordnet oder durchgeführt (§ 47 I, 109 II JGG)		Erziehungsmaßnahmen (§§ 9 ff JGG) Weisungen Anordnung: HzE
Jugendliche und (gleichgestellte) Heranwachsende			Bemühen um Ausgleich mit dem Verletzten (§ 45 II, 109 II JGG)					Zuchtmittel (§§ 13 ff JGG) Verwarnung Auflagen Jugendarrest
Jugendliche und (gleichgestellte) Heranwachsende			Erteilung richterlicher Ermahnung oder Weisung (§ 45 III, 109 II JGG)			Erteilung richterlicher Ermahnung oder Weisung (§ 47 I Nr. 3, 109 II JGG)		
Nur Jugendliche		Strafunmündigkeit (§ 19 JGG)				Fehlende Reife (§ 47 I Nr. 4 JGG)		

Formular: Antrag auf Gewährung von Hilfe zur Erziehung

Antrag auf Gewährung von Hilfe zur Erziehung gem. §§ 27 ff. Sozialgesetzbuch VIII (SGB VIII)/ Kinder- und Jugendhilfegesetz

Empfangsstempel

für
(Name, Vorname)   Geb.-Datum   Geb.-Ort

Wohnanschrift (PLZ, Ort, Straße, Nr.)

Beantragt wird die Gewährung von Hilfe zur Erziehung

ab   in Form von   ☐ Heimerziehung   ☐ Vollzeitpflege   ☐ Erziehungsbeistandschaft

in/bei

Begründung:

Besondere Angaben über den/die Minderjährige(n):

Inhaber der elterlichen Sorge sind/ist

Vormund/Pfleger ist   ☐ durch Bestellung   ☐ gemäß Bescheinigung

des Amtsgerichts

vom   G.-Nr.   gemäß §

Wurde der/dem Minderjährigen bereits Jugendhilfe/Sozialhilfe gewährt?   ☐ Ja   ☐ Nein

Ggf. Art der Hilfe   von   bis

durch welches Amt

Bei nichtehelichen Kindern:

Die Vaterschaft ist   ☐ nicht festgestellt   ☐ festgestellt

durch Anerkenntnis/Urteil vor dem /des

vom   Urkunde-Nr./Az.

Festgesetzter monatlicher Unterhalt zur Zeit   €

Anhang

Angaben zur Person - zum Einkommen und Vermögen (Nachweise beifügen)!:			
	d. Hilfebedürftigen	der Mutter	des ehel./ne. Vaters
Name			
Geburtsname			
Vornamen			
PLZ, Wohnort			
Straße, Hs.-Nr.			
Telefon (mit Vorwahl)			
Geburtstag			
Geburtsort			
Familienstand	☐ ehelich ☐ nichtehelich	☐ ledig ☐ verh. ☐ gesch. ☐ verw. ☐ wiederverh.	☐ ledig ☐ verh. ☐ gesch. ☐ verw. ☐ wiederverh.
Religion			
Staatsangehörigkeit			
Beruf			
Tag der Eheschließung/ Ehescheidung			
Arbeitgeber			
Arbeitseinkommen mtl. netto € Sonst. Einkommen aus mtl. netto € €			
aus **Vermietung, Pacht** mtl. netto €			
Rente - Art			
Träger			
Vers.-Nr./RZ			
Betrag mtl. DM			
Kindergeld mtl. DM für Kinder			
Berechtigte(r)			
AA/KG-Kasse KiG-Nr.			
Kapitalvermögen Sparbuch-Nr.			
bei			
Grundvermögen Bezeichnung d. Grundstücke			
Einheitswert			
Sonst. Vermögen			
Bezeichnung			
Krankenversicherungs- anspruch bei/in			
Versicherungs-Nr.			

Wohnverhältnisse:

☐ Mietwohnung - Kalt-Miete mtl. DM _____ Nebenkosten (ohne Heizung und Warmwasser) mtl. DM _____
☐ Einfamilienhaus ☐ Zweifamilienhaus ☐ Eigentumswohnung
mit _____ Zimmer(n), Küche, Bad _____ m² Wohnfläche, Kuafpreis im Jahr _____ DM _____
Wird Wohngeld bezogen? (Mietzuschuß oder Lastenzuschuß) ☐ nein ☐ ja mtl. DM _____

Formular: Antrag auf Gewährung von Hilfe zur Erziehung

Besondere monatliche Belastung

Nachweise über Einkommen und Vermögen sowie laufende Ausgaben ☐ füge ich bei ☐ werde ich unverzügl. nachreichen

Bei Zahlung von Pflegegeld - Bankverbindung der Pflegeeltern:

Kontoinhaber: (Name, Anschrift)

Bankinstitut: Konto-Nr.: BLZ:

Geschwister d. Hilfebedürftigen (auch Stiefschwester)

Name	Vorname	geb. am	wohnhaft in/bei

Aufenthalt d. Minderjährigen ab Geburt:

von	bis	bei	in

Bisheriger Schulbesuch

von	bis	-Schule in
von	bis	-Schule in

Ggf. Berufsausbildung als   von   bis

bei

Ggf. besondere Krankheiten/Unfallschäden/Auffälligkeiten

Erklärung:
Die vorstehenden Angaben sind vollständig und richtig. Änderungen der im Antrag gemachten Angaben werde(n) ich/wir dem Jugendamt unverzüglich mitteilen. Es ist bekannt, daß falsche und unvollständige Angaben sowie die Unterlassung von Änderungsmitteilungen zur Folge haben können, daß zu Unrecht empfangene Leistungen zurückerstattet werden müssen.
Ich bin/Wir sind ernstlich bereit, die Durchführung der erzieherischen Maßnahmen zu fördern, d. h. während der gesamten Dauer wirksam mit dem Jugendamt, dem Heim, der Pflegefamilie oder sonstigen Einrichtungen zusammenzuarbeiten. Ich werde mein/Wir werden unser Einverständnis zur Unterbringung oder sonstigen Art der Hilfe, deren Bestimmung und Auswahl in das Ermessen des Jugendamtes gestellt wird, solange nicht widerrufen, als dies aus erzieherischen Gründen agezeigt ist.
Ich weiß/Wir wissen, daß das Jugendamt für die Dauer der freiwilligen Erziehungshilfe die hierzu erforderlichen Aufsichts- und Erziehungsbefugnisse ausübt.
Mit/Uns ist bekannt, daß zu den Unterbringungskosten beigetragen werden muß, soweit dies nach den gesetzlichen Bestimmungen zulässig, erforderlich und zumutbar ist.
Ich bin/Wir sind damit einverstanden, daß personenbezogene Daten, die zur Durchführung der Hilfe notwendig sind, an die beteiligten Stellen weitergegeben werden.

Ort, Datum   Aufgenommen:

Unterschrift des/der Personensorgeberechtigten

Anhang

I. Stellungnahme zum Antrag

II. An _____ m. d. B. um Zustimmung/weitere Bearbeitung

_____ , den _____   _____

Hilfeart

I. Die beantragte Hilfe wird _____ gewährt. Die anfallenden Kosten werden vorbehaltlich evtl. bestehender Ersatz- und Erstattungsansprüche unter Berücksichtigung der von den Unterhaltspflichtigen zu leistenden Kostenbeiträge übernommen.

II. **Der Antrag muß abgelehnt werden:**

Begründung:

III. Bewilligungs-/Ablehnungsbescheid mit Zustellungsnachweis versandt am _____
 durch _____

IV. Abdruck des Bewilligungsbescheides an:
 a) _____ am _____
 b) _____ am _____

V. Überleitungsanzeige(n) versandt an::
 a) _____ am _____
 b) _____ am _____
 c) _____ am _____

VI. Karteikarte angelegt am _____

VII. Statistik vorgemerkt am _____

VIII. WV. (Kostenbeitrag)
 (Entwicklungsbericht)

Jugendamt

_____   _____
Ort, Datum

Formular: Sozialbericht

Name der Beratungsstelle/Einrichtung	**Sozialbericht**
Anschrift	- Psychosoziale Grunddaten -
Telefon (mit Durchwahl) / Telefax	
E-Mail	erstellt am

Versicherungsnummer der Rentenversicherung

Versicherten-Nummer der Krankenkasse | Name der Krankenkasse

☐ ☐ ☐

[1] Alkohol [2] Medikamente [3] illegale Drogen

☐ Sonstiges: _____

1 Angaben zur Person

Name	Vorname
Geburtsname	Familienstand
Geburtsdatum	Geburtsort	Staatsangehörigkeit
Straße, Hausnummer	Aufenthaltsgenehmigung bis
Postleitzahl	Wohnort	Telefon (mit Vorwahl)
derzeitiger Aufenthaltsort	
(erlernter) Beruf	zuletzt ausgeübte Tätigkeit	arbeitslos seit	nicht erwerbstätig seit

Erziehungsberechtigte/r, Betreuer/in

Name	Erziehungsberechtigte/r / Betreuer/in
Anschrift	Telefon (mit Vorwahl)
Art des Betreuungsverhältnisses	
Betreuung eingeleitet am	durch	Aktenzeichen

Behandelnde Ärzte

Name, Fachrichtung, Anschrift, Telefon (mit Vorwahl)

2 Kinder

Anzahl	Alter	davon im Haushalt lebend

SB 1

Sozialbericht — Seite 2

Name, Vorname | Geburtsdatum

3 Wohnsituation und finanzielle Verhältnisse
(Ausfüllhinweis: Die Daten sind nur zu erheben, soweit sie für die Rehabilitation erforderlich sind)

4 Vorbehandlung der Abhängigkeitserkrankung

4.1 Entzugsbehandlungen
Gesamtzahl | letzte in (Einrichtung) | von | bis

4.2 Leistungen zur medizinischen Rehabilitation
Gesamtzahl

davon in den letzten vier Jahren | | | reguläre Entlassung ja / nein

	von	bis	
in ambulanter Rehabilitationseinrichtung (Name)	von	bis	☐ ☐
in ambulanter Rehabilitationseinrichtung (Name)	von	bis	☐ ☐
in stationärer Rehabilitationseinrichtung (Name)	von	bis	☐ ☐
in stationärer Rehabilitationseinrichtung (Name)	von	bis	☐ ☐

Bemerkungen (z. B. zu einer durchgeführten Adaption)

5 Anamnese der Abhängigkeitserkrankung

5.1 Suchtmittelanamnese

Suchtmittel	Beginn/Dauer	Dosis, Verlauf und Gewohnheiten

5.2 Körperliche und psychische Auffälligkeiten in der Vorgeschichte (Krampfanfälle, Delir, Psychose, Suizidversuche u. a.)

5.3 Von der Antragstellerin / dem Antragsteller beschriebene Verhaltens- und/oder Wesensveränderungen im Verlauf der Abhängigkeitserkrankung

SB 1

Sozialbericht	Seite 3
Name, Vorname	Geburtsdatum

5.4 Abstinenzphasen (Dauer, Bedingungen, Lebenssituation)

5.5 aktuell abstinent ☐ ja ☐ nein — abstinent seit

ggf. seit wann und mit welchem Mittel substituiert

6 Sozialanamnese

6.1 Elternhaus und persönliche Entwicklung

6.2 Soziales Umfeld und wichtige Bezugspersonen

6.3 Schulischer Werdegang, Arbeits- und Berufsanamnese (beruflicher Werdegang)

6.3.1 Schulbildung

letzter Schulabschluss (Art der Schule), Jahr — ohne Schulabschluss abgegangen im Jahr

6.3.2 Berufsausbildung (auch wenn kein Abschluss erworben wurde)

von — bis — Beruf — Abschluss

☐ Berufsausbildung nie angestrebt ☐ Fachschulabschluss ☐ Hochschulabschluss

6.3.3 Zeiten der Berufstätigkeit und Arbeitslosigkeit

von	bis	beschäftigt als	bei Arbeitgeber, Ort	arbeitslos
				☐
				☐
				☐
				☐
				☐

6.4 Mögliche Hinderungsgründe für Antritt und Durchführung einer Leistung zur medizinischen Rehabilitation (z. B. Angaben über laufende Strafverfahren, Angaben zum voraussichtlichen Zeitpunkt für eine Zurückstellung, Angaben über Aussetzung oder Unterbrechung der Strafvollstreckung)

SB 1

Anhang

Sozialbericht   **Seite 4**

Name, Vorname   Geburtsdatum

7 Verlauf der bisherigen Vorbetreuung/Beratung

7.1 Beginn der Vorbetreuung/Beratung im Vorfeld der beantragten Leistung zur medizinischen Rehabilitation
am | Beratungsstelle/Einrichtung

7.2 Art und Umfang (Anzahl) der Einzelkontakte

7.3 Art und Umfang (Anzahl) der Gruppenkontakte

7.4 Einbindung der Familie und/oder sonstiger wichtiger Bezugspersonen (in welcher Form?)

7.5 Anschluss an eine Selbsthilfegruppe und Häufigkeit der Teilnahme

8 Behandlungsbereitschaft und individuelle Rehabilitationsziele

8.1 Ist Behandlungsbereitschaft erkennbar und wodurch wird sie bestimmt (Eigen- und/oder Fremdmotivation)?

8.2 Welche persönlichen Rehabilitationsziele benennt die Antragstellerin / der Antragsteller?

8.3 Bei erneuter Entwöhnungsbehandlung:
Hat sich zwischenzeitlich die Einstellung zum Suchtmittel geändert? Wenn ja, in welcher Weise?

SB 1

Sozialbericht

Seite 5

Name, Vorname | Geburtsdatum

9 Hinweise zur Leistungsform und zur Art der Rehabilitationseinrichtung

9.1 Schwerpunktsetzung für die medizinische Rehabilitation aus Sicht der Beraterin / des Beraters (z. B. notwendige Behandlungsangebote, spezifische Einrichtungsmerkmale, Leistungsform)

9.2 Angaben zu weiteren voraussichtlich erforderlichen Maßnahmen (z. B. andere Leistungen der medizinischen Rehabilitation, Adaption, Leistungen zur Teilhabe am Arbeitsleben, Betreutes Wohnen, ambulante Psychotherapie)

9.3 Ggf. Wünsche der Antragstellerin / des Antragstellers zur Leistungsform und/oder zur Art der Rehabilitationseinrichtung und Begründung der Wünsche

9.4 Sind bei der Auswahl der Einrichtung persönliche, religiöse oder geschlechtsspezifische Besonderheiten zu beachten?

10 Zusammenfassende Stellungnahme im Hinblick auf die beantragte Leistung

Die Einverständniserklärung SB 2 der Antragstellerin / des Antragstellers zur Weiterleitung an den Leistungsträger und an die Entwöhnungseinrichtung liegt vor.

11 Name und Beruf der/des Aufnehmenden

Ort, Datum | Unterschrift

SB 1

Abkürzungsverzeichnis

AKJ	Arbeitskreis Kritischer Kriminologen
ASD	Allgemeiner Sozialer Dienst
AV-JGH	Ausführungsvorschriften über die Mitwirkung der Jugendhilfe in Verfahren nach dem JGG
AV-AJSD	Anordnung über Organisation und Aufgaben der Sozialen Dienste der Justiz
AWO	Arbeiterwohlfahrt
BBG	Bundesbeamtengesetz
BMJ	Bundesministerium der Justiz
DBH	Deutsche Bewährungshilfe – Fachverband für Soziale Arbeit, Strafrecht und Kriminalpolitik
BDSG	Bundesdatenschutzgesetz
BGB	Bürgerliches Gesetzbuch
BGH	Bundesgerichtshof
BGHSt	Entscheidungssammlung des Bundesgerichtshofs in Strafsachen
BKA	Bundeskriminalamt
BMFSFJ	Bundesministerium für Familie, Senioren, Frauen und Jugend
BMWiSJ	Bundesministerium für Wirtschaft, Familie und Jugend
BRAO	Bundesrechtsanwaltsordnung
BtMG	Betäubungsmittelgesetz
BVerfG	Bundesverfassungsgericht
BVerfGE	Entscheidungssammlung des Bundesverfassungsgerichts
BvR	Aktenzeichen einer Verfassungbeschwerde
BZRG	Gesetz über das Zentralregister und das Erziehungsregister
DRiG	Deutsches Richtergesetz
Drs.	Drucksache
DVJJ	Deutsche Vereinigung für Jugendgerichte und Jugendgerichtshilfen
EBAO	Einforderungs- und Beitreibungsanordnung
EGStGB	Einführungsgesetz zum Strafgesetzbuch
EMRK	Europäische Konvention zum Schutz der Menschenrechte und Grundfreiheiten
FAO	Fachanwaltsordnung
FAZ	Frankfurter Allgemeine Zeitung
FES	Friedrich-Ebert-Stiftung
FM	Freiheitsentziehende Maßnahmen
FR	Frankfurter Rundschau
GG	Grundgesetz
HessJStVollzG	Hessisches Jugendstrafvollzugsgesetz
HSOG	Hessisches Sicherheits- und Ordnungsgesetz
i.d.R.	In der Regel
i.V.m.	In Verbindung mit
ICD-10	Internationale statistische Klassifikation der Krankheiten und verwandter Gesundheitsprobleme
JGG	Jugendgerichtsgesetz
JMBl. NW	Justizministerialblatt für das Land Nordrhein-Westfalen
JVA	Justizvollzugsanstalt
KJHG	Kinder- und Jugendhilfegesetz
LFBG	Lebensmittel-, Bedarfsgegenstände- und Futtermittelgesetzbuch
Lt-Drs.	Landtagsdrucksache

LVO	Laufbahnverordnung
MiStra	Anordnung über Mitteilungen in Strafsachen
MIVEA	Methode der idealtypisch-vergleichenden Einzelfallanalyse
NJW	Neue Juristische Wochenschrift
NRW	Nordrhein-Westfalen
NStZ	Neue Zeitschrift für Strafrecht
OLG	Oberlandesgericht
OWiG	Gesetz über Ordnungswidrigkeiten
PKS	Polizeiliche Kriminalstatistik
ProdHG	Produkthaftungsgesetz
PSB	Periodischer Sicherheitsbericht
RAF	Rote Armee Fraktion
RiStBV	Richtlinien zum Strafverfahren und das Bußgeldverfahren
RL-JGG	Richtlinien zum Jugendgerichtsgesetz
RPflG	Rechtspflegergesetz
SGB	Sozialgesetzbuch
StGB	Strafgesetzbuch
StPO	Strafprozessordnung
StVG	Straßenverkehrsgesetz
StVollzG	Strafvollzugsgesetz
TAZ	Die Tageszeitung
TOA	Täter-Opfer-Ausgleich
VStG	Völkerstrafgesetzbuch
WStG	Wehrstrafgesetz
ZEBRA	Zentrum für Entlassungshilfe, Beratung, Resozialisierung und Anlaufstelle zur Vermittlung gemeinnütziger Arbeit

Literaturverzeichnis

Albrecht, Peter-Alexis (2000): Jugendstrafrecht. 3. Auflage, München: Verlag C.H. Beck
Amann, Gabriele/Wipplinger, Rudolf (1998): Sexueller Missbrauch. dgvt Verlag, Tübingen
Appiah, Kwame Anthony (2011): Eine Frage der Ehre oder Wie es zu moralischen Revolutionen kommt. C.H. Beck, München
Arbeiterwohlfahrt (2007): Die Straffälligenhilfe der Arbeiterwohlfahrt. Leitlinien der fachlichen Arbeit. Zum Download unter: http://www.awo.org/index.php?eID=tx_nawsecuredl&u=0&file=fileadmin/user_upload/pdf-dokumente/Dienstleistungen/TuP_Leitlinien_Straffaelligenhilfe_07-12.pdf&t=1313670273&hash=69e2c5bbb3a439f8c4a9acae11760d3c [17.08.2011 13:28]
Arbeitskreis junger Kriminologen (1974): Kritische Kriminologie. Juventa Verlag, München
Baier, Dirk/Pfeiffer, Christian/Simonson, Julia/Rabold, Susann (2009): Jugendliche in Deutschland als Opfer und Täter von Gewalt. KFN-Forschungsbericht Nr. 107. Zum Download unter: http://www.kfn.de/versions/kfn/assets/fb107.pdf [22.11.2012 14:04]
Bauer, Joachim (2011): Schmerzgrenze. Karl Blessing Verlag, München
Baurmann, Michael C. (1983): Sexualität, Gewalt und psychische Folgen. Eine Längsschnittuntersuchung bei Opfern sexueller Gewalt und sexuellen Normverletzungen anhand von angezeigten Sexualkontakten. BKA Forschungsreihe Nr. 15, Bundeskriminalamt, Wiesbaden
Beck, Heike (2011): Sexualisierte Gewalt und die Möglichkeiten der Prävention. In: Fachhochschule Frankfurt am Main (Hrsg.): Grenzverletzungen, Fachhochschulverlag, Frankfurt am Main, Seite 125–144
Beelmann, Andreas/Raabe, Tobias (2007): Dissoziales Verhalten von Kindern und Jugendlichen. Hogrefe, Göttingen
Bielefelder Arbeitsgruppe 8 (2008): Soziale Arbeit in Gesellschaft. VS Verlag, Wiesbaden
Bock, Michael (2006): MIVEA als Hilfe für die Interventionsplanung im Jugendstrafverfahren. In: Zeitschrift für Jugendkriminalrecht und Jugendhilfe 4/2006; Seite 282–289
Bock, Michael (2007): Kriminologie für Studium und Praxis, Verlag Vahlen, München
Boers, Klaus (2006): Jugendkriminalität – Keine Zunahme, kaum Unterschiede zwischen Einheimischen und Migranten. Zum Download unter: http://www.jura.uni-muenster.de/go/organisation/institute/strafrecht/kr4/forschen/materialien.html [22.11.2012 14:04]
Boers, Klaus (2008): Kontinuität und Abbruch persistenter Delinquenzverläufe. Zum Download unter: http://www.jura.uni-muenster.de/go/organisation/institute/strafrecht/kr4/forschen/materialien.html [22.11.2012 14:04]
Boetticher, Kröber/Müller-Isberner, Böhm/Müller-Metz, Wolf (2006): Mindestanforderungen für Prognosegutachten, NStZ, Heft 10, Seite 537–544. Zum Download unter: http://bios-bw.de/images/stories/pdfs/mindestanforderungen-feur-prognosegutachten.pdf [31.07.2011 12:34]
Böhnisch, Lothar (2010): Abweichendes Verhalten. Eine pädagogisch-soziologische Einführung. 4. Auflage, Juventa Verlag, Weinheim, München
Böttner, Sascha (2004): Der Rollenkonflikt der Bewährungshilfe in Theorie und Praxis. Nomos Verlagsgesellschaft, Baden-Baden
Bremen (2000): Richtlinie für die Durchführung von sozialen Trainingskursen vom 22. Juni 2000. Zum Download unter: http://www.soziales.bremen.de/sixcms/media.php/13/Rili%20soz.Trainingskurse_6-2000.pdf [22.11.2012 14:04]
Bremische Bürgerschaft (2007): Bericht des Untersuchungsausschusses zur Aufklärung von mutmaßlichen Vernachlässigungen der Amtsvormundschaft und Kindeswohlsicherung durch das Amt für Soziale Dienste. Drucksache 16/1381. Zum Download unter:

http://www.bremische-buergerschaft.de/uploads/media/BerichtUAKindeswohl_5cc.pdf [02.12.2012 18:27]

Bringewat, Peter (2002): Strafrechtliche Risiken beruflichen Handelns von ASD-MitarbeiterInnen, Haftungsverteilung zwischen öffentlicher und freier Kinder- und Jugendhilfe sowie Formen und Inhalte der Dokumentation unter strafrechtlichen Aspekten. Zum Download unter: http://www.dji.de/bibs/bringewat.pdf [26.07.2011 12:23]

Brockhaus, Ulrike/Kolshorn, Maren (1998): Die Ursachen sexueller Gewalt. In: Amann, Gabriele/Wipplinger, Rudolf: Sexueller Missbrauch. dgvt Verlag, Tübingen, Seite 89–105

Bundeskriminalamt (2009): Lagebild: Wirtschaftskriminalität. Zum Download unter: http://www.bka.de/DE/Publikationen/JahresberichteUndLagebilder/jahresberichteUnd¬Lagebilder__node.html?__nnn=true [03.08.2011 15:30]. Zitiert: BKA 2009

Bundeskriminalamt (2010): Polizeiliche Kriminalstatistik, Wiesbaden. Zum Download unter: http://www.bka.de/nn_205960/DE/Publikationen/PolizeilicheKriminalstatistik/pks__node.html?__nnn=true [03.08.2011 15:30]. Zitiert: PKS 2010

Bundeskriminalamt (2010): Rauschgiftkriminalität. Lagebild. Zum Download unter: http://www.bka.de/nn_193360/DE/Publikationen/JahresberichteUndLagebilder/Rauschgift¬kriminalitaet/rauschgiftkriminalitaet_node.html?_nn=true [22.11.2012 14:04]. Zitiert: Lagebild 2010

Bundeskriminalamt (2011): PKS Zeitreihen 1987–2010, Wiesbaden. Zum Download unter: http://www.bka.de/nn_205960/DE/Publikationen/PolizeilicheKriminalstatistik/pks__node.html?__nnn=true [03.08.2011 15:30]. Zitiert: BKA 2011

Bundesministerium der Justiz (2011): Täter-Opfer-Ausgleich in Deutschland. Auswertung der bundesweiten Täter-Opfer-Ausgleichs-Statistik für die Jahrgänge 2006 bis 2009 (bearbeitet von: Hans-Jürgen Kerner, Anke Eikens und Arthur Hartmann), Berlin. Zum Download unter: http://www.bmj.de/SharedDocs/Downloads/DE/pdfs/TOA_Deutsch¬land_2006_2009.pdf?__blob=publicationFile [02.08.2011 17:19]

Bundesministerium des Innern (2007): Illegal aufhältige Migranten in Deutschland. Zum Download unter: http://www.ippnw.de/commonFiles/pdfs/Soziale_Verantwortung/Ta¬gung/bmi_bericht.pdf [22.11.2012 14:04]

Bundesministerium des Innern/Bundesministerium der Justiz (2001). Erster Periodischer Sicherheitsbericht. Langfassung. [zitiert: PSB 2001]. Eigenverlag, Berlin. Zum Download unter: http://www.bmi.bund.de/SharedDocs/Downloads/DE/Veroeffentlichungen/2_pe¬riodischer_sicherheitsbericht_langfassung_de.pdf?__blob=publicationFile [02.08.2011 17:19]

Bundesministerium des Innern/Bundesministerium der Justiz (2006). Zweiter Periodischer Sicherheitsbericht. Langfassung. [zitiert: PSB 2006]. Eigenverlag, Berlin. Zum Download unter: http://www.bmi.bund.de/SharedDocs/Downloads/DE/Veroeffentlichungen/2_pe¬riodischer_sicherheitsbericht_langfassung_de.pdf?__blob=publicationFile [02.08.2011 17:19]

Bundesministerium für Familie, Jugend, Frauen und Senioren (2004): Lebenssituation, Sicherheit und Gesundheit von Frauen in Deutschland. Kurzfassung zum Download unter: http://www.bmfsfj.de/RedaktionBMFSFJ/Abteilung4/Pdf-Anlagen/kurzfassung-gewalt-frauen,property=pdf,bereich=bmfsfj,sprache=de,rwb=true.pdf [03.08.2011 16:49]. Zitiert: BMFSFJ 2004

Bundesministerium für Familie, Jugend, Frauen und Senioren (2008): Gewalt gegen Frauen in Paarbeziehungen. Zum Download unter: http://www.bmfsfj.de/RedaktionBMFSFJ/Broschürenstelle/PDF-Anlagen/gewalt-partnerbeziehungen-langfassung,property=pdf,bereich=bmfsfj,sprache=de,rwb=true.pdf [08.11.2011 12:03]

Bundesministerium für Wirtschaft, Familie und Jugend (o.J.): Prozessbegleitung. Zum Download unter: http://www.bmwfj.gv.at/Familie/Gewalt/Seiten/Prozessbegleitung.aspx [22.11.2012 14:03]. Zitiert: BMWiFJ

Literaturverzeichnis

Bundesverband der Frauenberatungsstellen und Frauennotrufe (2012): Qualitätsstandards für die psychosoziale Begleitung von Frauen und Mädchen im Strafverfahren. Zum Download unter: https://www.frauen-gegen-gewalt.de/nachricht/items/bff-lwgt-qualitaetsstandards-fuer-die-psychosoziale-begleitung-von-frauen-und-maedchen-im-strafverfahren-vor.html [22.11.2012 14:04]. Zitiert: bff 2012

Busch, Thomas (2006): Evidenzbasierte Entscheidungsalgorithmen zur strafrechtlichen Zuweisung gemäß § 105 JGG, ZJJ 4/2006, Seite 384–392

Christie, Nils (2005): Wieviel Kriminalität braucht die Gesellschaft? Verlag C.H. Beck, München

Dawid, Evelyn/Elz, Jutta/Haller, Birgitt (Hrsg.) (2010) Kooperation von öffentlicher Jugendhilfe und Strafjustiz bei Sexualdelikten gegen Kinder. Entwicklung eines Modellkonzepts zur Umsetzung der Kinderrechte in Strafverfahren. Eigenverlag, Wiesbaden. Zum Download unter: http://www.krimz.de/fileadmin/dateiablage/E-Publikationen/kup60.pdf [10.08.2011 15:33]

Deegener, Günther (2006): Erscheinungsformen und Ausmaße von Kindesmisshandlung. In: Heitmeyer, Wilhelm/Schröttle, Monika (Hrsg.): Gewalt. Bundeszentrale für politische Bildung, Bonn

Deutsche Bewährungshilfe (DBH) – Fachverband für Soziale Arbeit, Strafrecht und Kriminalpolitik (2004). Schwitzen statt Sitzen. Handbuch Qualitätsstandards für Fach- und Vermittlungsstellen zur Ableistung Gemeinnütziger Arbeit. Materialien, Band 52

Deutsche Hauptstelle für Suchtfragen (2005): Ziele, Grundlagen und Prinzipien der Sucht- und Drogenhilfe. Zum Download unter: http://www.dhs.de/fileadmin/user_upload/pdf/Arbeitsfeld_Suchthilfe/konsenspapier_DHS_akzept_2005.pdf [22.11.2012 14:05]

Döge, Peter (2011): Männer – Die Ewigen Gewalttäter? VS Verlag, Wiesbaden

Dollinger, Bernd/Raithel, Jürgen (2006): Theorien abweichenden Verhaltens. Beltz Verlag, Weinheim

Dollinger, Bernd/Schmidt-Semisch, Henning (2011): Handbuch Jugendkriminalität. VS Verlag, Wiesbaden

DSM _IV. Zum Download unter: http://www.behave-net.com/pedophilia [22.11.2012 14:05]

Durkheim, Émile (1902/1903): Erziehung, Moral und Gesellschaft. Vorlesung an der Sorbonne. Auszug zum Download unter: http://www.erzwiss.uni-hamburg.de/Personal/Lohmann/Lehre/som3/BuG/durkheim1903.pdf [22.11.2012 14:05]

Eckert, Julia M. (2008): The Social Life of Anti-Terrorism Laws: The War on Terror and the Classifications of the „Dangerous Other". Transcript. Einführungskapitel ‚Laws for enemies' zum Download unter: http://www.transcript-verlag.de/ts964/ts964_1.pdf [22.11.2012 14:05]

Eisenberg, Ulrich (2007): Jugendgerichtsgesetz. 12. Auflage. Verlag C.H. Beck, München

Elz, Jutta (2007): Kooperation von Jugendhilfe und Justiz bei Sexualdelikten gegen Kinder, Schriftenreihe der Kriminologischen Zentralstelle e.V.

Elz, Jutta (o.J.): Rückfälligkeit von Sexualstraftätern. Zum Download unter: http://www.krimz.de/sexrckfall.html [22.11.2012 14:05]

Erbs, Georg/Kohlhaas, Max (2011): Strafrechtliche Nebengesetze mit Straf- und Bußgeldvorschriften des Wirtschafts- und Verwaltungsrechts. Verlag C.H. Beck, Kommentar 183. Auflage (Stand: Januar 2011)

Fachhochschule Frankfurt am Main (2011): Grenzverletzungen, Fachhochschulverlag, Frankfurt am Main

Fahl, Christian/Winkler, Klaus (^{3}2010): Definitionen und Schemata Strafrecht. C.H. Beck, München

Fakultät für Sozialwesen der Hochschule Mannheim (2007): Kriminologie für die Soziale Arbeit, Shaker Verlag, Mannheim

Fastie, Friesa (2007): Die Sozialpädagogische Prozessbegleitung für verletzte Zeuginnen und Zeugen im Strafverfahren. In: Elz, Jutta (Hrsg.): Kooperation von Jugendhilfe und Justiz bei Sexualdelikten gegen Kinder, Schriftenreihe der Kriminologischen Zentralstelle e.V., Seite 153–184. Zum Download unter: http://www.netzwerk-kooperation.eu/fileadmin/Materialien/Aufsatz%20Fastie%20KUP%2053.pdf [22.11.2012 20:57]

Fastie, Friesa (2008): Opferschutz im Strafverfahren. Verlag Barbara Budrich, Opladen

Finkelhor, David (1998): Zur internationalen Epidemiologie von sexuellem Missbrauch an Kindern. In: Amann, Gabriele/Wipplinger, Rudolf (1998): Sexueller Missbrauch. dgvt Verlag, Tübingen, Seite 72–85

Fischer, Thomas (2010): Strafgesetzbuch und Nebengesetze. 57. Auflage. Verlag C.H. Beck, München

Foucault, Michel (1977): Überwachen und Strafen. Suhrkamp Verlag, Frankfurt am Main. Auszugsweise abgedruckt in: Imbusch, Peter/Heitmeyer, Wilhelm (Hrsg.) (2008): Integration – Desintegration, Seite 513–530

Friedrich-Ebert-Stiftung (Hrsg.) (2009): Einwanderungsgesellschaft Deutschland. Zum Download unter: http://library.fes.de/pdf-files/wiso/06661.pdf [22.11.2012 14:05]

Frindt, Anja (2010): Entwicklungen in den ambulanten Hilfen zur Erziehung. Aktueller Forschungsstand und strukturelle Aspekte am Beispiel der Sozialpädagogischen Familienhilfe. Zum Download unter: http://www.intern.dji.de/bibs/64_12095_Expertise_Frindt.pdf [22.11.2012 14:05]

Fröhlich-Weber, Beate (2008): Das polizeiliche Ermittlungsverfahren. In: Fastie, Friesa: Opferschutz im Strafverfahren, Verlag Barbara Budrich, Opladen, Seite 69–89

Füssenhäuser, Cornelia (2008): Professions- und/oder Wissenschaftspolitik? In: Bielefelder Arbeitsgruppe 8 (Hrsg.): Soziale Arbeit in Gesellschaft. VS Verlag, Wiesbaden, Seite 136–143

Gabriel, Gabriele/Holthusen, Bernd/Lüders, Christian/Schäfer, Heiner (2003): Delinquente Kinder und straffällige Jugendliche. In: Raithel, Jürgen/Mansel, Jürgen (Hrsg.): Kriminalität und Gewalt im Jugendalter. Juventa Verlag, Weinheim

Gahleitner, Silke Brigitta (2009): Was hilft ehemaligen Heimkindern bei der Bewältigung ihrer komplexen Traumatisierung? Expertise im Auftrag des Runden Tisches Heimerziehung, Zum Download unter: http://www.rundertisch-heimerziehung.de/documents/RTH_Expertise_Trauma.pdf [22.11.2012 14:05]

Gess, Heinz (2004): Kritische Theorie. Was ist das? Zum Download unter: http://www.kritiknetz.de/images/stories/texte/kritische_theorie.pdf [05.03.2012 11:43]

GIG-net (2008): Gewalt im Geschlechterverhältnis. Erkenntnisse und Konsequenzen für Politik, Wissenschaft und soziale Praxis. Verlag Barbara Budrich, Opladen

Gilligan, James (1996): Violence. Vintage books, New York

Hassemer, Winfried (1990): Einführung in die Grundlagen des Strafrechts. 2. Auflage. Verlag C.H. Beck, München

Hassemer, Winfried (2009): Warum Strafe sein muss. Ullstein Buchverlag, Berlin

Haug, Sonja (2010): Jugendliche Migranten – muslimische Jugendliche. Gewalttätigkeit und geschlechterspezifische Einstellungsmuster. Zum Download unter: http://www.bmfsfj.de/RedaktionBMFSFJ/Abteilung2/Pdf-Anlagen/gewalttaetigkeit-maennliche-muslimische-jugendliche,property=pdf,bereich=bmfsfj,sprache=de,rwb=true.pdf [22.11.2012 14:05]

Hegel, Georg Wilhelm Friedrich (1976): Grundlinien der Philosophie des Rechts, Suhrkamp Verlag, Frankfurt am Main

Heinemann, Eva (2010): Diversionsrichtlinien im Jugendstrafrecht – Segen oder Fluch. Dissertation zur Erlangung des Grades eines Doktors der Rechte des Fachbereichs Rechts- und Wirtschaftswissenschaften der Johannes Gutenberg-Universität Mainz. Zum Download unter: http://ubm.opus.hbz-nrw.de/volltexte/2010/2497/pdf/doc.pdf [28.07.2011 13:07]

Heinemann, Evelyn (2008): Männlichkeit, Migration und Kriminalität. Kohlhammer, Stuttgart

Heinz, Wolfgang (2003): Das strafrechtliche Sanktionensystem und die Sanktionierungspraxis in Deutschland 1882 – 2001 (Stand: Berichtsjahr 2001). Zum Download unter: http://www.uni-konstanz.de/rtf/kis/sanks01.htm [29.07.2011 10:34]

Heinz, Wolfgang (2007): Rückfall- und Wirkungsforschung – Ergebnisse aus Deutschland. Zum Download unter: http://www.uni-konstanz.de/rtf/kis/Heinz_Rueckfall-und_Wirkungsforschung_he308.pdf [01.12.2012 13:19]

Heisig, Kirsten (2010): Das Ende der Geduld. Konsequent gegen jugendliche Gewalttäter. Herder, Freiburg – Basel – Wien

Heitmeyer, Wilhelm (2004): Gewalt. edition suhrkamp, Frankfurt am Main

Heitmeyer, Wilhelm/Schröttle, Monika (2006): Gewalt. Bundeszentrale für politische Bildung, Bonn

Hermann, Dieter (2001): Religiöse Werte, Moral und Kriminalität. Zum Download unter: http://institutfuerglaubeundwissenschaft.de/texte/hermann_.pdf [22.11.2012 14:05]

Hess, Henner/Scheerer, Sebastian (2004): Theorie der Kriminalität. Zum Download unter: http://www.wiso.uni-hamburg.de/fileadmin/sowi/kriminologie/Publikationen/Hess-Scheerer_Theorie_der_Kriminalitaet.pdf [22.11.2012 14:05]

Hessische Polizei (2009): Handlungsleitlinien häusliche Gewalt der hessischen Polizei. Zum Download unter: http://www.polizei.hessen.de/internetzentral/nav/bd4/binarywriterservlet?imgUid=04719eac-bdae-f1111067-912109241c24&uBasVariant=ed83d448-9a76-4e11-8a5b-28e46ce02000 [03.08.2011 18:25]

Hirtenlehner, Helmut (2011): Jugendkriminalität und Geschlecht. Monatsschrift für Kriminologie und Strafrechtsreform. 5/11, Seite 325–344

Hoffmann, Holger (2004): Flüchtlingssozialarbeit: Strafbar? ASYLMAGAZIN 3/2004, Seite 5–9. Zum Download unter: http://www.asyl.net/fileadmin/user_upload/beitraege_asylmagazin/AM2004-03-05-Hoffmann.pdf [22.11.2012 14:05]

Hoffmann, Jens (2009): Risiko-Analyse und das Management von Stalking-Fällen. In: Polizei & Wissenschaft. Zum Download unter: http://www.frauenhaus-zo.ch/Fachtagung/jens-hoffman_artikel-polizei-wissenschaft-09.pdf [12.03.2012 14:30]

Hoffmann, Jens (2009a): Gefährliche Expartner – Psychologische Hintergründe und Interventionsgespräche in Fällen von Stalking. In: Hoffmann, Jens/Wondrak, Isabelle (Hrsg.): Umgang mit Gewalttätern, Verlag für Polizeiwissenschaft, Frankfurt am Main. Zum Download unter: http://hdp.hamburg.de/contentblob/2617908/data/pdf-stalking-vortrag.pdf [22.11.2012 14:05]

Hoffmann, Jens/Wondrak, Isabelle (2009a): Umgang mit Gewalttätern, Verlag für Polizeiwissenschaft, Frankfurt am Main

Imbusch, Peter/Heitmeyer, Wilhelm (Hrsg.) (2008): Integration – Desintegration. Ein Reader zur Ordnungsproblematik moderner Gesellschaften. VS – Verlag für Sozialwissenschaften, Wiesbaden

Internationale statistische Klassifikation der Krankheiten und verwandter Gesundheitsprobleme 10. Revision, German Modification Version 2012 [zitiert: (ICD-10 GM: 2012], Kapitel V: Psychische und Verhaltensstörungen (F00-F99) http://www.dimdi.de/static/de/klassi/diagnosen/icd10/htmlgm2012/block-f90-f98.htm [04.03.12 12:22:29]

Jung, Heike (2011) Der Strafprozess aus rollentheoretischer Sicht. Google Books: http://books.google.de/books?id=2KgnHe5hPjQC&pg=PA1242&lpg=PA1242&dq=Jung+Heike+Rollentheorie&source=bl&ots=JotQfBH4la&sig=n0wwpy1tJfPb-_8di_PXOkEy76c&hl=de#v=onepage&q=Jung%20Heike%20Rollentheorie&f=false

Kähler, Harro (2005): Soziale Arbeit in Zwangskontexten. Ernst Reinhardt Verlag, München

Kahneman, Daniel/Lovallo, Dan/Sibony, Olivier (2011): Checkliste für Entscheider. Harvard Businessmanager, September 2011, Seite 19–31

Kant, Immanuel (1977): Werkausgabe in 12 Bänden, Band 11, Seite 127–130. Suhrkamp Taschenbuch, Frankfurt. Zum Download unter: http://www.zeno.org/Philosophie/M/Kant,+Immanuel/%C3%9Cber+den+Gemeinspruch%3A+Das+mag+in+der+Theorie+richtig+sein,+taugt+aber+nicht+f%C3%BCr+die+Praxis/%5B%C3%9Cber+den+Gemeinspruch%3A+Das+mag+in+der+Theorie+richtig+sein,+taugt+aber+nicht+f%C3%BCr+die+Praxis%5D [04.03.12 10:42:06]

Kavemann, Barbara/Kreyssig, Ulrike (2007): Handbuch Kinder und häusliche Gewalt, VS Verlag, Wiesbaden

Keller, Monika (2005): Moralentwicklung und moralische Sozialisation. Zum Download unter: http://www.mpib-berlin.mpg.de/volltexte/institut/dok/full/keller/Keller_Moralentwicklung_2005.pdf

Kilb, Rainer (²2011): Jugendgewalt im städtischen Raum. Strategien und Ansätze im Umgang mit Gewalt. VS Verlag für Sozialwissenschaften, Wiesbaden

Kindler, Heinz (2005): Aktueller Stand des Wissens über Frühinterventionen bei Risikokindern in Deutschland und im internationalen Vergleich. Zum Download unter: http://www.dji.de/dasdji/thema/0603/kindler_vortrag.pdf [22.11.2012 14:05]

Kindler, Heinz/Unterstaller, Adelheid (2007): Primäre Prävention von Partnergewalt: Ein entwicklungsökologisches Modell. In: Kavemann, Barbara/Kreyssig, Ulrike: Handbuch Kinder und häusliche Gewalt, VS Verlag, Wiesbaden, Seite 419–443

Klier, Rudolf/Brehmer, Monika/Zinke, Susanne (1995): Jugendhilfe in Strafverfahren – Jugendgerichtshilfe –. Handbuch für die Praxis Sozialer Arbeit. Walhalla Verlag, Berlin

Klug, Wolfgang/Schaitl, Heide (2012): Soziale Dienste der Justiz. BDH Schriftenreihe, Band 38

Krieger, Wolfgang/Lang, Anita/Meßmer, Simone/Osthoff, Ralf (2007): Kindesmisshandlung, Vernachlässigung und sexueller Missbrauch im Aufgabenbereich der öffentlichen Träger der Jugendhilfe. Ibidem Verlag, Stuttgart

Kriminologisches Forschungsinstitut Niedersachsen (2011): Erster Forschungsbericht zur Repräsentativbefragung Sexueller Missbrauch 2011. Zum Download unter: http://www.bmbf.de/pubRD/Erster_Forschungsbericht_sexueller_Missbrauch_2011.pdf [22.11.2012 14:05]

Kunz, Karl-Ludwig (2001): Kriminologie, 4. Auflage, Haupt Verlag, Bern

Lamnek, Siegfrid (²1997): Neue Theorien abweichenden Verhaltens. Fink, UTB, München

Lamnek, Siegfrid (⁷2001): Theorien abweichenden Verhaltens. Fink, UTB, MünchenLand Thüringen (2004): Bericht der Kommission Gutenberg-Gymansium. Zum Download unter: http://www.thueringen.de/imperia/md/content/text/justiz/bericht_der_kommission_gutenberg_gymnasium.pdf [04.08.2011 12:26]

Landeskriminalamt Berlin (2010): „Importierte Kriminalität" und deren Etablierung am Beispiel der libanesischen, insbesondere „libanesisch-kurdischen" Kriminalitätsszene Berlins. Zum Download unter: http://harte-zeit.de/wp-content/uploads/2010/11/Berlin_Importierte_Kriminalit%C3%A4t.pdf [22.11.2012 14:06]

Landeskriminalamt Nordrhein-Westfalen (2006): Das Anzeigeverhalten von Kriminalitätsopfern, Analysen 2/2006 der Kriminalistisch-Kriminologischen Forschungsstelle. Zum Download unter: http://www.polizei-nrw.de/lka/stepone/data/downloads/d2/00/00/anzeigeverhalten.pdf [03.08.2011 16:22]. Zitiert: LKA-NRW 2006

Landeskriminalamt Nordrhein-Westfalen (2006a): Individuelle und sozialräumliche Determinanten der Kriminalitätsfurcht. Sekundäranalyse der Allgemeinen Bürgerbefragungen der Polizei in Nordrhein-Westfalen. Zitiert. LKA-NRW 2006a

Landtag NRW (2010): Bericht der Enquetekommission zur Erarbeitung von Vorschlägen für eine effektive Präventionspolitik in Nordrhein-Westfalen. Landtagsdrucksache 14/10700. Zum Download unter: http://www.landtag.nrw.de/portal/WWW/GB_I/I.1/EK/EKALT/14_EK_III/Abschlussbericht/EK_Praevention_Abschlussbericht.pdf [02.12.2012 18:22]

Lanfranchi, Andrea (2004): Kinder aus Kriegsgebieten in europäischen Einwanderungsländern Trauma, Flucht, Schule und Therapie. Zum Download unter: http://www.sys¬temagazin.de/bibliothek/texte/lanfranchi_KriegstraumaKinder.pdf [22.11.2012 14:06]

Lemert, Edwin M. (1975) Der Begriff der sekundären Devianz. In: Lüdersen, Klaus/Sack, Fritz: Seminar: Abweichendes Verhalten I. Die selektiven Normen der Gesellschaft. Suhrkamp, Frankfurt, Seite 433–476

Lenz, Ilse (2009): Die neue Frauenbewegung in Deutschland. Abschied vom kleinen Unterschied. VS Verlag für Sozialwissenschaften, Wiesbaden

Leuze-Mohr, Marion (2002): Häusliche Gewalt und die Anzeigebereitschaft misshandelter Frauen. Vortrag beim Berliner Forum Gewaltprävention zum Download unter: http://www.berlin.de/imperia/md/content/lb-lkbgg/bfg/nummer10/18_leuze_mohr.pdf?start&ts=1184311635&file=18_leuze_mohr.pdf [03.08.2011 16:59]

Levitt, Steven/Dubner, Stephen (2007): Freakonomics. Goldmann Verlag, München

Lind, Georg (1993): Zur Psychologie gewalttätigen Verhaltens und seiner Prävention. Zum Download unter: http://www.uni-konstanz.de/ag-moral/pdf/Lind-1993_Gewalt-Theorien.pdf [25.11.2012 10:38]

Lüdemann, Christian/Ohlemacher, Thomas (2002): Soziologie der Kriminalität. Juventa Verlag, Weinheim

Lüdersen, Klaus/Sack, Fritz (1975): Seminar: Abweichendes Verhalten I. Die selektiven Normen der Gesellschaft. Suhrkamp

Luhmann, Niklas (1972) Rechtssoziologie, Band 1 und 2, rororo, Reinbek bei Hamburg

Luhmann, Niklas (³1978): Legitimation durch Verfahren, Luchterhand Soziologische Texte, Darmstadt

Luhmann, Niklas (2004): Schriften zur Pädagogik. Suhrkamp Verlag, Frankfurt am Main

Luhmann, Niklas (2008): Inklusion und Exklusion. In: Imbusch, Peter/Heitmeyer, Wilhelm (Hrsg.): Integration – Desintegration, VS Verlag, Wiesbaden, Seite 149–168

Luhmann, Niklas (2009): Die Wissenschaft der Gesellschaft. Suhrkamp Verlag, Frankfurt am Main

Lukas, Tim (2011): Kriminalisierung als Diskriminierung, Sozial Extra (2011) 11/12, Seite 43–47

Lüssi, Peter (2008): Systemische Sozialarbeit. Verlag Paul Haupt, Bern

Mansel, Jürgen (2001): Familiale Erziehung und Gewalterfahrungen. Zum Download unter: http://www.zeitschrift-fuer-familienforschung.de/pdf/2001-3-mansel.pdf [22.11.2012 14:06]

Merton, Robert (1998): Soziologische Theorie und soziale Struktur. De Gruyter, Berlin

Meyer-Goßner, Lutz (2004): Strafprozessordnung mit GVG und Nebengesetzen. 47. Auflage, Beck Verlag, München

Michel-Schwartze, Brigitta (2007): Fallarbeit: ein theoretischer und methodischer Zugang. In: Michel-Schwartze, Brigitta (Hrsg.): Methodenbuch Soziale Arbeit. VS Verlag, Wiesbaden, Seite 119–152

Michel-Schwartze, Brigitta (2007): Methodenbuch Soziale Arbeit. VS Verlag, Wiesbaden

Miller, William/Rollnick, Stephen (³2009): Motivierende Gesprächsführung. Lambertus-Verlag, Freiburg

Minister der Justiz und für Bundes- und Europaangelegenheiten (1998): Richtlinien für die Sozialarbeiter und Sozialpädagogen bei den Justizvollzugsanstalten des Landes Brandenburg, Allgemeine Verfügung vom 1. März 1998 (2424 – IV. 4). Zum Download unter: http://www.bravors.brandenburg.de/sixcms/detail.php?gsid=andbb_lds_test_eval01.c.3170.de [22.11.2012 14:06]

Ministerium der Justiz Rheinland-Pfalz (2009): Standards der Gerichtshilfe. Zum Download unter: http://www.mjv.rlp.de/binarywriterservlet?imgUid=1af7c645-b398-021b-9b77-9177fe9e30b1&uBasVariant=11111111-1111-1111-1111-111111111111 [22.11.2012 14:06]

Ministerium der Justiz Rheinland-Pfalz (2011): Standards der Sozialen Arbeit Im Justizvollzug Rheinland-Pfalz. Zum Download unter: http://www.mjv.rlp.de/Service/binarywriterservlet?imgUid=cb80c34c-6321-501c-5ec3-f1f9f9d3490f&uBasVariant=11111111-1111-1111-1111-111111111111 [16.08.2011 16:43]
Muscat, Bernadette (2010): Victim services in the United States. In: Shoham, Shlomo/Knepper, Paul/Kett, Martin (Hrsg.): International Handbook of Victimology. CRC Press, Seite 397–428
Naplava, Thomas (2011): Jugendkriminalität im interethnischen Vergleich. In: Dollinger, Bernd/Schmidt-Semisch, Henning (Hrsg.): Handbuch Jugendkriminalität. VS Verlag, Wiesbaden
Nelles, Ursula/Oberlies, Dagmar (1998): Reform der Nebenklage und anderer Verletztenrechte. Nomos Verlagsgesellschaft, Baden-Baden
Nieuwbeerta, Paul/Nagin, Daniel/Blokland, Arian (2009): Assessing the Impact of First-Time Imprisonment on Offenders' Subsequent Criminal Career Development: A Matched Samples Comparison. Zum Download unter: http://ics.uda.ub.rug.nl/FILES/root/Articles/2009/NieuwbeertaP-Assessi/2009-NieuwbeertaP-Assessing.pdf [22.11.2012 14:06]
Nordrhein-Westfälisches Ministerium der Justiz (o.J.): Qualitätsstandards für den ambulanten Sozialen Dienst der Justiz in Nordrhein-Westfalen. Zum Download unter: http://www.justiz.nrw.de/Gerichte_Behoerden/ordentliche_gerichte/Strafgericht/dienste/Qualitaet/qualitaetsstandards_inh.pdf [15.08.2011 20:16]
Nuscheler, Franz (2004): Internationale Migration. VS Verlag, Wiesbaden
Oberlies, Dagmar (1990): Geschlechtsspezifische Kriminalität und Kriminalisierung. Kölner Zeitschrift für Soziologie und Sozialpsychologie, Seite 129–143
Oberlies, Dagmar (2000): Der Täter-Opfer-Ausgleich. Theorie und Praxis einer Glaubensrichtung. STREIT 3/2000, Seite 99–115. Zum Download unter: http://www.toa-servicebuero.de/files/Oberlies%20%202001.pdf [22.11.2012 14:06]
Oberlies, Dagmar (2005): Erledigungspraxis in Fällen häuslicher und sexueller Gewalt. Eine Aktenstudie bei den Staatsanwaltschaften des Landes Sachsen-Anhalt. http://www.fh-frankfurt.de/de/.media/fb4/forschung_projekte/sonstige_projekte/sachsenanhalt_bericht.pdf [20.07.2011 20:14]
Oberlies, Dagmar (2008): Kostenübernahme für die Prozessbegleitung. In: Friesa Fastie (Hrsg.). Opferschutz im Strafverfahren. Verlag Barbara Budrich, Opladen, Seite 215–225
Oberlies, Dagmar/Elz, Jutta (2010): Lesarten: Kriminalität, Geschlecht und amtliche Statistiken, STREIT, Heft 1, Seite 2–11
Opferhilfe Niedersachsen (2012): Beratung und Begleitung für Opfer von Straftaten und deren Angehörige. Zum Download unter: http://www.mj.niedersachsen.de/portal/live.php?navigation_id=3795&article_id=10489&_psmand=13 [22.11.2012 14:44]
Patry, Jean-Luc/Schrattbauer, Birgit (2000): Rollenkonflikte in der Bewährungshilfe. In: Neue Praxis 2/2000, Seite 176–187
Pauen, Michael/Roth, Gerhard (2008): Freiheit, Schuld und Verantwortung. Grundzüge einer naturalistischen Theorie der Willensfreiheit. edition unseld. Suhrkamp Verlag, Frankfurt am Main
Permien, Hanna (2010): Erziehung zur Freiheit durch Freiheitsentzug? Zentrale Ergebnisse der DJI-Studie „Effekte freiheitsentziehender Maßnahmen in der Jugendhilfe". Zum Download unter: http://www.dji.de/bibs/Forschung_0510_Permien_2010.pdf [31.07.2011 10:14]
Peters, Helge (2009): Devianz und soziale Kontrolle. Eine Einführung in die Soziologie abweichenden Verhaltens. Juventa Verlag, Weinheim
Pfeiffer, Christian (1991): Wird nach Jugendstrafrecht härter gestraft? Strafverteidiger 11, S. 363–370

Pinker, Steven/Voel, Sebastian (2011): Gewalt: Eine neue Geschichte der Menschheit. Fischer Verlag, Frankfurt am Main

Pleyer, Karl Heinz (2004): Co-traumatische Prozesse in der Eltern-Kind-Beziehung. Systhema 2/2004, Seite 132–149. Zum Download unter: http://www.if-weinheim.de/images/stories/systhema/2004/2_2004/Sys_2_2004_Pleyer.pdf [22.11.2012 14:06]

Pothmann, Jens/Wilk, Agathe (2009): Wie entscheiden Teams im ASD über Hilfebedarf? Zum Download unter: http://www.forschungsverbund.tu-dortmund.de/fileadmin/Files/Hilfen_zur_Erziehung/Abschlussbericht_Teamentscheidung_im_ASD.pdf [22.11.2012 14:06]

Prognos (2011): Soziale Prävention. Bilanzierung der sozialen Folgekosten in Nordrhein-Westfalen. Zum Download unter: http://www.prognos.com/fileadmin/pdf/aktuelles/2011_03_24_Gutachten_Soziale_Praevention.pdf [02.12.2012 19:40]

Prömper, Hans/Jansen, Mechthild M./Ruffing, Andreas/Nagel, Helga (2010): Was macht Migration mit Männlichkeit, Verlag Barbara Budrich, Opladen

Quensel, Stephan (1970): Wie wird man kriminell? Kritische Justiz 4/1970, Seite 375–382. Zum Download unter: http://www.kj.nomos.de/fileadmin/kj/doc/1970/19704Quensel_S_375.pdf [22.11.2012 14:06]

Rabold, Susann/Baier, Dirk (2007): Delinquentes Verhalten von Jugendlichen – Zur differentiellen Bedeutsamkeit verschiedener Bedingungsfaktoren. Zum Download unter: http://www.gesis.org/fileadmin/upload/dienstleistung/fachinformationen/servicepublikationen/sofid/Gesamtdateien/Kriminal-und_Rechtssoziologie/Krimi_Recht_07-02_GD.pdf [22.11.2012 14:06]

Raithel, Jürgen/Mansel, Jürgen (2003): Kriminalität und Gewalt im Jugendalter. Juventa Verlag, Weinheim

Reddemann, Luise/Dehner-Rau, Cornelia (2008): Trauma, Trias Verlag, Stuttgart

Reemtsma, Jan Philipp (1999): Das Recht des Opfers auf die Bestrafung des Täters – als Problem. In: Reemtsma, Jan Philipp: Die Gewalt spricht nicht. Reclam Verlag, Stuttgart, Seite 49–83

Reemtsma, Jan Philipp (1999): Die Gewalt spricht nicht. Reclam Verlag, Stuttgart

Röhl, Thomas (2011): Täterstrategien. In: Fachbereich Soziale Arbeit und Gesundheit, Fachhochschule Frankfurt am Main (Hrsg.): Grenzverletzungen, Fachhochschulverlag, Frankfurt am Main, Seite 95–108

Rommelspacher, Birgit/Kollak. Ingrid (2008): Interkulturelle Perspektiven für das Sozial- und Gesundheitswesen. Mabuse-Verlag GmbH, Frankfurt am Main

Roth, Michael (2007): Die Zeugenbetreuung am Gericht. DBH-Materialien Nr. 57, Köln

Rudel, Fred-Peter (2008): Die ermittlungsrichterliche Tätigkeit im staatsanwaltschaftlichen Verfahren. In: Fastie, Friesa: Opferschutz im Strafverfahren, Verlag Barbara Budrich, Opladen, Seite 145–156

Sachsen-Anhalt (o.J.): Zentrum für Entlassungshilfe, Beratung, Resozialisierung und Anlaufstelle zur Vermittlung gemeinnütziger Arbeit (ZEBRA). Zum Download unter: http://www.sachsen-anhalt.de/fileadmin/Elementbibliothek/Bibliothek_Politik_und_Verwaltung/Bibliothek_MJ/sd/landesprojekt_zebra.pdf [17.08.2011 16:19]

Sampson, Robert/Laub, John/Wimer, Christopher (2006): Does marriage reduce crime? Zum Download unter: http://scholar.harvard.edu/sampson/files/2006_criminology_laubwimer.pdf [02.12.2012 21:58]

Schacke, Joachim (2008): Die Entwicklung der Suchttheorie. Zum Download unter: http://stiftung-medienundonlinesucht.de/repository/media/news/Suchttheorie.pdf [04.03.12 20:47:15]

Schiltsky, Peter-Michael (2011): Grenzverletzungen – Seelenzerstörung. In: Fachbereich Soziale Arbeit und Gesundheit, Fachhochschule Frankfurt am Main (Hrsg.): Grenzverletzungen, Fachhochschulverlag, Frankfurt am Main, Seite 63–78

Schmauch, Ulrike (2011): Körperlichkeit und Sexualität in der Sozialen Arbeit. In: Fachbereich Soziale Arbeit und Gesundheit (Hrsg.): Grenzverletzungen. Institutionelle Mittäterschaft in Einrichtungen der Sozialen Arbeit, Fachhochschulverlag, Frankfurt am Main, Seite 35–50

Schwind, Hans-Dieter (2009): Kriminologie. Kriminalistik Verlag, Heidelberg

Servicebüro für Täter-Opfer-Ausgleich und Konfliktschlichtung (2009): Standards Täter-Opfer-Ausgleich. Zum Download unter: http://www.toa-servicebuero.de/files/TOA-Standards-6.pdf [01.12.2012 18:54] zitiert: TOA-Standard

Shaw, Clifford (1966): The Jack-Roller. A delinquent boy's own story. Chicago Press

Shoham, Shlomo/Knepper, Paul/Kett, Martin (2010): International Handbook of Victimology. CRC Press

Smaus, Gerlinda (2010): Welchen Sinn hat die Frage nach dem ‚Geschlecht des Strafrechts'. In: Temme, Gabi/Künzel, Christine (Hrsg.): Hat Strafrecht ein Geschlecht? transcript Verlag, Bielefeld, Seite 27–56

Spindler, Susanne (2007): Eine andere Seite männlicher Gewalt. Männlichkeit und Herkunft als Orientierung und Falle. In Riegel, Christine/Geisen, Thomas (Hrsg.): Jugend, Zugehörigkeit und Migration, Teil II, Seite 289–308

Stadt Dormagen (2001): Dormagener Qualitätskatalog der Jugendhilfe. Ein Modell kooperativer Qualitätsentwicklung. Zum Download unter: http://www.demokratische-sozialisten-rlp.de/uploads/docs/dormagener%20modell.pdf [10.08.2011 20:47]

Stanislawski, Milly (2008): Glaubhaftigkeitsbegutachtung bei Kindern und Jugendlichen. In: Fastie, Friesa: Opferschutz im Strafverfahren, Verlag Barbara Budrich, Opladen, Seite 157–172

Statistisches Bundesamt (2011): Fachserie 10, Reihe 3: Rechtspflege Strafverfolgung. Zum Download unter: https://www.destatis.de/DE/Publikationen/Thematisch/Rechtspflege/StrafverfolgungVollzug/Strafverfolgung.html;jsessionid=36FFF674E5433F81BDABC22CDA25C8B0.cae3 [02.12.2012 22:02] Zitiert: Strafverfolgung 2010

Statistisches Bundesamt (2011): Justiz auf einen Blick. Zum Download unter: http://www.destatis.de/jetspeed/portal/cms/Sites/destatis/Internet/DE/Content/Publikationen/Fachveroeffentlichungen/Rechtspflege/Querschnitt/BroschuereJustizBlick0100001099004,property=file.pdf [28.07.2011 12:24]

Staub-Bernasconi, Silvia (2007): Soziale Arbeit als Handlungswissenschaft. Haupt Verlag UTB, Bern – Stuttgart – Wien

Suhling, Stefan/Greve, Werner (2010): Kriminalpsychologie. Beltz Verlag, Weinheim

Temme, Gabi/Künzel, Christine (2010.): Hat Strafrecht ein Geschlecht? transcript Verlag, Bielefeld

Toprak, Ahmet/Nowacki, Katja (2010): Gewaltphänomene bei männlichen, muslimischen Jugendlichen mit Migrationshintergrund und Präventionsstrategien. Zum Download unter: http://www.bmfsfj.de/RedaktionBMFSFJ/Abteilung2/Pdf-Anlagen/gewaltphaenomene-maennliche-muslimischen-jugendliche,property=pdf,bereich=bmfsfj,sprache=de,rwb=true.pdf [22.11.2012 14:07]

Trenczek, Thomas (2005): Mitwirkung der Jugendhilfe im Strafverfahren – Jugendgerichtshilfe. Zum Download unter: http://www.sgbviii.de/S110.html [10.08.2011 20:25]

Unabhängige Beauftragten zur Aufarbeitung des sexuellen Kindesmissbrauchs (2011): Abschlussbericht. Zum Download unter: http://www.beauftragter-missbrauch.de/course/view.php?id=28 [22.11.2012 14:07]

Urban, Dieter/Fiebig, Joachim (2011): Pädosexuelle Viktimisierung und pädosexuelle Straffälligkeit. SISS–Schriftenreihe des Instituts für Sozialwissenschaften der Universität Stuttgart, No. 1/2011. Zum Download unter: http://www.uni-stuttgart.de/soz/institut/forschung/2011.SISS.1.pdf [11.03.2012 09:32]

286 Literaturverzeichnis

Vogt, Irmgard (2012): Zwangs- und Quasi-Zwangskontexte der Behandlung von süchtigen Männern und Frauen in Deutschland: Ein Überblick. In: Suchttherapie 2012/13: Seite 81–89

Volbert, Renate/Galow, Anett (2010): Sexueller Missbrauch: Fakten und offene Fragen. Zum Download unter: http://www.rundertisch-kindesmissbrauch.de/documents/Impulsvortrag_VolbertundGalow_000.pdf [02.12.2012 11:31]

Wahl, Klaus (2009): Aggression und Gewalt. Spektrum Akademischer Verlag, Heidelberg

Wahl, Klaus/Hees, Katja (2009): Täter oder Opfer? Jugendgewalt – Ursachen und Prävention. Ernst Rheinhardt Verlag, München

Wacquant, Loïc (2009): Bestrafen der Armen. Zur neoliberalen Regierung der sozialen Unsicherheit. Verlag Barbara Budrich, Opladen

Walter, Michael/Trautmann, Sebastian (2003): Kriminalität junger Migranten – Strafrecht und gesellschaftliche (Des-) Integration. In: Raithel, Jürgen/Mansel, Jürgen (Hrsg.): Kriminalität und Gewalt im Jugendalter, Juventa Verlag, Weinheim und München

Weber, Klaus (^{3}2009): Betäubungsmittelgesetz (BtMG), Beck Verlag, München

Weigelt, Enrico (2009): Bewähren sich Bewährungsstrafen? Universitätsverlag Göttingen. Zum Download unter: http://www.oapen.org/download?type=document&docid=359576 [22.11.2012 14:07]

Weiner, Bernhard/Haas, Ute Ingrid (2009): Opferrechte bei Stalking, Gewalt- und Sexualverbrechen. Beck Rechtsberater im DTV, München

Will, Annegret (2008): Ausländer ohne Aufenthaltsrecht. Nomos Verlagsgesellschaft, Baden-Baden

Winter, Harold (2008): The economics of crime. An introduction to rational crime analysis. Routledge, London

Wittenberg, Jochen/Reinecke, Jost (2003): Diebstahlskriminalität von Jugendlichen. In: Raithel, Jürgen/Mansel, Jürgen (Hrsg.): Kriminalität und Gewalt im Jugendalter, Juventa Verlag, Weinheim, Seite 207–225

Wolf, Karl (2010): Der Hintergrund Migration – zersplitterte Identitäten. Jungenarbeit mit Straftätern. In: Prömper, Hans/Jansen, Mechthild M./Ruffing, Andreas/Nagel, Helga (Hrsg.): Was macht Migration mit Männlichkeit, Verlag Barbara Budrich, Opladen, Seite 101–110

Woll, Andreas (2007): Der Einfluss von Wertorientierungen und Normorientierung auf Delinquenz. In: Fakultät für Sozialwesen der Hochschule Mannheim (Hrsg.): Kriminologie für die Soziale Arbeit, Shaker Verlag. Mannheim, Seite 105–124

Zeh, Juli/Trojanow, Ilija (2010): Angriff auf die Freiheit: Sicherheitswahn, Überwachungsstaat und der Abbau bürgerlicher Rechte. Deutscher Taschenbuch Verlag

Zinsmeister, Julia (2011): Gewaltschutz in sozialen Einrichtungen für Frauen mit Behinderung. In: Fachhochschule Frankfurt am Main (Hrsg.): Grenzverletzungen, Fachhochschulverlag, Frankfurt am Main, Seite 125–144

Weitere Quellen

Kriminalstatistiken und andere Ressourcen

Name	Inhalt	Informationen
Polizeiliche Kriminalstatistik (seit 1953)	Polizeiliche Ermittlungen	Fälle, Tatverdächtige, Opfer
Staatanwaltschaftsstatistik (seit 1981)	Entscheidungen der Staatsanwaltschaft	Einstellungen, Strafbefehle, Anklageerhebungen
Täter-Opfer-Ausgleich (seit 1993)	Vermittlungen der Täter-Opfer-Ausgleichsstellen	Beteiligte und Art der Erledigung
Justizgeschäftsstatistik in Strafsachen (seit 1959)	Geschäftsanfall	Erledigung (bezogen auf Verfahren)
Strafverfolgungsstatistik (seit 1950)	Strafgerichtliche Entscheidungen	Aburteilungen und Verurteilungen (bezogen auf Personen)
Bewährungshilfestatistik (seit 1963)	Strafaussetzung zur Bewährung	Unterstellung unter Bewährungshilfe, Erlass/Widerruf der Strafaussetzung (bezogen auf Probanden)
Strafvollzugsstatistik (seit 1961)	Vollzug einer Freiheitsstrafe	Stichtagsbelegung, demographische Merkmale der Gefangenen
Rückfallstatistik (seit 2004)	Rückfalle	Zahl der Rückfälle nach Verurteilungen

Online-Ressourcen

- Kriminalstatistiken: http://www.bmj.de/DE/Service/StatistikenFachinformationenPublikationen/Statistiken/_node.html
- Bundesgesetze: http://www.gesetze-im-internet.de
- Verwaltungsvorschriften: http://www.verwaltungsvorschriften-im-internet.de
- Diversionsrichtlinien: http://www.dvjj.de/artikel.php?ebene=29&artikel=312
- Kriminologische Literaturdatenbank: http://krimdok.ifk.jura.uni-tuebingen.de
- Kriminologisches Forschungsinstitut Niedersachsen e.V.: http://www.kfn.de
- Kriminologische Zentralstelle: http://www.krimz.de

Stichwortverzeichnis

Absehen von Strafe/Verurteilung 42, 43, 44, 244
Aburteilung 47, 287
Adhäsion 60
Aggression 191, 200, 216, 231, 288
Akten/Aktenführung 125, 153, 167
Analogieverbot 27
Angeklagter 84, 85, 86
Anklage/Akkusationsprinzip 25, 63, 74, 83
Anstiftung 30
Antragsdelikt 37, 76
Anwesenheitspflicht 83, 84, 85
Anzeige 63, 64, 65
Arbeitsleistung 45, 47, 48, 140, 141, 143
Arrest
    Dauerarrest 48, 49, 81
    Freizeitarrest 48, 49
    Jugendarrest 39, 47, 48, 49, 90, 91, 204
    Kurzarrest 48
Auflage 45, 46, 47, 48, 55, 78, 90, 92, 129, 133
Aussage 66, 67, 68, 85, 86, 88, 103, 104
Aussagetüchtigkeit 102, 103
Aussetzung zur Bewährung 51, 52, 55, 94, 164, 234

Bedingung der Strafbarkeit 36
Befunderhebung 176, 178, 187, 214, 227, 228, 229, 230, 242, 246, 250
Begehung 28, 30
Behandlung 43, 57, 58, 164
Beihilfe 21, 30, 31, 247, 248
Beistand (Rechtsbeistand/Verletztenbeistand/Zeugenbeistand) 107, 113
Belehrung 48, 84, 85, 88, 150
Bericht 105, 126, 130, 131, 146, 147, 160, 162, 230
Berufsverbot 57, 59, 94
Beschlagnahme 73
Beschluss 63, 78, 89
Beschuldigte 106, 107
Beschuldigtenvernehmung 68, 69
Beschwerde 56, 75, 77, 86, 89, 91, 97, 100
Bestimmtheitsgrundsatz 15, 27, 29

Betäubungsmittel 15, 21, 22, 41, 42, 61, 94, 235, 237
Betrug 24, 64, 181, 201
Bewährungshilfe 59, 90, 91, 106, 125, 127, 130, 133, 134, 136, 146, 150, 151, 152, 153, 154, 155, 156, 157, 158, 159, 162, 168
Bewährungsstrafe siehe „Aussetzung zur Bewährung"
Beweis 28, 70, 72, 73, 83, 85, 86, 90, 96, 98, 99, 108, 112, 113, 219
Beweisaufnahme 84, 85, 88, 89, 99, 259
Bindung 118, 188

Checkliste 148, 149, 154, 155, 230, 231

Datenschutz 15, 131
Diebstahl 24, 29, 32, 64, 180, 181, 201, 205
Dissozial 16, 50, 177, 187, 188, 189, 190, 191, 193, 195, 200, 201
Diversion 38, 40, 41, 43, 44, 45, 90, 125, 128, 129, 130, 132
Drogen 35, 120, 170, 188, 218, 235, 236, 237, 242, 244, 245, 269
Dunkelfeld 13, 117, 119, 191, 202, 204, 222, 237
Durchsuchung 70, 73

Eigentumsdelikte 24, 32, 181, 201
Eigenverbrauch 42, 236, 243
Einstellung des Verfahrens 40, 43, 45, 46, 47, 72, 74, 75, 76, 89, 90, 112, 129, 150, 249
Eintragung im Bundeszentralregister 41, 60, 61, 65, 208, 221, 234, 244, 248, 251
Einwilligung 22, 23, 32, 33, 34, 222, 251
Einziehung von Gegenständen 59, 94
Entschuldigungsgründe 35, 36
Entziehung der Fahrerlaubnis 94
Entziehungsanstalt 57, 58, 101, 164
Ermahnung 45
Ermittlungsverfahren 38, 41, 72, 77, 97, 101
Erwachsenenstrafrecht 38, 39, 40, 41, 45, 53, 55, 57, 78, 90, 91, 133, 207

Stichwortverzeichnis

Erzieherische Maßnahmen 40, 43, 44
Erziehungsmaßregeln 38, 48, 49, 51, 60, 99, 207
Erziehungsregister 60, 61, 208
Essstörungen 231

Fahrlässigkeit 31
Fahrverbot 39, 56, 79, 92
Fallarbeit 183, 211, 225, 237, 246, 249
Familie 17, 188, 192, 193, 194, 228
Fluchtgefahr 73, 93
Frauenberatungsstelle 118, 172, 173
Frauenhaus 118, 173
Freiheitsstrafe 32, 39, 47, 49, 53, 54, 55, 56, 58, 61, 92, 93, 94, 208, 233, 234, 236, 244
Freispruch 47, 88, 89, 112
Führungsaufsicht 57, 59, 90, 106, 150, 151, 153, 156, 157, 158, 159
Führungszeugnis 61, 170, 208, 221, 234, 244, 248, 251

Garantenstellung 30, 250
Gefährlichkeit 42, 51, 57, 76, 103, 150, 227
Geheimnisverrat 34, 249, 250, 251
Geldstrafe 32, 39, 53, 54, 79, 114, 141, 220, 236, 244, 251
Gemeinnützigkeit 45, 46, 48, 78, 90, 129, 140, 141, 142, 143, 149, 150, 155, 156
Gericht 73, 80, 82, 83, 84, 98
Gerichtshilfe 105, 106, 145, 146, 147, 148, 149, 150, 151, 157, 230
Geringe Menge 244
Geringfügigkeit 40
Geschlecht 49, 52, 118, 134, 167, 191, 216
Gesprächsführung 125
Gewalt 22, 23, 24, 42, 96, 117, 118, 119, 172, 173, 174, 197, 198, 199, 216, 217, 219
Glaubhaftigkeit 102, 103
Gnadenverfahren 61, 95, 105, 146, 147
Grundrechte 26, 84
Gruppenarbeit 49, 133, 134, 135, 136, 155
Gruppe/Peergruppe 135, 197, 199
Gutachten 66, 72, 87, 101, 102, 103, 104, 131, 164, 165, 206, 209, 220

Haftbefehl 55, 65, 93

Haftgrund 73
Hauptverfahren 46, 47, 63, 75, 81, 82, 98, 106, 112
Hauptverhandlung 47, 63, 74, 79, 82, 83, 84, 85, 86, 87, 88, 89, 97, 98, 99, 101, 104, 106, 107, 108, 110, 112, 173
Häusliche Gewalt 42, 63, 64, 65, 96, 146, 173, 209
Heim 47
Heranwachsende 38, 60, 87, 99, 100, 103
Hilfeplan 134, 167, 168
Hilfe zur Erziehung 30, 37, 47, 173, 265

Illegalität 120, 246, 247
In dubio pro reo 28, 35, 102
Irrtum 35, 36

Jugendamt 37, 44, 66, 82, 105, 118, 121, 122
Jugendgerichtshilfe 43, 44, 66, 78, 85, 90, 103, 104, 105, 121, 122, 187, 206
Jugendliche 38, 45, 46, 47, 76, 87, 91, 92, 104, 105
Jugendstrafe 38, 39, 47, 49, 50, 51, 60, 91, 92, 99, 204, 207
Justizvollzugsanstalt 52, 91, 163

Kinder- und Jugendhilfe 37, 38, 46
Kindesschutz 105, 118
Kindheit 181, 187, 201
Klageerzwingung 75
Kooperation 126, 127, 128, 138, 141, 153, 159, 172
Körperverletzung 21, 22, 25, 31, 37, 41, 42, 76, 206, 220
Kriminalität 13, 14, 17, 18, 19, 177, 179, 191, 198
  Kriminalitätsfurcht 115, 116
  Kriminalitätsverläufe/,Kriminelle Karrieren' 192, 200, 201
  Registrierte Kriminalität 181

Labeling Approach (Etikettierungsansatz) 177, 191, 242, 247
Ladung zum Strafantritt 93
Ladung zur Vernehmung 55, 66, 68, 72
Lebenslange Freiheitsstrafe 54, 55, 94

Männlichkeit 118, 196, 197, 199, 202
Maßregel der Sicherung und Besserung 57, 58, 59, 91

Maßregelvollzug 58, 163, 164, 165
Migration 64, 191, 193, 194, 198, 246, 247
Minder schwerer Fall 244
Missbrauch 23, 32, 118, 248, 249
Mittäter 30, 206
Mitteilungspflicht 82
Moral 18, 19
Mord 21, 29, 30, 55, 75
Mündlichkeit 82, 83, 86

Nebenklage 83, 84, 109, 110, 111, 112, 149, 173
Nebenstrafrecht 37, 245
Normen, Geltung von 14, 17, 19, 27, 122, 189, 190, 192, 194, 198, 207, 237
Notruf 118, 173
Notstand 33, 34, 251
Notwehr 32, 36

Öffentliche Sicherheit und Ordnung 24, 56
Öffentliches Interesse 37, 41, 42, 76, 77, 220, 263
Öffentlichkeit 53, 82, 83, 87, 90
Opferhilfe 46, 170, 171, 172, 173, 174

Pädophilie 119, 227, 228
Partnergewalt 118, 209, 211
Plädoyer 84, 88
Polizei 38, 43, 44, 63, 64, 65, 72, 73, 86, 95, 96, 108, 118, 136, 191, 204, 219, 220, 225
Prävention 17, 116, 117, 199, 203
Privatklage 41, 42, 76, 77, 78, 210
Prognose 51, 57, 103, 150, 154, 155, 165, 177, 201, 207, 234, 244
Prozessbegleitung 150, 171, 173, 174
Psychiatrisches Krankenhaus 57, 58, 93, 101, 103, 163, 164, 262

Qualifikation von Sozialen Fachkräften 132, 136, 140, 145, 151, 157, 163, 165, 170, 174
Qualifizierungstatbestand 55
Qualitätsstandards 104, 131, 133, 134, 135, 140, 141, 145, 149, 150, 158, 164, 168, 174, 231

Ratenzahlung 54, 142, 149
Rational crime 243

Raub/räuberische Erpressung 24, 181, 182, 183, 184, 185, 186, 205, 206, 207
Rauschtat 35, 42, 76
Rechtfertigungsgründe 25, 32, 33, 34, 180, 247, 251
Rechtskraft 49, 54, 89, 90, 94
Rechtsmittel 63, 84, 89, 90, 100, 108, 112
Rechtswidrigkeit 25, 32, 180, 206, 233
Register siehe „Eintragung im Bundeszentralregister"
Reife 33, 38, 206, 207
Religion 199
Richtlinien 38, 41, 42, 44, 65, 71, 91, 163
Rubrum siehe „Urteil"
Rückfall 155, 204
Rücktritt 32, 180
Rückwirkungsverbot 28

Sachverständige 87, 101, 103, 104
Schadenersatz 59, 60
Schädliche Neigung 51, 207
Schmerzensgeld 59, 60, 110
Schöffe (Laienrichter, Schöffin) 89, 99, 100
Schuld 16, 25, 29, 35, 51, 52, 89, 104, 122, 180, 206, 233
Schuldfähigkeit 35, 39, 72, 102, 220, 244
Schwangerschaftsabbruch 21, 22, 33, 34, 120, 203, 210
Schwere der Schuld 46, 49, 51, 207, 208
Selektion 14, 180, 190, 191
Sexualdelikte 20, 61, 65, 73, 76, 82, 97, 112, 222, 223, 224, 231, 232, 233, 234
Sicherungsverwahrung 28, 52, 54, 57, 58, 101, 103, 263
Sorgerecht/Sorgeberechtigte 22, 37, 44, 67, 129, 134, 267
Soziale Arbeit 14, 17, 23, 51, 53, 56, 82, 115, 116, 117, 145, 150, 151, 152, 187, 195, 202, 203, 208, 228, 248, 253
Soziale Dienste 105, 124, 145, 158, 159, 165
Soziale Gruppenarbeit siehe „Gruppenarbeit"
Sozialer Trainingskurs 45, 134, 135
Sozialisation 116, 194
Sozialraum 116, 197, 198
Sozialtherapie 204
Spuren 66, 70, 88, 102

Stichwortverzeichnis 291

Staatsanwaltschaft 63, 66, 68, 70, 71, 72, 73, 74, 75, 76, 77, 78, 79, 80, 81, 82, 83, 84, 88, 96, 97, 98, 100, 101, 105, 106
Stalking 37, 42, 110, 111, 119, 210, 214, 219, 220
Strafantrag 37, 75, 76, 210, 221, 262
Strafaussetzung siehe „Aussetzung zur Bewährung" 55
Strafbefehl 40, 46, 47, 53, 54, 75, 78, 79, 80
Straffälligenhilfe 53, 120, 147, 165, 166, 167, 168, 169, 170, 178
Strafmündigkeit 37, 201, 207
Strafrahmen 39, 40, 53, 54, 205, 233, 236, 243
Straftheorien 17
Strafvollzug 49, 52, 58, 158, 163, 164
Strafzumessung 38, 39, 40, 146, 207, 208, 220, 233, 243, 244, 251
Subkulturtheorie 192
Sucht 46, 118, 120, 134, 154, 156, 161, 163, 242, 243
Suchtberatung/Suchthilfe 53

Tagessatz 39, 53, 54
Tatbestand/Tatbestandsmäßigkeit 25, 32, 33, 36, 180, 181, 205, 232, 233
Täterarbeit 119
Täter-Opfer-Ausgleich 15, 42, 43, 45, 60, 105, 129, 133, 136, 137, 138, 140, 146, 148
Täterschaft 30, 206
Täterstrategien 229
Tätige Reue 37, 42
Tenor siehe „Urteil"
Theorien 177, 178, 179, 192, 202
Therapie 43, 72, 156, 164, 244, 249
Totschlag 21, 55
Tötungsdelikt 21, 112, 210, 234
Trauma 35, 119, 231

Übergangsmanagement 160, 161, 163
Unmittelbarkeit 82, 83, 86
Unschuldsvermutung 26, 28, 29, 44, 106
Unterbringung 57, 58, 73, 92, 93, 101, 103, 164, 165, 262

Unterlassung 29, 30, 180
Untersuchungshaft/U-Haft 54, 55, 73, 92, 107
Urteil 43, 45, 46, 47, 53, 63, 83, 89, 91, 181

Verbotsirrtum 36
Verfahrenseinstellung siehe „Einstellung des Verfahrens"
Verfahrenshindernis 75, 262
Verfall 59, 79, 94, 263
Vergeltung 15, 16
Verjährung 75, 223, 262
Vermögensdelikte 24, 181, 266
Vernehmung 44, 67, 68, 73, 84, 86, 87, 101, 113
Vernetzung 126, 134, 138, 153, 172, 174
Versuch 31, 32, 180, 210, 220, 223
Verteidigung 85, 87, 88, 90, 106, 107, 108, 154
Verurteilung 39, 46
Verwarnung 45, 263, 264
Videoaufnahme/-aufzeichnung 73, 88
Vollendung 31
Vollstreckung 91, 92, 93, 97, 149, 158, 159, 160, 164, 165, 166
Vollstreckungsleiter 49, 52, 91, 94
Vollzugsleiter 91
Vollzugsplan 56, 160
Vorsatz 31, 36, 180, 247

Wahrnehmung berechtigter Interessen 33, 34, 251
Weisung 45, 47, 180, 247
Wiedergutmachung 39, 45, 48, 136, 148, 150, 234
Wirkungsforschung 203

Zeugenbetreuung 174
Zeugenvernehmung 66, 67
Zeuge/Zeugin 66, 67, 72, 73, 74, 83, 84, 85, 86, 87, 88, 100, 108, 110, 113, 173
Zeugnisverweigerung 74, 84, 86, 171
Zuchtmittel 38, 39, 47, 48, 49, 56, 60, 99, 207

Dorothee Frings

Sozialrecht für die Soziale Arbeit

2011. 304 Seiten. Kart. € 29,90
ISBN 978-3-17-021094-3

Grundwissen Soziale Arbeit,
Band 4

Der Band vermittelt, ohne juristische Kenntnisse vorauszusetzen, Grundwissen im Sozialrecht, wobei immer die enge Anbindung an die praktische Tätigkeit der Sozialarbeit im Vordergrund steht. Systematik und Grundsätze des Sozialrechts werden im Überblick dargestellt. Ein Gang durch das Verfahren bei den Sozialleistungsträgern bietet das Handwerkszeug für eine rechtskonforme Berufsausübung und eine kompetente Unterstützung der Klienten. Die einzelnen Leistungen der Sozialversicherung, Entschädigung und Förderung werden entsprechend ihrem Gewicht in der Praxis der Sozialen Arbeit behandelt. Ein besonderer Schwerpunkt liegt auf den Existenz sichernden Leistungen (SGB II, SGB XII) als Grundlage jeder kompetenten Sozialberatung. Ein gesondertes Kapitel ist dem Überblick über die Hilfen für behinderte Menschen gewidmet. Zahlreiche Beispiele, Prüfungsschemata und Lösungsskizzen vermitteln die erforderlichen Handlungskompetenzen für die praktische Sozialarbeit. Studierenden ermöglicht der Band, sich die Lehrinhalte selbständig oder in Begleitung zu den Lehrveranstaltungen eigenständig anzueignen.

www.kohlhammer.de

W. Kohlhammer GmbH · 70549 Stuttgart
Tel. 0711/7863 - 7280 · Fax 0711/7863 - 8430 · vertrieb@kohlhammer.de